◎もうだいじょうぶ!!シリーズ
不動産鑑定士

第3版
2014年
11月1日施行
基準対応

1965～2005年 論文試験

TAC不動産鑑定士講座　編

論文式試験
鑑定理論
過去問題集

はじめに

不動産鑑定士の作成する鑑定評価報告書は，関係者に大きな影響を与え，また，不動産の適正な価格形成の基礎となるものです。したがって，それは，

○何よりも内容が正確であること

○結論に至る過程が，論理的に分かりやすく説明されていること

などが求められます。

不動産鑑定士試験において受験生に求められるものは，このような報告書を作成するための基礎的な力ということができるでしょう。

すなわち，この試験に合格するためには，出題意図をしっかりと摑んだ上で，「基準」の正確な理解（重要な用語については正確な引用）に基づいて，結論に至る過程を論理的に，かつ，分かりやすく文章化することが必要となります。

本試験ではどのような論点がどのように問われるのか，また，出題者の問い掛けに対してはっきりと筋道を通して答えるためにはどのように答案を構成すればよいのか，ということを常に意識しながら，この過去問題集を十分に活用してください。

なお，2006年（平成18年）より試験制度が変更となり，従来の論文試験に加えて演習問題が新しく追加されました。これに伴い，TACでは，

＊　過去の問題の重要性

＊　新しい制度における試験対策の利便性

の双方の面より編集方針を検討した結果，

1　旧制度時代＝1965年（昭和40年）～2005年（平成17年）までの論文問題
　：本書

2　新制度時代＝2006年（平成18年）以降の論文＋演習問題
　：「論文式試験 鑑定理論 過去問題集 論文＋演習」

以上２点に分冊して刊行することとしました。

ＴＡＣ鑑定理論研究会

本書の構成

○各問題とも，問題文，解答例，解説からなっています。

まずは，問題文をよく読み，解答として論述すべき事項をピックアップし，どのような順序で解答すればよいか，「答案構成」を行ってください。答案構成が正しく行えるということは，「基準」を正しく理解できているということです。

問題

○昭和40年から平成17年までの論文式試験問題を完全収録しています。

また，問題文のうち旧「基準」又は旧法律を前提とする部分は，現行の「基準」等と適合するように適宜書き換えてあります（「一部改題」と注記）。

解答例

○解答例のうち「基準」からの引用には＿＿＿＿＿（実線）を，「留意事項」又は旧「運用通知」からの引用には………（点線）を付しました。なお，各引用部分には，文章を読みやすくするために表現を変更した個所や，簡潔に述べるために一部省略した個所などがあります。

また，側注として論点，章を記しています。

解　説

○解答作成に当たってのポイントを記しています。押さえるべき論点を確認してください。

○鑑定理論の問題は「基準」の各章にまたがる複合的な出題が多いため，本書は出題年度順の構成とし，章順の構成とはしませんでした。巻末に章順の索引を付しましたので，苦手な論点をまとめて押さえる際などに利用してください。

目次

不動産鑑定士

鑑定理論

論文式試験

1965 ～ 2005
（S 40）（H 17）

昭和40年度

問題1　不動産鑑定評価基準は，その総論第１章において「不動産のあり方は，その不動産の経済価値を具体的に表している価格を選択の主要な指標として決定されている」と述べ，また，不動産の鑑定評価は「この社会における一連の価格秩序のなかで，対象不動産の占める適正なあり所を指摘することである」と述べている。
上記の文章をどのように解釈しますか。その所見を述べなさい。
（一部改題）

解答例

１．不動産のあり方について

不動産は，通常，土地とその定着物をいう。土地はその持つ有用性の故にすべての国民の生活と活動とに欠くことのできない基盤である。そして，この土地を我々人間が各般の目的のためにどのように利用しているかという土地と人間との関係は，不動産のあり方，すなわち，不動産がどのように構成され，どのように貢献しているかということに具体的に現れる。

この不動産のあり方は，自然的，社会的，経済的及び行政的な要因（価格形成要因）の相互作用によって決定されるとともに経済価値の本質を決定づけている。一方，この不動産のあり方は，その不動産の経済価値を具体的に表している価格を選択の主要な指標として決定されている。

（不動産のあり方　「基準」総論第１章）

すなわち不動産の価格と価格形成要因は相互に影響を与えるという二面性を有するものであるが，不動産のあり方は，これら二面性を有する不動産の価格や価格形成要因によって定まるものである。例えば，地価水準の高い高度商業地において，その水準に見合うべく，高層オフィスビルが建築され，利用されること等は，このことを表している。

（補足）

２．鑑定評価によって求める価格

不動産の鑑定評価によって求める価格は，基本的には正常価格で

あり，正常価格とは，市場性を有する不動産について，現実の社会経済情勢の下で合理的と考えられる条件を満たす市場で形成されるであろう市場価値を表示する適正な価格をいう。

正常価格
「基準」総論第5章

この場合において，現実の社会経済情勢の下で合理的と考えられる条件を満たす市場（以下「合理的と考えられる市場」という）とは，以下の条件を満たす市場をいう。

(1) 市場参加者が自由意思に基づいて市場に参加し，参入，退出が自由であること。なお，ここでいう市場参加者は，自己の利益を最大化するための要件（①売り急ぎ，買い進み等をもたらす特別な動機のないこと，②対象不動産及び対象不動産が属する市場について取引を成立させるために必要となる通常の知識や情報を得ていること，③取引を成立させるために通常必要と認められる労力，費用を費やしていること，④対象不動産の最有効使用を前提とした価値判断を行うこと，⑤買主が通常の資金調達能力を有していること）を満たすとともに，慎重かつ賢明に予測し，行動するものとする。

(2) 取引形態が，市場参加者が制約されたり，売り急ぎ，買い進み等を誘引したりするような特別なものではないこと。

(3) 対象不動産が相当の期間市場に公開されていること。

合理的市場の意義
「基準」総論第5章

このような合理的と考えられる市場において形成される正常価格とは，一般の取引当事者にとって誰にでも妥当する価格であるといえる。

補足

3．不動産の価格形成及び不動産の鑑定評価

不動産の構成要素として不可欠な土地は，個別性（非同質性，非代替性）や用途の多様性（用途の競合，転換及び併存の可能性）等といった他の一般の諸財と異なる特性（自然的特性及び人文的特性）を有している。

土地の特性
「基準」総論第1章

不動産は，この土地の持つ諸特性に応じた一定の条件をもとに利用がなされ，その社会的及び経済的な有用性を発揮しており，また，他の不動産と一定の地域を構成して地域ごとの特性を持つなど，不動産特有の特徴を有するものである。

不動産の特徴，不動産の地域性，地域の特性

不動産の取引は，このような一般の諸財と異なる不動産の特徴を

反映して個別的・相対的に行われることが多く，また，隣接不動産の併合を目的とする取引等，取引の性格上，必然的に市場が限定されることも多い。さらに，不動産市場の特性，取引等における当事者双方の能力の多様性と特別の動機により売り急ぎ，買い進み等の特殊な事情が存在する場合もある。

したがって，不動産の現実の取引価格等は，取引等の必要に応じて個別的に形成されるのが通常であり，しかもそれは個別的な事情に左右されがちのものであって，このような取引価格等から不動産の適正な価格を見出すことは一般の人には非常に困難である。

不動産の現実の取引価格
「基準」総論第1章，第7章

したがって，一般の取引当事者が把握することが極めて困難である不動産の適正な経済価値を把握するためには，専門家としての不動産鑑定士の鑑定評価活動が必要となる。

鑑定評価の必要性
「基準」総論第1章

4．鑑定評価の意義

鑑定評価の判断の当否は，不動産鑑定士の能力の如何及びその能力の行使の誠実さの如何に係るものであり，また，必要な関連諸資料の収集整理の適否及びこれらの諸資料の分析解釈の練達の程度に依存するものである。したがって，鑑定評価は，高度な知識と豊富な経験及び的確な判断力を持ち，さらに，これらが有機的かつ総合的に発揮できる練達堪能な専門家である不動産鑑定士によってなされるとき，初めて合理的であって，客観的に論証できるものとなるのである。

鑑定評価の要件
「基準」総論第1章

また，不動産の鑑定評価は，不動産の適正な価格を判定するものであり，その意義は，この社会における一連の価格秩序の中で，その不動産の価格がどのようなところに位するかを指摘すること，すなわち不動産のあり方の決定における主要な選択指標を示すことにある。個人の幸福も社会の成長，発展及び福祉も，不動産のあり方に依存しているものであることを考えると，鑑定評価活動の社会的公共的意義は極めて大きいといわなければならない。

鑑定評価の社会的公共的意義
「基準」総論第1章

以　上

解　説

本問は「基準」総論第１章から，不動産の鑑定評価の意義を問う問題である。昔の過去問特有の，やや論点のつかみづらい問い方であるが，問題文をよく拾い上げて論点を抽出してほしい。

問題文から読みとれる論点は「不動産のあり方」及び「不動産の鑑定評価の意義（適正なあり所の指摘）」の２点である。したがって，「不動産のあり方」，「正常価格」，「現実の不動産の価格形成」のそれぞれの内容や関係を説明して，鑑定評価の社会的公共的意義へと繋げていくこと。

本問は同じ昭和40年の問題３と論点が類似しているが，問題文に対応して，「不動産のあり方とは何か」といったところにボリュームを付ける等して若干のニュアンスの違いを表現したいところである。

問題[2] 原価法の概要を述べ，その適用に際して注意すべき事項を論じなさい。

解答例

1．原価法の意義

不動産の価格を求める鑑定評価の基本的な手法は，原価法，取引事例比較法及び収益還元法に大別され，このほか三手法の考え方を活用した開発法等の手法がある。

価格を求める手法 「基準」総論第7章

原価法は，価格時点における対象不動産の再調達原価を求め，この再調達原価について減価修正を行って対象不動産の試算価格（積算価格）を求める手法である。

原価法の定義 「基準」総論第7章

原価法は，対象不動産が建物又は建物及びその敷地である場合において，再調達原価の把握及び減価修正を適切に行うことができるときに有効であり，対象不動産が土地のみである場合においても，再調達原価を適切に求めることができるときはこの手法を適用することができる。

よって，既成市街地内の更地や，更地以外の宅地の類型（建付地，借地権等）及び農地，林地等については，再調達原価の把握が困難なため，通常，原価法が適用できない。

原価法の有効性 「基準」総論第7章

2．適用に際して注意すべき事項について

(1) 再調達原価の査定

再調達原価とは，対象不動産を価格時点において再調達することを想定した場合において必要とされる適正な原価の総額をいう。

再調達原価の定義 「基準」総論7章

再調達原価は，建設請負により，請負者が発注者に対して直ちに使用可能な状態で引き渡す通常の場合を想定し，発注者が請負者に対して支払う標準的な建設費に発注者が直接負担すべき通常の付帯費用を加算して求めるものとする。

この場合における通常の付帯費用には，建物引渡しまでに発注者が負担する通常の資金調達費用や標準的な開発リスク相当

建物の再調達原価 「基準」総論第7章

額等が含まれる場合があることに留意する必要がある。

土地の再調達原価は，その素材となる土地の標準的な取得原価に当該土地の標準的な造成費と発注者が直接負担すべき通常の付帯費用とを加算して求めるものとする。

土地の再調達原価
「基準」総論第7章

なお，土地についての原価法の適用において，宅地造成直後の対象地の地域要因と価格時点における対象地の地域要因とを比較し，公共施設，利便施設等の整備及び住宅等の建設等により，社会的，経済的環境の変化が価格水準に影響を与えていると客観的に認められる場合には，地域要因の変化の程度に応じた増加額を熟成度として加算することができる。

熟成度加算
「基準」総論第7章

再調達原価を求める方法には，①直接法（対象不動産について直接的に再調達原価を求める方法）及び②間接法（対象不動産と類似の不動産に係る建設事例等から間接的に対象不動産の再調達原価を求める方法）があるが，収集した建設事例等の資料としての信頼度に応じていずれかを適用するものとし，また，必要に応じて併用するものとする。

再調達原価を求める方法
「基準」総論第7章

(2) 減価修正

減価修正の目的は，減価の要因に基づき発生した減価額を対象不動産の再調達原価から控除して価格時点における対象不動産の適正な積算価格を求めることである。

減価修正の目的
「基準」総論第7章

減価修正を行うに当たっては，減価の要因に着目して対象不動産を部分的かつ総合的に分析検討し，減価額を求めなければならない。

減価の要因は，物理的要因，機能的要因及び経済的要因に分けられる。これらの要因は，それぞれ独立しているものではなく，相互に関連し，影響を与え合いながら作用していることに留意しなければならない。

減価の要因
「基準」総論第7章

減価額を求める方法には，①耐用年数に基づく方法と，②観察減価法の二つの方法がある。

減価額を求める方法
「基準」総論第7章

① 耐用年数に基づく方法

耐用年数に基づく方法は，対象不動産の価格時点における経過年数及び経済的残存耐用年数の和として把握される耐用

年数を基礎として減価額を把握する方法である。

耐用年数に基づく方法には，定額法，定率法等があるが，これらのうちいずれの方法を用いるかは，対象不動産の用途や利用状況に即して決定すべきである。

なお，対象不動産が二以上の分別可能な組成部分により構成されていて，それぞれの経過年数又は経済的残存耐用年数が異なる場合に，これらをいかに判断して用いるか，また，耐用年数満了時における残材価額をいかにみるかについても，対象不動産の用途や利用状況に即して決定すべきである。

耐用年数に基づく方法
「基準」総論第7章

② 観察減価法

観察減価法は，対象不動産について，設計，設備等の機能性，維持管理の状態，補修の状況，付近の環境との適合の状態等各減価の要因の実態を調査することにより，減価額を直接求める方法である。

観察減価法の適用においては，対象不動産に係る個別分析の結果を踏まえた代替，競争等の関係にある不動産と比べた優劣及び競争力の程度等を適切に反映すべきである。

観察減価法
「基準」総論第7章

耐用年数に基づく方法は，外部観察では発見しにくい減価要因を把握・反映させやすい反面，個別的な減価の実態を反映させにくく，逆に観察減価法は，個別的な減価を把握・反映させやすい反面，外部観察では発見しにくい減価要因を反映させにくいという特徴がある。つまりいずれの方法もそれぞれ一長一短があり，それぞれを補完するものであるため，減価額を求めるに当たっては，これらを併用するものとする。

長所・短所

なお，対象不動産が建物及びその敷地である場合において，土地及び建物の再調達原価についてそれぞれ減価修正を行った上で，さらにそれらを加算した額について減価修正を行う場合があるが，それらの減価修正の過程を通じて同一の減価の要因について重複して考慮することのないよう留意するべきである。

また，耐用年数に基づく方法及び観察減価法を適用する場合においては，対象不動産が有する市場性を踏まえ，特に，建物の増改築・修繕・模様替等の実施が耐用年数及び減価の要因に

留意点
「留意事項」総論第7章

与える影響の程度について留意しなければならない。」

以　上

解　説

本問は,「基準」総論第７章のうち，原価法に関する問題である。解答に当たっては「基準」を中心に解答することとなるため，ミスのない正確な答案が望まれる。

論文構成については，すべて基準の流れに沿って説明していけばよい。留意事項についても大半が「基準」「留意事項」に記載されているので，これを中心に述べていくこととなる。

問題[3] 不動産の鑑定評価とは，現実の社会経済情勢の下で合理的と考えられる市場で形成されるであろう市場価値を表示する適正な価格を，不動産鑑定士が的確に把握する作業に代表される……仕事である。(「基準」総論第１章)

このことの正当性を論じなさい。 (一部改題)

解答例

１．鑑定評価によって求める価格

不動産の鑑定評価によって求める価格は，基本的には正常価格である。正常価格とは，市場性を有する不動産について，現実の社会経済情勢の下で合理的と考えられる条件を満たす市場で形成されるであろう市場価値を表示する適正な価格をいう。

この場合において，現実の社会経済情勢の下で合理的と考えられる条件を満たす市場（以下「合理的と考えられる市場」という）とは，以下の条件を満たす市場をいう。

（正常価格「基準」総論第５章）

(1) 市場参加者が自由意思に基づいて市場に参加し，参入，退出が自由であること。なお，ここでいう市場参加者は，自己の利益を最大化するための要件（①売り急ぎ，買い進み等をもたらす特別な動機のないこと，②対象不動産及び対象不動産が属する市場について取引を成立させるために必要となる通常の知識や情報を得ていること，③取引を成立させるために通常必要と認められる労力，費用を費やしていること，④対象不動産の最有効使用を前提とした価値判断を行うこと，⑤買主が通常の資金調達能力を有していること）を満たすとともに，慎重かつ賢明に予測し，行動するものとする。

(2) 取引形態が，市場参加者が制約されたり，売り急ぎ，買い進み等を誘引したりするような特別なものではないこと。

(3) 対象不動産が相当の期間市場に公開されていること。

（合理的市場の意義「基準」総論第５章）

このような合理的と考えられる市場において形成される正常価格とは，一般の取引当事者にとって誰にでも妥当する価格であるといえる。

（補足）

2．不動産の価格形成

不動産の構成要素として不可欠な土地は，他の一般の諸財と異なって次のような特性を持っている。

(1) 自然的特性として，地理的位置の固定性，不動性（非移動性），永続性（不変性），不増性，個別性（非同質性，非代替性）等を有し，固定的であって硬直的である。

(2) 人文的特性として，用途の多様性（用途の競合，転換及び併存の可能性），併合及び分割の可能性，社会的及び経済的位置の可変性等を有し，可変的であって伸縮的である。

土地の特性
「基準」総論第1章

不動産は，この土地の持つ諸特性に応じた一定の条件をもとに利用がなされ，その社会的及び経済的な有用性を発揮しており，また，他の不動産と一定の地域を構成して地域の規模，構成の内容等に応じた地域の特性を持つなど，不動産特有の特徴を有するものである。

不動産の地域性，地域の特性

不動産の取引は，このような一般の諸財と異なる不動産の特徴を反映して個別的・相対的に行われることが多く，また，隣接不動産の併合を目的とする取引等，取引の性格上，必然的に市場が限定されることも多い。さらに，不動産市場の特性，取引等における当事者双方の能力の多様性と特別の動機により売り急ぎ，買い進み等の特殊な事情が存在する場合もある。

したがって，不動産の現実の取引価格等は，取引等の必要に応じて個別的に形成されるのが通常であり，しかもそれは個別的な事情に左右されがちのものであって，このような取引価格等から不動産の適正な価格を見出すことは一般の人には非常に困難である。

不動産の現実の取引価格
「基準」総論第1章，第7章

したがって，不動産の適正な価格については専門家としての不動産鑑定士の鑑定評価活動が必要となる。

鑑定評価の必要性
「基準」総論第1章

3．不動産の鑑定評価の意義

前述のように価格の形成過程が他の一般の諸財と異なる不動産についてその適正な価格を求めるためには，不動産鑑定士による鑑定評価の活動に依存せざるを得ないこととなる。

鑑定評価の必要性
「基準」総論第1章

この鑑定評価の判断の当否は，不動産鑑定士の能力の如何及びその能力の行使の誠実さの如何に係るものであり，また，必要な関連諸資料の収集整理の適否及びこれらの諸資料の分析解釈の練達の程

度に依存するものである。したがって，鑑定評価は，高度な知識と豊富な経験及び的確な判断力を持ち，さらに，これらが有機的かつ総合的に発揮できる練達堪能な専門家である不動産鑑定士によってなされるとき，初めて合理的であって，客観的に論証できるものとなるのである。

鑑定評価の要件
「基準」総論第1章

また，不動産の鑑定評価は，不動産の適正な価格を判定するものであり，その意義は，この社会における一連の価格秩序の中で，その不動産の価格がどのようなところに位するかを指摘し，不動産のあり方の決定における主要な選択指標を示すことにある。個人の幸福も社会の成長，発展及び福祉も，不動産のあり方に依存しているものであることを考えると，鑑定評価活動の社会的公共的意義は極めて大きいといわなければならない。

このように，不動産の適正な価格の把握の困難性及び社会的公共的意義という両面から，不動産鑑定士による鑑定評価活動が要請されており，設問の文章の正当性が認められるのである。

鑑定評価の社会的公共的意義
「基準」総論第1章

以　上

解　説

本問は，「基準」総論第１章及び総論第５章から，合理的な市場及び不動産の鑑定評価の意義を問う問題である。不動産の鑑定評価とは何であるのかという極めて重要な概念を説明させる問題であり，また，基本的な論点でもあるため，しっかりと押さえておいてほしい。

「正当性」というややわかりづらい出題の仕方であるが，「文章の意味を説明せよ」というニュアンスで捉えればよい。そこで論文構成としては，まず，正常価格の概念を押さえた上で，合理的市場の説明をする。次にこれと対比する形で，現実の取引市場について述べていく。そのあとに，これらの内容を踏まえて不動産の社会的公共的意義といった点を押さえて，鑑定評価の意義を述べていけばよい。

問題4　不動産鑑定評価基準によれば，鑑定評価の手法の適用に当たっては，鑑定評価の手法を当該案件に即して適切に適用すべき旨定められているが，これをどのように理解すべきか，鑑定評価の三方式を踏まえて説明しなさい。　（一部改題）

解答例

1．鑑定評価の三方式

合理的と考えられる市場において市場参加者が財の経済価値を判定する場合は，通常，①それにどれほどの費用が投じられて作られたものであるか（費用性），②それがどれほどの値段で市場で取引されているものであるか（市場性），③それを利用することによってどれほどの収益が得られるものであるか（収益性）という，価格の三面性を考慮する。不動産の価格の場合もこれと同様に考えられ，不動産の鑑定評価の三方式の考え方の基本となっている。

価格の三面性

鑑定評価の方式には，上記の費用性，市場性及び収益性にそれぞれ対応した原価方式，比較方式及び収益方式の三方式がある。

原価方式は不動産の再調達（建築，造成等による新規の調達をいう。）に要する原価に着目して，比較方式は不動産の取引事例又は賃貸借等の事例に着目して，収益方式は不動産から生み出される収益に着目して，それぞれ不動産の価格又は賃料を求めようとするものである。

鑑定評価方式
「基準」総論第7章

不動産の価格を求める鑑定評価の基本的な手法は，原価法，取引事例比較法及び収益還元法に大別され，このほかこれら三手法の考え方を活用した開発法等の手法がある。

原価法は，価格時点における対象不動産の再調達原価を求め，この再調達原価について減価修正を行って対象不動産の試算価格（積算価格）を求める手法である。

取引事例比較法は，まず多数の取引事例を収集して適切な事例の選択を行い，これらに係る取引価格に必要に応じて事情補正及

価格を求める鑑定評価の手法
「基準」総論第7章

び時点修正を行い，かつ，地域要因の比較及び個別的要因の比較を行って求められた価格を比較考量し，これによって対象不動産の試算価格（比準価格）を求める手法である。

収益還元法は，対象不動産が将来生み出すであろうと期待される純収益の現在価値の総和を求めることにより対象不動産の試算価格（収益価格）を求める手法である。

なお，鑑定評価の各手法は，価格の三面性を反映した三方式のいずれかの考え方を中心としているものの，一対一の関係ではなく，一つの手法の中に三方式の考え方が相互に反映されるものである点に留意すべきである。

三手法と価格の三面性との関係

2．不動産の鑑定評価の意義

不動産の鑑定評価によって求める価格は，基本的には正常価格である。正常価格とは，市場性を有する不動産について，現実の社会経済情勢の下で合理的と考えられる条件を満たす市場で形成されるであろう市場価値を表示する適正な価格をいう。この場合において，現実の社会経済情勢の下で合理的と考えられる条件を満たす市場とは，①市場参加者が自由意思に基づいて市場に参加し，参入・退出が自由であること，②取引形態が，市場参加者が制約されたり，売り急ぎ，買い進み等を誘引したりするような特別なものではないこと，③対象不動産が相当の期間市場に公開されていること，という条件を満たす市場をいう。

正常価格
「基準」総論第5章

つまり不動産の鑑定評価とは，この正常価格を不動産鑑定士が的確に把握する作業に代表される。

鑑定評価の意義
「基準」総論第1章

一方で，不動産の現実の取引価格等は，取引等の必要に応じて個別的に形成されるのが通常であり，しかもそれは個別的な事情に左右されがちのものであって，このような取引価格等から不動産の適正な価格を見出すことは一般の人には非常に困難である。

価格の特徴
「基準」総論第1章

したがって，不動産の適正な価格については専門家としての不動産鑑定士の鑑定評価活動が必要となるものである。

鑑定評価の必要性
「基準」総論第1章

3．鑑定評価の手法の適切な適用

不動産の価格は，一般の財と同様，基本的には価格の三面性を反映して形成されるものであり，これに対応して鑑定評価の三方

式がそれぞれ規定されている。また，不動産の鑑定評価とは，合理的な市場で形成されるであろう市場価値を表示する適正な価格を的確に把握する作業であるから，この価格の三面性を十分に考慮することが必要であり，そのためには価格の三面性を反映する三方式の考え方を原則として併用すべきである。

三方式併用の必要性

ただし，不動産は，その種別・類型や市場の特性等によって市場参加者の属性や行動基準等が異なり，その価格形成に当たっても価格の三面性が常に等しく反映されるものではないこと等から，必ずしも三手法をすべて併用することが合理的とは限らない。

したがって，鑑定評価の手法の適用に当たっては，鑑定評価の手法を当該案件に即して適切に適用すべきである。この場合，地域分析及び個別分析により把握した対象不動産に係る市場の特性等を適切に反映した複数の鑑定評価の手法を適用すべきであり，対象不動産の種類，所在地の実情，資料の信頼性等により複数の鑑定評価の手法の適用が困難な場合においても，その考え方をできるだけ参酌するように努めるべきである。

なお，不動産鑑定評価基準各論では，対象不動産の種別及び類型ごとに基本的に適用すべき鑑定評価の手法が規定されているが，地域分析及び個別分析により把握した対象不動産に係る市場の特性等を適切に反映した複数の鑑定評価方式の考え方が適切に反映された一つの鑑定評価の手法を適用した場合には，当該鑑定評価でそれらの鑑定評価方式に即した複数の鑑定評価の手法を適用したものとみなすことができる。

この場合，不動産鑑定評価基準に規定されている手法を一部省略することができるが，採用した手法に三方式の考え方及び対象不動産に係る市場の特性が十分に反映されていると判断した理由について，鑑定評価報告書に記載する必要がある。

以　上

鑑定評価の手法の適切な適用
「基準」総論第8章
「留意事項」総論第8章

解　説

本問は，「基準」総論第7章及び第8章を中心とした鑑定評価手法の適用に関する問題である。

論文構成としては，まず「不動産の価格形成」，「鑑定評価方式（三方式）」，「鑑定評価の意義」の3点から三方式併用の必要性を述べていく。次に，個々の不動産の価格形成の特徴に触れ，鑑定評価の手法の適用に当たっては，鑑定評価の手法を当該案件に即して適切に適用すべきである点を，「基準」に即して述べるとよい。

MEMO

◇ 昭和41年度

問題[1] 不動産鑑定評価基準は，不動産の鑑定評価に当たって取引事例比較法を適用する場合においては，「取引事例が特殊な事情を含み，これが当該取引事例に係る取引価格に影響していると認められるときは，適切な補正を行う必要がある」と述べていますが，この「特殊な事情」について，次の問に答えなさい。

(1) 特殊な事情とはどのようなことですか。

(2) 何故，補正する作業が必要ですか。

解答例

小問(1)

1．取引事例比較法は，まず多数の取引事例を収集して適切な事例の選択を行い，これらに係る取引価格に必要に応じて事情補正及び時点修正を行い，かつ，地域要因の比較及び個別的要因の比較を行って求められた価格を比較考量し，これによって対象不動産の試算価格（比準価格）を求める手法である。

取引事例比較法は，近隣地域若しくは同一需給圏内の類似地域等において対象不動産と類似の不動産の取引が行われている場合又は同一需給圏内の代替競争不動産の取引が行われている場合に有効である。

（取引事例比較法の定義・有効性　「基準」総論第７章）

2．取引事例は，原則として近隣地域又は同一需給圏内の類似地域に存する不動産に係るもののうちから選択するものとし，必要やむを得ない場合には近隣地域の周辺の地域に存する不動産に係るもののうちから，対象不動産の最有効使用が標準的使用と異なる場合等には，同一需給圏内の代替競争不動産に係るもののうちから選択するものとするほか，次の要件の全部を備えなければならない。

① 取引事情が正常なものと認められるものであること又は正常なものに補正することができるものであること。

② 時点修正をすることが可能なものであること。

（事例選択要件　「基準」総論第７章）

③　地域要因の比較及び個別的要因の比較が可能なものであること。
④　投機的取引であると認められる事例等適正さを欠くものでないこと。

3．事情補正について

取引事例が特殊な事情を含み，これが当該事例に係る取引価格に影響していると認められるときは，適切な補正を行わなければならず，この補正を事情補正という。

（事情補正の定義　「基準」総論第7章）

現実に成立した取引事例には，不動産市場の特性，取引における当事者双方の能力の多様性と特別の動機により売り急ぎ，買い進み等の特殊な事情が存在する場合もあるので，取引事例がどのような条件の下で成立したものであるかを資料の分析に当たり十分に調査しなければならない。

（不動産の現実の取引価格　「基準」総論第7章）

特殊な事情とは，正常価格を求める場合には，正常価格の前提となる現実の社会経済情勢の下で合理的と考えられる以下の諸条件を欠くに至らしめる事情のことである。
①　市場参加者が自由意思に基づいて市場に参加し，参入，退出が自由であること。
②　取引形態が，市場参加者が制約されたり，売り急ぎ，買い進み等を誘引したりするような特別なものではないこと。
③　対象不動産が相当の期間市場に公開されていること。

（特殊な事情　「基準」総論第7章，第5章）

つまり特殊な事情とは，取引事例に係る取引価格について，一定の補正を行うべき特殊な取引の背景のことであり，事情補正を要する特殊な事情を例示すれば，次のとおりである。
イ　売手又は買手が不動産に関し明らかに知識や情報が不足している状態において過小又は過大な額で取引が行われたとき。
ロ　相続，転勤等により売り急いで取引が行われたとき。

（特殊な事情の例示　「留意事項」総論第7章）

小問(2)

不動産の現実の取引価格は個別的に形成されることが多く，その取引に介在する特殊な事情により適正な価格を指向していないケースがしばしば見られるものである。

一方，不動産の鑑定評価とは，現実の社会経済情勢の下で合理的

（現実の取引価格と正常価格　「基準」総論第1章）

と考えられる市場で形成されるであろう市場価値を表示する適正な価格，すなわち正常価格を，不動産鑑定士が的確に把握する作業に代表される作業である。

したがって，採用される取引事例は正常な取引事情の下に成立した事例であることが必要である。ただし，当該取引における事情の内容及び適正な価格水準との乖離の程度が把握できる場合であれば，取引事例として採用することが可能であり，この場合に，事情補正が必要となる。

また，この事情補正をすることができる事例にも取引事例としての適格性を認めることで，より多数の取引事例の収集が可能となり，取引事例比較法の適用範囲を広めるとともに，これにより求められる試算価格である比準価格の精度を高めることができるのである。ここに事情の補正の必要性が認められる。

事情補正の必要性

なお，事情補正の必要性の有無及び程度の判定に当たっては，多数の取引事例等を総合的に比較対照の上，検討されるべきものであり，事情補正を要すると判定したときは，取引が行われた市場における客観的な価格水準等を考慮して適切に補正を行わなければならない。

事情補正の方法
「留意事項」総論第７章

以　上

解　説

本問は，「基準」総論第７章の取引事例比較法の中から，特に事情補正について説明を求める問題である。テーマが絞られている分「基準」による説明のみならず，ある程度内容を掘り下げた論述を要するため，理解力が問われるところである。

論文構成としては，まず取引事例比較法の意義及び事例選択要件を述べた上で個別の説明へと入る。特殊な事情とは，正常価格を求める場合には，正常価格の前提となる現実の社会経済情勢の下で合理的と考えられる諸条件を欠くに至らしめる事情のことであり，それを具体的に表すとどのような例が挙げられるのか，適宜補足説明を加えながら丁寧に論述すべきである。小問(2)については，正常価格や鑑定評価の意義，あるいは取引事例比較法の適用範囲といったところを押さえて，厚みのある答案に仕上げたいところである。比準価格の精度を高めるために，補正が必要である旨しっかり論述することがポイントである。

問題2　原価法はいかなる不動産の価格を求める場合に有効ですか。その理由を付して述べなさい。

解答例

1．原価法の意義

不動産の価格を求める鑑定評価の基本的な手法は，原価法，取引事例比較法及び収益還元法に大別され，このほかこれら三手法の考え方を活用した開発法等の手法がある。

価格を求める手法
「基準」総論第7章

原価法は，価格時点における対象不動産の再調達原価を求め，この再調達原価について減価修正を行って対象不動産の試算価格（積算価格）を求める手法である。

この手法は，不動産の価格の三面性（費用性，市場性，収益性）のうち費用性に着目したものであり，対象不動産と再調達を想定した不動産との間に認められる一種の代替関係に基づいて，上限値としての再調達原価に減価修正を行って試算価格を求める手法である。

原価法の意義
「基準」総論第7章

2．原価法の有効性

原価法によって求められる積算価格は，対象不動産の再調達原価に減価修正を行うことにより求められることから，原価法は，対象不動産が建物又は建物及びその敷地である場合において，再調達原価の把握及び減価修正を適切に行うことができるときに有効であり，対象不動産が土地のみである場合においても，再調達原価を適切に求めることができるときはこの手法を適用することができる。

よって，既成市街地内の更地や，更地以外の宅地の類型（建付地，借地権等）及び農地，林地等については，再調達原価の把握が困難なため，通常，原価法が適用できない。

原価法の有効性
「基準」総論第7章

(1)　再調達原価

再調達原価とは，対象不動産を価格時点において再調達することを想定した場合に必要とされる適正な原価の総額をいう。

なお，建設資材，工法等の変遷により，対象不動産の再調達原価を求めることが困難な場合には，対象不動産と同等の有用性を持つものに置き換えて求めた原価（置換原価）を再調達原価とみなすものとする。

再調達原価・置換原価
「基準」総論第7章

この場合，置換原価は対象不動産が住宅のような一般性のある建築物については有用性が認められるが，神社，仏閣等の特殊建築等については，その資材や工法等が意味を持つ場合があり，この場合には置換原価を求めることは適切ではない。

置換原価の有効性

再調達原価は，建設請負により，請負者が発注者に対して直ちに使用可能な状態で引き渡す通常の場合を想定し，発注者が請負者に対して支払う標準的な建設費に発注者が直接負担すべき通常の付帯費用を加算して求めるものとする。

土地の再調達原価は，その素材となる土地の標準的な取得原価に当該土地の標準的な造成費と発注者が直接負担すべき通常の付帯費用を加算して求めるものとし，また，建物及びその敷地の再調達原価は，まず，土地の再調達原価又は借地権の価格に発注者が直接負担すべき通常の付帯費用を加算した額を求め，この価格に建物の再調達原価を加算して求めるものとする。

再調達原価の求め方
「基準」総論第7章

すなわち，原価法は，価格時点において，請負契約によって対象不動産を再調達した場合の適正な原価が把握できる場合に有効である。したがって，特に土地の再調達原価については，その素材となる土地の価格と標準的な土地の造成費が把握できるものでなければならない。しかし，土地の再調達原価の把握が困難な既成市街地における建物及びその敷地の積算価格を求める場合には，その適用範囲を広げる観点から，土地部分については，取引事例比較法及び収益還元法によって求めた更地の価格に付帯費用を加算した額等で差し支えないものとされている。

再調達原価の有効性

(2) 減価修正

減価修正の目的は，減価の要因に基づき発生した減価額を対象不動産の再調達原価から控除して価格時点における対象不動産の適正な積算価格を求めることである。

減価修正の目的
「基準」総論第7章

減価の要因は，物理的要因，機能的要因及び経済的要因に分

けられ，これらが相互に関連し，影響を与え合いながら作用しているものであることに留意して減価額を把握しなければならない。

この減価修正は，期間損益計算を目的とする企業会計上の減価償却とは本質的にその目的を異にするものであるため，減価の要因に基づき，対象不動産が新規かつ最有効使用の状態と比してどれだけの減価が生じているか，その額を明らかにできるものでなければならない。

以　上

減価の要因
「基準」総論第7章

減価修正の有効性

解　説

本問は，「基準」総論第７章のうち，原価法の有効性に関する問題であり，手法の各過程についての理解力が求められる。

論文構成としては，基本的には「基準」の流れに沿って説明していけばよい。ポイントは再調達原価と減価額の適正な把握に尽きるので，流れの中で，逆にどのような場合に再調達原価あるいは減価額の把握が困難であるのかを考えていくと，比較的論点は抽出しやすい。なお，再調達原価や減価額を求める方法についての記載は省略したが，触れる場合は全体とのバランスに留意してほしい。

問題3　不動産の正常価格を求めるに当たって「代替の原則」がどのような意義を持っているか述べなさい。

解答例

1．代替の原則

不動産の価格の形成の過程を考察するとき，いくつかの基本的な法則性を認めることができる。これらの法則性を具体的に現したものを不動産の価格に関する諸原則というが，このうち代替の原則とは，「代替性を有する二以上の財が存在する場合には，これらの財の価格は，相互に影響を及ぼして定まる。不動産の価格も代替可能な他の不動産又は財の価格と相互に関連して形成される。」という原則である。

（代替の原則の意義　「基準」総論第4章）

合理的と考えられる市場において市場参加者が財の経済価値を判定する場合は，通常，①それにどれほどの費用が投じられて作られたものであるか（費用性），②それがどれほどの値段で市場で取引されているものであるか（市場性），③それを利用することによってどれほどの収益が得られるものであるか（収益性）という3つの点を考慮して判定している。これが価格の三面性といわれるものであり，不動産の価格の場合もこれと同様に考えられ，不動産の鑑定評価の三方式の考え方の基本となっている。

（価格の三面性）

この場合，ある不動産の価格は，その不動産と同等の効用を持ち，価格の三面性に関して代替が可能である他の不動産が存在する場合には，相互に競争を行うことによりその代替可能な他の不動産の価格と一致して定まる。このような法則性を述べているのが「代替の原則」である。

（代替性の原則の根拠）

2．代替の原則の持つ意義

正常価格とは，市場性を有する不動産について，現実の社会経済情勢の下で合理的と考えられる条件を満たす市場で形成されるであろう市場価値を表示する適正な価格をいう。そして，不動産の鑑定評価とは，この正常価格を不動産鑑定士が的確に把握する

（正常価格　「基準」総論第5章）

作業に代表される。

価格を求める鑑定評価の手法は，上記の費用性，市場性及び収益性にそれぞれ対応した原価法，取引事例比較法及び収益還元法に大別されるが，この三手法は代替の原則に基礎をおくものということができる。

価格を求める手法

原価法は，価格時点における対象不動産の再調達原価を求め，この再調達原価について減価修正を行って対象不動産の試算価格（積算価格）を求める手法である。

原価法
「基準」総論第7章

ある不動産について，その不動産と同等の効用を持ち，代替が可能である不動産を新規に調達することができる場合には，その不動産の価格が再調達に要する原価を超えると需要者は新規に調達する方法を選択することとなるため，結局，不動産の価格は再調達原価を上限として定まる。このような費用面での代替性に着目して試算価格を求める手法が原価法であり，再調達原価の把握及び減価修正を適切に行うことができるときに有効である。

原価法と代替の原則との関連

取引事例比較法は，まず多数の取引事例を収集して適切な事例の選択を行い，これらに係る取引価格に必要に応じて事情補正及び時点修正を行い，かつ，地域要因の比較及び個別的要因の比較を行って求められた価格を比較考量し，これによって対象不動産の試算価格（比準価格）を求める手法である。

取引事例比較法
「基準」総論第7章

ある不動産の価格は，その不動産と同等の効用を持ち，代替が可能である他の不動産が存在する場合には，合理的と考えられる市場においては相互に競争を行うことによって，その代替可能な不動産の価格に一致して定まるのである。市場における取引価格成立段階での競争，代替関係に着目して試算価格を求める手法が取引事例比較法であり，近隣地域若しくは同一需給圏内の類似地域等において，対象不動産と類似の不動産の取引が行われている場合又は同一需給圏内の代替競争不動産の取引が行われている場合に有効である。

取引事例比較法と代替の原則の関連

収益還元法は，対象不動産が将来生み出すであろうと期待される純収益の現在価値の総和を求めることにより対象不動産の試算価格（収益価格）を求める手法である。

収益還元法
「基準」総論第7章

ある不動産に求められる収益性は，収益物件として代替性を有する他の不動産又は財に係る収益性と関連して定まる。このように，収益性に関する代替性に着目して試算価格を求めようとする手法が収益還元法である。

収益還元法と代替の原則の関連

このように不動産の鑑定評価，すなわち正常価格を求めるための各手法は，いずれもこの代替の原則に裏付けられたものとなっているのである。

まとめ

以　上

解　説

本問は，「基準」総論第4章の不動産の価格に関する諸原則のうち代替の原則を中心として，正常価格や鑑定評価手法との関連を述べさせる横断的な問題である。基本的な内容であるが，「基準」以外の文章も多く用いる必要があり答案構成力も問われる比較的難易度の高い問題である。

答案構成としては，まず代替の原則の定義を述べることとなるが，その成立根拠から丁寧に説明してほしい。次に正常価格の定義から正常価格を求めるに当たっての代替の原則の意義を述べていくこととなるが，これについては，各手法との関連を述べていけばよい。

なお，土地の自然的特性の「非代替性」と代替の原則との関連について述べられれば，加点事由となる。つまり，土地については，その自然的特性として「非代替性」を有するにもかかわらず，これについて代替の原則が成立し得るのは，土地をその効用と関連づけて考えることにより，広くこの代替性を認めることができるからである。さらに，不動産を資産の保有手段として，または収益の手段等として抽象的に考えると，不動産以外の財，たとえば貴金属，有価証券等が不動産の代替物となる。

問題4　価格時点について，次の問に答えなさい。

(1)　価格時点とは何か。

(2)　不動産の鑑定評価において価格時点を明確にしなければならない理由。

解答例

小問(1)

1．鑑定評価の基本的事項

不動産の鑑定評価に当たっては，基本的事項として，対象不動産，価格時点，価格（又は賃料）の種類を確定しなければならない。

（基本的事項　「基準」総論第5章）

不動産の鑑定評価によって求められる鑑定評価額は，ある特定の不動産について特定の条件に応じて導き出される特定の時点における価格であるから，この価格時点をはじめとする鑑定評価の基本的事項が不明確であっては，鑑定評価額は意味をなさず，また鑑定評価額の妥当性を説明することもできない。したがって，これらの基本的事項の確定が必要となる。

（基本的事項の確定の必要性）

2．価格時点の確定

価格形成要因は，時の経過により変動するものであるから，不動産の価格はその判定の基準となった日においてのみ妥当するものである。したがって，不動産の鑑定評価を行うに当たっては，不動産の価格の判定の基準日を確定する必要があり，この日を価格時点という。また，賃料の価格時点は，賃料の算定の期間の収益性を反映するものとしてその期間の期首となる。

価格時点は，鑑定評価を行った年月日を基準として現在の場合（現在時点），過去の場合（過去時点）及び将来の場合（将来時点）に分けられる。

（価格時点の意義　「基準」総論第5章）

過去時点の鑑定評価は，対象不動産の確認等が可能であり，かつ，鑑定評価に必要な要因資料及び事例資料の収集が可能な場合に限り行うことができる。また，時の経過により対象不動産及び

その近隣地域等が価格時点から鑑定評価を行う時点までの間に変化している場合もあるので，このような事情変更のある場合の価格時点における対象不動産の確認等については，価格時点に近い時点の確認資料等をできる限り収集し，それを基礎に判断すべきである。

将来時点の鑑定評価は，対象不動産の確定，価格形成要因の把握，分析及び最有効使用の判定についてすべて想定し，又は予測することとなり，また，収集する資料についても鑑定評価を行う時点までのものに限られ，不確実にならざるを得ないので，原則として，このような鑑定評価は行うべきではない。ただし，特に必要がある場合において，鑑定評価上妥当性を欠くことがないと認められるときは将来の価格時点を設定することができるものとする。

過去時点・将来時点の鑑定評価
「留意事項」総論第５章

小問(2)

不動産の価格は，効用，相対的稀少性及び有効需要の相関結合によって生ずる不動産の経済価値を貨幣額をもって表示したものである。この三者に影響を与える要因を不動産の価格を形成する要因（価格形成要因）といい，一般的要因，地域要因及び個別的要因に分けられる。

不動産の価格は，多数の要因の相互作用の結果として形成されるものであるが，要因それ自体も常に変動する傾向を持っている。したがって，不動産の鑑定評価を行うに当たっては，価格形成要因を市場参加者の観点から明確に把握し，かつ，その推移及び動向並びに諸要因間の相互関係を十分に分析して，前記三者に及ぼすその影響を判定することが必要である。

価格形成要因
「基準」総論第１章，第３章

また，不動産は，他の不動産とともに用途的に同質性を有する一定の地域を構成してこれに属することを通常とし（不動産の地域性），地域はその規模，構成の内容，機能等にわたってそれぞれ他の地域と区別されるべき特性を有している（地域の特性）。

不動産の地域性
地域の特性

用途的地域内の不動産は相互に代替，競争等の関係に立ち，用途的地域はその特性を前提として他の地域と相互関係に立つことから，各地域には一定の価格水準が形成され，個別の不動産の価格は，そ

不動産の価格形成

の最有効使用を前提としてその属する地域の価格水準の大枠の下で個別具体的に形成される。

この場合，不動産の属する地域は固定的なものではなくて，常に拡大縮小，集中拡散，発展衰退等変化の過程にあり，地域の特性を形成する地域要因も常に変動の過程にあるものであるから，個別の不動産の価格も，通常，過去と将来とにわたる長期的な考慮の下に形成されるものである。今日の価格は，昨日の展開であり，明日を反映するものであって常に変化の過程にあるものである。

不動産の価格の特徴(3)「基準」総論第１章

したがって，不動産の鑑定評価を行うに当たっては，このような変動の過程でどの時点の価格を求めるのか，すなわち不動産の価格の判定の基準日となる価格時点を確定しなければならない。

価格時点確定の必要性

以　上

解　説

本問は，「基準」総論第５章の鑑定評価の基本的事項のうち，価格時点についての問題である。価格時点単独でこれだけ書かせる問題は，最近の傾向としては出題しにくいところであるが，他の基本的事項の内容と併せて，よく理解しておいてほしい。

論文構成としては，小問(1)で価格時点の定義・分類等を述べ，小問(2)で価格時点を確定する必要性を述べていく。小問(2)の必要性については，価格形成要因や不動産の地域性，地域の特性を説明した上で，不動産の価格の特徴(3)より不動産の価格が常に変化の過程にあることを述べてほしい。なお，「変動の原則」に触れられれば加点事由となる。

MEMO

昭和42年度

問題1　予測の原則について、次の問に答えなさい。

(1)　予測の原則とはいかなる原則か。

(2)　不動産の価格に関する諸原則のうち、この原則と密接な関連性を持つと思われる原則を二つあげ、その関連性の理由を述べなさい。

(3)　収益還元法の適用に当たって、この原則はどのような役割を持っているか。

解答例

小問(1)

1．価格諸原則の意義

不動産の価格形成過程には基本的な法則性が認められる。不動産の鑑定評価は，その価格形成過程を追究し分析することを本質とするものであるから，鑑定評価に際しては，必要な指針としてこれらの法則性を認識し，かつ，これらを具体的に現した諸原則を活用すべきである。

価格諸原則の意義
「基準」総論第4章

2．予測の原則の意義

財の価格は，その財の将来の収益性等についての予測を反映して定まる。不動産の価格も，価格形成要因の変動についての市場参加者による予測によって左右される（予測の原則）。

不動産の価格は，多数の価格形成要因の相互作用の結果として形成されるものであるが，要因それ自体も常に変動する傾向を持っている。したがって，不動産の鑑定評価を行うに当たっては，「予測の原則」を活用して価格形成要因の将来動向を十分に分析の上，その結果を標準的使用や最有効使用の判定，評価手法の適用等に的確に反映すべきである。

予測の原則の意義
「基準」総論第4章，第3章

小問(2)

「予測の原則」と密接な関連性を持つ原則としては，「変動の原則」と「最有効使用の原則」とがあげられる。

1．「変動の原則」について

一般に財の価格は，その価格を形成する要因の変化に伴って変動する。不動産の価格も多数の価格形成要因の相互因果関係の組合せの流れである変動の過程において形成されるものである。したがって，不動産の鑑定評価に当たっては，価格形成要因が常に変動の過程にあることを認識して，各要因間の相互因果関係を動的に把握すべきである（変動の原則）。

価格形成要因は常に変動の過程にあるため，鑑定評価に当たっては，その将来動向を予測しなければならない。したがって，「予測の原則」は，「変動の原則」を前提とするものと言える。

「変動の原則」との関連
「基準」総論第４章

2．「最有効使用の原則」について

不動産の価格は，その不動産の効用が最高度に発揮される可能性に最も富む使用（最有効使用）を前提として把握される価格を標準として形成される（最有効使用の原則）。したがって，鑑定評価に当たっては，地域分析及び個別分析を通じて対象不動産についてその最有効使用を判定しなければならない。

最有効使用の判定に際しては，①使用収益が将来相当の期間にわたって持続し得る使用方法であること，②効用を十分に発揮し得る時点が予測し得ない将来でないこと，③価格形成に影響を与える地域要因の変動が客観的に予測される場合には，当該変動に伴い対象不動産の使用方法が変化する可能性があること等に留意すべきである。すなわち，「予測の原則」は，「最有効使用」を判定するための指針と言える。

「最有効使用の原則」との関連
「基準」総論第４章，第５章

小問(3)

収益還元法は，対象不動産が将来生み出すであろうと期待される純収益の現在価値の総和を求めることにより対象不動産の試算価格（収益価格）を求める手法である。

収益価格を求める方法には，①一期間の純収益を還元利回りによって還元する方法（直接還元法）と，②連続する複数の期間に発生する純収益及び復帰価格を，その発生時期に応じて現在価値に割り引き，それぞれを合計する方法（ＤＣＦ法）とがある。

収益還元法は，将来の純収益の予測を前提とする手法であるから，当該手法適用の各段階において「予測の原則」を適切に活用すべき

収益還元法の定義
「基準」総論第７章

である。

1．直接還元法と予測の原則

直接還元法の適用における純収益の算定に当たっては，対象不動産からの総収益及びこれに係る総費用を直接的に把握し，それぞれの項目の細部について過去の推移及び将来の動向を慎重に分析して，対象不動産の純収益を適切に求め，必要に応じて標準化された純収益を採用すべきである。この場合において収益増加の見通しについては，特に予測の限界を見極めなければならない。

また，還元利回りの算定に当たっては，将来の収益に影響を与える要因の変動予測と予測に伴う不確実性を的確に織り込むべきである。

直接還元法における「予測の原則」の活用
「基準」総論第7章

2．ＤＣＦ法と予測の原則

ＤＣＦ法の適用に当たっては，毎期の純収益及び復帰価格並びにその発生時期がキャッシュ・フロー表によって明示されることから，純収益の見通しについて十分な調査を行うことが必要である。

ＤＣＦ法における「予測の原則」の活用
「基準」総論第7章

以　上

解　説

本問は，総論第４章のうち「予測の原則」に関する諸論点を問うものである。

小問(1)は，上位概念である価格諸原則の意義について述べた上，「予測の原則」の定義と鑑定評価における当該原則の位置付けを（簡潔に）述べるとよい。

小問(2)のように原則と原則との関連に関する論点は，総論第４章の典型的な出題パターンである。問題文に即して的確に答えてほしい。

小問(3)のように「手法の適用における価格原則の活用」に関する論点も，典型的な出題パターンである。次の各項とともにしっかり押さえてほしい。

<table>
<tr><td colspan="2">原価法</td><td>耐用年数に基づく方法（減価修正）における経済的残存耐用年数の査定において，「予測の原則」を活用する。</td></tr>
<tr><td colspan="2">取引事例比較法</td><td>「（商業地域に係る）盛衰の動向」等，将来性に関する要因の比較において，「予測の原則」を活用する。</td></tr>
<tr><td rowspan="2">収益還元法</td><td>直接還元法</td><td>①　一期間の純収益の算定において，「予測の原則」を活用する（必要に応じて標準化された純収益を採用する）。
②　還元利回りの算定において「要因の変動予測」を織り込む。
③　純収益の継続性の「予測」に基づいて，永久還元法か有期還元法かを選択する。</td></tr>
<tr><td>ＤＣＦ法</td><td>毎期の純収益及び復帰価格並びにその発生時期を十分な調査に基づいて「予測」する。</td></tr>
</table>

問題2

(1) 不動産鑑定評価基準における宅地の意義を述べ，宅地見込地の鑑定評価に関連して，公簿地目が畑である場合に論及しなさい。

(2) 宅地見込地の鑑定評価額は，どのように決定しますか。

解答例

小問(1)

1．不動産の種別について

不動産の鑑定評価においては，不動産の地域性並びに有形的利用及び権利関係の態様に応じた分析を行う必要があり，その地域の特性等に基づく不動産の種類ごとに検討することが重要である。

不動産の種類とは，不動産の種別及び類型の二面からなる複合的な不動産の概念を示すものであり，この不動産の種別及び類型が不動産の経済価値を本質的に決定づけるものであるから，この両面の分析をまって初めて精度の高い不動産の鑑定評価が可能となるものである。

不動産の種別とは，不動産の用途に関して区分される不動産の分類をいい，不動産の類型とは，その有形的利用及び権利関係の態様に応じて区分される不動産の分類をいう。

（不動産の種別・類型「基準」総論第2章）

不動産の種別は，地域の種別と土地の種別とに分けられる。

不動産の種別の分類は，不動産の鑑定評価における地域分析，個別分析，鑑定評価手法の適用等の各手順を通じて重要な事項となっており，これらを的確に分類，整理することは鑑定評価の精密さを一段と高めることとなるものである。

（種別の分類の意義「留意事項」総論第2章）

2．地域の種別

地域の種別は，宅地地域，農地地域，林地地域等に分けられる。

宅地地域とは，居住，商業活動，工業生産活動等の用に供される建物，構築物等の敷地の用に供されることが，自然的，社会的，経済的及び行政的観点からみて合理的と判断される地域をいい，住宅地域，商業地域，工業地域等に細分される。

（宅地地域の定義）

なお，宅地地域，農地地域，林地地域等の相互間において，ある種別の地域から他の種別の地域へと転換しつつある地域及び宅地地域，農地地域等のうちにあって細分されたある種別の地域から，その地域の他の細分された地域へと移行しつつある地域があることに留意すべきである。

転換しつつある地域等
「基準」総論第2章

3．土地の種別

土地の種別は，地域の種別に応じて分類される土地の区分であり，宅地，農地，林地，見込地，移行地等に分けられ，さらに地域の種別の細分に応じて細分される。

土地の種別
「基準」総論第2章

宅地とは，宅地地域のうちにある土地をいい，住宅地，商業地，工業地等に細分される。

宅地の定義
「基準」総論第2章

見込地とは，宅地地域，農地地域，林地地域等の相互間において，ある種別の地域から他の種別の地域へと転換しつつある地域のうちにある土地をいい，このうち，農地地域や林地地域等から宅地地域へ転換しつつある地域（宅地見込地地域）のうちにある土地を宅地見込地という。

見込地の定義
「基準」総論第2章

鑑定評価において，土地の種別は，その属する用途的地域の種別に基づいて判定し，地域の種別は，自然的・社会的・経済的・行政的観点から判定する。したがって，公簿地目や現況地目が畑であっても，上記観点から宅地地域へ転換しつつある地域に存する土地は，鑑定評価上は宅地見込地と判定すべきである。

種別の判定と鑑定評価

小問(2)

宅地見込地の鑑定評価額は，比準価格及び当該宅地見込地について，価格時点において，転換後・造成後の更地を想定し，その価格から通常の造成費相当額及び発注者が直接負担すべき通常の付帯費用を控除し，その額を当該宅地見込地の熟成度に応じて適切に修正して得た価格を関連づけて決定するものとする。この場合においては，特に都市の外延的発展を促進する要因の近隣地域に及ぼす影響度及び次に掲げる事項を総合的に勘案するものとする。

① 当該宅地見込地の宅地化を助長し，又は阻害している行政上の措置又は規制

② 付近における公共施設及び公益的施設の整備の動向

宅地見込地の鑑定評価
「基準」各論第1章

③　付近における住宅，店舗，工場等の建設の動向

④　造成の難易及びその必要の程度

⑤　造成後における宅地としての有効利用度

また，熟成度の低い宅地見込地を鑑定評価する場合には，比準価格を標準とし，転換前の土地の種別に基づく価格に宅地となる期待性を加味して得た価格を比較考量して決定するものとする。

なお，熟成度の高い宅地見込地の要因分析に当たっては転換後の宅地としての地域の地域要因及び土地の個別的要因をより重視すべきであるが，熟成度の低い宅地見込地の場合においては，転換前の地域の種別の地域要因及び土地の個別的要因を重視すべきである。

見込地の要因分析

そして，このような転換の程度の判定のためには，特に近隣地域の周辺地域の地域要因の変化の推移，動向がそれらの土地の変化の動向予測に当たって有効な資料となるので，日常から広域的な地域に係る要因資料の収集，分析に努めるとともに，近隣地域の周辺の他の地域の地域要因の推移，動向及びそれらの近隣地域への波及の程度等について分析することも必要である。

近隣地域の地域分析「留意事項」総論第6章

以　上

解　説

本問は，宅地見込地について「基準」総論第2章の土地の種別と各論第1章の鑑定評価額の求め方を問う問題である。

論文構成としては，小問(1)については，まず不動産の種類から説明し，公簿地目との関連について繋げていく。

小問(2)については，「基準」を引用して宅地見込地の鑑定評価について説明する。宅地見込地は，いわば用途が確定していない状態の地域の中にある土地であり，その価格へのアプローチとしては，①現実の状況である宅地見込地から接近する方法・②転換後・造成後の更地を想定した価格から接近する方法・③転換前の種別に基づく価格から接近する方法の三通りがある旨きちんと整理しておく必要がある。

問題3　不動産の鑑定評価の持つ社会的公共的意義について論じなさい。

解答例

1．不動産の鑑定評価

不動産鑑定士による不動産の鑑定評価は，不動産の適正な価格を求め，その適正な価格の形成に資するものでなければならない。 （「基準」総論第5章）

不動産の鑑定評価は，その対象である不動産の経済価値を判定し，これを貨幣額をもって表示することである。それは，この社会における一連の価格秩序の中で，その不動産の価格及び賃料がどのような所に位するかを指摘することであって， （鑑定評価の意義(1)　「基準」総論第1章）

(1)　鑑定評価の対象となる不動産の的確な認識の上に，
(2)　必要とする関連資料を十分に収集して，これを整理し，
(3)　不動産の価格を形成する要因及び不動産の価格に関する諸原則についての十分な理解のもとに，
(4)　鑑定評価の手法を駆使して，その間に，
(5)　既に収集し，整理されている関連諸資料を具体的に分析して，対象不動産に及ぼす自然的，社会的，経済的及び行政的な要因の影響を判断し，
(6)　対象不動産の経済価値に関する最終判断に到達し，これを貨幣額をもって表示するものである。

（鑑定評価の手順　「基準」総論第1章）

この判断の当否は，これら各段階のそれぞれについての不動産鑑定士の能力の如何及びその能力の行使の誠実さの如何に係るものであり，また，必要な関連諸資料の収集整理の適否及びこれらの諸資料の分析解釈の練達の程度に依存するものである。したがって，鑑定評価は，高度な知識と豊富な経験及び的確な判断力を持ち，さらに，これらが有機的かつ総合的に発揮できる練達堪能な専門家によってなされるとき，初めて合理的であって，客観的に論証できるものとなるのである。 （鑑定評価の可能性　「基準」総論第1章）

不動産の鑑定評価とは，現実の社会経済情勢の下で合理的と考えられる市場で形成されるであろう市場価値を表示する適正な価

格（正常価格）を，不動産鑑定士が的確に把握する作業に代表されるように，練達堪能な専門家によって初めて可能な仕事であるから，このような意味において，不動産の鑑定評価とは，不動産の価格に関する専門家の判断であり，意見であるといってよいであろう。

鑑定評価の意義(2)
「基準」総論第1章

2．不動産の鑑定評価の社会的公共的意義

不動産の構成要素として不可欠な土地は，他の一般の諸財と異なって次のような特性を持っている。

(1) 自然的特性として，地理的位置の固定性，不動性（非移動性），永続性（不変性），不増性，個別性（非同質性，非代替性）等を有し，固定的であって硬直的である。

(2) 人文的特性として，用途の多様性（用途の競合，転換及び併存の可能性），併合及び分割の可能性，社会的及び経済的位置の可変性等を有し，可変的であって伸縮的である。

土地の特性
「基準」総論第1章

不動産は，この土地の持つ諸特性に応じた一定の条件をもとに利用がなされ，その社会的及び経済的な有用性を発揮しており，また，他の不動産と一定の地域を構成して地域の規模，構成の内容等に応じた地域の特性を持つなど，不動産特有の特徴を有するものである。

不動産の特徴
不動産の地域性・地域の特性

不動産の取引は，このような一般の諸財と異なる不動産の特徴を反映して個別的・相対的に行われることが多く，また，隣接不動産の併合を目的とする取引等，取引の性格上，必然的に市場が限定されることも多い。さらに，不動産市場の特性，取引等における当事者双方の能力の多様性と特別の動機により売り急ぎ，買い進み等の特殊な事情が存在する場合もある。

したがって，不動産の現実の取引価格等は，取引等の必要に応じて個別的に形成されるのが通常であり，しかもそれは個別的な事情に左右されがちのものであって，このような取引価格等から不動産の適正な価格を見出すことは一般の人には非常に困難である。

不動産の現実の取引価格
「基準」総論第1章，第7章

不動産の鑑定評価は，この社会における一連の価格秩序のなかで，対象不動産の価格の占める適正なあり所を指摘することであ

る。個人の幸福も，社会の成長，発展及び福祉も，不動産のあり方に依存しており，この不動産のあり方を決定づける不動産の鑑定評価の社会的公共的意義は極めて大きいといわなければならない。

鑑定評価の社会的公共的意義
「基準」総論第１章

したがって，この不動産の適正な価格の把握の困難性及び不動産の鑑定評価の社会的公共的意義より，不動産の適正な価格については専門家としての不動産鑑定士の鑑定評価活動が必要となるものである。

鑑定評価の必要性
「基準」総論第１章

以　上

解　説

本問は，「基準」総論第１章から不動産鑑定評価の社会的公共的意義に関する問題である。

論文構成としては，「基準」を用いて不動産の鑑定評価全般について述べ，価格の特徴とからめて不動産の社会的公共的意義に繋げていく。基本的には，ほとんど「基準」の文言で解答可能であるが，土地の特性から不動産の地域性や地域の特性，不動産の価格の特徴等といったところで表現にひと工夫ほしい。

この社会における一連の価格秩序のなかで対象不動産の占める適正な価格のあり所を指摘するために，不動産鑑定士が，現実の市場における価格の形成過程を分析するのだということをしっかり理解しよう。

問題4　不動産の鑑定評価における資料の果たす役割について述べなさい。

解答例

1．鑑定評価に必要な資料

不動産の価格に関する専門家の判断であり意見である鑑定評価の成果は，採用した資料によって左右されるものであるから，資料の収集及び整理は，鑑定評価の作業に活用し得るように適切かつ合理的な計画に基づき，実地調査，聴聞，公的資料の確認等により的確に行うものとし，公正妥当を欠くようなことがあってはならない。

鑑定評価に必要な資料は，おおむね次のように分けられる。

(1)　確認資料

確認資料とは，不動産の物的確認及び権利の態様の確認に必要な資料をいう。確認資料としては，登記事項証明書，土地又は建物等の図面，写真，不動産の所在地に関する地図等があげられる。

(2)　要因資料

要因資料とは，価格形成要因に照応する資料をいう。要因資料は，一般的要因に係る一般資料，地域要因に係る地域資料及び個別的要因に係る個別資料に分けられる。一般資料としては，金利動向や経済成長率等が，地域資料としては，住宅地図や都市計画図等が，個別資料としては，地積測量図，日影図等に関する資料等があげられる。

(3)　事例資料

事例資料とは，鑑定評価の手法の適用に必要とされる現実の取引価格，賃料等に関する資料をいう。事例資料としては，建設事例，取引事例，収益事例，賃貸借等の事例等があげられる。

なお，鑑定評価先例価格は鑑定評価に当たって参考資料とし得る場合があり，売買希望価格等についても同様である。

不動産の鑑定評価とは，現実の社会経済情勢の下で合理的と考

鑑定評価に必要な資料
「基準」総論第8章

えられる市場で形成されるであろう市場価値を表示する適正な価格を，不動産鑑定士が的確に把握する作業に代表され，それは，一定の「資料」に基づく専門家の判断であり意見であるといってよいであろう。したがって，鑑定評価に客観性や社会的妥当性を付与するために，下記のような鑑定評価の手順の各段階において「資料」が用いられる。

鑑定評価の意義と資料の関連
「基準」総論第1章

2．鑑定評価の手順における資料の役割

(1)　対象不動産の確認

対象不動産の確認に当たっては，「鑑定評価の基本的事項の確定」により確定された対象不動産についてその内容を明瞭にしなければならない。対象不動産の確認は，対象不動産の物的確認及び権利の態様の確認に分けられる。

対象不動産の確認
「基準」総論第8章

この場合，対象不動産の物的確認に当たっては，土地，建物それぞれについて所在，地番，家屋番号等を実地に確認し，権利の態様の確認に当たっては，物的に確認された対象不動産について，当該不動産に係るすべての権利関係を明瞭に確認することにより，確定された対象不動産並びに鑑定評価の対象となる権利の存否及びその内容を，確認資料を用いて照合しなければならない。

確認と資料の関連
「基準」総論第8章

(2)　資料の検討及び価格形成要因の分析

収集した資料の検討に当たっては，資料が鑑定評価の作業に活用するために必要にして十分な資料であるか否か，資料が信頼するに足りるものであるか否かについて考察するとともに，価格形成要因を分析するために，その資料が対象不動産の種類並びに鑑定評価の依頼目的及び条件に即応しているか否かについて検討すべきである。

価格形成要因の分析に当たっては，収集された要因資料に基づき，一般的要因を分析するとともに，地域分析及び個別分析を通じて対象不動産についてその最有効使用を判定しなければならない。

資料の検討と要因分析
「基準」総論第8章

(3)　鑑定評価の手法の適用

鑑定評価の手法の適用に当たっては，鑑定評価の手法を当該

案件に即して適切に適用すべきである。この場合，地域分析及び個別分析により把握した対象不動産に係る市場の特性等を適切に反映した複数の鑑定評価の手法を適用すべきであり，対象不動産の種類，所在地の実情，資料の信頼性等により複数の鑑定評価の手法の適用が困難な場合においても，その考え方をできるだけ参酌するように努めるべきである。

各手法の適用に当たって，取引事例等は，鑑定評価の各手法に即応し，適切にして合理的な計画に基づき，豊富に秩序正しく収集し，選択すべきであり，投機的取引であると認められる事例等適正さを欠くものであってはならない。

鑑定評価手法の適用と資料との関連
「基準」総論第8章，第7章

また，取引事例比較法における要因比較，収益還元法における還元利回りの決定等において，要因資料の十分な分析が必要である。

補足

(4) 試算価格又は試算賃料の調整

試算価格又は試算賃料の調整は，鑑定評価の手順の各段階について，客観的，批判的に再吟味し，その結果を踏まえた各試算価格又は各試算賃料が有する説得力の違いを適切に反映することによりこれを行うものとする。この場合，「資料の選択，検討及び活用の適否」，「各手法の適用において採用した資料の特性及び限界からくる相対的信頼性」等に留意すべきである。

試算価格又は試算賃料の調整と資料との関連
「基準」総論第8章

(5) 鑑定評価報告書の作成

対象不動産の所在を明示した地図，土地又は建物等の図面，写真等の確認資料，事例資料等は，必要に応じて鑑定評価報告書に添付し，鑑定評価の客観性，妥当性を証明すべきである。

なお，他の専門家が行った調査結果等を活用するために入手した調査報告書等の資料についても，必要に応じて，附属資料として添付するものとする。

鑑定評価報告書と資料
「基準」総論第9章

以　上

解　説

本問は，鑑定評価に必要な資料について問う問題である。

論文構成としては，まず資料の重要性を説明した上で鑑定評価に必要な資料についてそれぞれ説明する。この際，単に「採用した資料によって左右される」という部分のみならず，鑑定評価の意義的なところから必要性を述べたいところである。つまり，広く社会一般に対して説得力を有する鑑定評価は，十分な資料に立脚して初めて合理的かつ客観的に論証できるということを十分に理解しておけばよい。

後半は，「基準」第８章の鑑定評価の手順の流れに沿って説明すると全体との関連を押さえやすい。この際，必ずしも手順のすべてを述べる必要はなく，ボリュームや内容を考えてうまくまとめてほしい。

昭和43年度

問題1　正常価格について，次の問に答えなさい。
(1)　正常価格の意義
(2)　不動産鑑定評価基準が，「不動産の鑑定評価によって求める価格は，基本的には正常価格である」と述べている理由。

解答例

小問(1)

1．不動産の鑑定評価によって求める価格

不動産の鑑定評価によって求める価格は，基本的には正常価格であるが，鑑定評価の依頼目的に対応した条件により限定価格，特定価格又は特殊価格を求める場合があるので，依頼目的に対応した条件を踏まえて価格の種類を適切に判断し，明確にすべきである。

鑑定評価によって求める価格
「基準」総論第5章

2．正常価格・限定価格等の定義

正常価格とは，市場性を有する不動産について，現実の社会経済情勢の下で合理的と考えられる条件を満たす市場で形成されるであろう市場価値を表示する適正な価格をいう。この場合において，現実の社会経済情勢の下で合理的と考えられる条件を満たす市場（以下「合理的と考えられる市場」という）とは，以下の条件を満たす市場をいう。

(1)　市場参加者が自由意思に基づいて市場に参加し，参入，退出が自由であること。なお，ここでいう市場参加者は，自己の利益を最大化するための要件（①売り急ぎ，買い進み等をもたらす特別な動機のないこと，②対象不動産及び対象不動産が属する市場について取引を成立させるために必要となる通常の知識や情報を得ていること，③取引を成立させるために通常必要と認められる労力，費用を費やしていること，④対象不動産の最有効使用を前提とした価値判断を行うこと，⑤買主が通常の資金調達能力を有していること）を満たすとともに，慎重かつ賢明に予測し，行動するものとする。

正常価格の定義
「基準」総論第5章

(2) 取引形態が，市場参加者が制約されたり，売り急ぎ，買い進み等を誘引したりするような特別なものではないこと。
(3) 対象不動産が相当の期間市場に公開されていること。

これに対し，限定価格とは，市場性を有する不動産について，不動産と取得する他の不動産との併合又は不動産の一部を取得する際の分割等に基づき正常価格と同一の市場概念の下において形成されるであろう市場価値と乖離することにより，市場が相対的に限定される場合における取得部分の当該市場限定に基づく市場価値を適正に表示する価格をいう。

限定価格の定義
「基準」総論第5章

また，特定価格とは，市場性を有する不動産について，法令等による社会的要請を背景とする鑑定評価目的の下で，正常価格の前提となる諸条件を満たさないことにより正常価格と同一の市場概念の下において形成されるであろう市場価値と乖離することとなる場合における不動産の経済価値を適正に表示する価格をいう。

特定価格の定義
「基準」総論第5章

さらに，特殊価格とは，文化財等の一般的に市場性を有しない不動産について，その利用現況等を前提とした不動産の経済価値を適正に表示する価格をいう。

特殊価格の定義
「基準」総論第5章

3．正常価格の意義

正常価格は，市場において一般の売手及び買手の間で取引の対象となり得る「市場性を有する不動産」についての価格である。この点において，正常価格は，文化財等の一般的な市場性を有しない不動産等に係る特殊価格と異なる。

不動産の市場性

また，正常価格は，「合理的と考えられる市場」において形成されるであろう価格である。この点において，正常価格は，併合や分割等に基づき相対的に限定された市場を前提とする限定価格や，これらの条件を満たさない場合を前提とする特定価格と異なる。

合理的市場

したがって，正常価格とは，合理的と考えられる市場を前提とする，一般の取引当事者にとって妥当する価格であるといえる。

まとめ

小問(2)

不動産のあり方（不動産がどのように利用され，どのように貢献しているかということ）は，個人の幸福，社会の成長及び発展，並

びに公共の福祉を左右する。そして，この不動産のあり方は，不動産の価格を選択の主要な指標として決定されるものである。

ところが，不動産の現実の取引価格は，土地の有する特性（個別性，用途の多様性等）のため，取引の必要に応じて個別的に形成されるのが通常であり，しかもそれは個別的な事情に左右されがちなものであって，このような取引価格から不動産の適正な価格を見出すことは一般の人には非常に困難である。

したがって，合理的と考えられる市場における価格形成過程を追究し分析する不動産の鑑定評価は，不動産の適正な価格（正常価格）を求め，その適正な価格の形成に資するものでなければならないといえ，この点に，「不動産の鑑定評価によって求める価格は，基本的には正常価格である」理由が認められる。

正常価格の必要性
「基準」総論第１章，第５章

不動産の鑑定評価とは，現実の社会経済情勢の下で合理的と考えられる市場で形成されるであろう市場価値を表示する適正な価格（正常価格）を不動産鑑定士が的確に把握する作業に代表されるものであり，その意義は，社会における一連の価格秩序のなかで，対象不動産の価格の占める適正なあり所を指摘し，不動産のあり方を決定するための指標を示すことにあるといえる。

鑑定評価の意義
「基準」総論第１章

なお，不動産の鑑定評価によって求める価格は基本的には正常価格であることから，鑑定評価報告書の作成に当たって，正常価格を求めることができる不動産について，依頼目的及び条件により限定価格又は特定価格を求めた場合は，かっこ書きで正常価格である旨を付記してそれらの額を併記しなければならない。

鑑定評価報告書への記載
「基準」総論第９章

以　上

解　説

本問は，「基準」総論第５章の正常価格について正面から内容を問う問題である。

正常価格が，①市場性を有する不動産についての価格②合理的と考えられる条件を満たす市場で形成されるであろう価格③市場価値を表示する適正な価格であることをしっかり押さえておこう。

論文構成としては，小問(1)については「基準」の正常価格の定義を中心として書くこととなるが，正常価格の意義的な部分についてはあまり深入りしすぎてしまうと，小問(2)で同じ内容を繰り返すような答案となってしまうので注意が必要である。小問(2)については，価格の特徴と不動産鑑定評価の社会的公共的意義から鑑定評価の必要性を述べさせる典型論点である。

問題2　取引事例比較法と特に関連する「諸原則」をあげ，その関連性について述べなさい。　（一部改題）

解答例

1．取引事例比較法

不動産の価格を求める基本的な手法には，価格の三面性（費用性，市場性及び収益性）にそれぞれ対応する，原価法，取引事例比較法及び収益還元法の三手法がある。

価格の三面性と三手法
「基準」総論第7章

取引事例比較法とは，価格の市場性に着目し，まず多数の取引事例を収集して適切な事例の選択を行い，これらに係る取引価格に必要に応じて事情補正及び時点修正を行い，かつ，地域要因の比較及び個別的要因の比較を行って求められた価格を比較考量し，これによって対象不動産の試算価格（比準価格）を求める手法である。

取引事例比較法は，近隣地域若しくは同一需給圏内の類似地域等において，対象不動産と類似の取引が行われている場合又は同一需給圏内の代替競争不動産の取引が行われている場合に有効である。

取引事例比較法の定義・有効性
「基準」総論第7章

2．取引事例比較法と不動産の価格に関する諸原則との関連

不動産の価格形成過程には基本的な法則性が認められる。不動産の鑑定評価は，その価格形成過程を追究し分析することを本質とするものであるので，鑑定評価に際しては，必要な指針としてこれらの法則性を認識し，かつ，これらを具体的に現した諸原則を活用すべきである。

取引事例比較法の適用に当たっては，需要と供給の原則，代替の原則，最有効使用の原則，変動の原則及び予測の原則等を活用しなければならない。

価格諸原則
「基準」総論第4章

(1)　需要と供給の原則

不動産の価格は，他の財と同様，その需要と供給との相互関係によって定まるのであるが，不動産は他の財と異なる自然的・

人文的特性を有するため，その需要と供給及び価格の形成には，これらの特性の反映が認められる（需要と供給の原則）。

需給の原則の定義
「基準」総論第4章

取引事例比較法は，取引市場の需給を反映して成立した取引価格を基礎とするものであるので，需要と供給の原則に基づく手法であるといえる。

価格形成要因の比較に際し市場の動向を分析し，また，時点修正率を査定する当たっては，この原則を活用し，市場の需給の動向を的確に把握しなければならない。

比較法における同原則の活用

(2) 代替の原則

代替性を有する二以上の財が存在する場合には，これらの財の価格は相互に影響を及ぼして定まる。不動産の価格も代替可能な他の不動産又は財の価格と相互に関連して形成される（代替の原則）。

代替の原則の定義
「基準」総論第4章

取引事例比較法は，対象不動産と代替可能な不動産に係る取引価格との比較を通じて価格を求めるものであるので，代替の原則に基づく手法であるといえる。

取引事例の収集に当たっては，この原則を活用し，代替可能な不動産の存する用途的地域や同一需給圏の範囲を適切に判定しなければならない。

比較法における同原則の活用

(3) 最有効使用の原則

不動産の価格は，その不動産の効用が最高度に発揮される可能性に最も富む使用（最有効使用）を前提として把握される価格を標準として形成される。この場合の最有効使用とは，現実の社会経済情勢の下で客観的にみて，良識と通常の使用能力を持つ人による合理的かつ合法的な最高最善の使用方法に基づくものである（最有効使用の原則）。

最有効使用の原則の定義
「基準」総論第4章

更地は最有効使用が可能であるので，配分法を適用する場合における複合不動産の取引事例は，敷地が最有効使用の状態にあるものを採用すべきである。

また，複合不動産に係る個別的要因の比較に当たっては，この原則を活用し，不動産とその環境との適合の状態や，建物と敷地との適応の状態などの個別的要因について的確に分析しな

比較法における同原則の活用
「基準」各論第1章
総論第3章

ければならない。

(4) 変動の原則及び予測の原則

一般に財の価格は，その価格を形成する要因の変化に伴って変動し，不動産の価格も価格形成要因の変動の過程において形成される（変動の原則）。

したがって，財の価格は，その財の将来の収益性等についての予測を反映して定まり，不動産の価格も，価格形成要因の変動についての市場参加者による予測によって左右される（予測の原則）。

時点修正に当たっては，変動の原則を活用し，時点修正率を適切に求めなければならない。

また，価格形成要因の比較に当たっては，これらの原則を活用し，街並みの状態や繁華性の程度等に係る過去の推移及び将来の動向を適切に把握し予測しなければならない。

以　上

変動の原則・予測の原則の定義
「基準」総論第4章

比較法における同原則の活用

解　説

本問は，「基準」総論第４章，第７章からの出題であり，評価手法と価格原則との関連を問うものであるので，評価手法の適用に当たって価格原則をどのように活用すべきか，ということを論ずる。

そこで，(1)取引事例比較法について説明した上で，(2)関連する価格原則の定義，及び，取引事例比較法の適用において価格原則をどのように活用すべきかを述べるとよい。

手法の適用における価格原則の活用について述べる場合は，

① 当該手法の成立根拠となる価格原則は何か，

② 当該手法の各項目（本問の場合，事例の収集選択，事情補正，時点修正，要因比較）において活用すべき価格原則は何か，

ということを検討するとよい。

論文構成としては，価格の三面性及び価格を求める三手法について簡潔に触れた上，取引事例比較法の定義及び有効性について述べる。次いで，取引事例比較法と価格諸原則との関連について論述していく。

なお，取引事例比較法と価格原則との関連については次のとおりである。これを機に整理しておこう。

① 需要と供給の原則（取引事例比較法の成立根拠，取引市場の分析，時点修正率の査定等）

② 代替の原則（取引事例比較法の成立根拠，用途別地域や同一需給圏の範囲の判定）

③ 最有効使用の原則（配分法に係る事例の選択，複合不動産の個別的要因の比較）

④ 変動の原則・予測の原則（時点修正率の査定，価格形成要因の動的把握）

問題③ 不動産の鑑定評価における原価法，取引事例比較法及び収益還元法のそれぞれについて，長所及び短所を論じ，かつ，不動産鑑定評価基準においてはこれらの三手法の適用についてどのように定めているかに論及しなさい。

解答例

1．鑑定評価の三方式と三手法

合理的と考えられる市場において市場参加者が財の経済価値を判定する場合は，通常，(1)それにどれほどの費用が投じられているか（費用性），(2)それがどれほどの値段で市場で取引されているか（市場性），(3)それを利用することによりどれほどの収益が得られるか（収益性）という価格の三面性を考慮する。不動産の価格の場合もこれと同様に考えられ，不動産の鑑定評価の三方式の考え方の基本となっている。

（価格の三面性）

鑑定評価の方式には，上記の費用性，市場性及び収益性にそれぞれ対応した原価方式，比較方式及び収益方式の三方式がある。

原価方式は不動産の再調達（建築，造成等による新規の調達をいう。）に要する原価に着目して，比較方式は不動産の取引事例又は賃貸借等の事例に着目して，収益方式は不動産から生み出される収益に着目して，それぞれ不動産の価格又は賃料を求めようとするものである。

不動産の鑑定評価の方式は，価格を求める手法と賃料を求める手法に分類され，このうち価格を求める鑑定評価の基本的な手法は，原価法，取引事例比較法及び収益還元法に大別される。

（三方式と三手法
「基準」総論第7章）

原価法は，不動産の費用性に着目して，価格時点における対象不動産の再調達原価を求め，この再調達原価について減価修正を行って対象不動産の試算価格（積算価格）を求める手法である。

原価法は，対象不動産が建物又は建物及びその敷地である場合において，再調達原価の把握及び減価修正を適切に行うことができるときに有効である。

（原価法の意義，有効性
「基準」総論第7章）

この手法は，取引事例の収集が困難（農地地域における土地建物の取引）あるいは一般に取引の対象とならないような不動産（神社，仏閣等）の価格を求める場合，あるいは一般に収益目的に供されない不動産（学校，公園等）の価格を求める場合にも有効である。しかし，既成市街地における土地のように再調達原価を求めることのできない不動産などには適用できず，また，この手法が対象不動産のコスト面からのアプローチであるため，経済情勢等の変化に対応する部分を減価額等に速やかに反映させることが難しい。

長所・短所

取引事例比較法は，不動産の市場性に着目して，まず多数の取引事例を収集して適切な事例の選択を行い，これらに係る取引価格に必要に応じて事情補正及び時点修正を行い，かつ，地域要因の比較及び個別的要因の比較を行って求められた価格を比較考量し，これによって対象不動産の試算価格（比準価格）を求める手法である。

取引事例比較法は，市場において発生した取引事例を価格判定の基礎とするものであり，近隣地域若しくは同一需給圏内の類似地域等において，対象不動産と類似の不動産の取引が行われている場合又は同一需給圏内の代替競争不動産の取引が行われている場合に有効である。

取引事例比較法の意義，有効性
「基準」総論第７章

この手法は，再調達原価の把握が困難な土地の価格を求める場合や，一般に収益目的に供されない不動産の価格を求める場合にも有効である。しかし，宗教建築物等の特殊な不動産や学校・公園等の公共・公益不動産など取引されることが極めて少ない不動産に適用することは困難である。また，先行きに対する過度に楽観的な見通し等により市場における不動産の取引価格が高騰している場合において，適切な事情補正を行うことが難しい場合がある。

長所・短所

収益還元法は，不動産の収益性に着目して，対象不動産が将来生み出すであろうと期待される純収益の現在価値の総和を求めることにより対象不動産の試算価格（収益価格）を求める手法である。

収益還元法の意義，積極的活用
「基準」総論第７章

市場における不動産の取引価格の上昇が著しいときは，取引価格と収益価格との乖離が増大するものであるので，先走りがちな取引価格に対する有力な験証手段として，この手法が活用されるべきである。

ただし，この手法は，対象不動産が生み出す収益を基礎として価格を求めるものであるため，収益性を考慮することが困難な学校，公園等公共又は公益の目的に供されている不動産への適用は困難である。

短所

2．鑑定評価の手法の適切な適用

不動産の価格は，一般の財と同様，基本的には価格の三面性を反映して形成されるものであり，これに対応して鑑定評価の三方式がそれぞれ規定されている。また，不動産の鑑定評価とは，合理的な市場で形成されるであろう市場価値を表示する適正な価格を的確に把握する作業であるから，この価格の三面性を十分に考慮することが必要であり，そのためには価格の三面性を反映する三方式の考え方を原則として併用すべきである。

三方式併用の必要性

ただし，不動産は，その種別・類型や市場の特性等によって市場参加者の属性や行動基準等が異なり，その価格形成に当たっても価格の三面性が常に等しく反映されるものではないこと等から，必ずしも三手法をすべて併用することが合理的とは限らない。

したがって，鑑定評価の手法の適用に当たっては，鑑定評価の手法を当該案件に即して適切に適用すべきである。この場合，地域分析及び個別分析により把握した対象不動産に係る市場の特性等を適切に反映した複数の鑑定評価の手法を適用すべきであり，対象不動産の種類，所在地の実情，資料の信頼性等により複数の鑑定評価の手法の適用が困難な場合においても，その考え方をできるだけ参酌するように努めるべきである。

なお，不動産鑑定評価基準各論では，対象不動産の種別及び類型ごとに基本的に適用すべき鑑定評価の手法が規定されているが，地域分析及び個別分析により把握した対象不動産に係る市場の特性等を適切に反映した複数の鑑定評価方式の考え方が適切に反映された一つの鑑定評価の手法を適用した場合には，当該鑑定評価

鑑定評価の手法の適切な適用
「基準」総論第8章
「留意事項」総論第8章

でそれらの鑑定評価方式に即した複数の鑑定評価の手法を適用したものとみなすことができる。

この場合，不動産鑑定評価基準に規定されている手法を一部省略することができるが，採用した手法に三方式の考え方及び対象不動産に係る市場の特性が十分に反映されていると判断した理由について，鑑定評価報告書に記載する必要がある。

以　上

解　説

本問は，価格を求める鑑定評価の三手法の長所・短所と，鑑定評価における三手法の適用について問うものである。

論文構成としては，鑑定評価の三方式の意義を述べてから，三手法の定義と長所・短所を述べ，鑑定評価におけるこれら三手法の適用方法（取扱い）について「基準」総論第７章と第８章の規定に即して述べていくとよい。

問題4　不動産の鑑定評価理論の立場から，減価修正と企業会計上の減価償却との相違点について論じなさい。

解答例

1．原価法の意義

不動産の価格を求める鑑定評価の基本的な手法は，原価法，取引事例比較法及び収益還元法に大別され，このほかこれら三手法の考え方を活用した開発法等の手法がある。

価格を求める手法
「基準」総論第7章

原価法は，価格時点における対象不動産の再調達原価を求め，この再調達原価について減価修正を行って対象不動産の試算価格（積算価格）を求める手法である。

原価法は，対象不動産が建物又は建物及びその敷地である場合において，再調達原価の把握及び減価修正を適切に行うことができるときに有効である。

原価法の意義，有効性
「基準」総論第7章

2．再調達原価

再調達原価とは，対象不動産を価格時点において再調達することを想定した場合に必要とされる適正な原価の総額をいう。

再調達原価の定義
「基準」総論第7章

再調達原価を求める方法には，直接法（対象不動産について直接的に再調達原価を求める方法）及び間接法（対象不動産と類似の不動産に係る建設事例等から間接的に対象不動産の再調達原価を求める方法）があるが，収集した建設事例等の資料としての信頼度に応じていずれかを適用するものとし，また，必要に応じて併用するものとする。

再調達原価を求める方法
「基準」総論第7章

3．減価修正

減価修正とは，減価の要因を総合的に分析することによって求められた減価額を，対象不動産の再調達原価から控除することである。

減価修正を行うに当たっては，減価の要因に着目して対象不動産を部分的かつ総合的に分析検討し，減価額を求めなければならない。

減価修正
「基準」総論第7章

減価額を求める方法には，耐用年数に基づく方法と観察減価法の二つの方法がある。

耐用年数に基づく方法は，対象不動産の価格時点における経過年数及び経済的残存耐用年数の和として把握される耐用年数を基礎として減価額を把握する方法である。

観察減価法は，対象不動産について，設計，設備等の機能性，維持管理の状態，補修の状況，付近の環境との適合の状態等各減価の要因の実態を調査することにより，減価額を直接求める方法である。

減価額を求める方法
「基準」総論第7章

これらはいずれの方法もそれぞれ一長一短があり，それぞれを補完するものであるため，減価修正に当たっては，これらを併用するものとする。

耐用年数に基づく方法と観察減価法の併用

4．減価修正と企業会計上の減価償却との相違点

減価償却とは，有形固定資産を取得するために要した原価を一定の耐用年数に渡って費用として配分するとともに，その配分と同じ額だけ資産価額を減少させていく会計手続きをいう。

土地と建物についてみると，土地については原則的に減価償却の手続きは行わず，建物についてのみ法定耐用年数等に渡って，一定の償却計算方法により各期の償却額が求められる。

減価償却の説明

減価修正と企業会計上の減価償却との相違点としては，

(1) 減価修正においては，耐用年数に基づく方法と観察減価法を併用して実際の減価を把握するのに対し，減価償却においては，原則として耐用年数等に基づく規則的な償却計算がなされる。

(2) 減価修正においては，耐用年数や耐用年数満了後の価格について実情に応じて求めるのに対して，減価償却においてはこれらがあらかじめ決まっている。

減価償却と減価修正の具体的相違点

等が挙げられる。このような相違は，減価修正と減価償却の目的の相違に起因するものである。

減価償却は，適正な期間損益計算を目的として行われている。すなわち，恣意性を厳に排除した会計情報の適切な開示という観点から，計画的・規則的な償却計算を行うことが原則となっているのである。

一方，減価修正の目的は，減価の要因に基づき発生した減価額を対象不動産の再調達原価から控除して価格時点における対象不動産の適正な積算価格を求めることである。

すなわち，対象不動産について，新規かつ最有効使用の状態と比較して，現に発生している減価額を求めてこれを控除することにより，価格時点現在における対象不動産の適正な試算価格を求めることを目的としており，適正な期間損益計算を目的とする減価償却とは根本的に異なるものである。

減価償却と減価修正の目的の相違
「基準」総論第7章

以　上

解　説

本問は，「基準」総論第７章の原価法のうち減価修正について，会計上の減価償却と対比させる問題である。本来，小問のうちの一問として出題されるような論点であるが，このような一行問題のケースでも，あわてずに上位概念から述べていけばよい。

論文構成に当たっては，中心論点である減価修正と減価償却の相違点にどれだけのスペースを割くかがポイントとなる。一行問題であるため，スペースの都合上，減価償却についてもある程度の内容説明が必要となるが，鑑定理論の問題である以上，費用配分の原則などといった会計上のテクニカルタームを多用したり，会計理論にあまり踏み込んだ内容は望ましくない。どうしても中心論点に割けるスペースは小さくならざるを得ないため，上位概念を丁寧に論じてほしい。

減価修正と，減価償却との違いをしっかり整理しておこう。

○減価修正：	減価の要因を総合的に分析することによって求められた減価額を対象不動産の再調達原価から控除すること。
○減価償却：	適正な期間損益計算のため，有形固定資産の取得原価の適正な費用配分を行う会計手続のこと。

MEMO

昭和44年度

問題1　不動産鑑定評価基準に，鑑定評価は「練達堪能な専門家によってなされるとき，初めて合理的であって，客観的に論証できるものとなる」と，その専門性が強調されているが，その専門性について論述しなさい。　（一部改題）

解答例

1．不動産の鑑定評価の必要性

不動産（土地）は，自然的特性として個別性を有すること，人文的特性として用途の多様性，併合及び分割の可能性を有することなどから，不動産の現実の取引価格等は，取引等の必要に応じて個別的に形成されるのが通常であり，しかもそれは個別的な事情に左右されがちのものであって，このような取引価格等から不動産の適正な価格を見出すことは一般の人には非常に困難である。したがって，不動産の適正な価格については専門家としての不動産鑑定士の鑑定評価活動が必要となるものである。

不動産の価格の特徴と鑑定評価の必要性「基準」総論第1章

2．不動産の鑑定評価の意義とその専門性

不動産の鑑定評価は，その対象である不動産の経済価値を判定し，これを貨幣額をもって表示することである。それは，この社会における一連の価格秩序の中で，その不動産の価格及び賃料がどのような所に位するかを指摘することであって，

(1)　鑑定評価の対象となる不動産の的確な認識の上に，

(2)　必要とする関連資料を十分に収集して，これを整理し，

(3)　不動産の価格を形成する要因及び不動産の価格に関する諸原則についての十分な理解のもとに，

(4)　鑑定評価の手法を駆使して，その間に，

(5)　既に収集し，整理されている関連諸資料を具体的に分析して，対象不動産に及ぼす自然的，社会的，経済的及び行政的な要因の影響を判断し，

(6)　対象不動産の経済価値に関する最終判断に到達し，これを貨

鑑定評価の意義と専門性「基準」総論第1章

幣額をもって表示するものである。

この判断の当否は，これら各段階のそれぞれについての不動産鑑定士の能力の如何及びその能力の行使の誠実さの如何に係るものであり，また，必要な関連諸資料の収集整理の適否及びこれらの諸資料の分析解釈の練達の程度に依存するものである。したがって，鑑定評価は，高度な知識と豊富な経験及び的確な判断力を持ち，さらに，これらが有機的かつ総合的に発揮できる練達堪能な専門家によってなされるとき，初めて合理的であって，客観的に論証できるものとなるのである。

不動産の鑑定評価とは，現実の社会経済情勢の下で合理的と考えられる市場で形成されるであろう市場価値を表示する適正な価格を，不動産鑑定士が的確に把握することを中心とする作業に代表されるように，練達堪能な専門家によって初めて可能な仕事であるから，このような意味において，不動産の鑑定評価とは，不動産の価格に関する専門家の判断であり，意見であるといってよいであろう。

それはまた，この社会における一連の価格秩序のなかで，対象不動産の価格の占める適正なあり所を指摘し，不動産のあり方の決定における選択の主要な指標を示すことにある。個人の幸福も社会の成長，発展及び公共の福祉も，不動産のあり方に依存しているものであることを考えると，鑑定評価活動の社会的公共的意義は極めて大きいといわなければならない。

鑑定評価の社会的公共的意義
「基準」総論第１章

3．不動産鑑定士の責務

不動産鑑定士は，不動産の鑑定評価を担当する者として，十分に能力のある専門家としての地位を不動産の鑑定評価に関する法律によって認められ，付与されるものであるから，不動産の鑑定評価の社会的公共的意義を理解し，その責務を自覚し，的確かつ誠実な鑑定評価活動の実践をもって，社会一般の信頼と期待に報いなければならない。

不動産鑑定士の責務
「基準」総論第１章

そのためには，まず，不動産鑑定士は，同法に規定されているとおり，良心に従い，誠実に不動産の鑑定評価を行い，専門職業家としての社会的信用を傷つけるような行為をしてはならないと

ともに，正当な理由がなくて，その職務上取り扱ったことについて知り得た秘密を他に漏らしてはならないことはいうまでもなく，さらに次に述べる事項を遵守して資質の向上に努めなければならない。

(1) 高度な知識と豊富な経験と的確な判断力とが有機的に統一されて，初めて的確な鑑定評価が可能となるのであるから，不断の勉強と研鑽とによってこれを体得し，鑑定評価の進歩改善に努力すること。

(2) 依頼者に対して鑑定評価の結果を分かり易く誠実に説明を行い得るようにするとともに，社会一般に対して，実践活動をもって，不動産の鑑定評価及びその制度に関する理解を深めることにより，不動産の鑑定評価に対する信頼を高めるよう努めること。

(3) 不動産の鑑定評価に当たっては，自己又は関係人の利害の有無その他いかなる理由にかかわらず，公平妥当な態度を保持すること。

(4) 不動産の鑑定評価に当たっては，専門職業家としての注意を払わなければならないこと。

(5) 自己の能力の限度を超えていると思われる不動産の鑑定評価を引き受け，又は縁故若しくは特別の利害関係を有する場合等，公平な鑑定評価を害する恐れのあるときは，原則として不動産の鑑定評価を引き受けてはならないこと。

以　上

解　説

本問は「基準」総論第１章より，不動産の鑑定評価の専門性についての出題である。鑑定評価の意義，可能性及び鑑定士等の責務と併せて基準の文言に即して説明する必要がある。

不動産の鑑定評価の専門性は，鑑定評価の必要性を説明し，さらに不動産の鑑定評価の意義とその可能性を述べることで，解答となる。さらに，鑑定評価を行う主体である不動産鑑定士の責務について述べれば加点事由となる。「基準」総論第１章の文言だけで十分合格答案が書ける問題であるが，本問ではまず土地の特性（自然的特性・人文的特性）等により，現実の不動産の取引価格等からその不動産の適正な価格を見出すことは一般人には非常に困難であることから，不動産鑑定士による鑑定評価活動が必要となる旨しっかり整理しておこう。

問題2　不動産鑑定評価基準における正常価格と現実の取引価格との異同について論述しなさい。

解答例

1．正常価格の意義

正常価格とは，市場性を有する不動産について，現実の社会経済情勢の下で合理的と考えられる条件を満たす市場で形成されるであろう市場価値を表示する適正な価格をいう。

この場合において，現実の社会経済情勢の下で合理的と考えられる条件を満たす市場（以下「合理的と考えられる市場」という）とは，以下の条件を満たす市場をいう。

(1)　市場参加者が自由意思に基づいて市場に参加し，参入，退出が自由であること。なお，ここでいう市場参加者は，自己の利益を最大化するための要件（①売り急ぎ，買い進み等をもたらす特別な動機のないこと，②対象不動産及び対象不動産が属する市場について取引を成立させるために必要となる通常の知識や情報を得ていること，③取引を成立させるために通常必要と認められる労力，費用を費やしていること，④対象不動産の最有効使用を前提とした価値判断を行うこと，⑤買主が通常の資金調達能力を有していること）を満たすとともに，慎重かつ賢明に予測し，行動するものとする。

(2)　取引形態が，市場参加者が制約されたり，売り急ぎ，買い進み等を誘引したりするような特別なものではないこと。

(3)　対象不動産が相当の期間市場に公開されていること。

（正常価格の意義　「基準」総論第5章）

土地を我々人間が各般の目的のためにどのように利用しているかという土地と人間との関係は，不動産のあり方，すなわち，不動産がどのように構成され，どのように貢献しているかということに具体的に現れる。そして，この不動産のあり方は，その不動産の経済価値を具体的に表している価格を選択の主要な指標として決定されている。個人の幸福も社会の成長，発展及び公共の福

（不動産の鑑定評価と正常価格　「基準」総論第1章，第5章）

祉も不動産のあり方に依存していることを考えると，不動産の鑑定評価は，不動産の適正な価格を求め，その適正な価格の形成に資し，さらに不動産のあり方の決定における選択の主要な指標を示すものでなければならないといえる。

したがって，不動産の鑑定評価とは，合理的と考えられる市場で形成されるであろう市場価値を表示する適正な価格，すなわち正常価格を不動産鑑定士等が的確に把握する作業に代表されるものであるので，不動産の鑑定評価によって求める価格は，基本的にはこの正常価格であるといえる。しかし，鑑定評価の依頼目的に対応した条件により限定価格，特定価格又は特殊価格を求める場合があるので，依頼目的に対応した条件を踏まえて価格の種類を適切に判断し，明確にすべきである。

2．現実の取引価格の内容

不動産が国民の生活と活動に組み込まれどのように貢献しているかは，具体的な価格として現れるものであるが，土地は他の一般の諸財と異なって次のような特性を持っている。

(1) 自然的特性として，地理的位置の固定性，不動性（非移動性），永続性（不変性），不増性，個別性（非同質性，非代替性）等を有し，固定的であって硬直的である。

(2) 人文的特性として，用途の多様性（用途の競合，転換及び併存の可能性），併合及び分割の可能性，社会的及び経済的位置の可変性等を有し，可変的であって伸縮的である。

土地の特性
「基準」総論第1章

不動産の取引は，このような一般の諸財と異なる土地の特性を反映して個別的・相対的に行われることが多く，また，隣接不動産の併合を目的とする取引等，取引の性格上，必然的に市場が限定されることも多い。さらに，不動産市場の特性，取引等における当事者双方の能力の多様性と特別の動機により売り急ぎ，買い進み等の特殊な事情が存在する場合もある。

つまり，不動産の現実の取引価格等は，取引等の必要に応じて個別的に形成されるのが通常であり，しかもそれは個別的な事情に左右されがちのものであって，このような取引価格等から不動産の適正な価格を見出すことは一般の人には非常に困難である。

現実の取引価格と鑑定評価の必要性
「基準」総論第1章

したがって，不動産の適正な価格については専門家としての不動産鑑定士の鑑定評価活動が必要となる。

3．両価格の異同点

正常価格と現実の取引価格はともに，不動産の市場価値を表すものであり，市場を前提としている点で共通している。

しかし，正常価格と現実の取引価格は以下の点で異なっている。

① 前提となる市場概念

正常価格は前述のような現実の社会経済情勢の下で合理的と考えられる条件を満たす市場を前提とするのに対し，現実の取引価格は個別的な事情等が介在する現実の市場を前提とする。

② 妥当する範囲

正常価格は個人的，主観的な特殊な事情が捨象された，社会一般にとって妥当する価格であるのに対し，現実の取引価格は取引当事者間でのみ妥当する価格である。

③ 求め方及び判断主体

正常価格は高度の知識と豊富な経験と的確な判断力とを有する不動産鑑定士が，鑑定評価の各手法を適切に適用して求められた試算価格を調整の上，決定する鑑定評価額であるのに対し，現実の取引価格は取引当事者が取引の事情等に応じて個別的に決定するものであり，必ずしも当該不動産の適正な価格を示しているとは限らない。

以　上

正常価格と取引価格の異同点

解　説

本問は「基準」総論第１章及び第５章から，正常価格と現実の取引価格について問われている。両価格の相違点について十分理解している必要がある。

正常価格の意義については，その存立条件である合理的と考えられる市場について説明することと，不動産の鑑定評価によって求める価格が基本的には正常価格であることを説明することが重要である。現実の取引価格との相違点については，押さえるべきポイントが多いので，各相違点を列挙する形で明確に説明することで，文章が引き締まる。

問題3　不動産の鑑定評価を行うに当たって，最有効使用の原則を行為基準とするとはいかなる内容のことをいうのか，価格を求める鑑定評価の三手法に関連づけながら述べなさい。　（一部改題）

解答例

1．最有効使用の原則

不動産の価格形成過程には基本的な法則性が認められる。不動産の鑑定評価は，この価格形成過程を追究し分析することを本質とするものであるので，鑑定評価に際しては，必要な指針としてこれらの法則性を認識し，かつ，これらを具体的に現した諸原則を活用すべきである。

（価格諸原則　「基準」総論第4章）

不動産，特に土地は，用途の多様性という人文的特性を有するため，同一の不動産について異なった使用方法を前提とする需要が競合し得る。需要者の間に競争が生ずる結果，最も高い価格を提示できる者がその不動産を取得するが，そのような価格を提示できるのは，その不動産の利用による収益性・快適性等が最大となるような使用方法，すなわち最有効使用を前提とした場合に限られる。したがって，不動産の価格は，その不動産の効用が最高度に発揮される可能性に最も富む使用（最有効使用）を前提として把握される価格を標準として形成される（最有効使用の原則）。

（最有効使用の原則の定義・成立根拠　「基準」総論第4章）

上述のとおり，不動産の鑑定評価は，その不動産の価格形成過程を追究し分析することを本質とするものであるから，鑑定評価に当たっては，地域分析及び個別分析を通じて対象不動産の最有効使用を的確に判定した上で，鑑定評価手法の適用等の各手順において，「最有効使用の原則」を行為基準として活用しなければならない。

（最有効使用の原則の必要性　「基準」総論第4章，第8章）

なお，この場合の最有効使用とは，現実の社会経済情勢の下で客観的にみて，良識と通常の使用能力を持つ人による合理的かつ合法的な最高最善の使用方法に基づくものである。

（最有効使用の定義　「基準」総論第4章）

2．鑑定評価手法の適用における最有効使用の原則の活用

不動産の鑑定評価の方式には，価格の三面性（費用性，市場性及び収益性）にそれぞれ対応する，原価方式，比較方式及び収益方式の三方式がある。

鑑定評価の方式は，価格を求める手法と賃料を求める手法とに分類され，前者の基本的な手法は，原価法，取引事件比較法及び収益還元法に大別される。

鑑定評価方式
「基準」総論第7章

(1) 原価法

原価法は，価格時点における対象不動産の再調達原価を求め，この再調達原価について減価修正を行って，対象不動産の試算価格（積算価格）を求める手法である。

原価法
「基準」総論第7章

再調達原価とは，新築かつ最有効使用の状態を想定した場合の上限値を意味する。そこで，減価修正において「最有効使用の原則」及びその補助的原則である「適合の原則」「均衡の原則」等を活用し，現況と最有効使用との格差を分析することを通じて，機能的及び経済的な減価の要因に基づき発生した減価額を適切に求めなければならない。

原価法における最有効使用の原則の活用

(2) 取引事例比較法

取引事例比較法は，まず多数の取引事例を収集して適切な事例の選択を行い，これらに係る取引価格に必要に応じて事情補正及び時点修正を行い，かつ，地域要因の比較及び個別要因の比較を行って求められた価格を比較考量し，これによって対象不動産の試算価格（比準価格）を求める手法である。

取引事例比較法
「基準」総論第7章

更地は最有効使用が可能であるので，配分法を適用する場合における複合不動産に係る取引事例の選択に当たっては，敷地が最有効使用の状態にあるものを採用すべきである。

また，複合不動産の評価に当たっては，「最有効使用の原則」等を活用して，不動産とその環境との適合の状態や，建物と敷地との適応の状態などの個別的要因について分析の上，適切に比較を行わなければならない。

取引事例比較法における最有効使用の原則の活用
「基準」各論第1章，総論第3章

(3)　収益還元法

収益還元法は，対象不動産が将来生み出すであろうと期待される純収益の現在価値の総和を求めることにより対象不動産の試算価格（収益価格）を求める手法である。

更地の評価に当たって土地残余法を適用する際に，純収益を直接法により求める場合には，当該土地に最有効使用の賃貸用建物を建設することを想定し，当該不動産が生み出すであろう総収益を適正に求めるものとする。また，純収益を間接法により求める場合には，収益事例は，敷地が最有効使用の状態にあるものを採用すべきである。

なお，鑑定評価報告書の作成に当たっては，鑑定評価額の決定の理由の要旨として，「最有効使用の判定に関する事項」について記載しなければならない。また，建物及びその敷地に係る鑑定評価における最有効使用の判定の記載は，建物及びその敷地の最有効使用のほか，その敷地の更地としての最有効使用についても記載しなければならない。

以　上

収益還元法
「基準」総論第7章

収益還元法における最有効使用の原則の活用
「基準」総論第7章，各論第1章

（補足）鑑定評価報告書
「基準」総論第9章

解　説

本問は，主に「基準」総論第４章及び第７章から最有効使用の原則と評価手法との関連を問うものである。

「○○と価格原則との関連」について問われた場合，「○○において当該価格原則をどのように活用すべきか」ということを答えればよい。したがって，本問については，⑴最有効使用の概念を説明した上で，⑵各評価手法の定義，及び，各手法の適用において最有効使用の原則をどのように活用すべきかを論ずるべきである。

まず，最有効使用の概念説明は，①上位概念（価格諸原則），②定義，③成立根拠，④必要性を網羅することが望ましい。ただし，④必要性については，最有効使用と評価手法との関連と重なる部分があるので，簡潔な説明に留めること。

次に，価格の三面性と三手法について簡潔に述べた上で，原価法，取引事例比較法及び収益還元法のそれぞれについて，手法の定義及び当該手法の適用において最有効使用の原則をどのように活用するかを論述する。

問題[4] 宅地と宅地見込地との差異を述べ，宅地見込地を不動産の種別の１つとした理由に論及しなさい。

解答例

１．不動産の種類

不動産の鑑定評価においては，不動産の地域性並びに有形的利用及び権利関係の態様に応じた分析を行う必要があり，その地域の特性等に基づく不動産の種類ごとに検討することが重要である。

不動産の種類とは，不動産の種別及び類型の二面から成る複合的な不動産の概念を示すものであり，この不動産の種別及び類型が不動産の経済価値を本質的に決定づけるものであるから，この両面の分析をまって初めて精度の高い不動産の鑑定評価が可能となるものである。

不動産の種別とは，不動産の用途に関して区分される不動産の分類をいい，不動産の類型とは，その有形的利用及び権利関係の態様に応じて区分される不動産の分類をいう。

不動産の種類
「基準」総論第２章

２．宅地と宅地見込地

不動産は，他の不動産とともに，用途的に同質性を有する一定の用途的地域を構成してこれに属することを通常とし（不動産の地域性），その社会的及び経済的な有用性を発揮するものである。したがって，不動産の鑑定評価において特に重要な地域は，用途的観点から区分される地域，すなわち用途的地域であり，不動産の種別は，その不動産が属する用途的地域を前提として判定されるものである。

不動産の種別には，「地域の種別」と，地域の種別に応じて分類される「土地の種別」とがある。

地域の種別は，宅地地域，農地地域，林地地域等に分けられる。なお，宅地地域，農地地域，林地地域等の相互間において，ある種別の地域から他の種別の地域へと転換しつつある地域及び宅地地域，農地地域等のうちにあって，細分されたある種別の地域から，その地域の他の細分された地域へと移行しつつある地域があることに留

不動産の地域性と地域の種別
「基準」総論第２章，第６章

意すべきである。

一方，土地の種別は，地域の種別に応じて分類される土地の区分であり，宅地，農地，林地，見込地，移行地等に分けられ，さらに地域の種別の細分に応じて細分される。

土地の種別
「基準」総論第2章

宅地とは，宅地地域のうちにある土地をいい，住宅地，商業地，工業地等に細分される。この場合において，住宅地とは住宅地域のうちにある土地をいい，商業地とは商業地域のうちにある土地をいい，工業地とは工業地域のうちにある土地をいう。

宅地の定義
「基準」総論第2章

宅地見込地とは，農地地域，林地地域等の宅地地域以外の地域から，宅地地域へと転換しつつある地域のうちにある土地をいう。

宅地見込地の定義

宅地は，居住，商業活動，工業活動等の用に供される建物，構築物等の敷地の用に供されることが自然的，社会的，経済的及び行政的観点からみて合理的と判断される宅地地域内の土地であり，確定された用途を前提とする地域内の土地であるのに対し，宅地見込地は，未だ用途が確定しておらず，社会的，経済的環境の変化に伴う地域の転換という過渡的な地域内の土地である。

宅地と宅地見込地の差異

3．宅地見込地を不動産の種別の一つとした理由

不動産の価格は，不動産の効用及び相対的稀少性並びに不動産に対する有効需要に影響を与える価格形成要因の相互作用によって形成されるが，価格形成要因それ自体も常に変動する傾向を持っている。つまり，不動産の価格は多数の価格形成要因の相互因果関係の組合せの流れである変動の過程において形成されるものであり，これを変動の原則という。

変動の原則
「基準」総論第3章，第4章

価格形成要因は，一般的要因，地域要因及び個別的要因に分けられるが，用途的地域の特性を形成する地域要因が変動するため，不動産の属する地域は固定的なものではなくて，常に拡大縮小，集中拡散，発展衰退等の変化の過程にあるものであるといえる。

不動産の価格の特徴
「基準」総論第1章，第3章

そこで，不動産の属する用途的地域について，変動の過程に基づき，農地地域，林地地域等から宅地地域へと転換途中の地域の概念が生じるものであり，この転換途中の地域に存する土地については，宅地とも，また，農地，林地ともいえないことから，宅地見込地として，不動産の種別の一つとして認める必要が生じるのである。

不動産の種別に宅地見込地が認められる理由

なお，不動産は永続性を持つ財であり，現在よりむしろ将来において発揮される効用が重要な意味を持つため，不動産の価格は通常，将来の経済価値の予測を織り込んで形成される。したがって，宅地見込地について着目すべき地域要因，個別的要因は，転換後の宅地としてのものをより重視すべきであるが，転換の程度が低い宅地見込地については，当該地域の用途性が完全に転換するのは相当遠い将来であり，当面は転換前の用途的地域に即した不動産の利用方法が合理的であるため，転換前の用途的地域の地域要因，個別的要因をより重視すべきである。

宅地見込地の価格形成要因の分析

また，鑑定評価手法の適用においても，宅地見込地については，宅地への転換の程度，すなわち熟成度に応じて評価手法が異なるので，宅地見込地の鑑定評価に当たっては，価格時点における熟成度を的確に判断する必要がある。

宅地見込地の鑑定評価

以　上

解　説

本問は，「基準」総論第2章からの出題である。基準の暗記だけでは十分な解答にならないので，宅地と宅地見込地との差異については，「用途」が確定しているかどうかを中心に明確に答える必要がある。

宅地，宅地見込地ともに，土地の種別の一つであるので，まず，前提として不動産の種類について説明し，それから各定義を述べることとなる。宅地見込地という概念の必要性については，変動の原則を述べ，この変動の原則に基づき不動産の属する地域が変化することから，必ずしも宅地地域や農地地域のようにある用途に確定された地域だけでなく，未だ用途が確定しない過渡期的な地域も存することから生じるものであることを，「基準」総論第1章の不動産の価格の特徴(3)や，第4章の変動の原則を用いて説明する必要がある。

MEMO

昭和45年度

問題1　不動産鑑定評価基準における限定賃料の概念を述べ，正常賃料との異同に言及しなさい。

解答例

1．正常賃料と限定賃料

不動産の鑑定評価に当たっては，基本的事項として，対象不動産，価格時点及び価格又は賃料の種類を確定しなければならない。

鑑定評価によって求める価格の種類としては，正常価格，限定価格，特定価格及び特殊価格に分けられ，また，鑑定評価によって求める賃料の種類としては，新規の賃貸借によるものか賃料改定によるものかにより，新規賃料と継続賃料とに分けることができ，さらに新規賃料は，正常賃料と限定賃料とに分けることができる。

鑑定評価によって求める価格又は賃料の種類
「基準」総論第5章

限定賃料とは，限定価格と同一の市場概念の下において新たな賃貸借等（賃借権若しくは地上権又は地役権に基づき，不動産を使用し，又は収益することをいう。）の契約において成立するであろう経済価値を適正に表示する賃料（新規賃料）をいう。ここでいう限定価格と同一の市場概念とは，限定された市場，すなわち，当該市場において成立するであろう経済価値が，不動産と賃貸借等をする他の不動産との併合使用又は不動産の一部を賃貸借等する際の分割使用に基づき，現実の社会経済情勢の下で合理的と考えられる条件を満たす市場（以下「合理的と考えられる市場」という）で成立するであろう経済価値と乖離することにより，相対的に限定される市場をいう。

限定賃料を求めることができる場合を例示すれば，次のとおりである。

(1)　隣接不動産の併合使用を前提とする賃貸借等に関連する場合
(2)　経済合理性に反する不動産の分割使用を前提とする賃貸借等に関連する場合

限定賃料の意義
「基準」総論第5章

一方，正常賃料とは，正常価格と同一の市場概念の下において新たな賃貸借等の契約において成立するであろう経済価値を表示する適正な賃料（新規賃料）をいう。ここでいう正常価格と同一の市場概念とは，現実の社会経済情勢の下で合理的と考えられる条件（市場参加者の参入・退出の自由，契約締結形態の正常性，相当の市場公開期間）を満たす市場をいう。

なお，継続賃料とは，不動産の賃貸借等の継続に係る特定の当事者間において成立するであろう経済価値を適正に表示する賃料をいう。

正常賃料等の意義
「基準」総論第5章

2．両賃料の異同点

不動産の鑑定評価とは，合理的と考えられる市場で形成されるであろう市場価値を表示する適正な価格（すなわち正常価格）を，不動産鑑定士が的確に把握する作業に代表されるものである。

したがって，不動産の鑑定評価によって求める価格は，基本的には正常価格である。

賃料についても，新規の賃貸借等の契約の場合，不動産の鑑定評価によって求める賃料は，一般的には合理的と考えられる市場を前提とする正常賃料である。しかし，不動産賃貸借の形態は多様であるため，必ずしも合理的な市場を前提とした適正な賃料だけでなく，その他の賃料を求める社会的需要が存在する。また，合理的と考えられる市場を前提としない賃料を求めることに妥当性が認められる場合もある。したがって，鑑定評価の依頼目的に対応した条件により限定された市場を前提とする限定賃料を求めることができる場合があるので，依頼目的に対応した条件を踏まえてこれを適切に判断し，明確にすべきである。

つまり，正常賃料と限定賃料はともに，市場性を有しており，市場における経済価値を表示している点で共通しているが，正常賃料は合理的と考えられる市場を前提としているのに対し，限定賃料は限定された市場を前提としている点で大きく異なる。

限定賃料と正常賃料の異同点
「基準」総論第1章，第5章

3．限定賃料の鑑定評価

宅地の限定賃料の鑑定評価額は，隣接宅地の併合使用又は宅地の一部の分割使用をする当該宅地の限定価格を基礎価格として求

めた積算賃料及び隣接宅地の併合使用又は宅地の一部の分割使用を前提とする賃貸借等の事例に基づく比準賃料を関連づけて決定するものとする。この場合においては，次に掲げる事項を総合的に勘案するものとする。

(1) 隣接宅地の権利の態様

(2) 当該事例に係る賃貸借等の契約の内容

限定賃料の鑑定評価
「基準」各論第2章

なお，鑑定評価報告書には，鑑定評価によって求めた賃料の種類を記載しなければならないが，正常賃料を求めることができる不動産について，依頼目的に対応した条件により限定賃料を求めた場合は，かっこ書きで正常賃料である旨を付記してそれらの額を併記しなければならない。

限定賃料を求めた場合の鑑定評価報告書上の記載方法
「基準」総論第9章

以　上

解　説

本問は「基準」総論第５章からの出題であり，正常賃料と限定賃料との異同について問われている。正常賃料と限定賃料については，正常価格と限定価格の異同に準ずるものとして理解すればよい。

論文構成としては，各賃料の定義を基準に即して述べることが当然求められる。正常賃料と限定賃料の共通点はともに市場を前提としている点であり，相違点はその市場の内容がそれぞれ異なる点である。これを正常価格と限定価格の市場の概念に準じて明確に解答することが必要である。

各論の限定賃料の鑑定評価についても述べてほしい。

問題2　取引事例比較法について，次の問に答えなさい。
(1)　不動産の鑑定評価に当たって，この手法が用いられる理論的な根拠
(2)　この手法の適用に当たっては，どのような要件を備えた取引事例を選択しなければなりませんか。
(3)　(2)の取引事例の選択要件は，なぜ必要とされるのですか。

解答例

小問(1)

不動産の価格を求める鑑定評価の基本的な手法は，価格の三面性（費用性，市場性及び収益性）にそれぞれ対応して，原価法，取引事例比較法及び収益還元法に大別され，このほかこれら三手法の考え方を活用した開発法等の手法がある。

（不動産の価格を求める手法　「基準」総論第７章）

取引事例比較法は，まず多数の取引事例を収集して適切な事例の選択を行い，これらに係る取引価格に必要に応じて事情補正及び時点修正を行い，かつ，地域要因の比較及び個別的要因の比較を行って求められた価格を比較考量し，これによって対象不動産の試算価格（比準価格）を求める手法である。

（取引事例比較法の定義　「基準」総論第７章）

代替性を有する二以上の財が存在する場合には，これらの財の価格は，相互に影響を及ぼして定まる。不動産の価格も代替可能な他の不動産又は財の価格と相互に関連して形成される。これを代替の原則という。

同一需給圏内に存する種別及び類型を同じくする不動産は，相互に代替性を有するものであるから，その価格は「代替の原則」が作用して，相互に密接に関連し合いながら，それぞれの不動産の存する用途的地域に係る地域要因及びその不動産の個別的要因を反映しつつ，価格が成立している。また，不動産の取引に当たっては，その当事者は，市場性のある不動産の価格を判定する場合，当該不動産と同種類の代替可能な他の不動産の取引事例に着目し，それらの事例における取引価格を価格判定の基礎として用いているものであ

（代替の原則と取引事例比較法　「基準」総論第４章，第７章）

る。

取引事例比較法は，この不動産取引市場における代替の原則の作用を根拠として適用される手法であり，対象不動産と代替関係が認められる不動産の取引事例の価格から対象不動産の価格へとアプローチするものである。したがって，取引事例比較法は，近隣地域若しくは同一需給圏内の類似地域等において対象不動産と類似の不動産の取引が行われている場合又は同一需給圏内の代替競争不動産の取引が行われている場合に有効である。

小問(2)

取引事例比較法は，市場において発生した取引事例を価格判定の基礎とするものであるので，多数の取引事例を収集することが必要である。

事例の収集
「基準」総論第7章

取引事例は，①原則として近隣地域又は同一需給圏内の類似地域に存する不動産に係るもののうちから選択するものとし，必要やむを得ない場合には近隣地域の周辺の地域に存する不動産に係るもののうちから，対象不動産の最有効使用が標準的使用と異なる場合等には，同一需給圏内の代替競争不動産に係るもののうちから選択するものとするほか，次の要件の全部を備えなければならない。

② 取引事情が正常なものと認められるものであること又は正常なものに補正することが可能なものであること。

③ 時点修正をすることが可能なものであること。

④ 地域要因の比較及び個別的要因の比較が可能なものであること。

なお，取引事例は，投機的取引であると認められる事例等適正さを欠くものであってはならない。

事例の選択要件
「基準」総論第7章

小問(3)

①について

不動産は，他の不動産とともに一定の地域を構成し，それぞれの地域内において他の不動産と協働，代替，競争等の関係に立ち，これらの関係を通じてその社会的及び経済的な有用性を発揮するものである。取引事例比較法は，対象不動産と代替関係が認められる不動産の取引事例から対象不動産の価格を求める手法であり，同一需給圏が，対象不動産と代替関係が成立する他の不動産の存

事例の選択要件①と代替の原則

する圏域を示すものであることから，取引事例は，「近隣地域」又は「同一需給圏内の類似地域」等から選択する必要がある。

②について

不動産の現実の取引価格等は，取引等の必要に応じて個別的に形成される傾向が強く，しかもそれは個別的な事情に左右されがちのものである。不動産の鑑定評価とは，現実の社会経済情勢の下で合理的と考えられる市場で形成されるであろう市場価値を表示する適正な価格（すなわち正常価格）を，不動産鑑定士が的確に把握する作業であるから，取引事情が正常なものと認められる事例，又は正常なものに補正することができる事例を選択すべきなのである。

事例の選択要件②と現実の取引価格
「基準」総論第1章

③について

不動産の価格は多数の価格形成要因の相互因果関係の組合せの流れである変動の過程において形成されるものであるから，不動産の価格はその判定の基準となった日，すなわち，価格時点においてのみ妥当するものである。そこで，取引事例に係る取引の時点は価格時点と同一の時点のものが望ましいが，実際には無理があるので，できる限り価格時点に近い時点に取引された事例を採用し，当該事例の価格を価格時点の価格に修正しなければならない。そのため，時点修正をすることが可能な事例である必要がある。

事例の選択要件③と変動の原則
「基準」総論第4章，第5章

④について

不動産は，他の不動産と地域を構成し，地域要因の作用によって生じる地域の特性の制約の下，個別的要因の作用によってその社会的及び経済的な有用性を発揮する。したがって，取引事例に係る不動産と対象不動産とのそれぞれの地域要因及び個別的要因について，同一の価値尺度で比較が可能な取引事例を選択しなければならない。

事例の選択要件④と地域要因，個別的要因

以　上

解　説

本問は「基準」総論第７章から，取引事例比較法について問われている。特に，取引事例の選択要件の必要性については，各要件についてそれぞれ必要性を説明しなければならず，難問といえる。

論文構成としては，小問(1)については，取引事例比較法の理論前提として，市場性を有する不動産に「代替の原則」が作用していることを説明する必要がある。

小問(2)については，基準に従い，事例選択の４要件を述べれば良いのだが，さらに「試算価格を求める場合の一般的留意事項」にある，投機的取引と認められる事例を選択すべきでないことに言及すれば加点事由となる。

小問(3)については，小問(2)で述べた各選択要件について，それぞれの必要性を述べる必要がある。基準の文言のみでは十分な解答にならないので，解答例を参考にしっかり理解しておこう。

問題3　不動産鑑定評価基準における試算価格の概念を述べ，鑑定評価額との関係に論及しなさい。

解答例

1．三手法と試算価格

不動産の価格を求める鑑定評価の基本的な手法は，価格の三面性（費用性，市場性及び収益性）にそれぞれ対応して，原価法，取引事例比較法及び収益還元法に大別され，このほかこれら三手法の考え方を活用した開発法等の手法がある。

価格を求める鑑定評価の手法
「基準」総論第7章

試算価格とは，鑑定評価の各手法の適用によって求められた価格のことをいい，原価法の適用により求められる試算価格を積算価格，取引事例比較法の適用により求められる試算価格を比準価格，収益還元法の適用により求められる試算価格を収益価格という。

試算価格の種類
「基準」総論第7章

2．試算価格と鑑定評価額

不動産の鑑定評価とは，現実の社会経済情勢の下で合理的と考えられる市場で形成されるであろう市場価値を表示する適正な価格を，不動産鑑定士が的確に把握する作業に代表されるものであるから，鑑定評価額を決定するに当たっては，価格の三面性についての十分な斟酌がなされるべきである。したがって，鑑定評価の手法の適用に当たっては，鑑定評価の手法を当該案件に即して適切に適用すべきであり，さらにそれぞれの手法の適用により求められた試算価格について，各試算価格の説得力の優劣に応じた重み付けを行い，適正な鑑定評価額を最終的に導き出されなければならない。そこで，各鑑定評価手法の適用によって求められた試算価格は，鑑定評価の最終結論に当たる鑑定評価額に至る中間の段階にあって，試算的な意義を持つものであるといえる。

試算価格と鑑定評価額
「基準」総論第1章，第8章

3．試算価格の調整

鑑定評価を行うためには，合理的かつ現実的な認識と判断に基づいた一定の秩序的な手順を必要とする。そして，手順上，各鑑

定評価手法を適用することによって求められた試算価格を調整することで，鑑定評価額は決定されることとなる。

価格の三面性に対応する各鑑定評価手法を適正に適用して求めた試算価格は，理論的には一致するはずである。しかし，現実には各手法の適用において実施される作業は実行可能な範囲に限られ，また試算価格が求められるまでには多くの判断が介在するため，各試算価格には開差が生じることとなる。そこで，「試算価格の調整」という作業が必要となるのである。試算価格の調整とは，鑑定評価の複数の手法により求められた各試算価格の再吟味及び各試算価格が有する説得力に係る判断を行い，鑑定評価における最終判断である鑑定評価額の決定に導く作業をいう。

試算価格の調整に当たっては，対象不動産の価格形成を論理的かつ実証的に説明できるようにすることが重要である。このため，鑑定評価の手順の各段階について，客観的，批判的に再吟味し，その結果を踏まえた各試算価格が有する説得力の違いを適切に反映することによりこれを行うものとする。

以上のことから，鑑定評価額の決定にあたっては，市場分析の結果等を踏まえ，試算価格の調整において明らかにされた開差の理由に基づき，各試算価格の説得力の優劣を判定し，重み付けを行った上で，適正と判断される価格を決定することになる。

なお，試算価格の調整に当たっては，特に次の事項に留意すべきである。

(1) 各試算価格の再吟味

① 資料の選択，検討及び活用の適否

② 不動産の価格に関する諸原則の当該案件に即応した活用の適否

③ 一般的要因の分析並びに地域分析及び個別分析の適否

④ 各手法の適用において行った各種補正，修正等に係る判断の適否

⑤ 各手法に共通する価格形成要因に係る判断の整合性

⑥ 単価と総額との関連の適否

(2) 各試算価格が有する説得力に係る判断

鑑定評価の手順
「基準」総論第8章

試算価格の調整の必要性

試算価格の調整の意義
「基準」総論第8章

試算価格の調整における留意点
「基準」総論第8章

① 対象不動産に係る地域分析及び個別分析の結果と各手法との適合性
② 各手法の適用において採用した資料の特性及び限界からくる相対的信頼性

以 上

解 説

本問は，試算価格と鑑定評価額について問われており，「基準」総論第7章及び第8章からの出題である。

論文構成としては，まず，試算価格とは，鑑定評価の各手法の適用によって求められた価格であり，それは鑑定評価の最終結論に当たる鑑定評価額に至る中間の段階にあって，試算的な意義を持つものであることを述べられるかがポイントである。基準には書かれてないが，鑑定評価の手順に即して考えると当然のことなので，明確に答えなければならない。

後半は，「試算価格の調整」について，基準の該当部分を論述すれば十分であるが，本問の真の論点はやはり前半部分であり，基準の「試算価格の調整」の箇所だけ書いても，合格点には達しないので注意が必要である。

問題4 不動産の地域性とはどのようなことかを説明し，かつ，不動産の鑑定評価に当たって地域分析が重要である理由を述べなさい。

解答例

1．不動産の地域性

不動産は，その自然的条件及び人文的条件の全部又は一部を共通にすることによって，他の不動産とともにある地域を構成し，その地域の構成分子としてその地域との間に，依存，補完等の関係に及びその地域内の他の構成分子である不動産との間に協働，代替，競争等の関係にたち，これらの関係を通じてその社会的及び経済的な有用性を発揮するものである（不動産の地域性）。

すなわち，個々の不動産は，居住，商業活動，工業生産活動等人の生活と活動とに関してある特定の用途に供されることを中心としてまとまりをもった地域（用途的地域）を構成し，この地域との関係等を通じてその効用を発揮するということができる。

（不動産の地域性「基準」総論第1章）

また，地域は，用途の同一性を基準として理解されるものであって，他の地域と区分されるべき特性を有するとともに，他の地域と相互関係にたち，この相互関係を通じて，その社会的及び経済的位置を占める（地域の特性）。

（地域の特性「基準」総論第1章）

このように，不動産は「地域性」という特徴を有するため，様々な種別の用途的地域が形成され，この用途的地域ごとに価格水準が形成される。また，個別の不動産の価格は，地域の価格水準という大枠の中で個別的に形成されるものである。

（不動産の地域性と不動産の価格）

2．地域分析の重要性

個別の不動産の価格は，不動産の地域性に基づく地域の価格水準という大枠の下で形成されるものであるから，対象不動産の価格を形成する要因を分析するに当たっては，まず，対象不動産の存する用途的地域（近隣地域）について分析することが必要である。

地域分析とは，その不動産がどのような地域に存するか，その

（地域分析の定義「基準」総論第6章）

地域はどのような特性を有するか，また，対象不動産に係る市場はどのような特性を有するか，及びそれらの特性はその地域内の不動産の利用形態と価格形成について全般的にどのような影響力を持っているかを分析し，判定することをいう。

また，近隣地域の特性は，通常，その地域に属する不動産の一般的な標準的使用に具体的に現れるが，この標準的使用は，①利用形態からみた地域相互間の相対的位置関係及び価格形成を明らかにする手掛りとなるとともに，②その地域に属する不動産のそれぞれについての最有効使用を判定する有力な標準となる。そして，これらの点に，不動産の鑑定評価における地域分析の重要性が認められる。

標準的使用の意義
「基準」総論第6章

すなわち，地域分析により標準的使用を判定することを通じて，鑑定評価の手法の適用に当たって必要な事例資料の収集範囲が明らかになる。取引事例比較法においても要因格差の判定が可能となり，試算価格又は試算賃料の調整等におけるウェイト付けなどの判断基準にもなる。そこで，地域分析に基づいて評価手法を適用することによって，地域の価格水準を把握することができる。

地域分析の重要性①

また，不動産の価格は，その不動産の最有効使用（現実の社会経済情勢の下で客観的に見て，良識と通常の使用能力を持つ人による合理的かつ合法的な最高最善の使用方法）を前提として把握される価格を標準として形成されるため，不動産の鑑定評価において対象不動産の個別的要因を分析してその最有効使用を判定することは，重要な意義を有する。そして，個々の不動産の最有効使用は，一般に近隣地域の地域の特性の制約下にあるので，個別分析に当たっては，特に近隣地域に存する不動産の標準的使用との相互関係を明らかにし判定することが必要である。すなわち，不動産の最有効使用を判定するに当たっては，地域分析で判定した当該地域の標準的使用を有力な標準とすべきである。

地域分析の重要性②
「基準」総論第6章，第4章

なお，戸建住宅地域に存する大規模なマンション適地のように，対象不動産の位置，規模，環境等によっては，標準的使用の用途と異なる用途（最有効使用）の可能性が考えられるので，こうした場合には，それぞれの用途に対応した個別的要因の分析を行っ

地域分析における留意点
「基準」総論第6章

た上で最有効使用を判定しなければならない。

また，不動産の属する地域は固定的なものではなく，地域の特性を形成する地域要因も常に変動するものであることから，地域分析に当たっては，対象不動産に係る市場の特性の把握の結果を踏まえて地域要因及び標準的使用の現状と将来の動向とをあわせて分析し，標準的使用を判定しなければならない。

以　上

解　説

本問は「基準」総論第１章及び第６章から，不動産の地域性と地域分析について問われている。

地域分析については，その意義，最有効使用と標準的使用の関係，近隣地域の地域分析等，典型論点がいくつかあるので，各論点について，事前に解答を準備しておくことも有効である。

論文構成としては，不動産の地域性については，「基準」総論第１章の土地の特性から不動産の地域性までをきちんと論述すればよいのだが，補足説明を加えることで，説得力のある答案となる。

地域分析の重要性は，最有効使用の原則により個別分析が必要なこと，最有効使用と標準的使用の関係，個別分析の前提として地域分析が必要なことを流れよく述べられるかがポイントとなる。

MEMO

◇ 昭和46年度

問題[1]　最有効使用の原則について，次の問に答えなさい。

(1)　最有効使用の判定に当たって留意すべき点を述べなさい。

(2)　最有効使用の判定に当たって活用されるべき他の価格原則をあげ，その活用の論拠を述べなさい。

解答例

小問(1)

不動産の価格は，その不動産の効用が最高度に発揮される可能性に最も富む使用（最有効使用）を前提として把握される価格を標準として形成される。これを最有効使用の原則という。この場合の最有効使用とは，現実の社会経済情勢の下で客観的にみて，良識と通常の使用能力を持つ人による合理的かつ合法的な最高最善の使用方法に基づくものである。

最有効使用の原則
「基準」総論第4章

不動産の価格は，その不動産の最有効使用を前提として把握される価格を標準として形成されるものであるから，不動産の鑑定評価に当たっては，地域分析及び個別分析を通じて対象不動産について最有効使用を判定しなければならない。

地域分析とは対象不動産が属する近隣地域の地域要因を分析して，その地域の特性を具体的に現す標準的使用を判定することをいう。個別分析とは，対象不動産の個別的要因が対象不動産の利用形態と価格形成についてどのような影響力をもっているかを分析してその最有効使用を判定することをいう。

個別分析の意義
「基準」総論第6章，第8章

個々の不動産の最有効使用は，一般に近隣地域の特性の制約下にあるので，個別分析に当たっては，特に近隣地域に存する不動産の標準的使用との相互関係を明らかにし判定することが必要である。

最有効使用の判定に当たっては，次の事項に留意すべきである。

(1)　良識と通常の使用能力を持つ人が採用するであろうと考えられる使用方法であること。

(2)　使用収益が将来相当の期間にわたって持続しうる使用方法で

最有効使用判定上の留意点
「基準」総論第6章

あること。

⑶ 効用を十分に発揮し得る時点が予測し得ない将来でないこと。

⑷ 対象不動産の位置，規模，環境等によっては，標準的使用の用途と異なる用途の可能性が考えられるので，こうした場合には，それぞれの用途に対応した個別的要因の分析を行った上で最有効使用を判定すること。

⑸ 価格形成要因は常に変動の過程にあることを踏まえ，特に価格形成に影響を与える地域要因の変動が客観的に予測される場合には，当該変動に伴い対象不動産の使用方法が変化する可能性があることを勘案して最有効使用を判定すること。

また，建物及びその敷地の最有効使用の判定に当たっては，次の事項に留意すべきである。

⑹ 現実の建物の用途等が更地としての最有効使用に一致していない場合には，更地としての最有効使用を実現するために要する費用等を勘案する必要があるため，建物及びその敷地と更地の最有効使用の内容が必ずしも一致するものではないこと。

⑺ 現実の建物の用途等を継続する場合の経済価値と建物の取壊しや用途変更等を行う場合のそれらに要する費用等を適切に勘案した経済価値を十分比較考量すること。

小問⑵

1．均衡の原則・適合の原則と最有効使用の判定

不動産の収益性又は快適性が最高度に発揮されるためには，その構成要素の組合わせが均衡を得ていることが必要である。したがって，不動産の最有効使用を判定するためには，この均衡を得ているかどうかを分析することが必要であり，これを均衡の原則という。

また，不動産の収益性又は快適性が最高度に発揮されるためには，当該不動産がその環境に適合していることも必要である。したがって，不動産の最有効使用を判定するためには，当該不動産が環境に適合しているかどうかを分析することが必要であり，これを適合の原則という。

均衡の原則，適合の原則
「基準」総論第4章

そこで，不動産の最有効使用の判定に当たっては，内部構成要

素間の均衡の判断指針として均衡の原則を，不動産とその外部条件との適合の判断指針として適合の原則をそれぞれ活用しなければならない。

また，特に建物及びその敷地の最有効使用の判定の際には，建物と敷地とが著しく適応を欠いている場合には建物を取り壊すことが最有効使用であるという判定も成り立つため，均衡の原則を活用して，建物と敷地の均衡の程度を分析する必要がある。

均衡の原則，適合の原則と最有効使用の判定

2．変動の原則・予測の原則と最有効使用の判定

一般に財の価格はその価格を形成する要因の変化に伴って変動する。不動産の価格も多数の価格形成要因の相互因果関係の組み合わせの流れである変動の過程において形成されるものである。したがって，不動産の鑑定評価に当たっては，価格形成要因が常に変動の過程にあることを認識して，各要因間の相互因果関係を動的に把握すべきである。特に不動産の最有効使用を判定するためには，この変動の過程を分析することが必要である。これを変動の原則という。

また，財の価格は，その財の将来の収益性等についての予測を反映して定まり，不動産の価格も，価格形成要因の変動についての市場参加者による予測によって左右される。これを予測の原則という。

変動の原則，予測の原則「基準」総論第4章

最有効使用の判定は，対象不動産の個別的要因の分析により行われるものであるが，価格形成要因は常に変動の過程にあることから，変動の原則及び予測の原則を活用し，要因の作用を動的に把握するとともに，前記小問(1)における(2)，(3)及び(5)等の判断指針としなければならない。

変動の原則，予測の原則と最有効使用の判定

以　上

解　説

本問は，最有効使用の原則と最有効使用の判定について，「基準」総論第４章及び第６章から出題されている。最有効使用の判定と他の諸原則との関係については，解答に窮する受験生も多いので，是非押さえておいてほしい論点の一つである。

小問(1)については，最有効使用の判定，すなわち個別分析は最有効使用の原則を前提としていることと，最有効使用と標準的使用との関係を述べ，本題である最有効使用判定上の留意点について基準に従い論述すればよい。その際，建物及びその敷地の最有効使用判定の留意点も述べる必要がある。

小問(2)については，均衡・適合の原則と最有効使用の判定，変動・予測の原則と最有効使用の判定について述べる必要がある。さらに，収益逓増及び逓減・寄与の原則と最有効使用の判定について述べると加点事由となる。

問題[2] 同一需給圏の概念を述べ，かつ，次のそれぞれについて，同一需給圏の判定上，特に留意すべき基本的事項を説明しなさい。
(1) 住宅地 (2) 商業地 (3) 工業地

解答例

不動産の価格を形成する要因（価格形成要因）の分析に当たっては，一般的要因を分析するとともに，地域分析及び個別分析を通じて対象不動産についてその最有効使用を判定しなければならない。

価格形成要因の分析
「基準」総論第８章

地域分析とは，その対象不動産はどのような地域に存するか，その地域はどのような特性を有するか，また，対象不動産に係る市場はどのような特性を有するか，及びそれらの特性はその地域内の不動産の利用形態と価格形成について全般的にどのような影響力を持っているかを分析し，判定することをいう。

地域分析の意義
「基準」総論第６章

地域分析に当たって特に重要な地域は，用途的観点から区分される地域（「用途的地域」という），すなわち近隣地域及びその類似地域と，近隣地域及びこれと相関関係にある類似地域を含むより広域的な地域，すなわち同一需給圏である。

特に重要な地域
「基準」総論第６章

同一需給圏とは，一般に対象不動産と代替関係が成立して，その価格の形成について相互に影響を及ぼすような関係にある他の不動産の存する圏域をいう。

それは，近隣地域を含んでより広域的であり，近隣地域と相関関係にある類似地域等の存する範囲を規定するものである。

つまり，同一需給圏は，対象不動産との間に代替関係が働き得る地域的な限界を示すものであって，それは近隣地域のみならず近隣地域と相関関係にある類似地域を含むとともに，通常の場合には近隣地域の周辺にあって近隣地域とは異なる用途性を有する用途的地域をも含む広域的な圏域を示すものである。

一般に，近隣地域と同一需給圏内に存する類似地域とは，隣接すると否とにかかわらず，その地域要因の類似性に基づいて，それぞれの地域の構成分子である不動産相互の間に代替，競争等の関係が

同一需給圏
「基準」総論第６章

成立し，その結果，両地域は相互に影響を及ぼすものである。

また，近隣地域の外かつ同一需給圏内の類似地域の外に存する不動産であっても，同一需給圏内に存し対象不動産とその用途，規模，品等等の類似性に基づいて，これら相互の間に代替，競争等の関係が成立する場合がある。

同一需給圏は，不動産の種類，性格及び規模に応じた需要者の選好性によってその地域的範囲を異にするものであるから，その種類，性格及び規模に応じて需要者の選好性を的確に把握した上で適切に判定する必要がある。

住宅地，商業地及び工業地の同一需給圏の判定に当たって特に留意すべき基本的な事項は，次のとおりである。

同一需給圏の判定
「基準」総論第6章

(1)　住宅地

同一需給圏は，一般に都心への通勤可能な地域の範囲に一致する傾向がある。ただし，地縁的選好性により地域的範囲が狭められる傾向がある。

なお，地域の名声，品位等による選好性の強さが同一需給圏の地域的範囲に特に影響を与える場合があることに留意すべきである。

住宅地の同一需給圏
「基準」総論第6章

(2)　商業地

同一需給圏は，高度商業地については，一般に広域的な商業背後地を基礎に成り立つ商業収益に関して代替性の及ぶ地域の範囲に一致する傾向があり，したがって，その範囲は高度商業地の性格に応じて広域的に形成される傾向がある。

また，普通商業地については，一般に狭い商業背後地を基礎に成り立つ商業収益に関して代替性の及ぶ地域の範囲に一致する傾向がある。ただし，地縁的選好性により地域的範囲が狭められる傾向がある。

商業地の同一需給圏
「基準」総論第6章

(3)　工業地

同一需給圏は，港湾，高速交通網等の利便性を指向する産業基盤志向型工業地等の大工場地については，一般に原材料，製品等の大規模な移動を可能にする高度の輸送機関に関して代替性を有する地域の範囲に一致する傾向があり，したがって，その地域的範囲は，全国的な規模となる傾向がある。

工業地の同一需給圏
「基準」総論第6章

また，製品の消費地への距離，消費規模等の市場接近性を指向する消費地指向型工業地等の中小工場地については，一般に製品の生産及び販売に関する費用の経済性に関して代替性を有する地域の範囲に一致する傾向がある。

以　上

解　説

本問は，「基準」総論第６章の同一需給圏についての出題である。基準の文言だけで合格点がとれるため，暗記が不十分な受験生にとっては厳しい問題であるといえる。

論文構成としては，特に構成に工夫を要する問題でもなく，「基準」総論第６章の該当部分を正確に論述できるかがポイントとなる。同一需給圏判定上の留意事項は暗記が不十分な受験生が多いが，「基準」の文章を丁寧に読み込んで理解し，キーワードだけでも押さえておくと，本問のような問題にも対応できるはずである。

問題3　鑑定評価における減価修正の特徴について述べなさい。

解答例

1．原価法と減価修正

不動産の価格を求める鑑定評価の基本的な手法は，価格の三面性（費用性，市場性，収益性）に対応して，原価法，取引事例比較法及び収益還元法に大別され，このほかこれら三手法の考え方を活用した開発法等の手法がある。

価格を求める手法
「基準」総論第7章

原価法は，価格時点における対象不動産の再調達原価を求め，この再調達原価について減価修正を行って対象不動産の試算価格（積算価格）を求める手法である。

原価法は，対象不動産が建物又は建物及びその敷地である場合において，再調達原価の把握及び減価修正を適切に行うことができるときに有効であり，対象不動産が土地のみである場合においても，再調達原価を適切に求めることができるときはこの手法を適用することができる。

原価法の意義
「基準」総論第7章

減価修正とは，減価の要因に基づき発生した減価額を対象不動産の再調達原価から控除することであり，価格時点における対象不動産の適正な積算価格を求めることが目的である。

不動産が造成又は建設の直後で最有効使用の状態にある場合には，その不動産の再調達原価がその不動産の適正な価値を示し，減価修正の必要はない。しかし，現実の不動産は必ずしも新規かつ最有効使用の状態にあるわけではなく，減価修正が必要となる。

ここで減価とは，新規かつ最有効使用の状態においてのみ実現される価値，すなわち上限値としての再調達原価からの価値の減少を意味するものである。そして，減価修正とは，減価の要因を総合的に分析することによって求められた減価額を対象不動産の再調達原価から控除することである。

減価修正は期間損益計算の適正化，すなわち取得原価の適正な費用配分を目的とする企業会計上の減価償却とは本質的にその目

減価修正の意義
「基準」総論第7章

的を異にする。

2．減価の要因

減価修正を行うに当たっては，減価の要因に着目して対象不動産を部分的かつ総合的に分析検討し，減価額を求めなければならない。

減価の要因は，物理的要因，機能的要因及び経済的要因に分けられる。

これらの要因は，それぞれ独立しているものではなく，相互に関連し，影響を与え合いながら作用していることに留意しなければならない。

なお，減価には取替えや修理によって回復可能な場合と回復不可能な場合があり，また，回復可能な場合であってもそれに要する費用との関連において取替え等が経済的でない場合があることに留意して適正な減価額を求める必要がある。

減価の要因
「基準」総論第7章

(1)　物理的要因

物理的要因としては，不動産を使用することによって生ずる摩滅及び破損，時の経過又は自然的作用によって生ずる老朽化並びに偶発的な損傷があげられる。

(2)　機能的要因

機能的要因としては，不動産の機能的陳腐化，すなわち，建物と敷地との不適応，設計の不良，形式の旧式化，設備の不足及びその能率の低下等があげられる。

(3)　経済的要因

経済的要因としては，不動産の経済的不適応，すなわち，近隣地域の衰退，不動産とその付近の環境との不適合，不動産と代替，競争等の関係にある不動産又は付近の不動産との比較における市場性の減退等があげられる。

物理的，機能的，経済的要因
「基準」総論第7章

3．減価額を求める方法

減価額を求めるには，次の二つの方法がある。

(1)　耐用年数に基づく方法

耐用年数に基づく方法は，対象不動産の価格時点における経過年数及び経済的残存耐用年数の和として把握される耐用年数

を基礎として減価額を把握する方法である。

耐用年数に基づく方法には，定額法，定率法等があるが，これらのうちいずれの方法を用いるかは，対象不動産の用途や利用状況に即して決定すべきである。

なお，対象不動産が二以上の分別可能な組成部分により構成されていて，それぞれの経過年数又は経済的残存耐用年数が異なる場合に，これらをいかに判断して用いるか，また耐用年数満了時における残材価額をいかにみるかについても，対象不動産の用途や利用状況に即して決定すべきである。

この方法には，建築資材の経年劣化など外部観察のみでは発見しにくい減価要因を把握し，反映させ易いという長所がある一方，偶発的な損傷等の個別的な減価の実態を反映させにくいという短所がある。

耐用年数に基づく方法
「基準」総論第7章

(2)　観察減価法

観察減価法は，対象不動産について，設計，設備等の機能性，維持管理の状態，補修の状況，付近の環境との適合の状態等各減価の要因の実態を調査することにより，減価額を直接求める方法である。

この方法には，偶発的な損傷等の個別的な減価の実態を把握し，反映させ易いという長所がある一方，外部観察では発見しにくい減価要因を反映させにくいという短所がある。

観察減価法
「基準」総論第7章

これら二つの方法は，相互補完の関係にあり，不動産の適正な減価額を求めるためには，これら二つの方法を併用することが必要となる。

二方法併用の必要性

以　上

解　説

本問は「基準」総論第７章の原価法のうち，減価修正について問う問題である。減価修正は，その意義，減価の要因，減価額を求める方法に論点が限られ，比較的論述しやすい問題である。

論文構成としては，減価修正の意義については，減価修正の目的が価格時点における適正な積算価格を求めるために行うものであり，企業会計上の減価償却とは目的を異にするものであることを述べることで説得力のある答案となる。減価の要因については，各要因が相互関連していることを述べ，減価額を求める方法については，２方法が相互補完の関係にあるため併用すべきであることを述べること。

問題4　鑑定評価を行った年月日の概念を説明し，それが鑑定評価報告書及び鑑定評価書の必要的記載事項とされている理由について論述しなさい。

解答例

1．鑑定評価報告書と鑑定評価書

鑑定評価報告書は，不動産の鑑定評価の成果を記載した文書であり，不動産鑑定士が自己の専門的学識と経験に基づいた判断と意見を表明し，その責任を明らかにすることを目的とするものである。この鑑定評価報告書に基づき，鑑定評価の依頼を受け付けた不動産鑑定業者が依頼者に交付する文書が鑑定評価書である。

鑑定評価報告書と鑑定評価書
「基準」総論第9章

2．鑑定評価報告書の作成指針

鑑定評価報告書は，鑑定評価の基本的事項及び鑑定評価額を表し，鑑定評価額を決定した理由を説明し，その不動産の鑑定評価に関与した不動産鑑定士の責任の所在を示すことを主旨とするものであるから，鑑定評価報告書の作成に当たっては，まずその鑑定評価の過程において採用したすべての資料を整理し，価格形成要因に関する判断，鑑定評価の手法の適用に係る判断等に関する事項を明確にして，これに基づいて作成すべきである。

鑑定評価報告書の内容は，不動産鑑定業者が依頼者に交付する鑑定評価書の実質的な内容となるものである。したがって，鑑定評価報告書は，鑑定評価書を通じて依頼者のみならず第三者に対しても影響を及ぼすものであり，さらには不動産の適正な価格の形成の基礎となるものであるから，その作成に当たっては，誤解の生ずる余地を与えないよう留意するとともに，特に鑑定評価額の決定の理由については，依頼者のみならず第三者に対して十分に説明し得るものとするように努めなければならない。

鑑定評価報告書の作成指針
「基準」総論第9章

3．記載事項

鑑定評価報告書及び鑑定評価書には，少なくとも次の事項について記載しなければならない。

(1)　鑑定評価額及び価格又は賃料の種類
(2)　鑑定評価の条件
(3)　対象不動産の所在，地番，地目，家屋番号，構造，用途，数量等及び対象不動産に係る権利の種類
(4)　対象不動産の確認に関する事項
(5)　鑑定評価の依頼目的及び依頼目的に対応した条件と価格又は賃料の種類との関連
(6)　価格時点及び鑑定評価を行った年月日
(7)　鑑定評価額の決定の理由の要旨
(8)　鑑定評価上の不明事項に係る取扱い及び調査の範囲
(9)　関与不動産鑑定士及び関与不動産鑑定業者に係る利害関係等
(10)　関与不動産鑑定士の氏名
(11)　依頼者及び提出先等の氏名又は名称
(12)　鑑定評価額の公表の有無について確認した内容

記載事項
「基準」総論第9章

4．鑑定評価を行った年月日を記載する理由

鑑定評価を行った年月日とは，いわゆる評価時点のことであるが，これは鑑定評価の手順を完了した日，すなわち鑑定評価報告書を作成し，これに鑑定評価額を表示した日のことである。鑑定評価報告書及び鑑定評価書においてこの鑑定評価を行った年月日が必要的記載事項とされているのは，価格時点と評価時点との間隔の如何は，資料収集の可能性，価格形成要因の分析の正確度等に影響を及ぼし，鑑定評価額とも関係してくる場合があるので，そのような場合に当該評価時点において当該鑑定評価額としたことに誤りはなかったことを後日立証するためである。

鑑定評価を行った年月日の記載理由

なお，価格時点は，不動産の価格の判定の基準となった日であり，鑑定評価額はその日においてのみ妥当するものであるから，当然に鑑定評価報告書及び鑑定評価書に記載しなければならない。

また，後日対象不動産の現況把握に疑義が生ずる場合があることを考慮して，実地調査を行った年月日もあわせて記載しなければならない。

価格時点、実査日の記載理由
「基準」総論第9章

以　上

解　説

本問は，「基準」総論第９章からの出題であり，鑑定評価を行った年月日について問われている。鑑定評価報告書には，基本的事項である価格時点のみならず，鑑定評価を行った年月日や実査日も記載しなければならないが，それぞれ記載することの必要性が異なるので，併せて理解しておく必要がある。

論文構成としては，まず，鑑定評価報告書と鑑定評価書の違いを簡潔に説明し，鑑定評価報告書の作成指針と記載事項を述べ，それから本題である鑑定評価を行った年月日の話に入ればよい。鑑定評価を行った年月日，すなわち評価時点の記載理由については，鑑定評価額の妥当性を立証する点にあることをしっかり押さえよう。また，本問で直接問われてないが，価格時点，実査日の記載理由も併せて述べると加点事由となる。

昭和47年度

問題1　不動産鑑定評価基準によれば，鑑定評価の手法の適用に当たっては，鑑定評価の手法を当該案件に即して適切に適用すべき旨定められているが，これをどのように理解すべきか，鑑定評価の三方式を踏まえて説明しなさい。（一部改題）

解答例

1．鑑定評価の三方式

合理的と考えられる市場において市場参加者が財の経済価値を判定する場合は，通常，①それにどれほどの費用が投じられて作られたものであるか（費用性），②それがどれほどの値段で市場で取引されているものであるか（市場性），③それを利用することによってどれほどの収益が得られるものであるか（収益性）という，価格の三面性を考慮する。不動産の価格の場合もこれと同様に考えられ，不動産の鑑定評価の三方式の考え方の基本となっている。

価格の三面性

鑑定評価の方式には，上記の費用性，市場性及び収益性にそれぞれ対応した原価方式，比較方式及び収益方式の三方式がある。

原価方式は不動産の再調達（建築，造成等による新規の調達をいう。）に要する原価に着目して，比較方式は不動産の取引事例又は賃貸借等の事例に着目して，収益方式は不動産から生み出される収益に着目して，それぞれ不動産の価格又は賃料を求めようとするものである。

鑑定評価方式
「基準」総論第7章

不動産の価格を求める鑑定評価の基本的な手法は，原価法，取引事例比較法及び収益還元法に大別され，このほかこれら三手法の考え方を活用した開発法等の手法がある。

原価法は，価格時点における対象不動産の再調達原価を求め，この再調達原価について減価修正を行って対象不動産の試算価格（積算価格）を求める手法である。

価格を求める鑑定評価の手法
「基準」総論第7章

取引事例比較法は，まず多数の取引事例を収集して適切な事例の選択を行い，これらに係る取引価格に必要に応じて事情補正及び時点修正を行い，かつ，地域要因の比較及び個別的要因の比較を行って求められた価格を比較考量し，これによって対象不動産の試算価格（比準価格）を求める手法である。

収益還元法は，対象不動産が将来生み出すであろうと期待される純収益の現在価値の総和を求めることにより対象不動産の試算価格（収益価格）を求める手法である。

なお，鑑定評価の各手法は，価格の三面性を反映した三方式のいずれかの考え方を中心としているものの，一対一の関係ではなく，一つの手法の中に三方式の考え方が相互に反映されるものである点に留意すべきである。

三手法と価格の三面性との関係

2．不動産の鑑定評価の意義

不動産の鑑定評価によって求める価格は，基本的には正常価格である。正常価格とは，市場性を有する不動産について，現実の社会経済情勢の下で合理的と考えられる条件を満たす市場で形成されるであろう市場価値を表示する適正な価格をいう。この場合において，現実の社会経済情勢の下で合理的と考えられる条件を満たす市場とは，①市場参加者が自由意思に基づいて市場に参加し，参入・退出が自由であること，②取引形態が，市場参加者が制約されたり，売り急ぎ，買い進み等を誘引したりするような特別なものではないこと，③対象不動産が相当の期間市場に公開されていること，という条件を満たす市場をいう。

正常価格
「基準」総論第5章

つまり不動産の鑑定評価とは，この正常価格を不動産鑑定士が的確に把握する作業に代表される。

鑑定評価の意義
「基準」総論第1章

一方で，不動産の現実の取引価格等は，取引等の必要に応じて個別的に形成されるのが通常であり，しかもそれは個別的な事情に左右されがちのものであって，このような取引価格等から不動産の適正な価格を見出すことは一般の人には非常に困難である。

価格の特徴
「基準」総論第1章

したがって，不動産の適正な価格については専門家としての不動産鑑定士の鑑定評価活動が必要となるものである。

鑑定評価の必要性
「基準」総論第1章

3．鑑定評価の手法の適切な適用

不動産の価格は，一般の財と同様，基本的には価格の三面性を反映して形成されるものであり，これに対応して鑑定評価の三方式がそれぞれ規定されている。また，不動産の鑑定評価とは，合理的な市場で形成されるであろう市場価値を表示する適正な価格を的確に把握する作業であるから，この価格の三面性を十分に考慮することが必要であり，そのためには価格の三面性を反映する三方式の考え方を原則として併用すべきである。

三方式併用の必要性

ただし，不動産は，その種別・類型や市場の特性等によって市場参加者の属性や行動基準等が異なり，その価格形成に当たっても価格の三面性が常に等しく反映されるものではないこと等から，必ずしも三手法をすべて併用することが合理的とは限らない。

したがって，鑑定評価の手法の適用に当たっては，鑑定評価の手法を当該案件に即して適切に適用すべきである。この場合，地域分析及び個別分析により把握した対象不動産に係る市場の特性等を適切に反映した複数の鑑定評価の手法を適用すべきであり，対象不動産の種類，所在地の実情，資料の信頼性等により複数の鑑定評価の手法の適用が困難な場合においても，その考え方をできるだけ参酌するように努めるべきである。

なお，不動産鑑定評価基準各論では，対象不動産の種別及び類型ごとに基本的に適用すべき鑑定評価の手法が規定されているが，地域分析及び個別分析により把握した対象不動産に係る市場の特性等を適切に反映した複数の鑑定評価方式の考え方が適切に反映された一つの鑑定評価の手法を適用した場合には，当該鑑定評価でそれらの鑑定評価方式に即した複数の鑑定評価の手法を適用したものとみなすことができる。

この場合，不動産鑑定評価基準に規定されている手法を一部省略することができるが，採用した手法に三方式の考え方及び対象不動産に係る市場の特性が十分に反映されていると判断した理由について，鑑定評価報告書に記載する必要がある。

鑑定評価の手法の適切な適用
「基準」総論第8章
「留意事項」総論第8章

以　上

解　説

本問は，「基準」総論第7章及び第8章を中心とした鑑定評価手法の適用に関する問題である。

論文構成としては，まず「不動産の価格形成」，「鑑定評価方式（三方式）」，「鑑定評価の意義」の3点から三方式併用の必要性を述べていく。次に，個々の不動産の価格形成の特徴に触れ，鑑定評価の手法の適用に当たっては，鑑定評価の手法を当該案件に即して適切に適用すべきである点を，「基準」に即して述べるとよい。

問題2 不動産の最有効使用について，次の問に答えなさい。
(1) 最有効使用の原則が有する不動産の鑑定評価上の意義
(2) 鑑定評価の対象不動産（更地）の最有効使用と当該不動産が属する近隣地域内の不動産の一般的な標準的使用との関連性（一部改題）

解答例

小問(1)

不動産の価格形成過程には基本的な法則性が認められる。不動産の鑑定評価とは，その不動産の価格形成過程を追究し，分析することを本質とするものであるから，不動産の鑑定評価に際しては，鑑定評価に必要な指針としてこれらの法則性を認識し，かつ，これらを具体的に現した諸原則を活用すべきである。

価格諸原則の意義
「基準」総論第4章

不動産，特に土地は，用途の多様性という人文的特性を有するため，同一の不動産について，異なった使用方法を前提とする需要が競合する。需要者の間に競争が生ずる結果，最も高い価格を掲示できる者がその不動産を取得できるが，そのような価格を提示できるのは，その不動産を利用することによる収益性又は快適性等が最大となる使用方法，すなわち，その不動産の最有効使用を前提とした場合に限られる。したがって，不動産の価格は，その不動産の効用が最高度に発揮される可能性に最も富む使用（最有効使用）を前提として把握される価格を標準として形成される。この原則を最有効使用の原則という。

この場合の最有効使用とは，現実の社会経済情勢の下で客観的にみて，良識と通常の使用能力を持つ人による合理的かつ合法的な最高最善の使用方法に基づくものである。

最有効使用の原則
「基準」総論第4章

最有効使用の原則は，原価法において減価修正を行う際の機能的，経済的な減価要因の分析，取引事例比較法において配分法を適用する際の取引事例の収集選択，及び収益還元法（土地残余法）における最有効使用の建物の想定等に当たって活用されるものであり，不動産の鑑定評価の行為基準となる重要な原則であるということがで

最有効使用の鑑定評価上の意義

きる。

なお，ある不動産についての現実の使用方法は，必ずしも最有効使用に基づいているものではなく，不合理な又は個人的な事情による使用方法のために，当該不動産が十分な効用を発揮していない場合があることに留意すべきである。

現実の使用方法
「基準」総論第4章

小問(2)

不動産の価格は，その不動産の最有効使用を前提として把握される価格を標準として形成される。したがって，不動産の鑑定評価に当たっては，地域分析及び個別分析を通じて対象不動産の最有効使用を判定しなければならない。

最有効使用判定の必要性
「基準」総論第4章，第6章

更地とは，建物等の定着物がなく，かつ使用収益を制約する権利の付着していない宅地をいう。

更地は，その土地の最有効使用に基づく経済的利益を十全に享受することを期待し得るものであることから，鑑定評価に当たっては，当該土地の最有効使用を前提とした価格を求めることとなる。

更地の意義
「基準」各論第1章

地域分析とは，その対象不動産がどのような地域に存するか，その地域はどのような特性を有するか，また対象不動産に係る市場はどのような特性を有するか，及びそれらの特性はそれらの地域内の不動産の利用形態と価格形成について全般的にどのような影響力を持っているかを分析し，判定することをいう。

地域分析の定義
「基準」総論第6章

不動産は，他の不動産とともに，用途的に同質性を有する一定の地域を構成してこれに属することを通常とし，地域は，その規模，構成の内容，機能等にわたってそれぞれ他の地域と区別されるべき特性を有している。

不動産の地域性・地域の特性

この地域（近隣地域）の特性は，通常，その地域に属する不動産の一般的な標準的使用に具体的に現れるが，この標準的使用は，利用形態からみた地域相互間の相対的位置関係及び価格形成を明らかにする手掛りとなるとともに，その地域に属する不動産のそれぞれについての最有効使用を判定する有力な標準となるものである。

標準的使用
「基準」総論第6章

一方，個別分析とは，対象不動産の個別的要因が対象不動産の利用形態と価格形成についてどのような影響力を持っているかを分析してその最有効使用を判定することをいう。

個別分析の定義
「基準」総論第6章

個々の不動産の最有効使用は，一般に近隣地域の地域の特性の制約下にあるので，個別分析に当たっては，特に近隣地域に存する不動産の標準的使用との相互関連を明らかにし判定することが必要である。

つまり，更地の個別分析では，対象不動産に係る種々の個別的要因を把握し，それらが対象不動産の価格形成に働きかける程度を分析しなければならないが，その程度は当該不動産の属する地域の特性によって異なるため，最有効使用を判定するためには，まず地域分析を行って，標準的使用を含む当該地域の特性を把握する必要がある。

ただし，戸建住宅地域に存する大規模なマンション適地等のように，対象不動産の位置，規模，環境等によっては，標準的使用の用途と異なる用途の可能性が考えられるので，こうした場合には，それぞれの用途に対応した個別的要因の分析を行った上で 最有効使用を判定しなければならない。

最有効使用と標準的使用との関係
「基準」総論第6章

以　上

解　説

本問は「基準」総論第４章及び第６章からの出題であり，最有効使用の原則，最有効使用と標準的使用について問われている。

最有効使用と標準的使用の関係は，個別分析と地域分析の関係とも置き換えられ，典型論点として答練等でもお馴染みであることから，十分な理解が必須である。

小問⑴については，最有効使用の鑑定評価上の意義は，実務に携わってない受験生にはなかなかイメージできないものであるが，鑑定評価の各手法の適用において重要な意義を持つことを理解してほしい。また，不動産とくに土地が有する「用途の多様性」という人文的特性が最有効使用の原則の成立根拠になっていることをきちんと理解する必要がある。

小問⑵については，最有効使用と標準的使用の関係について，「基準」総論第６章の文言を用いて説明すれば十分足りる。地域分析でも個別分析でも述べているが，「標準的使用の制約の下，最有効使用が決定される」ということがきちんと書けてないと合格点にはならない。

問題3　個別分析について
(1)　その意義を述べ
(2)　地域分析との関連性に言及せよ。

解答例

小問(1)

不動産の価格は，その不動産の効用が最高度に発揮される可能性に最も富む使用（最有効使用）を前提として把握される価格を標準として形成される（最有効使用の原則）。この場合の最有効使用とは，現実の社会経済情勢の下で客観的にみて，良識と通常の使用能力を持つ人による合理的かつ合法的な最高最善の使用方法に基づくものである。

最有効使用の原則
「基準」総論第4章

したがって，不動産の鑑定評価に当たっては，対象不動産の最有効使用を判定する必要がある。個別分析とは，対象不動産の個別的要因が対象不動産の利用形態と価格形成についてどのような影響力を持っているかを分析してその最有効使用を判定することをいう。

個々の不動産の最有効使用は，一般に近隣地域の地域の特性の制約下にあるので，個別分析に当たっては，特に近隣地域に存する不動産の標準的使用との相互関係を明らかにし判定することが必要である。

個別分析の定義
「基準」総論第6章

個別分析を行い不動産の最有効使用を判定することにより，原価法において減価修正を行う際の機能的，経済的な減価要因の分析，取引事例比較法において配分法を適用する際の取引事例の収集選択，及び収益還元法（土地残余法）における最有効使用の建物の想定等がはじめて可能となる。したがって，個別分析は不動産の鑑定評価において欠くことのできない重要な手順となっている。

個別分析の鑑定評価上の意義

なお，不動産の最有効使用の判定に当たっては，次の事項に留意すべきである。

(1)　良識と通常の使用能力を持つ人が採用するであろうと考えられる使用方法であること。

最有効使用判定上の留意点
「基準」総論第6章

(2) 使用収益が将来相当の期間にわたって持続し得る使用方法であること。

(3) 効用を十分に発揮し得る時点が予測し得ない将来でないこと。

(4) 対象不動産の位置，規模，環境等によっては，標準的使用の用途と異なる用途の可能性が考えられるので，こうした場合には，それぞれの用途に対応した個別的要因の分析を行った上で最有効使用を判定すること。

(5) 価格形成要因は常に変動の過程にあることを踏まえ，特に価格形成に影響を与える地域要因の変動が客観的に予測される場合には，当該変動に伴い対象不動産の使用方法が変化する可能性があることを勘案して最有効使用を判定すること。

小問(2)

1．地域分析の意義

地域分析とは，その対象不動産がどのような地域に存するか，その地域はどのような特性を有するか，また対象不動産に係る市場はどのような特性を有するか，及びそれらの特性はその地域内の不動産の利用形態と価格形成について全般的にどのような影響力を持っているかを分析し，判定することをいう。

地域分析に当たって特に重要な地域は，用途的観点から区分される地域（以下「用途的地域」という），すなわち近隣地域及びその類似地域と，近隣地域及びこれと相関関係にある類似地域を含むより広域的な地域，すなわち同一需給圏である。

地域分析の意義
「基準」総論第6章

2．個別分析と地域分析

不動産の価格は，一般に，①その不動産に対してわれわれが認める効用，②その不動産の相対的稀少性，③その不動産に対する有効需要の三者の相関結合によって生じる不動産の経済価値を，貨幣額をもって表示したものである。そして，この不動産の経済価値は，基本的にはこれら三者を動かす価格形成要因の相互作用によって形成される。

不動産の価格
「基準」総論第1章

一方，不動産の鑑定評価とは，その対象である不動産の経済価値を判定し，これを貨幣額をもって表示することであり，それはまた，その不動産の価格の形成過程を追究し，分析することを本

不動産の鑑定評価
「基準」総論第1章，第4章

質とするものである。

ところで，そもそも個々の不動産は，独立して機能し存在するものではなく，他の不動産とともに，用途的に同質性を有する一定の地域を構成してこれに属することを通常とし，地域は，その規模，構成の内容，機能等にわたってそれぞれ他の地域と区別されるべき特性を有している。

不動産の地域性・地域の特性

この地域の特性は，通常，その地域に属する不動産の一般的な標準的使用に具体的に現れるが，この標準的使用は，利用形態からみた地域相互間の相対的位置関係及び価格形成を明らかにする手掛りとなるとともに，その地域に属する不動産のそれぞれについての最有効使用を判定する有力な標準となるものである。

標準的使用「基準」総論第6章

したがって，対象不動産の価格形成要因を分析し，その最有効使用を判定するに当たっては，まず，対象不動産の存する地域について分析すること，すなわち地域分析が必要なのである。

つまり，個別的要因を分析し，対象不動産の最有効使用を判定するに当たっては，各種の個別的要因が対象不動産の価格の形成に作用する程度を判断しなければならないが，各種の個別的要因が作用する程度は，用途的地域ごとにそれぞれ異なる。したがって，個別分析に当たっては，まず地域分析を行い，その結果得られた標準的使用を有力な標準としなければならない。

個別分析と地域分析

以　上

解　説

本問は「基準」総論第6章から，個別分析についての出題である。個別分析と地域分析の関連性は典型論点である。

論文構成としては，まず，個別分析は，対象不動産の最有効使用を判定することであるので，前提理論として，まず最有効使用の原則について述べる必要がある。個別分析の意義は，すなわち最有効使用の意義であり，前問題と同様に鑑定評価の手法の適用における活用について説明すればよい。

問題4　収益還元法について，次の問に答えなさい。

(1)　原価法及び取引事例比較法と対比して，この手法の理論的特徴について述べなさい。

(2)　直接還元法にあたって純収益を求める場合に留意すべき基本的な考え方について述べなさい。　（一部改題）

解答例

小問(1)

1．不動産の価格を求める三手法

収益還元法は，対象不動産が将来生み出すであろうと期待される純収益の現在価値の総和を求めることにより，対象不動産の試算価格（収益価格）を求める手法である。

収益価格を求める方法には，一期間の純収益を還元利回りによって還元する方法（直接還元法）と，連続する複数の期間に発生する純収益及び復帰価格を，その発生時期に応じて現在価値に割り引き，それぞれを合計する方法（DCF法）がある。

一方，原価法は，価格時点における対象不動産の再調達原価を求め，この再調達原価について減価修正を行って対象不動産の試算価格（積算価格）を求める手法である。また，取引事例比較法は，まず多数の取引事例を収集して適切な事例の選択を行い，これらに係る取引価格に必要に応じて事情補正及び時点修正を行い，かつ，地域要因の比較及び個別的要因の比較を行って求められた価格を比較考量し，これによって対象不動産の試算価格（比準価格）を求める手法である。

2．収益還元法の理論的特徴

一般に，合理的と考えられる市場において市場参加者が財の経済価値を判定する場合は，通常，費用性，市場性，収益性（価格の三面性）を検討する。不動産の鑑定評価とは，現実の社会経済情勢の下で合理的と考えられる市場で形成されるであろう市場価値を表示する適正な価格を，不動産鑑定士が的確に把握する作業

収益還元法の定義
「基準」総論第7章

直接還元法とDCF法
「基準」総論第7章

原価法の定義
取引事例比較法の定義
「基準」総論第7章

価格の三面性と鑑定評価
「基準」総論第1章

であるから，価格の三面性についての斟酌が十分になされるべきである。

そこで，不動産の価格を求める鑑定評価の基本的な手法は，価格の三面性に対応して，原価法（費用性に対応），取引事例比較法（市場性に対応）及び収益還元法（収益性に対応）に大別され，このほかこれら三手法の考え方を活用した開発法等の手法がある。

すなわち，収益還元法は，不動産の収益性に着目した手法である点で他の二手法と根本的に異なるものである。ただし，鑑定評価の三手法と価格の三面性は，一対一の関係ではなく，一つの手法の中に三面性の考え方が相互に反映されるものである点に留意すべきである。

三手法の理論前提
「基準」総論第7章

収益還元法は，賃貸用不動産又は賃貸以外の事業の用に供する不動産の価格を求める場合に特に有効である。

また，不動産の価格は，一般に当該不動産の収益性を反映して形成されるものであり，収益は，不動産の経済価値の本質を形成するものである。したがって，この手法は，文化財の指定を受けた建造物等の一般的に市場性を有しない不動産以外のものには基本的にすべて適用すべきものであり，自用の不動産といえども賃貸を想定することにより適用されるものである。

なお，市場における不動産の取引価格の上昇が著しいときは，取引価格と収益価格との乖離が増大するものであるので，先走りがちな取引価格に対する有力な験証手段として，この手法が活用されるべきである。

収益還元法の有効性及び積極的活用
「基準」総論第7章

小問(2)

1．純収益の算定

純収益とは，不動産に帰属する適正な収益をいい，収益目的のために用いられている不動産とこれに関与する資本，労働及び経営（組織）の諸要素の結合によって生ずる総収益から，資本，労働及び経営（組織）の総収益に対する貢献度に応じた分配分を控除した残余の部分をいう。

純収益の意義
「基準」総論第7章

対象不動産の純収益は，一般に1年を単位として総収益から総費用を控除して求めるものとする。また，純収益は，永続的なも

のと非永続的なもの，償却前のものと償却後のもの等，総収益及び総費用の把握の仕方により異なるものであり，それぞれ収益価格を求める方法及び還元利回り又は割引率を求める方法とも密接な関連があることに留意する必要がある。

純収益の算定に当たっては，対象不動産の総収益及びこれに係る総費用を直接的に把握し，それぞれの項目の細部について過去の推移及び将来の動向を慎重に分析して，対象不動産の純収益を適切に求めるべきである。この場合において収益増加の見通しについては，特に予測の限界を見極めなければならない。

純収益の算定
「基準」総論第7章

2　直接還元法における純収益

直接還元法における純収益は，対象不動産の初年度の純収益を採用する場合と標準化された純収益を採用する場合があることに留意しなければならない。ここで標準化された純収益とは，例えば，現行家賃が周辺の相場と比較して著しく高額であるため，近い将来減額改定が行われることを想定して，評価上，初年度家賃を減額修正した場合などにおける純収益をいう。

直接還元法における純収益
「基準」総論第7章

この手法の適用において還元対象となる一期間の純収益と，それに対応して採用される還元利回りは，その把握の仕方において整合がとれたものでなければならない。すなわち，還元対象となる一期間の純収益として，ある一定期間の標準化されたものを採用する場合には，還元利回りもそれに対応したものを採用することが必要である。

一期間の純収益の算定
「留意事項」総論第7章

なお，直接還元法の適用に当たって，対象不動産の純収益を近隣地域若しくは同一需給圏内の類似地域等に存する対象不動産と類似の不動産又は同一需給圏内の代替競争不動産の純収益によって間接的に求める場合には，それぞれの地域要因の比較及び個別的要因の比較を行い，当該純収益について適切に補正することが必要である。

間接法
「基準」総論第7章

以　上

解　説

本問は，「基準」総論第７章から，収益還元法についての出題である。収益還元法を苦手とする受験生は多いが，出題可能性は高いので，十分な対策をとる必要がある。

小問(1)の収益還元法の理論的特徴は，ずばり収益性に着目していることであり，収益は不動産の経済価値の本質を形成することから，積極的活用が求められることを述べなければならない。価格の三面性という概念から，論文を展開していくと十分な答案になる。

小問(2)の純収益を求める場合の基本的留意事項については，「基準」に即して解答し、標準化された純収益を採用する場合についても述べると良い。

MEMO

◇ 昭和48年度

問題[1] 不動産の価格について鑑定評価を行う場合に確定すべき基本的な事項としてはどのようなものがありますか。理由を付して述べなさい。

解答例

1．鑑定評価の基本的事項

不動産の鑑定評価に当たっては，基本的事項として，対象不動産，価格時点，価格（又は賃料）の種類を確定しなければならない。

鑑定評価の基本的事項
「基準」総論第5章

不動産の鑑定評価によって求められる鑑定評価額は，ある特定の不動産について特定の条件に応じて導き出される特定の時点における価格であるから，これら鑑定評価の基本的事項が不明確であっては，鑑定評価額は意味をなさず，また鑑定評価額の妥当性を説明することもできない。したがって，これらの基本的事項の確定が必要となる。

基本的事項確定の必要性

2．対象不動産の確定

不動産の鑑定評価を行うに当たっては，まず，鑑定評価の対象となる土地又は建物等を物的に確定することのみならず，鑑定評価の対象となる所有権及び所有権以外の権利を確定する必要がある。

対象不動産の確定は，鑑定評価の対象を明確に他の不動産と区別し，特定することであり，それは不動産鑑定士が鑑定評価の依頼目的及び条件に照応する対象不動産と当該不動産の現実の利用状況とを照合して確認するという実践行為を経て最終的に確定されるべきものである。

対象不動産の確定
「基準」総論第5章

不動産の鑑定評価を行う場合，対象となる不動産はその範囲等が可変的であり，また，権利の態様については所有権，地上権等の物権のみならず，外見上からは不分明な賃借権等の債権も対象となり，これらが複合的に存在する等，その対象が複雑な様相を

対象不動産の確定の必要性

呈するため，対象不動産を確定することが必要となる。

3．価格時点の確定

価格形成要因は，時の経過により変動するものであるから，不動産の価格はその判定の基準となった日においてのみ妥当するものである。したがって，不動産の鑑定評価を行うに当たっては，不動産の価格の判定の基準日を確定する必要があり，この日を価格時点という。（賃料の価格時点は，賃料の算定の期間の収益性を反映するものとして，その期間の期首となる。）

価格時点の確定
「基準」総論第5章

不動産の価格は，多数の価格形成要因の相互因果関係の組み合わせの流れである変動の過程において形成され（変動の原則），また，不動産の属する地域も常に拡大縮小，集中拡散，発展衰退等変化の過程にあり，不動産の価格は通常過去と将来とにわたる長期的な考慮の下に形成されるものである。今日の価格は昨日の展開であり，明日を反映するものであって，常に変化の過程にあるものである。したがって，不動産の鑑定評価を行うに当たっては，このような変動の過程でどの時点の価格を求めるのか，すなわち不動産の価格の判定の基準日となる価格時点を確定しなければならない。

不動産の価格変動と価格時点確定の必要性
「基準」総論第1章，第4章

価格時点は，鑑定評価を行った年月日を基準として現在の場合（現在時点），過去の場合（過去時点）及び将来の場合（将来時点）に分けられる。

価格時点補足
「基準」総論第5章

4．価格又は賃料の種類の確定

不動産の鑑定評価とは，現実の社会経済情勢の下で合理的と考えられる市場において形成されるであろう市場価値を表示する適正な価格を，不動産鑑定士が的確に把握することを中心とする作業に代表される作業である。したがって，鑑定評価によって求める価格は，基本的には正常価格であるといえる。

鑑定評価の意義
「基準」総論第1章

しかし，複雑な社会的需要に的確に応ずるためには，鑑定評価によって求める価格は，必ずしも合理的と考えられる市場を前提としたものに限られなくなってきており，限定価格や特定価格，特殊価格といった正常価格以外の価格を求めることが必要となる場合がある。そこで，不動産の鑑定評価によって求める価格は基

本的には正常価格であるが，鑑定評価の依頼目的に対応した条件により限定価格，特定価格又は特殊価格を求める場合があるので，これらのうちどの価格を求めるのか，依頼目的に対応した条件を踏まえて価格の種類を適切に判断し，明確にすべきである。なお，評価目的に応じ，特定価格として求めなければならない場合があることに留意しなければならない。

また，賃料についても同様であり，不動産の鑑定評価によって求める賃料は，一般的には正常賃料又は継続賃料であるが，鑑定評価の依頼目的に対応した条件により限定賃料を求める場合があるので，依頼目的に対応した条件を踏まえてこれを適切に判断し，明確にすべきである。

価格又は賃料の種類の確定の必要性
「基準」総論第5章

以　上

解　説

本問は，「基準」総論第5章の鑑定評価の基本的事項に関する問題である。

論文構成としては，基準の流れに沿って，まず「基本的事項」の確定の必要性を述べ，次に基本的事項である「対象不動産」「価格時点」「価格又は賃料の種類」それぞれについての確定の内容とその必要性を個別に述べていけばよい。

基本的事項は，それぞれ単独で論点となり得るため，本問のように全般的に問われた場合には，論旨が散漫になってしまわないようメリハリのある解答を心がけたい。

問題2　代替の原則について，次の問に答えなさい。
(1)　その成立する根拠は何か。
(2)　需要と供給の原則と比較して，その異同点として指摘できる特徴は何か。
(3)　鑑定評価にとって，どのような意義を持っているか。

解答例

小問(1)

一般に同等の効用を有する二以上の財が存在する場合において需要者は価格の低いものを選択するため，財の価格は相互に影響を及ぼしあって最も低い価格に定まる。

そこで，代替性を有する二以上の財が存在する場合には，これらの財の価格は，相互に影響を及ぼして定まる。不動産の価格も代替可能な他の不動産又は財の価格と相互に関連して形成される。この原則を「代替の原則」という。

代替の原則
「基準」総論第4章

不動産は，土地の自然的特性として「個別性（非同質性，非代替性）」を有するため，工業製品のように他のものと全く同一のものが存在するということはない。しかし，現実の不動産取引においては，用途，位置，環境，地積などの条件が類似している他の不動産との間で，快適性，収益性等の「効用」に関して代替性が認められるため，価格形成過程において「代替の原則」が成立するのである。

さらに，この「効用」を収益性に限定した場合，有価証券などの不動産以外の財も不動産の代替財となり得る。

代替の原則の成立根拠
「基準」総論第1章

小問(2)

一般に財の価格は，その財の需要と供給との相互関係によって定まるとともに，その価格は，また，その財の需要と供給とに影響を及ぼす。

不動産の価格もまたその需要と供給との相互関係によって定まるのであるが，不動産は他の財と異なる自然的特性及び人文的特性を有するために，その需要と供給及び価格の形成には，これらの特性

需要と供給の原則
「基準」総論第4章

の反映が認められる。この原則を「需要と供給の原則」という。

「代替の原則」と「需要と供給の原則」とは，いずれも不動産の価格の形成に係る基本的な法則性を具体的に現したものであり，鑑定評価に当たっては，必要な指針としてこれらの法則性を認識し，かつ，当該各原則を活用すべきである。

「需要と供給の原則」は，不動産の種別，類型ごとの取引市場や賃貸借市場を把握，分析する際に活用されるものであり，不動産の有する自然的特性及び人文的特性を反映して，例えば供給の価格弾力性が極めて小さい等の特徴が存する。

これに対して「代替の原則」は，代替可能な財相互間に競争関係が生じ，「需要と供給の原則」はこの競争関係を前提として成立するものである点で，「競争の原則」とともに，「需要と供給の原則」の基礎となるものである。

代替の原則と需要と供給の原則との異同点
「基準」総論第4章

小問(3)

不動産の鑑定評価の方式には，価格の三面性（費用性，市場性，収益性）に照応して原価方式，比較方式及び収益方式の三方式がある。原価方式は不動産の再調達（建築，造成等による新規の調達をいう。）に要する原価に着目して，比較方式は不動産の取引事例又は賃貸借等の事例に着目して，収益方式は不動産から生み出される収益に着目して，それぞれ不動産の価格又は賃料を求めようとするものである。これらの方式は，「代替の原則」を基礎とするものである。

鑑定評価の三方式
「基準」総論第4章，第7章

原価方式のうち価格を求める手法である「原価法」は，対象不動産と再調達を想定した不動産との間に一種の代替・競争関係が生じ，対象不動産の価格が再調達に要する原価を上限として定まることに着目したものであり，「代替の原則」を基礎としている。また，賃料を求める手法である積算法も，基礎価格の査定に関して「代替の原則」を基礎とするものである。

原価方式における活用

比較方式のうち価格を求める手法である「取引事例比較法」及び賃料を求める「賃貸事例比較法」は，対象不動産の価格が当該不動産と同種別・同類型の代替可能な他の不動産の取引価格等と相互に関連して形成されることに着目して，取引事例又は賃貸事例に係る

比較方式における活用

取引価格等を補・修正することにより試算価格又は試算賃料を求めるものであり，「代替の原則」を基礎としている。

収益方式のうち価格を求める手法である「収益還元法」は，対象不動産が将来生み出すであろうと期待される純収益の現在価値の総和を求めることにより対象不動産の試算価格（収益価格）を求める手法である。

対象不動産の純収益は，総収益から総費用を控除して求める。

この手法の適用において，総収益（又は純収益）は，代替可能な他の不動産に係る賃貸事例（又は収益事例）から求められ，また，還元利回りや割引率は，代替可能な他の不動産又は財に係る収益性（利回り）との比較によって求められる。したがって，「代替の原則」を基礎としているものといえる。

収益方式における活用
「基準」総論第7章

なお，鑑定評価に当たって必要な取引事例，賃貸事例，収益事例等は，近隣地域又は同一需給圏内の類似地域等に存する不動産に係るものを選択するが，近隣地域や同一需給圏の範囲の判定には，「代替の原則」を活用する必要がある。

同一需給圏の判定における活用

以　上

解　説

本問は「基準」総論第４章の不動産の価格に関する諸原則のうち「代替の原則」に関する問題である。諸原則の中でも比較的出題しやすい原則であり，出題の仕方も「意義」「需要と供給の原則との関連」「鑑定評価上の活用」とオーソドックスである。内容的にも基本的なところが多く，しっかりと押さえたい問題である。

論文構成としては，小問⑴では，まず土地の個別性（特に非代替性）を確実に押さえる必要がある。これを前提として「効用」の観点から代替性の説明をする。

小問⑵については，諸原則がそれぞれ価格形成上の法則性を述べているものであり，内容のベースが異なるため厳密な意味での異同点の説明は難しい。両原則の関係がしっかり押さえられれば十分である。

小問⑶は，代替の原則と三方式という典型論点である。

問題③　試算価格を調整するとはどのようなことか。また，これを行う場合に留意しなければならない事項について説明しなさい。

解答例

1．鑑定評価手法

合理的な市場において市場人が財の経済価値を判定する場合には，通常，①それにどれほどの費用が投じられたか（費用性），②それがどれほどの価格で市場で取引されているか（市場性），③それを利用することによってどれほどの収益（便益）を得ることができるか（収益性），という価格の三面性を考慮する。不動産の場合も同様であって，価格の三面性は鑑定評価の三方式（三手法）の考え方の基本となっている。

価格の三面性

価格を求める鑑定評価の基本的な手法は，費用性に着目した原価法，市場性に着目した取引事例比較法及び収益性に着目した収益還元法に大別され，このほか，これら三手法の考え方を活用した開発法等の手法がある。

価格を求める手法
「基準」総論第7章

2．試算価格の調整の意義

これらの手法によって求められた試算価格は，理論的には一致するはずである。なぜなら，これらの手法は，価格の三面性に着目して，一つの経済価値に対して異なる視点からアプローチしたものだからである。

しかし，現実には各手法の適用において実施される作業は実行可能な範囲に限られ，また試算価格等が求められるまでには多くの判断が介在するため，開差が生じるのが通常である。したがって，試算価格の調整が必要となるのである。

試算価格の理論的一致と現実の開差

試算価格の調整とは，鑑定評価の複数の手法により求められた各試算価格の再吟味及び各試算価格が有する説得力に係る判断を行い，鑑定評価における最終判断である鑑定評価額の決定に導く作業をいう。

試算価格の調整の方法
「基準」総論第8章

3．試算価格の調整における留意点

試算価格の調整に当たっては，対象不動産の価格形成を論理的かつ客観的に説明できるようにすることが重要である。このため，鑑定評価の手順の各段階について，客観的，批判的に再吟味し，その結果を踏まえた各試算価格が有する説得力の違いを適切に反映することによりこれを行うものとする。

すなわち，鑑定評価額の決定にあたっては，市場分析の結果等を踏まえ，試算価格の調整において明らかにされた開差の理由に基づき，各試算価格の説得力の優劣を判定し，重み付けを行った上で，適正と判断される価格を決定することになる。

試算価格調整の留意点
「基準」総論第8章

試算価格の調整に当たっては，特に次の事項に留意すべきである。

⑴　各試算価格の再吟味

①　資料の選択，検討及び活用の適否

②　不動産の価格に関する諸原則の当該案件に即応した活用の適否

③　一般的要因の分析並びに地域分析及び個別分析の適否

④　各手法の適用において行った各種補正，修正等に係る判断の適否

⑤　各手法に共通する価格形成要因に係る判断の整合性

⑥　単価と総額との関連の適否

⑵　各試算価格が有する説得力に係る判断

①　対象不動産に係る地域分析及び個別分析の結果と各手法との適合性

②　各手法の適用において採用した資料の特性及び限界からくる相対的信頼性

各段階における留意点
「基準」総論第8章

以　上

解　説

本問は，「基準」総論第８章のうち試算価格の調整に関する問題である。中心論点である「試算価格（賃料）調整の必要性」は第８章の典型論点であるので，しっかりと押さえてほしい。

試算価格の調整の説明には，まず「試算価格の調整の必要性」を押さえる必要があるが，これには，そもそも試算価格に開差が生じるという点を説明する必要がある。したがって，論文構成としては，定義 → 試算価格の理論的一致 → 現実の試算価格 → 調整の必要性と繋いでいけばよい。

価格の三面性に対応した手法は，不動産の経済価値を異なる視点からアプローチした手法にすぎず，理論的には試算価格が一致するはずであるが，現実の作業は実行可能な範囲に限られること，試算価格等が求められるまでに多くの判断が介在することにより，開差が生ずるのが通常であり，ここに試算価格調整の必要性が生ずるということをしっかり押さえよう。

問題4　見込地と移行地の概念を説明し，次に，これら両地域の地域要因の把握について述べなさい。

解答例

1．不動産の種別

不動産の鑑定評価においては，不動産の地域性並びに有形的利用及び権利関係の態様に応じた分析を行う必要があり，その地域の特性等に基づく不動産の種類ごとに検討することが重要である。

不動産の種類とは，不動産の種別及び類型の二面から成る複合的な不動産の概念を示すものであり，この不動産の種別及び類型が不動産の経済価値を本質的に決定づけるものであるから，この両面の分析をまって初めて精度の高い不動産の鑑定評価が可能となるものである。

不動産の種別とは，不動産の用途に関して区分される不動産の分類をいい，不動産の類型とは，その有形的利用及び権利関係の態様に応じて区分される不動産の分類をいう。

（不動産の種別・類型　「基準」総論第2章）

不動産の種別は，地域の種別と土地の種別とに分けられる。

(1)　地域の種別

地域の種別は，宅地地域，農地地域，林地地域等に分けられる。

なお，宅地地域，農地地域，林地地域等の相互間において，ある種別の地域から他の種別の地域へと転換しつつある地域（見込地地域という）及び宅地地域，農地地域等のうちにあって，細分されたある種別の地域から，その地域の他の細分された地域へと移行しつつある地域（移行地地域という）があることに留意すべきである。

（地域の種別　「基準」総論第2章）

(2)　土地の種別

土地の種別は，地域の種別に応じて分類される土地の区分であり，宅地，農地，林地，見込地，移行地等に分けられ，さらに地域の種別の細分に応じて細分される。

（土地の種別　「基準」総論第2章）

このうち見込地とは，宅地地域，農地地域，林地地域等の相互間において，ある種別の地域から他の種別の地域へと転換しつつある地域のうちにある土地をいい，宅地見込地，農地見込地等に分けられる。

また移行地とは，宅地地域，農地地域等のうちにあって，細分されたある種別の地域から他の種別の地域へと移行しつつある地域のうちにある土地をいい，住宅移行地，商業移行地等に細分される。

見込地・移行地の意義
「基準」総論第2章

すなわち，見込地地域のうちにある土地又は移行地地域のうちにある土地のことをそれぞれ見込地又は移行地といい，当該土地の現況がどのようなものであるか，いわゆる現況主義は採用されていない。したがって，土地の種別の判定に当たっては，当該土地の存する地域の地域要因を把握し，地域の種別を的確に把握することが必要である。

地域の種別，土地の種別の判断基準

2．両地域の地域要因の把握について

不動産の価格を形成する要因とは，不動産の効用及び相対的稀少性並びに不動産に対する有効需要の三者に影響を与える要因をいう。不動産の価格は，多数の要因の相互作用の結果として形成されるものであるが，要因それ自体も常に変動する傾向を持っている。したがって，不動産の鑑定評価を行うに当たっては，価格形成要因を市場参加者の観点から明確に把握し，かつ，その推移及び動向並びに諸要因間の相互関係を十分に分析して，前記三者に及ぼすその影響を判定することが必要である。

価格形成要因は，一般的要因，地域要因及び個別的要因に分けられる。

価格形成要因
「基準」総論第3章

このうち地域要因とは，一般的要因の相関結合によって規模，構成の内容，機能等にわたる各地域の特性を形成し，その地域に属する不動産の価格の形成に全般的な影響を与える要因をいう。

地域要因
「基準」総論第3章

不動産の価格は，一般的要因に基づく一般的な価格の水準及び地域要因に基づく不動産が属する地域の価格水準という大枠の下で対象不動産の個別性を反映して個別的，具体的に形成されるものであり，この対象不動産の存する地域の価格水準を把握するた

地域要因把握の必要性

めに，まず地域要因の把握が必要となる。

不動産の属する地域は固定的なものではなくて，常に拡大縮小，集中拡散，発展衰退等の変化の過程にあり，地域の特性を形成する地域要因も常に変動するものである。

見込地及び移行地の存する地域である見込地地域及び移行地地域は，ある種別の地域から他の種別の地域へと転換又は移行しつつある未だ用途の確定していない地域であり，社会的，経済的環境の変化に伴う地域の拡大，縮小という過渡的な地域である。

したがって，このような地域の地域要因の把握に当たっては，地域要因の変化の過程における推移，動向を時系列的に分析し，当該地域の地域要因を動的に把握すべきである。

そして，見込地，移行地の属する地域の地域要因の分析に当たっては，ある種別の地域から他の種別の地域へと転換し，又は移行しつつある地域については，転換し，又は移行すると見込まれる転換後又は移行後の種別の地域の地域要因をより重視すべきであるが，転換又は移行の程度の低い場合においては，転換前又は移行前の種別の地域の地域要因をより重視すべきである。

以　上

地域要因の変動
「基準」総論第1章，第6章

見込地・移行地における地域要因の把握

見込地・移行地の地域要因の把握の留意点
「基準」総論第3章

解　説

本問は，「基準」総論第２章のうち不動産の種別と総論第３章の価格形成要因からの出題である。

内容自体は基本的な部分を問うているが，前半の種別では土地について，後半の価格形成要因では地域について問われており，これらをいかにうまく繋いでいけるかがポイントとなる。見込地・移行地共変化の過程にある過渡的な地域内の土地であり，そのような地域の地域要因の分析に当たっては，転換又は移行の程度により動的に把握すべきである旨，しっかり押さえておこう。

論文構成としては，前半は，基準の流れに沿って素直に不動産の種類から土地の種別へと順を追って説明していけばよい。この際，後半との関係から地域の種別についても触れておく必要がある。

後半は，変動過程にある地域の地域要因の把握が中心となるので，地域要因の位置付け及び地域の特性といった辺りから説明していけばよい。なお，「変動の原則」について述べられれば加点事由となる。

MEMO

昭和49年度

> 問題1　不動産の価格を形成する要因に関して、次の問に答えなさい。
> (1)　次の用語の意味を簡潔に述べなさい。
> (イ)一般的要因　　(ロ)地域要因　　(ハ)要因資料
> (2)　不動産の鑑定評価に当たってはなぜ価格形成要因を把握し分析する必要があるのか、その理由を述べなさい。

解答例

小問(1)

不動産の価格は，一般に，その不動産に対して我々が認める効用，その不動産の相対的稀少性，その不動産に対する有効需要の三者の相関結合によって生ずる不動産の経済価値を貨幣額をもって表示したものである。

不動産の価格を形成する要因とは，この三者に影響を与える要因をいい，一般的要因，地域要因及び個別的要因に分けられる。

価格形成要因の定義等
「基準」総論第1章，第3章

(イ)　一般的要因とは，一般経済社会における不動産のあり方及びその価格の水準に影響を与える要因をいい，自然的要因，社会的要因，経済的要因及び行政的要因に大別される。

不動産は，他の不動産とともに，用途的に同一性を有する一定の地域を構成してこれに属することを通常とするが，一般的要因は，このような地域ごとに，それぞれ異なった影響を与えるとともに，同じ種別の地域に対しては同質的な影響を与えるという地域的偏向性を有している。

一般的要因の定義，一般的要因の地域的偏向性
「基準」総論第3章

(ロ)　地域要因とは，一般的要因の相関結合によって規模，構成の内容，機能等にわたる各地域の特性を形成し，その地域に属する不動産の価格の形成に全般的な影響を与える要因をいう。地域要因は，地域的偏向性を有する一般的要因の相関結合により地域の特性を形成する要因であるから，地域の種別ごとに重視すべき要因が異なる。例えば，住宅地域では「街並みの状態」など快適性に関する要因が，商業地域では「繁華性の程度」など収益性に関す

地域要因の定義等
「基準」総論第3章

る要因が，それぞれ重視される。

(ハ) 鑑定評価の成果は，採用した資料によって左右されるものであるから，資料の収集及び整理は，鑑定評価の作業に活用し得るように適切かつ合理的な計画に基づき，実地調査，聴聞，公的資料の確認等により的確に行うものとし，公正妥当を欠くようなことがあってはならない。

鑑定評価に必要な資料は，おおむね確認資料，要因資料及び事例資料に分けられるが，このうち要因資料とは，価格形成要因に照応する資料をいい，一般的要因に係る一般資料，地域要因に係る地域資料及び個別的要因に係る個別資料に分けられる。

鑑定評価に必要な資料
「基準」総論第8章

小問(2)

不動産の鑑定評価とは，その不動産の価格の形成過程を追究し，分析することを本質とするものである。

一方，不動産の価格は，上述のとおり，効用，相対的稀少性及び有効需要の三者の相関結合により生ずるものであり，当該三者に影響を与える多数の価格形成要因の相互作用の結果として形成されるものであるが，要因それ自体も常に変動する傾向を持っている。したがって，不動産の鑑定評価を行うに当たっては，価格形成要因を明確に把握し，かつ，その推移及び動向並びに諸要因間の相互関係を十分に分析して，上記三者に及ぼすその影響を判定することが必要である。

鑑定評価と価格形成要因の把握，分析の必要性
「基準」総論第3章，第4章

(1) 一般的要因を把握し分析する必要性について

一般的要因は，不動産の価格形成全般に影響を与えるものであり，鑑定評価手法の適用における各手順において常に考慮されるべきものであり，価格判定の妥当性を検討するために活用しなければならない。したがって，地域分析や個別分析の前提となる市場における有効需要の把握，評価手法の適用における時点修正率や還元利回りの把握等に当たっては，一般的要因を把握し分析する必要がある。

一般的要因の把握，分析の必要性
「基準」総論第7章

(2) 地域要因及び個別的要因を把握し分析する必要性について

不動産は，地域性及び地域の特性という特徴を有するため，用途的地域を形成し，当該地域ごとに一定の価格水準を形成する。

また，個別の不動産の価格は，地域の価格水準という大枠の下で個別的に形成される。

したがって，対象不動産の価格形成要因を分析するに当たっては，まず対象不動産の存する地域の特性等を分析し判定すること（地域分析）が必要である。

この地域分析（地域要因の分析）により，適切な事例の収集や地域要因の比較等が可能となるため，当該分析に基づいて評価手法を適用することにより，地域の価格水準を把握することができる。

また，不動産の価格は，その不動産の最有効使用を前提として把握される価格を標準として形成されるものである。したがって，鑑定評価に当たっては，対象不動産の個別的要因を分析してその最有効使用を判定する必要がある（個別分析）。このとき，地域分析により判定した近隣地域の標準的使用は，最有効使用を判定する有力な標準となる。

このように，利用形態から見た地域相互間の相対的位置関係及び価格形成を明らかにする手掛りを得，さらに，対象不動産の最有効使用を判定するために，地域分析及び個別分析を通じて，地域要因及び個別的要因を把握し分析する必要がある。

地域要因及び個別的要因の把握，分析の必要性
「基準」総論第6章

不動産の鑑定評価は，その不動産の価格の形成過程を追究し，分析することを本質とするものであり，現実の社会経済情勢の下で合理的と考えられる市場で形成されるであろう市場価値を表示する適正な価格を，不動産鑑定士が的確に把握する作業に代表されるものであるから，上記のような価格形成過程が認められる不動産の鑑定評価に当たっては，要因資料に基づき，価格形成要因を把握し分析する必要がある。

鑑定評価の意義と要因分析の必要性
「基準」総論第1章，第4章

以　上

解　説

本問は，「基準」総論第３章及び総論第６章を中心とした，価格形成要因の分析に関する問題である。総論第６章の地域分析及び個別分析は，本試験において頻出の重要論点であるため，本問のようなケースのほか，どのような角度から出題されても対応できるよう，よく理解しておいてほしい。

論文構成としては，小問(1)については，小問(2)との関係から定義等を中心に簡潔にまとめたい。また小問(2)については，不動産の価格形成と不動産の鑑定評価の意義という両面の説明から価格形成要因の分析の必要性を述べられればよい。この際，小問(1)において，(ハ)が個別的要因ではなく，あえて要因資料を説明させている点に注意し，どこかで触れておくよう配慮がほしいところである。

問題2　鑑定評価報告書において「鑑定評価額の決定の理由の要旨」が必要的記載事項とされている理由を述べ，その内容を箇条書きに列記しなさい。

解答例

1．鑑定評価報告書

鑑定評価報告書は，鑑定評価の基本的事項及び鑑定評価額を表し，鑑定評価額を決定した理由を説明し，その不動産の鑑定評価に関与した不動産鑑定士の責任の所在を示すことを主旨とするものであるから，鑑定評価報告書の作成に当たっては，まずその鑑定評価の過程において採用したすべての資料を整理し，価格形成要因に関する判断，鑑定評価の手法の適用に係る判断等に関する事項を明確にして，これに基づいて作成すべきである。

鑑定評価報告書の内容は，不動産鑑定業者が依頼者に交付する鑑定評価書の実質的な内容となるものである。したがって，鑑定評価報告書は，鑑定評価書を通じて依頼者のみならず第三者に対しても影響を及ぼすものであり，さらには不動産の適正な価格の形成の基礎となるものであるから，その作成に当たっては，誤解の生ずる余地を与えないよう留意するとともに，特に鑑定評価額の決定の理由については，依頼者のみならず第三者に対して十分に説明し得るものとするように努めなければならない。

鑑定評価報告書
「基準」総論第9章

2．必要的記載事項

鑑定評価報告書には，少なくとも次の事項を記載しなければならない。

(1)　鑑定評価額及び価格又は賃料の種類
(2)　鑑定評価の条件
(3)　対象不動産の所在，地番，地目，家屋番号，構造，用途，数量等及び対象不動産に係る権利の種類
(4)　対象不動産の確認に関する事項
(5)　鑑定評価の依頼目的及び依頼目的に対応した条件と価格又は

必要的記載事項
「基準」総論第9章

賃料の種類との関連
⑹　価格時点及び鑑定評価を行った年月日
⑺　鑑定評価額の決定の理由の要旨
⑻　鑑定評価上の不明事項に係る取扱い及び調査の範囲
⑼　関与不動産鑑定士及び関与不動産鑑定業者に係る利害関係等
⑽　関与不動産鑑定士の氏名
⑾　依頼者及び提出先等の氏名又は名称
⑿　鑑定評価額の公表の有無について確認した内容

不動産の鑑定評価によって求められる鑑定評価額は，ある特定の不動産について特定の条件に応じて導き出される特定の時点における価格であるから，鑑定評価の条件をはじめとする鑑定評価の前提を明らかにしなければ鑑定評価額は意味をなさず，また鑑定評価額の決定の理由の要旨等を明らかにしなければ，鑑定評価額決定の根拠や妥当性を説明することもできない。したがって，鑑定評価に当たってはこれらを明確にするとともに，鑑定評価報告書の作成に当たってもこれらを明示し，依頼者のみならず第三者へ十分に説明できるものとしなければならない。

基本的事項等の確定，明示の必要性

3．鑑定評価額の決定の理由の要旨

鑑定評価額の決定の理由の要旨は，鑑定評価額が不動産鑑定評価基準の定めるところに従い，十分に合理的な根拠に基づいて決定されたものであることを明確にし，鑑定評価額の妥当性を立証するために鑑定評価報告書において明示しなければならない。

鑑定評価額決定の理由の要旨の記載理由

鑑定評価額の決定の理由の要旨は，次に掲げる内容について記載するものとする。
⑴　地域分析及び個別分析に係る事項
　対象不動産の種別及び類型並びに賃料の種類に応じ，同一需給圏及び近隣地域の範囲及び状況，対象不動産に係る価格形成要因についての状況，同一需給圏の市場動向及び同一需給圏における典型的な市場参加者の行動，代替，競争等の関係にある不動産と比べた対象不動産の優劣及び競争力の程度等について記載しなければならない。
⑵　最有効使用の判定に関する事項

内容
「基準」総論第9章

最有効使用及びその判定の理由を明確に記載する。なお，建物及びその敷地に係る鑑定評価における最有効使用の判定の記載は，建物及びその敷地の最有効使用のほか，その敷地の更地としての最有効使用についても記載しなければならない。

(3) 鑑定評価の手法の適用に関する事項

適用した鑑定評価の手法について，対象不動産の種別及び類型並びに賃料の種類に応じた各論第１章から第３章の規定並びに地域分析及び個別分析により把握した対象不動産に係る市場の特性等との関係を記載しなければならない。

(4) 試算価格又は試算賃料の調整に関する事項

試算価格又は試算賃料の再吟味及び説得力に係る判断の結果を記載しなければならない。

(5) 公示価格との規準に関する事項

(6) 当事者間で事実の主張が異なる事項

対象不動産に関し，争訟等の当事者間において主張が異なる事項が判明している場合には，当該事項に関する取扱いについて記載しなければならない。

(7) その他

支払家賃を求めた場合には，実質賃料と支払賃料との関連を記載しなければならない。また，継続賃料を求めた場合には，直近合意時点について記載しなければならない。

以　上

解　説

本問は，「基準」総論第９章の鑑定評価報告書のうち特に「鑑定評価額の決定の理由の要旨」に的を絞った問題である。このような論述のポイントを絞った問題は，周辺論点をだらだらと書いてしまうとなかなか思うように得点は伸びない。本問では，鑑定評価額決定の根拠や妥当性を十分に説明するために，できる限り抽象的な表現を避け，具体的に「鑑定評価額決定の理由の要旨」を記載すべきである。

論文構成としては，まず「基準」から鑑定評価報告書及び必要的記載事項について述べる。それから，鑑定評価額の決定の理由の要旨について述べていくこととなるが，より掘り下げた内容の論述とするため，必要的記載事項の記載理由，鑑定評価額の決定の理由の要旨の記載理由，記載に当たっての留意点と段階的に書けると内容的にも構成的にも厚みのある答案となる。

問題3　鑑定評価の手順の上で，資料はどのような役割を持っているかを述べなさい。

解答例

1．鑑定評価に必要な資料

鑑定評価の成果は，採用した資料によって左右されるものであるから，資料の収集及び整理は，鑑定評価の作業に活用し得るように適切かつ合理的な計画に基づき，実地調査，聴聞，公的資料の確認等により的確に行うものとし，公正妥当を欠くようなことがあってはならない。

鑑定評価に必要な資料は，おおむね次のように分けられる。

(1)　確認資料

確認資料とは，不動産の物的確認及び権利の態様の確認に必要な資料をいう。確認資料としては，登記事項証明書，土地又は建物等の図面，写真，不動産の所在地に関する地図等があげられる。

(2)　要因資料

要因資料とは，価格形成要因に照応する資料をいう。要因資料は，一般的要因に係る一般資料，地域要因に係る地域資料及び個別的要因に係る個別資料に分けられる。一般資料としては，金利動向や経済成長率等が，地域資料としては，住宅地図や都市計画図等が，個別資料としては，地積測量図，日影図等に関する資料等があげられる。

(3)　事例資料

事例資料とは，鑑定評価の手法の適用に必要とされる現実の取引価格，賃料等に関する資料をいう。事例資料としては，建設事例，取引事例，収益事例，賃貸借等の事例等があげられる。

なお，鑑定評価先例価格は鑑定評価に当たって参考資料とし得る場合があり，売買希望価格等についても同様である。

鑑定評価に必要な資料
「基準」総論第8章

不動産の鑑定評価とは，現実の社会経済情勢の下で合理的と

考えられる市場で形成されるであろう市場価値を表示する適正な価格を，不動産鑑定士が的確に把握する作業に代表される作業であり，それは，一定の「資料」に基づく専門家の判断であり，意見であるといってよいであろう。

したがって，鑑定評価に客観性や社会的妥当性を付与するためには，下記のような鑑定評価の手順の各段階において「資料」を用いる必要がある。

鑑定評価の意義と資料の関連
「基準」総論第1章

2．鑑定評価の手順における資料の役割

(1) 対象不動産の確認

対象不動産の確認に当たっては，「鑑定評価の基本的事項の確定」により確定された対象不動産についてその内容を明瞭にしなければならない。対象不動産の確認は，対象不動産の物的確認及び権利の態様の確認に分けられる。

対象不動産の確認
「基準」総論第8章

この場合，対象不動産の物的確認に当たっては，土地，建物それぞれについて所在，地番，家屋番号等を実地に確認し，権利の態様の確認に当たっては，物的に確認された対象不動産について，当該不動産に係るすべての権利関係を明瞭に確認することにより，確定された対象不動産並びに鑑定評価の対象となる権利の存否及びその内容を，確認資料を用いて照合しなければならない。

資料との関連
「基準」総論第8章

(2) 資料の検討及び価格形成要因の分析

収集した資料の検討に当たっては，資料が鑑定評価の作業に活用するために必要にして十分な資料であるか否か，資料が信頼するに足りるものであるか否かについて考察するとともに，価格形成要因を分析するために，その資料が対象不動産の種類並びに鑑定評価の依頼目的及び条件に即応しているか否かについて検討すべきである。

価格形成要因の分析に当たっては，収集された要因資料に基づき，一般的要因を分析するとともに，地域分析及び個別分析を通じて対象不動産についてその最有効使用を判定しなければならない。

資料の検討と価格形成要因の分析
「基準」総論第8章

(3) 鑑定評価の手法の適用

価格を求める鑑定評価の基本的な手法は，原価法，取引事例比較法及び収益還元法に大別され，このほかこれら三手法の考え方を活用した開発法等の手法がある。鑑定評価の手法の適用に当たっては，鑑定評価の手法を当該案件に即して適切に適用すべきである。

手法の適用
「基準」総論第7章，第8章

各手法の適用に当たって取引事例等は，鑑定評価の各手法に即応し，適切にして合理的な計画に基づき，豊富に秩序正しく収集し，選択すべきであり，投機的取引であると認められる事例等適正さを欠くものであってはならない。

事例資料
「基準」総論第7章

また，取引事例比較法における要因比較，収益還元法における還元利回りの決定等において，要因資料の十分な分析が必要である。

例示

(4) 試算価格又は試算賃料の調整

試算価格又は試算賃料の調整は，鑑定評価の手順の各段階について，客観的，批判的に再吟味し，その結果を踏まえた各試算価格又は試算賃料が有する説得力の違いを適切に反映することによりこれを行うものとする。この場合，特に「資料の選択，検討及び活用の適否」，「各手法の適用において採用した資料の特性及び限界からくる相対的信頼性」等に留意すべきである。

試算価格・試算賃料の調整と資料
「基準」総論第8章

(5) 鑑定評価報告書の作成

対象不動産等の所在を明示した地図，土地又は建物等の図面，写真等の確認資料，事例資料等は，必要に応じて鑑定評価報告書に添付し，鑑定評価の客観性，妥当性を証明すべきである。

なお，他の専門家が行った調査結果等を活用するために入手した調査報告書等の資料についても，必要に応じて，附属資料として添付するものとする。ただし，当該他の専門家の同意が得られないときは，この限りでない。

鑑定評価報告書と資料
「基準」総論第9章

以　上

解　説

本問は，鑑定評価に必要な資料について，「基準」総論第８章の鑑定評価の手順を中心として横断的に問うた問題である。資料は基準全体に渡って関わるものであり，体系的な理解が必要である。まずは，広く社会一般に対して説得力を有する鑑定評価は，十分な資料に立脚してはじめて可能となるのだということをしっかり押さえておこう。

論文構成としては，まず資料の重要性を説明した上で鑑定評価に必要な資料についてそれぞれ説明する。この際，単に「採用した資料によって左右される」という部分のみならず，鑑定評価の意義的なところから必要性を述べたいところである。

後半は，手順の流れに沿って説明していけばよいが，この際，必ずしも手順のすべてを述べる必要はなく，ボリュームや内容を考えてうまくまとめてほしい。

問題4　「不動産の種別及び類型が不動産の経済価値を本質的に決定づけるものである」と述べられているが，このことの意味を明らかにしなさい。

解答例

1.「不動産の種別及び類型」の意義

不動産の種類とは，不動産の種別及び類型の二面から成る複合的な不動産の概念を示すものであり，この不動産の種別及び類型が不動産の経済価値を本質的に決定づけるものであるから，この両面の分析をまって初めて精度の高い不動産の鑑定評価が可能となる。

不動産の種別とは，不動産の用途に関して区別される不動産の分類をいい，不動産の類型とは，その有形的利用及び権利関係の態様に応じて区分される不動産の分類をいう。

種別・類型の定義
「基準」総論第2章

2．不動産のあり方（種別及び類型）と不動産の経済価値

土地を我々人間が各般の目的のためにどのように利用しているかという土地と人間との関係は，不動産のあり方，すなわち，不動産がどのように構成され，どのように貢献しているかということに具体的に現れる。「構成」とは不動産の有形的利用及び権利関係の態様（類型）を，「貢献」とは不動産の用途（種別）を，それぞれ意味する。

不動産のあり方は，価格形成要因の相互作用によって決定されるとともに経済価値の本質を決定づけているものであるから，不動産の経済価値は不動産の種別及び類型によって決定されると言うことができる。

不動産のあり方と経済価値
「基準」総論第1章

3.「不動産の種別」に応じた経済価値の形成

不動産は，他の不動産とともに，用途的に同質性を有する一定の地域を構成してこれに属することを通常とし（不動産の地域性），地域は，その規模，構成の内容，機能等にわたってそれぞれ他の地域と区別されるべき特性を有している（地域の特性）。

不動産の地域性・地域の特性

不動産の有するこのような特徴のため，不動産の属する用途的地域は，他の用途的地域との相互関係を通じてその社会的・経済的位置を占め，また，個別の不動産は，地域や地域内の他の不動産との関係を通じてその社会的・経済的有用性を発揮する。すなわち，不動産が構成する用途的地域ごとに価格水準が形成され，また，個別の不動産の価格は，地域の価格水準という大枠の中で個別的に形成される。したがって，不動産の経済価値は当該不動産の種別によって決定されると言うことができる。

種別と経済価値

4．「不動産の類型」に応じた経済価値の形成

不動産は，土地の持つ自然的特性及び人文的特性に照応する特定の自然的条件及び人文的条件を与件として，土地のみ又は建物及びその敷地として利用され，その社会的及び経済的な有用性を発揮するものである。

また，不動産の価格は，その不動産に関する所有権，賃借権等の権利の対価又は経済的利益の対価であり，また，二つ以上の権利利益が同一の不動産の上に存する場合には，それぞれの権利利益について，その価格が形成され得る。

個別不動産の特徴・価格の特徴(2)
「基準」総論第１章

したがって，不動産の経済価値は，不動産の有形的利用及び権利関係の態様（不動産の類型）によって決定されると言うことができる。

類型と経済価値

5．「不動産の種別及び類型」の鑑定評価における意義

不動産の鑑定評価においては，不動産の地域性（種別）並びに有形的利用及び権利関係の態様（類型）に応じた分析を行う必要があり，その地域の特性等に基づく不動産の種類ごとに検討することが重要である。

すなわち，不動産の種類に応じた，適切な地域分析及び個別分析，鑑定評価手法の適用を行わなければならない。

種別・類型の鑑定評価における意義
「基準」総論第２章

(1)　地域分析及び個別分析について

不動産の価格を形成する要因とは，不動産の効用及び相対的稀少性並びに不動産に対する有効需要の三者に影響を与える要因をいい，一般的要因，地域要因及び個別的要因に分けられる。

価格形成要因
「基準」総論第３章

地域要因とは，同種別の地域には同質の影響を与えるという

地域的偏向性を有する一般的要因の相関結合によって各地域の特性を形成する要因である。したがって，地域分析（地域要因の分析により，標準的使用を判定し，価格判定の手掛りを得ること）に当たっては，地域の種別ごとに重視すべき要因が異なることに留意すべきである。

地域分析と種別
「基準」総論第3章

土地の種別は，地域の種別に応じて分類される土地の区分であり，また，不動産は類型ごとに特有の性格を持つものである。したがって，個別分析（個別的要因の分析により，最有効使用を判定すること）に当たっては，土地の種別・不動産の類型ごとに重視すべき要因が異なることに留意すべきである。

個別分析と種別・類型
「基準」総論第2章

(2) 鑑定評価の手法の適用について

不動産の種類ごとに，適用すべき評価手法や試算価格相互の規範性は異なる。したがって，鑑定評価の手法の適用に当たっては，不動産の種別及び類型に応じた手法を理解していなければならない。

評価手法と種別
「基準」各論第1章

また，手法の適用に必要な取引事例等の選択に当たっては，「地域要因の比較及び個別的要因の比較が可能なもの」すなわち，対象不動産と同種別かつ同類型のものを選択しなければならない。

事例選択と種別
「基準」総論第7章

以　上

解　説

本問のような一行問題は，答案構成を特にしっかり行い，また、適宜見出しを付して読みやすく解答しなければならない。

この問題は，「種類が経済価値を決定する」ことの意味を問うているため，解答に当たっては，その「理由」だけではなく，「必要性（種類の概念が鑑定評価においてどのように活用されているかということ)」についても述べる必要がある。したがって，答案構成の骨子は，次のとおりとなる。

⑴　「種別・類型」の定義

⑵　「種別・類型」が経済価値を決定する理由

⑶　鑑定評価の手順における「種別・類型」の概念の必要性

「種別」が経済価値を決定する理由については，「不動産の地域性」から，「類型」が経済価値を決定する理由については，「個別の不動産の特徴」及び「不動産の価格の特徴」から，それぞれ説明できる。

「種別・類型」概念の必要性については，地域分析・個別分析において重視すべき要因が種類ごとに異なること，適用する手法が種類ごとに異なることなどを述べるとよい。

昭和50年度

問題[1] 不動産鑑定評価基準は，不動産の価格につき「今日の価格は昨日の展開であり，明日を反映するもの」であると述べていますが，この考え方に基づいて次の問に答えなさい。

(1) 最有効使用の原則にいう「最有効使用」とはどのように解釈されるべきですか。

(2) 収益還元法の適用に当たってはどのような点に留意すべきですか。

解答例

不動産の属する地域は固定的なものではなく，常に拡大縮小，集中拡散，発展衰退等変化の過程にあるものであるから，不動産の利用形態が最適なものであるか，仮に現在最適なものであっても，時の経過に伴ってこれを持続できるかどうか，これらは常に検討されなければならない。したがって，不動産の価格は，通常，過去と将来とにわたる長期的な考慮のもとに形成される。今日の価格は昨日の展開であり，明日を反映するものであって常に変化の過程にあるものである。

不動産の鑑定評価に当たっては，このような不動産の価格の特徴を十分に理解した上で作業を行っていかなければならない。

（不動産の価格の特徴(3)　「基準」総論第1章）

小問(1)

不動産の価格は，その不動産の効用が最高度に発揮される可能性に最も富む使用，すなわち最有効使用を前提として把握される価格を標準として形成される（最有効使用の原則）。この場合の最有効使用とは，現実の社会経済情勢の下で客観的に見て，良識と通常の使用能力を持つ人による合理的かつ合法的な最高最善の使用方法に基づくものである。

（最有効使用の原則　「基準」総論第4章）

したがって，不動産の鑑定評価に当たっては対象不動産の個別的要因が対象不動産の利用形態と価格形成についてどのような影響力を持っているかを分析してその最有効使用を判定する必要がある（個別分析）。しかし，個々の不動産の最有効使用は，一般に対象不

（地域分析・個別分析　「基準」総論第6章）

動産の属する用途的地域である近隣地域の地域の特性の制約下にあるので，個別分析の前提として，地域要因を分析して，対象不動産がどのような地域に存するか，その地域はどのような特性を有するか，また，対象不動産に係る市場はどのような特性を有するか，及びそれらの特性はその地域内の不動産の利用形態と価格形成について，全般的にどのような特性を持っているかを分析し，判定することが必要となる（地域分析）。

この場合，不動産の属する地域は固定的なものではなく，地域の特性を形成する地域要因も常に変化の過程にあるものであり，したがって，近隣地域の地域の特性の制約下にある不動産の最有効使用も，地域の特性の変化に応じて常に変化の過程にあるものであるということができる。

したがって，不動産の鑑定評価に当たっては，この最有効使用も変化の過程にあることを認識し，変動の原則及び予測の原則を用いて的確な最有効使用の判定が必要となる。

最有効使用の変化について
「基準」総論第6章

小問(2)

収益還元法は，対象不動産が将来生み出すであろうと期待される純収益の現在価値の総和を求めることにより対象不動産の試算価格（収益価格）を求める手法である。

収益還元法
「基準」総論第7章

収益価格を求める方法には，①一期間の純収益を還元利回りによって還元する方法（直接還元法）と，②連続する複数の期間に発生する純収益及び復帰価格を，その発生時期に応じて現在価値に割り引き，それぞれを合計する方法（ＤＣＦ法）とがある。

収益還元法は，将来の純収益の予測を前提とする手法であるから，当該手法適用の各段階において適切な判断が必要である。

収益価格を求める方法
「基準」総論第7章

1．直接還元法を適用する際の留意点

直接還元法の適用における純収益の算定に当たっては，対象不動産の総収益及びこれに係る総費用を直接的に把握し，それぞれの項目の細部について過去の推移及び将来の動向を慎重に分析して，対象不動産の純収益を適切に求め，必要に応じて標準化された純収益を採用すべきである。この場合において収益増加の見通しについては，特に予測の限界を見極めなければならない。

直接還元法適用の際の留意点
「基準」総論第7章

また，還元利回りの算定に当たっては，将来の収益に影響を与える要因の変動予測と予測に伴う不確実性を的確に織り込むべきである。

さらに，対象不動産の類型及び将来の純収益の対象不動産の現況に基づく見通し等により，適切な方法（永久還元又は有期還元）を選択して純収益を還元しなければならない。

2．ＤＣＦ法を適用する際の留意点

ＤＣＦ法の適用に当たっては，毎期の純収益及び復帰価格並びにその発生時期が明示されることから，純収益の見通しについて十分な調査を行うことが必要である。

また，大規模修繕費等の費用については，当該費用を毎期の積み立てとして計上する方法と，実際に支出される時期に計上する方法がある。実際に支出される時期の予測は，対象不動産の実態に応じて適切に行う必要がある。

ＤＣＦ法適用の際の留意点
「基準」総論第７章
「留意事項」総論第７章

以　上

解　説

本問は，「基準」総論第１章の不動産の価格の特徴を切り口に，総論第４章の最有効使用の原則及び総論第７章の収益還元法を述べさせる問題である。各論点にボリュームがあり，答案構成力が問われる問題である。

論文構成としては，不動産の価格の特徴をまず押さえ，最有効使用の原則及び収益還元法との関連を述べていけばよい。この際，変動の原則や予測の原則，あるいは価格時点等関連する概念が多岐にわたり，すべて答えようとすると，スペースが足りなくなってしまう。中心となるポイントを外さないよう注意してほしい。

問題2　不動産の価格水準とは何か。不動産鑑定評価基準との関連において述べなさい。

解答例

1. 不動産の価格形成要因

不動産の価格を形成する要因（「価格形成要因」という）とは，不動産の効用及び相対的稀少性並びに不動産に対する有効需要の三者に影響を与える要因をいう。不動産の価格は，多数の要因の相互作用の結果として形成されるものであるので，不動産の鑑定評価を行うに当たっては，価格形成要因を市場参加者の観点から明確に把握し，かつ，その推移及び動向並びに諸要因間の相互関係を十分に分析することが必要である。

価格形成要因は，一般的要因，地域要因及び個別的要因に分けられる。

一般的要因とは，一般経済社会における不動産のあり方及びその価格の水準に影響を与える要因をいう。また，地域要因とは，一般的要因の相関結合によって規模，構成の内容，機能等にわたる各地域の特性を形成し，その地域に属する不動産の価格の形成に全般的な影響を与える要因をいう。さらに，個別的要因とは，不動産に個別性を生じさせ，その価格を個別的に形成する要因をいう。

不動産の価格形成要因
「基準」総論第3章

2. 地域の価格水準

不動産は，他の不動産とともに，用途的に同質性を有する一定の地域を構成してこれに属することを通常とし（不動産の地域性），地域は，その規模，構成の内容，機能等にわたってそれぞれ他の地域と区別されるべき特性（地域の特性）を有している。

不動産は単独で効用を発揮し価格を形成するものではなく，当該不動産の属する用途的地域との関係を通じ，一般的要因により形成される不動産の一般的な価格水準，地域要因により形成される不動産の属する用途的地域の価格水準を基礎として，個別の不

地域の価格水準

動産に係る個別的要因を反映して形成されるものである。

3. 地域の価格水準の把握

地域の価格水準は，地域分析の結果を踏まえて，評価手法を適用することにより把握することができる。

地域分析とは，その対象不動産がどのような地域に存するか，その地域はどのような特性を有するか，また，対象不動産に係る市場はどのような特性を有するか，及びそれらの特性はその地域内の不動産の利用形態と価格形成について全般的にどのような影響力を持っているかを分析し，判定することをいう。

また，近隣地域の特性は，通常，その地域に属する不動産の一般的な標準的使用に具体的に現れるが，この標準的使用は，利用形態からみた地域相互間の相対的位置関係及び価格形成を明らかにする手掛りとなる。

すなわち，地域分析により標準的使用を判定する過程を通じて，鑑定評価手法の適用に当たって必要な事例資料を収集すべき範囲（近隣地域又は同一需給圏内の類似地域等）が明らかになり，また，対象不動産の属する近隣地域と事例不動産等の属する類似地域等との地域要因格差が把握できる。

このように地域分析の結果を踏まえ，事例資料を収集し，取引事例比較法を適用する等により，地域の価格水準が把握できる。

個別の土地の価格は，地域の価格水準を基礎として，当該土地に係る個別的要因を反映して形成されるものであるから，さらに個別的要因格差を考慮することにより，その価格を求めることができるのである。

以　上

地域分析を手掛りとする地域の価格水準の把握
「基準」総論第6章

解　説

本問は，昭和44年基準に規定されていた「地域の価格水準」に関する問題である。当該規定は平成２年基準から削除されているが，「地域の価格水準」は，現行基準においても取引事例比較法（標準的な土地を設定する方法）の手順の中で求められる。

（参考）昭和44年基準総論第５章
地域分析とは，具体的には，このような標準的使用の現状とその将来動向とを明らかにして，その地域に属する不動産についての価格水準を判定することであるということができる。

問題3　「対象不動産の確定」と「対象不動産の確認」について述べ、鑑定評価の上で必要とする理由を述べなさい。

解答例

1．対象不動産の確定の意義及び必要性

鑑定評価の成果である鑑定評価額は，ある特定の不動産について，特定の条件において導き出される特定の時点における価格又は賃料であるから，不動産の鑑定評価に当たっては，基本的事項として，対象不動産，価格時点及び価格又は賃料の種類を確定しなければならない。

鑑定評価の基本的事項
「基準」総論第5章

そこで，不動産の鑑定評価を行うに当たっては，まず，鑑定評価の対象となる土地又は建物等を物的に確定することのみならず，鑑定評価の対象となる所有権及び所有権以外の権利を確定する必要がある。

対象不動産の確定は，鑑定評価の対象を明確に他の不動産と区別し，特定することであり，それは後述する「対象不動産の確認」という実践行為を経て最終的に確定されるべきものである。

対象不動産の確定
「基準」総論第5章

不動産の鑑定評価を行う場合，対象となる不動産はその範囲等が可変的であり，また，権利の態様については所有権，地上権等の物権のみならず，外見上からは不分明な賃借権等の債権も対象となり，これらが複合的又は重層的に存在する等，その対象が複雑な様相を呈するため，対象不動産を確定することが必要となる。したがって，対象不動産の確定においては，鑑定評価の依頼目的，条件及び依頼が必要となった背景について依頼者に明瞭に確認するものとする。

確定の必要性
「基準」総論第8章

この対象不動産の所在，範囲等の物的事項及び所有権，賃借権等の対象不動産の権利の態様に関する事項を確定するために必要な条件を対象確定条件という。

対象確定条件
「基準」総論第5章

2．対象不動産の確認の意義及び必要性

対象不動産の確認とは，不動産鑑定士が鑑定評価の依頼目的及

び条件に照応する対象不動産と当該不動産の現実の利用状況とを照合して確認するという実践行為をいう。

対象不動産の確認に当たっては，対象不動産の確定により確定された対象不動産についてその内容を明瞭にしなければならない。対象不動産の確認は，対象不動産の物的確認及び権利の態様の確認に分けられ，実地調査，聴聞，公的資料の確認等により，的確に行う必要がある。

対象不動産の確認
「基準」総論第5章，第8章

対象不動産の確定においては，いわば観念的に対象不動産の所在，範囲等が確定されているに過ぎない。鑑定評価に当たっては，対象不動産の物的事項及び権利の態様如何により，対象不動産の経済価値が異なるため，確定された不動産が現実にその通り存在しているかどうかを確認する必要がある。

確認の必要性

この対象不動産の確認は，適正な鑑定評価の前提となるもので，実地調査の上，閲覧，聴聞等を通じて的確に行うべきであり，いかなる場合においてもこの作業を省略してはならない。

対象不動産の確認を行った結果が依頼者から設定された対象確定条件と相違する場合は，再度依頼者に確認の上，対象確定条件の改定を求める等適切な措置を講じなければならない。

確認における留意点
旧「運用通知」第8章

(1)　対象不動産の物的確認

対象不動産の物的確認に当たっては，土地についてはその所在，地番，数量等を，建物についてはこれらのほか家屋番号，建物の構造，用途等を，それぞれ実地に確認することを通じて，「対象不動産の確定」により確定された対象不動産の存否及びその内容を，確認資料を用いて照合しなければならない。

物的確認を行うに当たっては，対象不動産について登記事項証明書により登記又は登録されている内容とその実態との異同について把握する必要がある。

(2)　権利の態様の確認

権利の態様の確認に当たっては，物的に確認された対象不動産について，当該不動産に係るすべての権利関係を明瞭に確認することにより，「対象不動産の確定」により確定された鑑定評価の対象となる権利の存否及びその内容を，確認資料を用い

物的確認と権利の態様の確認
「基準」総論第8章

て照合しなければならない。

権利の態様の確認に当たっては，登記事項証明書等に登記又は登録されている内容はもちろん，登記事項証明書等に表れていない権利についても現実の利用関係等を調査することにより把握する必要がある。

不動産は，その性格上，種々の権利が設定されることが多く，これらの権利についても価格が形成されて鑑定評価の対象となる一方，このような権利の有無及びその内容が権利の目的となっている不動産の価格にも重要な影響を及ぼしている。したがって，鑑定評価の対象が所有権であるか所有権以外の権利であるかを問わず，対象不動産に係るすべての権利関係を明瞭にし，鑑定評価の対象である権利の存否及びその内容を確認する必要がある。

補足
確認における
留意点

以　上

解　説

本問は，「基準」総論第 8 章を中心として対象不動産の確定と確認について述べさせる問題である。典型論点であり，しっかりと押さえてほしい。対象不動産の「確定」と「確認」は，いずれか一方について問われていても，実際は両方の論述を要求しているケースがほとんどであるため，セットで理解しておくことが必要である。対象不動産の確定は，対象不動産の確認という実践行為を経て，最終的に確定されるべきものであるということに注意すること。

論文構成としては，「確定」と「確認」のそれぞれの説明及び必要性を述べてゆけばよいが，それぞれをバラバラに述べてしまうのではなく，両者がどのように関係しているかをしっかり押さえつつ，必要性を述べていけるかがポイントとなる。

問題4　取引事例比較法を適用する場合の事情補正と時点修正について，次の問に答えなさい。
(1)　事情補正により補正すべき特殊な事情について述べなさい。
(2)　時点修正のための変動率について述べなさい。

解答例

小問(1)

1．取引事例比較法は，まず多数の取引事例を収集して適切な事例の選択を行い，これらに係る取引価格に必要に応じて事情補正及び時点修正を行い，かつ，地域要因の比較及び個別的要因の比較を行って求められた価格を比較考量し，これによって対象不動産の試算価格（比準価格）を求める手法である。

取引事例比較法は，近隣地域若しくは同一需給圏内の類似地域等において対象不動産と類似の不動産の取引が行われている場合又は同一需給圏内の代替競争不動産の取引が行われている場合に有効である。

（取引事例比較法の意義・有効性　「基準」総論第7章）

取引事例は，原則として近隣地域又は同一需給圏内の類似地域に存する不動産に係るもののうちから選択するものとし，必要やむを得ない場合には近隣地域の周辺の地域に存する不動産に係るもののうちから，対象不動産の最有効使用が標準的使用と異なる場合等には，同一需給圏内の代替競争不動産に係るもののうちから選択するものとするほか，次の要件の全部を備えなければならない。

① 取引事情が正常なものと認められるものであること又は正常なものに補正することができるものであること。
② 時点修正をすることが可能なものであること。
③ 地域要因の比較及び個別的要因の比較が可能なものであること。
④ 投機的取引であると認められる事例等適正さを欠くものでないこと。

（事例選択要件　「基準」総論第7章）

2．事情補正について

取引事例が特殊な事情を含み，これが当該事例に係る取引価格

に影響していると認められるときは，適切な補正を行わなければならず，当該補正を事情補正という。

不動産の現実の取引価格は個別的に形成されることが多く，その取引に介在する特殊な事情により適正な価格を指向していないケースがしばしば見られるものである。一方，不動産の鑑定評価とは，現実の社会経済情勢の下で合理的と考えられる市場で形成されるであろう市場価値を表示する適正な価格を，不動産鑑定士が的確に把握する作業に代表される作業である。したがって，採用する取引事例は正常な取引事情の下に成立した事例であることが必要である。ただし，当該取引における事情の内容及び適正な価格水準との乖離の程度が把握できる場合であれば，取引事例として採用することが可能である。

事情補正の必要性の有無及び程度の判定に当たっては，多数の取引事例等を総合的に比較対照の上，検討されるべきものであり，事情補正を要すると判定したときは，取引が行われた市場における客観的な価格水準等を考慮して適切に補正を行わなければならない。

事情補正を要する特殊な事情を例示すれば，次のとおりである。

① 売主又は買手が不動産に関し明らかに知識や情報が不足している状態において過小又は過大な額で取引が行われたとき。

② 相続，転勤等により売り急いで取引が行われたとき。

③ 金融逼迫，倒産時における法人間の恩恵的な取引又は知人，親族間等人間関係による恩恵的な取引が行われたとき。

④ 調停，清算，競売，公売等において価格が成立したとき。

小問(2)

取引事例に係る取引の時点が価格時点と異なることにより，その間に価格水準の変動があると認められるときは，当該事例の価格を価格時点の価格に修正しなければならず，当該修正を時点修正という。

価格形成要因は，時の経過により変動するものであるから，不動産の価格はその判定の基準となった日，すなわち価格時点においてのみ妥当するものである。したがって，取引事例比較法において採

事情補正の意義
「基準」総論第7章
現実の取引価格
鑑定評価の意義
「基準」総論第1章
取引事例の採用可能性
事情補正に当たっての留意点
「留意事項」総論第7章
特殊事情の例示
「留意事項」総論第7章
時点修正の意義
「基準」総論第7章

用される取引事例の取引の時点は，価格時点と同一の時点であることが望ましい。しかし，実際にはそのような事例の収集は困難な場合が多く，また，取引事例比較法の適用範囲を広げる観点からも，時点修正が必要となる。

時点修正の必要性
「基準」総論第5章

時点修正に当たっては，事例に係る不動産の存する用途的地域又は当該地域と相似の価格変動過程を経たと認められる類似の地域における土地又は建物の価格の変動率を求め，これにより取引価格を修正すべきである。

時点修正の方法
「基準」総論第7章

時点修正率は，価格時点以前に発生した多数の取引事例について時系列的な分析を行い，さらに国民所得の動向，財政事情及び金融情勢，公共投資の動向，建築着工の動向，不動産取引の推移等の社会的及び経済的要因の変化，土地利用の規制，税制等の行政的要因の変化等の一般的要因の動向を総合的に勘案して求めるべきである。

時点修正率は原則として前記により求めるが，地価公示，都道府県地価調査等の資料を活用するとともに，適切な取引事例が乏しい場合には，売り希望価格，買い希望価格等の動向及び市場の需給の動向等に関する諸資料を参考として用いることができるものとする。

時点修正率の求め方
「留意事項」総論第7章

以　上

解　説

本問は，「基準」総論第7章の取引事例比較法の中から，特に事情補正及び時点修正に的を絞って論述させる問題である。テーマが絞られている分，「基準」による説明のみならず，ある程度内容を掘り下げた論述が望まれる。

論文構成としては，まず取引事例比較法及び事例選択要件を述べて論述の位置づけを明確にした上で個別の説明へと入る。この場合，事情補正，時点修正ともに「基準」等において比較的スペースが割かれており，これらを繋いでいけば答案の大部分が埋まってしまうが，先に述べた事例選択要件との関連から事例適格性や有効性といったあたりを述べて，内容に厚みのある答案に仕上げてほしい。事情補正すべき場合の例示などでスペースを割きすぎてしまわないよう注意が必要である。

昭和51年度

問題1　不動産の鑑定評価について，次の問に簡潔に答えなさい。
(1)　不動産の鑑定評価の本質
(2)　不動産の鑑定評価が社会的に必要とされる理由

解答例

小問(1)

不動産鑑定士による不動産の鑑定評価は，不動産の適正な価格を求め，その適正な価格の形成に資するものでなければならない。

不動産の鑑定評価は，その対象である不動産の経済価値を判定し，これを貨幣額をもって表示することである。それは，この社会における一連の価格秩序の中で，その不動産の価格及び賃料がどのような所に位するかを指摘することであって，

鑑定評価の意義
「基準」総論第1章，第5章

(1)　鑑定評価の対象となる不動産の的確な認識の上に，
(2)　必要とする関連資料を十分に収集して，これを整理し，
(3)　不動産の価格を形成する要因及び不動産の価格に関する諸原則についての十分な理解のもとに，
(4)　鑑定評価の手法を駆使して，その間に，
(5)　既に収集し，整理されている関連諸資料を具体的に分析して，対象不動産に及ぼす自然的，社会的，経済的及び行政的な要因の影響を判断し，
(6)　対象不動産の経済価値に関する最終判断に到達し，これを貨幣額をもって表示するものである。

鑑定評価の手順
「基準」総論第1章

この判断の当否は，これら各段階のそれぞれについての不動産鑑定士の能力の如何及びその能力の行使の誠実さの如何に係るものであり，また，必要な関連諸資料の収集整理の適否及びこれらの諸資料の分析解釈の練達の程度に依存するものである。したがって，鑑定評価は，高度な知識と豊富な経験及び的確な判断力を持ち，さらに，これらが有機的かつ総合的に発揮できる練達堪能な専門家によってなされるとき，初めて合理的であって，客観的に論証できるもの

鑑定評価の可能性
「基準」総論第1章

となるのである。

不動産の鑑定評価とは，現実の社会経済情勢の下で合理的と考えられる市場で形成されるであろう市場価値を表示する適正な価格（正常価格）を，不動産鑑定士が的確に把握する作業に代表されるように，練達堪能な専門家によって初めて可能な仕事であるから，このような意味において，不動産の鑑定評価とは，不動産の価格に関する専門家の判断であり，意見であるといってよいであろう。

鑑定評価の意義
「基準」総論第1章

小問(2)

不動産の構成要素として，不可欠な土地は，他の一般の諸財と異なって次のような特性を持っている。

(1) 自然的特性として，地理的位置の固定性，不動性（非移動性），永続性（不変性），不増性，個別性（非同質性，非代替性）等を有し，固定的であって硬直的である。

(2) 人文的特性として，用途の多様性（用途の競合，転換及び併存の可能性），併合及び分割の可能性，社会的及び経済的位置の可変性等を有し，可変的であって伸縮的である。

土地の特性
「基準」総論第1章

不動産は，この土地の持つ諸特性に応じた一定の条件をもとに利用されることを通じて，その社会的及び経済的な有用性を発揮し，また，他の不動産と一定の地域を構成して，地域の規模，構成の内容等に応じた地域の特性を持つなどの特徴を有するものである。

不動産の特徴，不動産の地域性，地域の特性

不動産の取引は，このような一般の諸財と異なる不動産の特徴を反映して個別的・相対的に行われることが多く，また，隣接不動産の併合を目的とする取引等，取引の性格上，必然的に市場が限定されることも多い。さらに，不動産市場の特性，取引等における当事者双方の能力の多様性と特別の動機により売り急ぎ，買い進み等の特殊な事情が存在する場合もある。

したがって，不動産の現実の取引価格等は，取引等の必要に応じて個別的に形成されるのが通常であり，しかもそれは個別的な事情に左右されがちのものであって，このような取引価格等から不動産の適正な価格を見出すことは一般の人には非常に困難である。

不動産の現実の取引価格
「基準」総論第1章，第5章

鑑定評価の社会的公共的意義

不動産の鑑定評価は，この社会における一連の価格秩序のなかで対象不動産の価格の占める適正なあり所を指摘することである。ま

「基準」総論第1章

た個人の幸福も，社会の成長，発展及び福祉も，不動産のあり方に依存しており，この不動産のあり方を決定づける不動産の鑑定評価の社会的公共的意義は極めて大きいといわざるを得ない。

したがって，この不動産の適正な価格の把握の困難性及び不動産の鑑定評価の社会的公共的意義より，不動産の適正な価格については専門家としての不動産鑑定士の鑑定評価活動が必要となるものである。

鑑定評価の必要性
「基準」総論第1章

以　上

解　説

本問は，「基準」総論第１章から不動産鑑定評価の社会的公共的意義（必要性）に関する問題である。まずは，土地の特性（自然的特性・人文的特性），不動産の地域性・地域の特性等により，不動産は適正な価格を形成する市場を持つことが困難である→鑑定評価の主体（不動産鑑定士）が市場に代位することの必要性→社会的公共的意義，という流れをしっかりと整理しよう。

小問(1)については「基準」からそのまま書いていけばよい。

小問(2)については，単に価格の特徴からだけでなく，不動産鑑定評価の社会的公共的意義という観点を外してはならない。基本的には，ほとんど「基準」の文言で解答可能であるが，土地の特性から不動産の地域性や地域の特性，不動産の価格の特徴等といったところで表現にひと工夫ほしい。

問題2　不動産鑑定評価基準によれば，不動産の「価格と賃料の間には，いわゆる元本と果実との間に認められる相関関係を認めることができる。」と述べられていますが，この場合の相関関係とはどのようなものですか。収益還元法のうち直接還元法を例にあげ，適正な試算価格を求めるためにこの関係を利用する上でのチェックポイントについて述べなさい　（一部改題）

解答例

1．価格と賃料の関係

不動産は自然的特性として永続性を有し，また，利用されることを通じてその社会的及び経済的な有用性を発揮するものである。

不動産の特徴

その結果，不動産の経済価値は，一般に，交換の対価である価格として表示されるとともに，その用益の対価である賃料として表示される。そしてこの価格と賃料との間には，いわゆる元本と果実との間に認められる相関関係を認めることができる。

価格の特徴(1)「基準」総論第1章

不動産の価格は，不動産が物理的，機能的及び経済的に消滅するまでの全期間にわたって，不動産を使用し，又は収益することができることを基礎として生ずる経済価値を貨幣額をもって表示したものである。

これに対して，不動産の賃料は，上記期間のうち一部の期間にわたって，不動産の賃貸借契約又は地上権若しくは地役権の設定契約に基づき不動産を使用し，又は収益できることを基礎として生ずる経済価値を貨幣額で表示したものを主体とするものである。

不動産の価格，賃料について

したがって，不動産の賃料は，当該不動産の価格を適正に把握することによって求められ，逆に，不動産の価格は，賃料を適正に把握することによって求められるといえる。すなわち，元本価格を求めようとする場合に，純収益（果実）を還元利回りで資本還元すれば，元本価格を得ることができ（収益還元法のうち直接還元法），逆に，元本の価格に期待利回りを乗じれば，純賃料が得られる（積算法）。

価格と賃料の相関関係

ここに，いわゆる元本と果実との相関関係を認めることができるのである。

2．価格と賃料の関係を利用する上でのチェックポイント

上述のように，不動産の適正な価格を求めるためにこの元本と果実との間に認められる相関関係を利用する鑑定評価手法は収益還元法のうち直接還元法である。

価格と賃料との相関関係を利用する手法

収益還元法は，対象不動産が将来生み出すであろうと期待される純収益の現在価値の総和を求めることにより対象不動産の試算価格（収益価格）を求める手法であるが，このうち直接還元法とは一期間の純収益を還元利回りによって還元する方法をいう。

収益還元法（直接還元法）「基準」総論第7章

すなわち，直接還元法は，不動産の元本価格と果実たる賃料との間の相関関係に着目して不動産の価格を求める手法であり，適用に当たっては，純収益と還元利回りの把握が重要となる。

補足

(1) 純収益の把握

対象不動産の純収益は，一般に1年を単位として総収益から総費用を控除して求めるものとするが，この純収益は，永続的なものと非永続的なもの，償却前のものと償却後のもの等，総収益及び総費用の把握の仕方により異なるものであり，それぞれ収益価格を求める方法及び還元利回りを求める方法とも密接な関係があることに留意する必要がある。

なお，直接還元法における純収益は，対象不動産の初年度の純収益を採用する場合と標準化された純収益を採用する場合があることに留意しなければならない。

純収益の算定に当たっては，対象不動産からの総収益及びこれにかかる総費用を直接的に把握し，それぞれの項目の細部について過去の推移及び将来の動向を慎重に分析して，対象不動産の純収益を適切に求めるべきである。この場合において，収益増加の見通しについては，特に予測の限界を見極めなければならない。

純収益把握に当たっての留意点「基準」総論第7章

(2) 還元利回りの算定

還元利回りは，直接還元法の収益価格の算定において，一期間の純収益から対象不動産の価格を直接求める際に使用される

率であり，将来の収益に影響を与える要因の変動予測と予測に伴う不確実性を含むものである。

還元利回りを求める方法を例示すると次のとおりである。

(ア) 類似の不動産の取引事例との比較から求める方法

(イ) 借入金と自己資金に係る還元利回りから求める方法

(ウ) 土地と建物に係る還元利回りから求める方法

(エ) 割引率との関係から求める方法

（還元利回りの意義・求め方「基準」総論第7章）

この場合に，還元利回りは比較可能な他の資産の収益性や金融市場における運用利回りと密接な関連があるので，その動向に留意しなければならない。

さらに，還元利回りは地方別，用途的地域別，品等別等によって異なる傾向をもつため，対象不動産に係る地域要因及び個別的要因の分析を踏まえつつ適切に求めることが必要である。

（還元利回り決定に当たっての留意点「基準」総論第7章）

以　上

解　説

本問は，「基準」総論第１章の不動産の価格の特徴と総論第７章の収益還元法のうち直接還元法との関連を述べさせる問題である。この論点に関連して，同じく元本と果実の相関関係に着目した手法である積算法との対比なども，比較的出題しやすい論点であるため，よくまとめておいてほしい。

論文構成としては，まず，不動産の価格の特徴並びに不動産の価格及び賃料の説明をした上で，この特徴により不動産の価格又は賃料にアプローチできることを説明する。

後半では，収益還元法のうち直接還元法について，特に果実（純賃料）と利回り（還元利回り）の把握の際の留意事項を述べることとなる。解答例では，やや簡潔に記述したが，不動産の価格の特徴が導かれる理由や，後半で総収益あるいは総費用の把握に関する留意点などが書ければ加点事由となる。

問題3　鑑定評価を行う場合において，時点修正はどのような場合に必要となるか，また，どのような鑑定評価方式において適用されるかを説明しなさい。

解答例

1．取引事例等

不動産の価格形成過程を追究し分析することを本質とする鑑定評価の各手法の適用に当たって必要とされる事例には，原価法の適用に当たって必要な建設事例，取引事例比較法の適用に当たって必要な取引事例及び収益還元法の適用に当たって必要な収益事例（「取引事例等」という）がある。取引事例等は，鑑定評価の各手法に即応し，適切にして合理的な計画に基づき，豊富に秩序正しく収集し，選択すべきであり，投機的取引であると認められる事例等適正さを欠くものであってはならない。

取引事例等は，次の要件の全部を備えるもののうちから選択するものとする。

⑴　次の不動産に係るものであること

①　近隣地域又は同一需給圏内の類似地域若しくは必要やむを得ない場合には近隣地域の周辺の地域（以下「同一需給圏内の類似地域等」という。）に存する不動産

②　対象不動産の最有効使用が標準的使用と異なる場合等において同一需給圏内に存し対象不動産と代替，競争等の関係が成立していると認められる不動産（以下「同一需給圏内の代替競争不動産」という。）。

⑵　取引事例等に係る取引等の事情が正常なものと認められるものであること又は正常なものに補正することができるものであること。

⑶　時点修正をすることが可能なものであること。

⑷　地域要因の比較及び個別的要因の比較が可能なものであること。

事例選択要件
「基準」総論第7章

2．時点修正の意義

取引事例等に係る取引等の時点が価格時点と異なることにより，その間に価格水準に変動があると認められる場合には，当該取引事例等の価格を価格時点の価格等に修正しなければならない。この取引事例等の価格を価格時点の価格等に修正することを時点修正という。

時点修正の意義
「基準」総論第7章

時点修正は，取引事例比較法，収益還元法，原価法，賃貸事例比較法等の各手法において必要とされる。

時点修正を適用する手法

不動産の属する地域は固定的なものではなく，地域の特性を形成する地域要因も常に変動するものであるため，不動産の価格は，その判定の基準となった日（価格時点）においてのみ妥当するものであり，これを求めるに当たって採用する事例は，厳密には価格時点と同一の時点に係るものであることが望ましい。しかし，現実には無理があるので，価格時点にできる限り近い事例を収集し，必要に応じて，取引事例等に係る価格等を修正する必要があるのである。

時点修正の必要性
「基準」総論第5章，第6章

したがって，時点修正は，原価法，取引事例比較法，収益還元法及び賃貸事例比較法等において採用する建設事例，取引事例，収益事例，賃貸借等の事例等の時点が価格時点と異なり，かつ，両時点の間に価格水準の変動が認められる場合に必要となる。

時点修正が必要となるケース

この場合，時点修正率は，価格時点以前に発生した多数の取引事例について時系列的な分析を行い，さらに国民所得の動向，財政事情及び金融情勢，公共投資の動向，建築着工の動向，不動産取引の推移等の社会的及び経済的要因の変化，土地利用の規制，税制等の行政的要因の変化等の一般的要因の変動を総合的に勘案して求めるべきである。

時点修正率は原則として上記により求めるが，地価公示，都道府県地価調査等の資料を活用するとともに，適切な取引事例が乏しい場合には，売り希望価格，買い希望価格等の動向及び市場の需給の動向等に関する諸資料を参考として用いることができるものとする。

時点修正率の求め方
「留意事項」総論第7章

3．時点修正を適用する鑑定評価方式

時点修正は取引事例等を採用するに当たり必要となるが，特に比較方式である取引事例比較法及び賃貸事例比較法の適用において不可欠である。

時点修正を必要とする鑑定評価方式

取引事例比較法は，まず多数の取引事例を収集して適切な事例の選択を行い，これらに係る取引価格に必要に応じて事情補正及び時点修正を行い，かつ，地域要因の比較及び個別的要因の比較を行って求められた価格を比較考量し，これによって対象不動産の試算価格（比準価格）を求める手法である。

取引事例比較法の意義
「基準」総論第7章

また，賃貸事例比較法は，まず多数の賃貸借等の事例を収集して適切な事例の選択を行い，これらに係る実際実質賃料（実際に支払われている不動産に係るすべての経済的対価をいう）に必要に応じて事情補正及び時点修正を行い，かつ，地域要因の比較及び個別的要因の比較を行って求められた賃料を比較考量し，これによって対象不動産の試算賃料（比準賃料）を求める手法である。

賃貸事例比較法の意義
「基準」総論第7章

時点修正に当たっては，事例に係る不動産の存する用途的地域又は当該地域と相似の価格変動過程を経たと認められる類似の地域における土地又は建物の価格の変動率を求め，これにより取引価格等を修正すべきである。

時点修正の方法
「基準」総論第7章

以　上

解　説

本問は，「基準」総論第7章のうち時点修正について，試算価格を求める場合の一般的留意事項及び比較方式の観点から説明させる問題である。時点修正と聞くと，とっさに取引事例比較法を思い浮かべてしまいがちだが，賃貸事例比較法のほか，建設事例，収益事例等の採用に当たっても必要となるものであり，この点を確実に押さえたい。

論文構成としては，まず総論第7章の試算価格を求める場合の一般的留意事項から書き始め，時点修正の意義及び必要性，時点修正率の求め方等を述べていく。後半の論述では，取引事例比較法及び賃貸事例比較法と述べてしまわず，問題文に対応して「比較方式」で特に採用される旨，述べる必要がある。比較的基本的な論点であり，しっかりと押さえておいてほしい。

問題4　事例資料の概念を説明し，事例資料の収集に当たって留意すべき事項について述べなさい。

解答例

1．鑑定評価に必要な資料

不動産の価格に関する専門家の判断であり意見である鑑定評価の成果は，採用した資料によって左右されるものであるから，資料の収集及び整理は，鑑定評価の作業に活用し得るように適切かつ合理的な計画に基づき，実地調査，聴聞，公的資料の確認等により的確に行うものとし，公正妥当を欠くようなことがあってはならない。

鑑定評価に必要な資料は，おおむね確認資料，要因資料及び事例資料に分けられる。

事例資料とは，鑑定評価の手法の適用に必要とされる現実の取引価格，賃料等に関する資料をいう。事例資料としては，建設事例，取引事例，収益事例，賃貸借等の事例等があげられる。

なお，鑑定評価先例価格は鑑定評価に当たって参考資料とし得る場合があり，売買希望価格等についても同様である。

鑑定評価に必要な資料「基準」総論第8章

2．事例資料

鑑定評価の各手法の適用に当たって必要とされる事例には，原価法の適用に当たって必要な建設事例，取引事例比較法の適用に当たって必要な取引事例及び収益還元法の適用に当たって必要な収益事例（「取引事例等」という。）がある。鑑定評価の手法の適用によって求められる試算価格の精度は，これらの取引事例等の収集及び選択の適否に依存する。したがって，取引事例等は，鑑定評価の各手法に即応し，適切にして合理的な計画に基づき，豊富に秩序正しく収集し，選択すべきであり，投機的取引であると認められる事例等適正さを欠くものであってはならず，さらに，次の要件の全部を備えるもののうちから選択するものとする。

鑑定評価に必要な事例「基準」総論第7章

事例の収集・選択投機的取引の排除「基準」総論第7章

(1)　次の不動産に係るものであること

① 近隣地域又は同一需給圏内の類似地域若しくは必要やむを得ない場合には近隣地域の周辺の地域（同一需給圏内の類似地域等という。）に存する不動産。

② 対象不動産の最有効使用が標準的使用と異なる場合等における同一需給圏内に存し対象不動産と代替，競争等の関係が成立していると認められる不動産（「同一需給圏内の代替競争不動産」）。

事例の収集範囲
「基準」総論第７章

近隣地域と同一需給圏内の類似地域内に存する不動産は，地域要因の類似性により相互に代替，競争等の関係が成立する。また，近隣地域の外かつ同一需給圏内の類似地域の外に存する不動産であっても同一需給圏内に存し対象不動産とその用途，規模，品等等の類似性に基づいて，これら相互の間に代替，競争等の関係が成立する場合がある。不動産の価格は「代替の原則」により，その相互関係を通じて形成されるものである点に着目し，これらの不動産に係る取引事例等を抽出することが有用である。なお上記①の近隣地域の周辺の地域の取引事例等は，これらの地域に適切な取引事例等がない場合等において補完するものであり，各手法の適用範囲を広げるものである。

補足
「基準」総論第６章

(2) 取引事例等に係る取引等の事情が正常なものと認められるものであること又は正常なものに補正することができるものであること。

取引事例等が特殊な事情を含み，これが当該取引事例等に係る取引価格に影響していると認められるときは，適切に補正を行わなければならず，当該補正を事情補正という。

事情補正の可能性
「基準」総論第７章

不動産の鑑定評価とは，現実の社会経済情勢の下で合理的と考えられる市場で形成されるであろう市場価値を表示する適正な価格を，不動産鑑定士が的確に把握する作業に代表される作業である。したがって，採用される取引事例等は正常な取引事情のもとに成立した事例であることが必要である。ただし，当該取引における事情の内容及び適正な価格水準との乖離の程度が把握できる場合であれば，採用することが可能である。

鑑定評価の意義
「基準」総論第１章

補足

(3) 時点修正をすることが可能なものであること。

価格形成要因は，時の経過により変動するものであるから，不動産の価格はその判定の基準となった日，すなわち価格時点においてのみ妥当するものである。したがって，各手法の適用に当たって採用される取引事例等の取引の時点は，価格時点と同一の時点であることが望ましい。しかし，実際にはそのような事例の収集は困難な場合が多く，また，各手法の適用範囲を広げる観点からも，時点修正が必要となるため，この時点修正率を的確に把握できるような価格形成要因についての資料を収集することが必要となる。

時点修正の可能性
「基準」総論第5章，第7章

補足

(4) 地域要因の比較及び個別的要因の比較が可能なものであること。

要因比較可能性
「基準」総論第7章

不動産は，その自然的特性のうち，特に個別性（非同質性，非代替性）等により，ある不動産と全く同一の不動産は存在せず，地域格差及び個別格差が生じているものである。したがって，同一需給圏内の類似地域等に存する取引事例等から対象不動産の価格へアプローチするためには，取引事例等に係る不動産の規模，構造，使用資材の種別といった物的な性質や権利関係の態様等が類似しており，同一の価値尺度での比較が可能な事例でなければならない。

補足

以　上

解　説

本問は，鑑定評価に必要な資料のうち事例資料について「基準」総論第７章を中心として述べさせる問題である。事例資料に限らず，資料はそれぞれ，「基準」の中の各部分と横断的に関連しているのでよくまとめておいてほしい。

論文構成としては，まず鑑定評価に必要な資料について述べて，それから，事例選択の４要件について述べてゆけばよい。注意しなければならないのは，本問が事例資料の「収集」について問われている点である。事情補正や時点修正等の個別の内容の説明にスペースを割きすぎないようにし，「選択の要件」を「収集の留意点」として読めるような表現が望まれる。

◇ 昭和52年度

問題1　不動産鑑定評価基準は，「不動産の鑑定評価とは，現実の社会経済情勢の下で合理的と考えられる市場で形成されるであろう市場価値を表示する適正な価格を，不動産鑑定士が的確に把握する作業に代表される」作業であると述べている。この文章について，次の設問に答えなさい。

(1)　「合理的と考えられる市場」とはどのような市場を意味していますか。

(2)　「合理的と考えられる市場で形成されるであろう」という推量的な表現が用いられているのはなぜですか。

(3)　不動産鑑定士が，この文章に記されているような不動産の価格（正常価格）を求めるべきことを要請されているのはなぜですか。

（一部改題）

解答例

小問(1)

不動産の鑑定評価とは，現実の社会経済情勢の下で「合理的と考えられる市場」で形成されるであろう市場価値を表示する適正な価格を，不動産鑑定士が的確に把握する作業に代表される作業である。

（鑑定評価の意義　「基準」総論第1章）

不動産の鑑定評価によって求める価格は，基本的には正常価格であり，正常価格とは，市場性を有する不動産について，「現実の社会経済情勢の下で合理的と考えられる条件を満たす市場」で形成されるであろう市場価値を表示する適正な価格をいう。

（正常価格の定義　「基準」総論第5章）

この場合において，「現実の社会経済情勢の下で合理的と考えられる条件を満たす市場（以下「合理的と考えられる市場」という）」とは，以下の条件を満たす市場をいう。

(1)　市場参加者が自由意思に基づいて市場に参加し，参入，退出が自由であること。なお，ここでいう市場参加者は，自己の利益を最大化するための要件（①売急ぎ，買進み等をもたらす特別な動機のないこと，②対象不動産及び対象不動産が属する市

（合理的市場の意義　「基準」総論第5章）

場について取引を成立させるために必要となる通常の知識や情報を得ていること，③取引を成立させるために通常必要と認められる労力，費用を費やしていること，④対象不動産の最有効使用を前提とした価値判断を行うこと，⑤買主が通常の資金調達能力を有していること）を満たすとともに，慎重かつ賢明に予測し，行動するものとする。

(2) 取引形態が，市場参加者が制約されたり，売り急ぎ，買い進み等を誘引したりするような特別なものではないこと。

(3) 対象不動産が相当の期間市場に公開されていること。

小問(2)

不動産の取引は，土地の有する自然的特性（個別性等），人文的特性（用途の多様性，併合・分割の可能性等）を反映して個別的・相対的に行われることが多く，また，隣接不動産の併合を目的とする取引等，取引の性格上，必然的に市場が限定されることも多い。さらに，不動産市場の特性，取引等における当事者双方の能力の多様性と特別の動機により売り急ぎ，買い進み等の特殊な事情が存在する場合もある。

したがって，不動産の現実の取引価格等は，取引等の必要に応じて個別的に形成されるのが通常であり，しかもそれは個別的な事情に左右されがちのものであって，このような取引価格等から不動産の適正な価格を見出すことは一般の人には非常に困難である。

不動産の現実の取引価格
「基準」総論第1章，第5章

不動産の鑑定評価とは，このような個別的な事情に左右されがちな現実の取引価格等から不動産鑑定士が「合理的と考えられる市場」を前提とする適正な価格を導く作業であるため，求めるべき価格について設問のような推量的な表現が用いられているのである。

鑑定評価の意義（推量的表現の理由）

小問(3)

不動産のあり方（不動産の用途，有形的利用・権利関係の態様）は，個人の幸福，社会の成長及び発展，並びに公共の福祉を左右する。そして，この不動産のあり方は，不動産の価格を選択の主要な指標として決定されるものである。

そのため，不動産の適正な価格が形成されることは，不動産の価格とあり方との関係を通じて，個人の幸福，社会の成長及び発展等

正常価格を求めることの必要性

に必要な条件となるものである。

したがって，不動産鑑定士による不動産の鑑定評価は，設問の文章に記されているような適正な価格（正常価格）を求め，その適正な価格の形成に資するものとなることを要請されているのである。

以　上

解　説

小問(1)は，「合理的と考えられる市場」の定義が中心論点であるが，その上位概念として鑑定評価の定義と正常価格とについて説明するべきである。

小問(2)は，鑑定評価で求める適正な価格ついて「推量的な表現」が用いられているのは，現実の取引価格が正常価格の前提条件を必ずしも満たしていないためである。したがって，土地の特性から説き起こして，現実の取引価格について説明した上で，設問に答えるとよい。

小問(3)は，正常価格を求めることの必要性に関する問題である。既述の事項との重複を避け，「価格」「あり方」「社会の成長等」の三者の関係から，その必要性を簡潔に述べるとよい。

問題2　限定価格を求めるべき依頼を受けた場合，鑑定評価の作業をどのように進めればよいかを述べなさい。(ただし，確認の作業は終了しているものとする。)

解答例

1．限定価格の定義

限定価格とは，市場性を有する不動産について，不動産と取得する他の不動産との併合又は不動産の一部を取得する際の分割等に基づき正常価格と同一の市場概念の下において形成されるであろう市場価値と乖離することにより，市場が相対的に限定される場合における取得部分の当該市場限定に基づく市場価値を適正に表示する価格をいう。

限定価格の意義
「基準」総論第5章

2．限定価格の発生理由と求め方(隣接不動産の併合目的のケース)

ある不動産について，隣接する他の不動産と併合することにより，併合後の不動産が①整形地になる，②規模の拡大により一体開発が可能になる，③接道条件が良くなる等といった理由により，併合後の全体地の価格が併合前のそれぞれの価格の合計額を上回ることがある(増分価値の発生)。このとき，隣地所有者がその対象地を取得する場合，第三者が対象地を取得する場合と比べて増分価値を享受できる分だけ，対象地の取得により高い額を提示することが可能となる。したがって，市場が相対的に限定されることにより合理的な市場で成立する価格と乖離し，その当事者間において成立する価格は限定価格となる。

限定価格の発生理由

この場合の限定価格は，まず，併合前の各画地のそれぞれの価格と併合後の全体地としての価格を求め，併合前の各画地の価格の合計額と併合後の画地の価格との差額として増分価値を求める。次にこの増分価値のうち，対象地に配分されるべき適正な額を求めて，対象地単独での価格と対象地に配分された増分価値の合計額として限定価格が求められるのである。

限定価格の求め方

3．限定価格の鑑定評価の作業

(1)　資料の収集及び整理

鑑定評価の成果は，採用した資料によって左右されるものであるから，資料の収集及び整理は，鑑定評価の作業に活用し得るように適切かつ合理的な計画に基づき，実地調査，聴聞，公的資料の確認等により的確に行われなければならない。

資料の収集及び整理
「基準」総論第8章

限定価格を求めるに当たっては，対象地及び隣接地並びに併合後の土地それぞれの価格を求める必要があることから，それぞれについての要因資料及び事例資料の収集が必要となる。

留意点

(2)　資料の検討及び価格形成要因の分析

資料の検討に当たっては，収集された資料が限定価格を求めるための作業に活用するために必要にして十分かつ，信頼するに足りる資料であるか否か，限定価格という条件に即応しているか否かについて検討すべきである。

資料の検討と要因分析
「基準」総論第8章

価格形成要因の分析に当たっては，対象地，隣接地及び併合後のそれぞれについての各要因分析を通じて，それぞれの最有効使用を判定し，最有効使用の上昇の程度を把握することにより，鑑定評価方式の適用における増分価値把握の手掛かりを得ることができる。

留意点

(3)　鑑定評価の手法の適用

鑑定評価の手法の適用に当たっては，鑑定評価の手法を当該案件に即して適切に適用すべきである。この場合，地域分析及び個別分析により把握した対象不動産に係る市場の特性等を適切に反映した複数の鑑定評価の手法を適用すべきであり，限定価格の評価においては，対象地及び隣接地並びに併合後の土地それぞれについて適用し，それぞれの土地ごとの試算価格を求める必要がある。

鑑定評価の手法の適用
「基準」総論第8章

(4)　試算価格の調整

試算価格の調整とは，鑑定評価の複数の手法により求められた各試算価格の再吟味及び各試算価格が有する説得力に係る判断を行い，鑑定評価における最終判断である鑑定評価額の決定に導く作業をいう。

試算価格の調整
「基準」総論第8章

限定価格を求める場合においては，対象不動産及び隣接不動産

並びに併合後の不動産それぞれについて試算価格の調整を行うこととなるが，収集した資料の信頼性やそれぞれの鑑定評価の対象の個別性等によって，ある手法の信頼度は必ずしも同程度になるわけではなく，対象地及び隣接地並びに併合後の土地それぞれの特徴に応じてそれぞれのウェイト付けをなさなければならないことに留意すべきである。

留意点

(5) 鑑定評価額の決定並びに鑑定評価報告書の作成

以上に述べた手順を十分に尽した後，専門職業家としての良心に従い適正と判断される鑑定評価額を決定すべきである。

鑑定評価額の決定
「基準」総論第8章

限定価格を求めるに当たっては，求められた増分価値のうち対象不動産に帰属する部分を，対象不動産の正常価格に加算することにより鑑定評価額を求めることとなる。

留意点

鑑定評価額が決定されたときは，鑑定評価報告書を作成するものとする。この場合，鑑定評価報告書には，鑑定評価額がある特定の不動産について特定の条件において導き出される特定の時点における価格であることに鑑み限定価格を求めた旨を明確に記載するとともに，正常価格を求めることができる不動産について限定価格を求めた場合には，かっこ書きで正常価格である旨を付記して，正常価格を併記しなければならない。さらに，依頼目的及び条件と価格の種類（限定価格）との関連を記載しなければならない。

鑑定評価報告書への記載
「基準」総論第8章，第9章

以　上

解　説

本問は，「基準」総論第５章のうち限定価格及び総論第８章の鑑定評価の手順に関する問題である。手順の各段階における価格の種類との関連を述べさせる問題で，論点が多岐にわたり，しかも全体のボリュームが非常に大きいため，理解力とともに答案構成力が問われるレベルの高い問題である。

論文構成としては，第８章の手順の流れに沿って，それぞれ手順の内容及び限定価格との関連について述べていけばよいが，真っ向から述べるとスペースを明らかにオーバーしてしまうため，内容及び関連ともに，要点をまとめて述べていく必要がある。このようなボリュームのある問題にも対応できるよう，確実に押さえなければならない中心論点と解答スペースとの見合いで答案構成を行うバランス感覚を身につけてほしい。

問題3　更地と建付地との相違点を指摘し，鑑定評価額の決定に当たっての留意点を述べなさい。

解答例

1．更地と建付地の意義・相違点

宅地の類型は，その有形的利用及び権利関係の態様に応じて，更地，建付地，借地権，底地，区分地上権等に分けられる。　（宅地の類型　「基準」総論第２章）

このうち更地とは，建物等の定着物がなく，かつ，使用収益を制約する権利の付着していない宅地をいう。（更地の定義　「基準」総論第２章）すなわち，更地は，都市計画法，建築基準法等の公法上の規制は受けるが，当該宅地に建物，構築物等の定着物がなく，かつ地上権，賃借権等の使用収益を制約する権利の付着していない宅地をいう。（補足）

これに対して，建付地とは，建物等の用に供されている敷地で建物等及びその敷地が同一の所有者に属している宅地をいう。すなわち，建付地は，現に建物，構築物等の用に供されている宅地である。（建付地の定義　「基準」総論第２章）

なお，建付地には，当該建付地上の建物が①所有者により使用されているものと，②第三者に賃貸されているものとがあり，後者は，実務では「貸家建付地」ともよばれている。（補足）

両者は，いずれも宅地の一類型であり，公法上の規制を受けるという点で共通している。（共通点）

一方，更地は建物等の定着物がなく，使用収益を制約する権利も付着していないため，当該宅地の最有効使用に基づく経済的利益を十全に享受することを期待し得るものである。

これに対して，建付地は，建物等と結合して有機的にその効用を発揮しているものであり，建物等の関連において最有効使用の状態にあるか否かが左右されるものである。すなわち，建物等の存在により，建物等との均衡の状態如何によっては，当該宅地の最有効使用に基づく経済価値を十分に享受できない場合がある点で相違している。（相違点）

したがって，このような有形的利用の相違により，更地は当該宅地の最有効使用を前提として把握される価格を求めることとなるのに対し，建付地は現状の利用状態を所与として把握される価格を求めることとなる点で相違しており，鑑定評価手法の適用段階においても相違点が認められる。

手法適用上の相違点

2．鑑定評価額の決定に当たっての留意点

更地の鑑定評価額は，①更地並びに配分法が適用できる場合における建物及びその敷地の取引事例に基づく比準価格並びに②土地残余法による収益価格を関連づけて決定するものとする。再調達原価が把握できる場合には，③積算価格をも関連づけて決定すべきである。当該更地の面積が近隣地域の標準的な土地の面積に比べて大きい場合等においては，さらに④開発法によって求めた価格を比較考量して決定するものとする。

更地の鑑定評価
「基準」各論第1章

なお，配分法及び土地残余法を適用する場合における取引事例及び収益事例は，更地が常に最有効使用に基づく経済的利益を十全に享受することを期待し得るものであることに鑑み，敷地が最有効使用の状態にあるものを採用すべきである。

採用する事例
「基準」各論第1章

これに対して，建付地は，建物等と結合して有機的にその効用を発揮しているため，建物等と密接な関連を持つものであり，したがって，建付地の鑑定評価は，建物等と一体として継続使用することが合理的である場合において，その敷地について部分鑑定評価をするものである。

建付地の鑑定評価額は，①更地の価格をもとに当該建付地の更地としての最有効使用との格差，更地化の難易の程度等敷地と建物等との関連性を考慮して求めた価格を標準とし，②配分法に基づく比準価格及び③土地残余法による収益価格を比較考量して決定するものとする。

ただし，④建物及びその敷地としての価格をもとに敷地に帰属する額を配分して求めた価格を標準として決定することもできる。

建付地の鑑定評価
「基準」各論第1章

建付地は，敷地上に建物等が存在しているため，その使用方法は当該建物によって制約を受け，建物等が敷地の最有効使用に適応しないものである場合には，当該建付地の価格は，そこに最有

効使用に適応する建物等が存する場合に比べて低くなる（建付減価の発生）。したがって，建付地の価格は，常に最有効使用に基づく経済価値を十分に享受することを期待し得る更地としての鑑定評価額を（原則として）限度としているのである。

更地価格を上限とする理由

このような相違により，建付地の鑑定評価に当たっては，当該建付地の更地としての最有効使用との格差，敷地と建物との関連性等を考慮するとともに，配分法に基づく比準価格及び土地残余法による収益価格を求めるための取引事例及び収益事例は，建付地が，敷地と建物等との適応の状態が同程度のものをそれぞれ収集し，採用しなければならない。

留意点・採用する事例

なお，当該宅地に建築基準法第３条第２項に該当する建築物（いわゆる既存不適格建築物）が存在する場合や，未収期間がないことにより市場選好度の高い最有効使用建物が存する場合等には，当該建付地の価格が更地価格を上回る（建付増価の発生）場合があることに留意すべきである。

更地価格を上回るケース

以　上

解　説

本問は，更地と建付地について「基準」総論第２章及び各論第１章と，総論各論両面から述べさせる問題である。それぞれを正しく理解する上でも，内容及び鑑定評価手法について，対比して理解しておいてほしい。更地と建付地の大きな違いは，更地は建物等の定着物がなく当該宅地の最有効使用に基づく経済価値を十分享受しうるが，建付地は建物等の存在により当該宅地の最有効使用に基づく経済価値を十分享受できない場合がある点であり，これをしっかり理解することが本問のポイントである。

論文構成としては，前半については，定義及び相違点について順を追って述べていけばよい。相違点と聞かれた場合は，常に共通点を述べることも忘れてはならない。

後半については，適用する各手法の説明をしていけばよいが，この際も常に対比する形で手法の説明及び留意点を述べていくよう心掛けたい。建付地価格が更地価格を上限とする理由あるいは建付増価の可能性等についても述べてほしい。

問題4　不動産鑑定評価基準における正常価格と現実の取引価格との異同について論述しなさい。

解答例

1．正常価格の意義

正常価格とは，市場性を有する不動産について，現実の社会経済情勢の下で合理的と考えられる条件を満たす市場で形成されるであろう市場価値を表示する適正な価格をいう。

この場合において現実の社会経済情勢の下で合理的と考えられる条件を満たす市場（以下「合理的と考えられる市場」という）とは，以下の条件を満たす市場をいう。

(1) 市場参加者が自由意思に基づいて市場に参加し，参入，退出が自由であること。なお，ここでいう市場参加者は，自己の利益を最大化するための要件（①売り急ぎ，買い進み等をもたらす特別な動機のないこと，②対象不動産及び対象不動産が属する市場について取引を成立させるために必要となる通常の知識や情報を得ていること，③取引を成立させるために通常必要と認められる労力，費用を費やしていること，④対象不動産の最有効使用を前提とした価値判断を行うこと，⑤買主が通常の資金調達能力を有していること）を満たすとともに，慎重かつ賢明に予測し，行動するものとする。

(2) 取引形態が，市場参加者が制約されたり，売り急ぎ，買い進み等を誘引したりするような特別なものではないこと。

(3) 対象不動産が相当の期間市場に公開されていること。

（正常価格の意義　「基準」総論第5章）

土地を我々人間が各般の目的のためにどのように利用しているかという土地と人間との関係は，不動産のあり方，すなわち，不動産がどのように構成され，どのように貢献しているかということに具体的に現れる。そして，この不動産のあり方は，その不動産の経済価値を具体的に表している価格を選択の主要な指標として決定されている。個人の幸福も社会の成長，発展及び公共の福

（不動産の鑑定評価と正常価格　「基準」総論第1章，第5章）

祉も不動産のあり方に依存していることを考えると，不動産の鑑定評価は，不動産の適正な価格を求め，その適正な価格の形成に資し，さらに不動産のあり方の決定における選択の主要な指標を示すものでなければならないといえる。

したがって，不動産の鑑定評価とは，合理的と考えられる市場で形成されるであろう市場価値を表示する適正な価格，すなわち正常価格を不動産鑑定士が的確に把握する作業に代表されるものであるので，不動産の鑑定評価によって求める価格は，基本的にはこの正常価格であるといえる。しかし，鑑定評価の依頼目的に対応した条件により限定価格，特定価格又は特殊価格を求める場合があるので，依頼目的に対応した条件を踏まえて価格の種類を適切に判断し，明確にすべきである。

2．現実の取引価格の内容

不動産が国民の生活と活動に組み込まれどのように貢献しているかは，具体的な価格として現れるものであるが，土地は他の一般の諸財と異なって次のような特性を持っている。

(1) 自然的特性として，地理的位置の固定性，不動性（非移動性），永続性（不変性），不増性，個別性（非同質性，非代替性）等を有し，固定的であって硬直的である。

(2) 人文的特性として，用途の多様性（用途の競合，転換及び併存の可能性），併合及び分割の可能性，社会的及び経済的位置の可変性等を有し，可変的であって伸縮的である。

土地の特性
「基準」総論第1章

不動産の取引は，このような一般の諸財と異なる土地の特性を反映して個別的・相対的に行われることが多く，また，隣接不動産の併合を目的とする取引等，取引の性格上，必然的に市場が限定されることも多い。さらに，不動産市場の特性，取引等における当事者双方の能力の多様性と特別の動機により売り急ぎ，買い進み等の特殊な事情が存在する場合もある。

つまり，不動産の現実の取引価格等は，取引等の必要に応じて個別的に形成されるのが通常であり，しかもそれは個別的な事情に左右されがちのものであって，このような取引価格等から不動産の適正な価格を見出すことは一般の人には非常に困難である。

現実の取引価格と鑑定評価の必要性
「基準」総論第1章，第5章

したがって，不動産の適正な価格については専門家としての不動産鑑定士の鑑定評価活動が必要となる。

3．両価格の異同点

正常価格と現実の取引価格はともに，不動産の市場価値を表すものであり，市場を前提としている点で共通している。

しかし，正常価格と現実の取引価格は以下の点で異なっている。

① 前提となる市場概念

正常価格は前述のような現実の社会経済情勢の下で合理的と考えられる条件を満たす市場を前提とするのに対し，現実の取引価格は個別的な事情等が介在する現実の市場を前提とする。

② 妥当する範囲

正常価格は個人的，主観的な特殊な事情が捨象された，社会一般にとって妥当する価格であるのに対し，現実の取引価格は取引当事者間でのみ妥当する価格である。

③ 求め方及び判断主体

正常価格は高度の知識と豊富な経験と的確な判断力とを有する不動産鑑定士が，価格の三面性（費用性，市場性及び収益性）に対応する三手法を併用して求められた試算価格を調整の上，決定する鑑定評価額であるのに対し，現実の取引価格は取引当事者が取引の事情等に応じて個別的に決定するものであり，必ずしも価格の三面性を十分に考慮して決定しているとは限らない。

以　上

正常価格と取引価格の異同点

解 説

本問は「基準」総論第１章及び第５章から，正常価格と現実の取引価格について問われている。両価格の相違点について十分理解している必要がある。

正常価格の意義については，その存立条件である合理的と考えられる市場について説明することと，不動産の鑑定評価によって求める価格が基本的には正常価格であることを説明することが重要である。現実の取引価格との相違点については，押さえるべきポイントが多いので，各相違点を列挙する形で明確に説明することで，文章が引き締まる。

◇ 昭和53年度

問題1　不動産鑑定評価基準では、不動産の価格に関する需要と供給の原則について、不動産の特性のため「その需要と供給及び価格の形成にはこれらの特性の反映が認められる」旨述べられているが、これはどのようなことをいうものであるか説明しなさい。また、このことと関連して鑑定評価上留意すべきことを指摘しなさい。

解答例

1．需要と供給の原則

不動産の価格形成過程には基本的な法則性を認めることができる。不動産の鑑定評価を行うに当たっては，必要な指針としてこの法則性を認識し，これを具体的に現した価格原則を活用すべきである。

一般に財の価格は，その財の需要と供給との相互関係によって定まるとともに，その価格は，また，その財の需要と供給とに影響を及ぼす。（需要と供給の原則）

すなわち，一般に合理的と考えられる市場における財の価格は，需要と供給とが一致する均衡状態において成立する。そして，何らかの理由で価格が均衡状態における価格（均衡価格）より高くなった場合には，供給が増え需要を上回ることを通じて価格は低くなり，また，価格が均衡価格より低くなった場合は，需要が増え供給を上回ることを通じて価格は高くなる。

不動産の価格もまたその需要と供給との相互関係によって定まるものであるが，不動産は他の財と異なる自然的特性及び人文的特性を有するために，その需要と供給及び価格の形成には，これらの特性の反映が認められる。

需要と供給の原則
「基準」総論第4章

2．不動産の特性

土地を主要な構成要素とする不動産は，他の一般の諸財と異なって次のような特性を持っている。

①　自然的特性

不動産は，地理的位置の固定性，不動性（非移動性），永続性（不変性），不増性，個別性（非同質性，非代替性）等を有し，固定的であって硬直的である。

② 人文的特性

不動産は，用途の多様性（用途の競合，転換及び併存の可能性），併合及び分割の可能性，社会的及び経済的位置の可変性等を有し，可変的であって伸縮的である。

不動産の特性「基準」総論第１章

3．不動産の特性と需要と供給・価格形成との関連

このような不動産の特性を反映して，不動産の需要と供給・価格形成には，次のような特徴が認められる。

すなわち，不動産は自然的特性として不増性を有するため，供給が限定される。その結果，不動産は他の財と比較して供給の価格弾力性が小さく，その価格は需要の如何によって決定される場合が多い。

また，不動産は，価格が高くなるとかえって供給が減る場合がある。これは，価格が高くなった場合，売主が一定の金額を得るためにより少ない不動産を売却すれば足りること，上昇期待による売控えが生ずること等の理由によるものである。

不動産の特性の供給等に対する影響

一方，不動産は人文的特性として用途の多様性を有するため，一つの不動産に対して複数の用途を前提とする需要が競合し得る。その結果，ある用途（例えば商業地）を前提とする価格が均衡価格より低くなった場合は，より低次の用途（例えば住宅地）の需要が参入し，需要が供給を上回ることを通じて価格は高くなるため，不動産は他の財と比較して需要の価格弾力性が大きい。

不動産の特性の需要等に対する影響

さらに，不動産は個別性（自然的特性）や用途の多様性（人文的特性）を有するため，その価格は取引等の必要性に応じて個別的に形成されるのが通常であり，個別的な事情に左右されがちであって，需給関係からは説明しきれないような価格が形成されることも多い。

不動産の特性の価格形成に対する影響

4．鑑定評価上留意すべき事項

不動産の特性により，その需要と供給・価格形成が一般の財と異なることから，不動産の鑑定評価に当たっては，需要と供給と

に関する十分な分析が不可欠である。

供給については，都市形成の状態や土地利用に関する計画の状態等の一般的要因の分析を通じて，対象不動産と代替性を有する不動産の供給の推移・動向を適切に把握しなければならない。

また，鑑定評価に当たっては，地域分析及び個別分析を通じて対象不動産についてその最有効使用を判定しなければならないが，その前提として，一般的要因の分析を通じて対象不動産に対する有効需要を適切に把握しなければならない。具体的には，取引件数の推移，取引当事者の属性，取引当事者の市場行動等について広域的に調査分析を行うべきである。

以　上

需要と供給の分析の必要性
「基準」総論第3章，第8章
旧「運用通知」第7章

解　説

本問は，「基準」総論第４章のうち「需要と供給の原則」について問うものである。問題の前段については，「需要と供給の原則」の定義と，不動産の特性を述べた上，当該特性が不動産の需要と供給・価格形成にどのような影響を与えているか（価格の供給弾力性が小さいことなど）について説明する。

後段の「鑑定評価上留意すべきこと」については，需要と供給の分析の重要性を強調するとよい。

各論点とも，「基準」の引用では対応し切れず，「要説」等の理解や，応用能力が試される難問である。

問題2　不動産の価格に関する諸原則のうち，地域分析に際して，特に考慮すべき原則を少なくとも三つあげ，その理由を説明しなさい。

解答例

1．地域分析

地域分析とは，その対象不動産がどのような地域に存するか，その地域はどのような特性を有するか，また，対象不動産に係る市場はどのような特性を有するか，及びそれらの特性はその地域内の不動産の利用形態と価格形成について全般的にどのような影響力を持っているかを分析し，判定することをいう。この地域分析に当たって特に重要な地域は，用途的観点から区分される地域（「用途的地域」），すなわち近隣地域及びその類似地域と，近隣地域及びこれと相関関係にある類似地域を含むより広域的な地域，すなわち同一需給圏である。

地域分析の定義
「基準」総論第6章

地域分析に当たって特に重要な地域
「基準」総論第6章

不動産は，他の不動産とともに，用途的に同質性を有する一定の地域を構成してこれに属することを通常とし，地域は，その規模，構成の内容，機能等にわたってそれぞれ他の地域と区別されるべき特性を有している。この地域（近隣地域）の特性は，通常，その地域に属する不動産の一般的な標準的使用に具体的に現れるが，この標準的使用は，利用形態からみた地域相互間の相対的位置関係及び価格形成を明らかにする手掛かりとなるとともに，その地域に属する不動産のそれぞれについての最有効使用を判定する有力な標準となるものである。

不動産の地域性・地域の特性

地域分析における標準的使用と最有効使用の関係
「基準」総論第6章

2．特に考慮すべき価格原則

(1)　変動の原則

一般に財の価格は，その価格を形成する要因の変化に伴って変動する。不動産の価格も多数の価格形成要因の相互因果関係の組合わせの流れである変動の過程において形成されるものである。したがって，不動産の鑑定評価に当たっては，価格形成要因が常に変動の過程にあることを認識して，各要因間の相互

変動の原則
「基準」総論第4章

因果関係を動的に把握すべきである。

(2) 代替の原則

代替性を有する二以上の財が存在する場合には，これらの財の価格は，相互に影響を及ぼして定まる。不動産の価格も代替可能な他の不動産又は財の価格と相互に関連して形成される。

代替の原則
「基準」総論第4章

(3) 予測の原則

財の価格は，その財の将来の収益性等についての予測を反映して定まる。不動産の価格も，価格形成要因の変動についての市場参加者による予測によって左右される。

予測の原則
「基準」総論第4章

3．地域分析において上記原則を考慮する理由

不動産の属する地域は固定的なものではなく，地域の特性を形成する地域要因も常に変動するものであることから，地域分析に当たっては，「変動の原則」及び「予測の原則」を活用し，対象不動産に係る市場の特性の把握の結果を踏まえて地域要因及び標準的使用の現状と将来の動向とをあわせて分析し，標準的使用を判定しなければならない。

同一需給圏とは，一般に対象不動産と代替関係が成立して，その価格の形成について相互に影響を及ぼすような関係にある他の不動産の存する圏域をいう。それは，近隣地域を含んでより広域的であり，近隣地域と相関関係にある類似地域等の存する範囲を規定するものである。

一般に，近隣地域と同一需給圏内に存する類似地域とは，隣接すると否とにかかわらず，その地域要因の類似性に基づいて，それぞれの地域の構成分子である不動産相互の間に代替，競争等の関係が成立し，その結果，両地域は相互に影響を及ぼすものである。また，近隣地域の外かつ同一需給圏内の類似地域の外に存する不動産であっても，同一需給圏内に存し対象不動産とその用途，規模，品等等の類似性に基づいて，これら相互の間に代替，競争等の関係が成立する場合がある。

この同一需給圏は，不動産の種類，性格及び規模に応じた需要者の選好性によってその地域的範囲を異にするものであるから，「代替の原則」を活用して，その種類，性格及び規模に応じて需

地域分析において三原則を考慮する理由
「基準」総論第6章
「留意事項」総論第6章

要者の選好性を的確に把握した上で適切に判定する必要がある。

さらに，近隣地域の地域分析は，まず対象不動産の存する近隣地域を明確化し，次いでその近隣地域がどのような特性を有するかを把握することであり，対象不動産と代替関係にたつ不動産の存する近隣地域の把握及び近隣地域の相対的位置の把握に当たっては，対象不動産に係る市場の特性を踏まえて同一需給圏内の類似地域の地域要因と近隣地域の地域要因を比較して相対的な地域要因の格差の判定を行う必要がある。

以　上

解　説

本問は，地域分析に当たって活用すべき原則について問うものである。

地域分析の意義，活用すべき原則（代替・変動・予測）の定義を述べた上で，地域分析の各手順のどの段階で価格原則をどのように活用すべきかを説明する。

本問のように，総論第４章（価格諸原則）に関する出題は，鑑定評価の各手順のどの段階でどのように活用すべきかを問うものが多いため，各原則ごとにこれを整理しておくとよい。

問題③　不動産鑑定評価基準によれば，鑑定評価の手法の適用に当たっては，鑑定評価の手法を当該案件に即して適切に適用すべき旨定められているが，これをどのように理解すべきか，鑑定評価の三方式を踏まえて説明しなさい。　（一部改題）

解答例

1．鑑定評価の三方式

合理的と考えられる市場において市場参加者が財の経済価値を判定する場合は，通常，①それにどれほどの費用が投じられて作られたものであるか（費用性），②それがどれほどの値段で市場で取引されているものであるか（市場性），③それを利用することによってどれほどの収益が得られるものであるか（収益性）という，価格の三面性を考慮する。不動産の価格の場合もこれと同様に考えられ，不動産の鑑定評価の三方式の考え方の基本となっている。

価格の三面性

鑑定評価の方式には，上記の費用性，市場性及び収益性にそれぞれ対応した原価方式，比較方式及び収益方式の三方式がある。

原価方式は不動産の再調達（建築，造成等による新規の調達をいう。）に要する原価に着目して，比較方式は不動産の取引事例又は賃貸借等の事例に着目して，収益方式は不動産から生み出される収益に着目して，それぞれ不動産の価格又は賃料を求めようとするものである。

鑑定評価方式
「基準」総論第7章

不動産の価格を求める鑑定評価の基本的な手法は，原価法，取引事例比較法及び収益還元法に大別され，このほかこれら三手法の考え方を活用した開発法等の手法がある。

原価法は，価格時点における対象不動産の再調達原価を求め，この再調達原価について減価修正を行って対象不動産の試算価格（積算価格）を求める手法である。

取引事例比較法は，まず多数の取引事例を収集して適切な事例の選択を行い，これらに係る取引価格に必要に応じて事情補正及

価格を求める鑑定評価の手法
「基準」総論第7章

び時点修正を行い，かつ，地域要因の比較及び個別的要因の比較を行って求められた価格を比較考量し，これによって対象不動産の試算価格（比準価格）を求める手法である。

収益還元法は，対象不動産が将来生み出すであろうと期待される純収益の現在価値の総和を求めることにより対象不動産の試算価格（収益価格）を求める手法である。

なお，鑑定評価の各手法は，価格の三面性を反映した三方式のいずれかの考え方を中心としているものの，一対一の関係ではなく，一つの手法の中に三方式の考え方が相互に反映されるものである点に留意すべきである。

三手法と価格の三面性との関係

2．不動産の鑑定評価の意義

不動産の鑑定評価によって求める価格は，基本的には正常価格である。正常価格とは，市場性を有する不動産について，現実の社会経済情勢の下で合理的と考えられる条件を満たす市場で形成されるであろう市場価値を表示する適正な価格をいう。この場合において，現実の社会経済情勢の下で合理的と考えられる条件を満たす市場とは，①市場参加者が自由意思に基づいて市場に参加し，参入・退出が自由であること，②取引形態が，市場参加者が制約されたり，売り急ぎ，買い進み等を誘引したりするような特別なものではないこと，③対象不動産が相当の期間市場に公開されていること，という条件を満たす市場をいう。

正常価格
「基準」総論第5章

つまり不動産の鑑定評価とは，この正常価格を不動産鑑定士が的確に把握する作業に代表される。

鑑定評価の意義
「基準」総論第1章

一方で，不動産の現実の取引価格等は，取引等の必要に応じて個別的に形成されるのが通常であり，しかもそれは個別的な事情に左右されがちのものであって，このような取引価格等から不動産の適正な価格を見出すことは一般の人には非常に困難である。

価格の特徴
「基準」総論第1章

したがって，不動産の適正な価格については専門家としての不動産鑑定士の鑑定評価活動が必要となるものである。

鑑定評価の必要性
「基準」総論第1章

3．鑑定評価の手法の適切な適用

不動産の価格は，一般の財と同様，基本的には価格の三面性を反映して形成されるものであり，これに対応して鑑定評価の三方

式がそれぞれ規定されている。また，不動産の鑑定評価とは，合理的な市場で形成されるであろう市場価値を表示する適正な価格を的確に把握する作業であるから，この価格の三面性を十分に考慮することが必要であり，そのためには価格の三面性を反映する三方式の考え方を原則として併用すべきである。

三方式併用の必要性

ただし，不動産は，その種別・類型や市場の特性等によって市場参加者の属性や行動基準等が異なり，その価格形成に当たっても価格の三面性が常に等しく反映されるものではないこと等から，必ずしも三手法をすべて併用することが合理的とは限らない。

したがって，鑑定評価の手法の適用に当たっては，鑑定評価の手法を当該案件に即して適切に適用すべきである。この場合，地域分析及び個別分析により把握した対象不動産に係る市場の特性等を適切に反映した複数の鑑定評価の手法を適用すべきであり，対象不動産の種類，所在地の実情，資料の信頼性等により複数の鑑定評価の手法の適用が困難な場合においても，その考え方をできるだけ参酌するように努めるべきである。

なお，不動産鑑定評価基準各論では，対象不動産の種別及び類型ごとに基本的に適用すべき鑑定評価の手法が規定されているが，地域分析及び個別分析により把握した対象不動産に係る市場の特性等を適切に反映した複数の鑑定評価方式の考え方が適切に反映された一つの鑑定評価の手法を適用した場合には，当該鑑定評価でそれらの鑑定評価方式に即した複数の鑑定評価の手法を適用したものとみなすことができる。

この場合，不動産鑑定評価基準に規定されている手法を一部省略することができるが，採用した手法に三方式の考え方及び対象不動産に係る市場の特性が十分に反映されていると判断した理由について，鑑定評価報告書に記載する必要がある。

鑑定評価の手法の適切な適用
「基準」総論第8章
「留意事項」総論第8章

以　上

解　説

本問は,「基準」総論第７章及び第８章を中心とした鑑定評価手法の適用に関する問題である。

論文構成としては，まず「不動産の価格形成」,「鑑定評価方式（三方式)」,「鑑定評価の意義」の３点から三方式併用の必要性を述べていく。次に，個々の不動産の価格形成の特徴に触れ，鑑定評価の手法の適用に当たっては，鑑定評価の手法を当該案件に即して適切に適用すべきである点を,「基準」に即して述べるとよい。

問題4　原価法の意義を述べ，その適用に際し留意すべき事項を説明しなさい。

解答例

1．原価法の意義について

不動産の価格を求める鑑定評価の基本的な手法は，価格の三面性（費用性・市場性・収益性）に対応して，原価法，取引事例比較法及び収益還元法に大別され，このほかこれら三手法の考え方を活用した開発法等の手法がある。

価格を求める手法
「基準」総論第7章

原価法は，価格時点における対象不動産の再調達原価を求め，この再調達原価について減価修正を行って対象不動産の試算価格（積算価格）を求める手法である。

原価法は，対象不動産が建物又は建物及びその敷地である場合において，再調達原価の把握及び減価修正を適切に行うことができるときに有効であり，対象不動産が土地のみである場合においても，再調達原価を適切に求めることができるときはこの手法を適用することができる。

原価法の意義，有効性
「基準」総論第7章

2．適用に際し留意すべき事項について

(1)　再調達原価の把握

再調達原価とは，対象不動産を価格時点において再調達することを想定した場合に必要とされる適正な原価の総額をいう。

再調達原価は，建設請負により，請負者が発注者に対して直ちに使用可能な状態で引き渡す通常の場合を想定し，発注者が請負者に対して支払う標準的な建設費に発注者が直接負担すべき通常の付帯費用を加算して求めるものとする。

この場合における通常の付帯費用には，建物引渡しまでに発注者が負担する通常の資金調達費用や標準的な開発リスク相当額等が含まれる場合があることに留意する必要がある。

再調達原価の意義，求め方
「基準」総論第7章

土地の再調達原価は，その素材となる土地の標準的な取得原価に当該土地の標準的な造成費と発注者が直接負担すべき通常の付

土地の再調達原価
「基準」総論第7章

帯費用を加算して求めるものとする。

なお，土地についての原価法の適用において，宅地造成直後の対象地の地域要因と価格時点における対象地の地域要因とを比較し，公共施設，利便施設等の整備，住宅等の建設等により，社会的，経済的環境の変化が価格水準に影響を与えていると客観的に認められる場合には，地域要因の変化の程度に応じた増加額を熟成度として加算することができる。

熟成度加算
「基準」総論第7章

再調達原価を求める方法には，直接法（対象不動産について直接的に再調達原価を求める方法）及び間接法（対象不動産と類似の不動産に係る建設事例等から間接的に対象不動産の再調達原価を求める方法）があるが，収集した建設事例等の資料としての信頼度に応じていずれかを適用するものとし，また，必要に応じて併用するものとする。

再調達原価を求める方法
「基準」総論第7章

(2)　減価修正

減価修正の目的は，減価の要因に基づき発生した減価額を対象不動産の再調達原価から控除して価格時点における対象不動産の適正な積算価格を求めることである。

減価修正の目的
「基準」総論第7章

減価修正を行うに当たっては，減価の要因に着目して対象不動産を部分的かつ総合的に分析検討し，減価額を求めなければならない。

減価の要因は，物理的要因，機能的要因及び経済的要因に分けられる。これらの要因はそれぞれ独立しているものではなく，相互に関連し，影響を与え合いながら作用しているものであることに留意しなければならない。

減価の要因
「基準」総論第7章

減価額を求める方法には，①耐用年数に基づく方法と，②観察減価法の二つの方法がある。

減価額を求める方法
「基準」総論第7章

①　耐用年数に基づく方法

耐用年数に基づく方法は，対象不動産の価格時点における経過年数及び経済的残存耐用年数の和として把握される耐用年数を基礎として減価額を把握する方法である。

耐用年数に基づく方法には，定額法，定率法等があるが，これらのうちいずれの方法を用いるかは，対象不動産の用途や利

耐用年数に基づく方法
「基準」総論第7章

用状況に即して決定すべきである。

なお，対象不動産が二以上の分別可能な組成部分により構成されていて，それぞれの経過年数又は経済的残存耐用年数が異なる場合に，これらをいかに判断して用いるか，また，耐用年数満了時における残材価額をいかにみるかについても，対象不動産の用途や利用状況に即して決定すべきである。

② 観察減価法

観察減価法は，対象不動産について，設計，設備等の機能性，維持管理の状態，補修の状況，付近の環境との適合の状態等各減価の要因の実態を調査することにより，減価額を直接求める方法である。

観察減価法の適用においては，対象不動産に係る個別分析の結果を踏まえた代替，競争等の関係にある不動産と比べた優劣及び競争力の程度等を適切に反映すべきである。

観察減価法
「基準」総論第7章

耐用年数に基づく方法は，外部観察では発見しにくい減価要因を把握・反映させやすい反面，個別的な減価の実態を反映させにくく，逆に観察減価法は，個別的な減価を把握・反面させやすい反面，外部観察では発見しにくい減価要因を反映させにくいという特徴がある。つまりいずれの方法もそれぞれ一長一短があり，それぞれを補完するものであるため，減価額を求めるに当たっては，これらを併用するものとする。

耐用年数に基づく方法と観察減価法の併用の必要性
「基準」総論第7章

なお，対象不動産が建物及びその敷地である場合において，土地及び建物の再調達原価についてそれぞれ減価修正を行った上で，さらにそれらを加算した額について減価修正を行う場合があるが，それらの減価修正の過程を通じて同一の減価の要因について重複して考慮することのないよう留意するべきである。

また，耐用年数に基づく方法及び観察減価法を適用する場合においては，対象不動産が有する市場性を踏まえ，特に，建物の増改築・修繕・模様替等の実施が耐用年数及び減価の要因に与える影響の程度について留意しなければならない。

留意点
「留意事項」総論第7章

以　上

解　説

本問は，原価法全般について問うものである。

原価法の定義及び有効性を述べてから，再調達原価の査定と減価修正において留意すべき点を「基準」「留意事項」に即して述べれば十分な解答量になる。暗記色の濃い問題だが，論点は明確なので，このような問題で足切りになってしまうことは絶対に避けてほしい。

◇ 昭和54年度

> 問題1　不動産の正常価格の意味を述べ，現実の市場で成立している不動産の取引価格との相違を述べなさい。

解答例

1．正常価格の意義

正常価格とは，市場性を有する不動産について，現実の社会経済情勢の下で合理的と考えられる条件を満たす市場で形成されるであろう市場価値を表示する適正な価格をいう。

この場合において，現実の社会経済情勢の下で合理的と考えられる条件を満たす市場（以下「合理的と考えられる市場」という）とは，以下の条件を満たす市場をいう。

(1)　市場参加者が自由意思に基づいて市場に参加し，参入，退出が自由であること。なお，ここでいう市場参加者は，自己の利益を最大化するための要件（①売り急ぎ，買い進み等をもたらす動機のないこと，②対象不動産及び対象不動産が属する市場について取引を成立させるために必要となる通常の知識や情報を得ていること，③取引を成立させるために通常必要と認められる労力，費用を費やしていること，④対象不動産の最有効使用を前提とした価値判断を行うこと，⑤買主が通常の資金調達能力を有していること）を満たすとともに，慎重かつ賢明に予測し，行動するものとする。

(2)　取引形態が，市場参加者が制約されたり，売り急ぎ，買い進み等を誘引したりするような特別なものではないこと。

(3)　対象不動産が相当の期間市場に公開されていること。

正常価格の意義
「基準」総論第5章

土地を我々人間が各般の目的のためにどのように利用しているかという土地と人間との関係は，不動産のあり方，すなわち，不動産がどのように構成され，どのように貢献しているかということに具体的に現れる。そして，この不動産のあり方は，その不動産の経済価値を具体的に表している価格を選択の主要な指標とし

不動産の鑑定評価と正常価格
「基準」総論第1章，第5章

て決定されている。個人の幸福も社会の成長，発展及び公共の福祉も不動産のあり方に依存していることを考えると，不動産の鑑定評価は，不動産の適正な価格を求め，その適正な価格の形成に資し，さらに不動産のあり方の決定における選択の主要な指標を示すものでなければならないといえる。

したがって，不動産の鑑定評価とは，合理的と考えられる市場で形成されるであろう市場価値を表示する適正な価格，すなわち正常価格を不動産鑑定士が的確に把握する作業に代表されるものであるので，不動産の鑑定評価によって求める価格は，基本的にはこの正常価格であるといえる。しかし，鑑定評価の依頼目的に対応した条件により限定価格，特定価格又は特殊価格を求める場合があるので，依頼目的に対応した条件を踏まえて価格の種類を適切に判断し，明確にすべきである。

2．現実の取引価格の内容

不動産が国民の生活と活動に組み込まれどのように貢献しているかは，具体的な価格として現れるものであるが，土地は他の一般の諸財と異なって次のような特性を持っている。

土地の特性
「基準」総論第1章

(1) 自然的特性として，地理的位置の固定性，不動性（非移動性），永続性（不変性），不増性，個別性（非同質性，非代替性）等を有し，固定的であって硬直的である。

(2) 人文的特性として，用途の多様性（用途の競合，転換及び併存の可能性），併合及び分割の可能性，社会的及び経済的位置の可変性等を有し，可変的であって伸縮的である。

不動産の取引は，このような一般の諸財と異なる土地の特性を反映して個別的・相対的に行われることが多く，また，隣接不動産の併合を目的とする取引等，取引の性格上，必然的に市場が限定されることも多い。さらに，不動産市場の特性，取引等における当事者双方の能力の多様性と特別の動機により売り急ぎ，買い進み等の特殊な事情が存在する場合もある。

現実の取引価格と鑑定評価の必要性
「基準」総論第1章，第7章

つまり，不動産の現実の取引価格等は，取引等の必要に応じて個別的に形成されるのが通常であり，しかもそれは個別的な事情に左右されがちのものであって，このような取引価格等から不動

産の適正な価格を見出すことは一般の人には非常に困難である。したがって，不動産の適正な価格については専門家としての不動産鑑定士の鑑定評価活動が必要となる。

3．両価格の異同点

正常価格と現実の取引価格はともに，不動産の市場価値を表すものであり，市場を前提としている点で共通している。

しかし，正常価格と現実の取引価格は以下の点で異なっている。

(1) 前提となる市場概念

正常価格は前述のような現実の社会経済情勢の下で合理的と考えられる条件を満たす市場を前提とするのに対し，現実の取引価格は個別的な事情等が介在する現実の市場を前提とする。

(2) 妥当する範囲

正常価格は個人的，主観的な特殊な事情が捨象された，社会一般にとって妥当する価格であるのに対し，現実の取引価格は取引当事者間でのみ妥当する価格である。

(3) 求め方及び判断主体

正常価格は高度の知識と豊富な経験と的確な判断力とを有する不動産鑑定士が，鑑定評価の各手法を適切に適用して求められた試算価格を調整の上，決定する鑑定評価額であるのに対し，現実の取引価格は取引当事者が取引の事情等に応じて個別的に決定するものであり，必ずしも当該不動産の適正な価格を示しているとは限らない。

以　上

正常価格と取引価格の異同点

解　説

本問は，「基準」総論第５章のうち正常価格及び総論第１章のうち不動産の価格の特徴に関する問題である。内容自体は基本的なものであるため，ポイントをしっかりと押さえて，丁寧に表現する必要がある。

論文構成としては，まず正常価格の概念を説明した上で，不動産の特徴から不動産の価格の特徴へと素直に繋いでいけばよい。他の論点との関係から，正常価格の概念説明はある程度簡単に済ませているが，価格の種類や市場の概念についてさらに補足できれば加点事由となる。この際，後半の相違点と繋がるような記述をすることがポイントとなる。相違点については押さえるべきポイントが多いので，しっかり対比してまとめておく必要がある。

	正常価格	取引価格
定　義	市場性を有する不動産について，現実の社会経済情勢の下で合理的と考えられる条件を満たすこと市場で形成されるであろう市場価値を表示する適正な価格	現実の取引市場において，取引の必要に応じて個別的に形成される価格
鑑定評価における位置づけ	鑑定評価によって基本的に求める価格（すなわち鑑定評価額）	取引事例比較法の適用に当たって必要な事例資料（必要に応じ事情補正及び時点修正を行う）
前提となる市場	合理的と考えられる条件を満たす市場	現実の取引市場
判断主体	不動産鑑定士	取引当事者
求め方	鑑定評価の各手法を適用して求められた試算価格を調整の上，決定する	取引当事者の合意による

問題2　不動産鑑定評価基準にいうところの不動産の価格が持っている二面性について，次の問に答えなさい。

(1)　不動産価格の二面性とは何を意味しているか述べなさい。

(2)　一般財貨の価格の二面性と異なるところがあるか述べなさい。

解答例

小問(1)

不動産は，通常，土地とその定着物をいう。土地はその持つ有用性の故にすべての国民の生活と活動とに欠くことのできない基盤である。そして，この土地を我々人間が各般の目的のためにどのように利用しているかという土地と人間との関係は，不動産のあり方，すなわち，不動産がどのように構成され，どのように貢献しているかということに具体的に現れる。

この不動産のあり方は，自然的，社会的，経済的及び行政的な要因の相互作用によって決定されるとともに経済価値の本質を決定づけている。一方，この不動産のあり方は，その不動産の経済価値を具体的に表している価格を選択の主要な指標として決定されている。

（不動産と不動産のあり方「基準」総論第１章）

不動産の価格は，一般に，①その不動産に対してわれわれが認める効用，②その不動産の相対的稀少性，③その不動産に対する有効需要の三者の相関結合によって生ずる不動産の経済価値を，貨幣額をもって表示したものである。そして，この不動産の経済価値は，基本的にはこれら三者を動かす自然的，社会的，経済的及び行政的な要因の相互作用によって決定される。不動産の価格とこれらの要因との関係は，不動産の価格が，これらの要因の影響の下にあると同時に選択指標としてこれらの要因に影響を与えるという二面性を持つものである。

（不動産の価格と不動産の価格の二面性「基準」総論第１章）

つまり，不動産の価格の二面性とは，不動産の価格と自然的，社会的，経済的及び行政的な要因，さらにこれらの諸要因と密接な関連を持つ不動産のあり方が相互に影響を与えるという関係をいうものである。

（まとめ）

したがって，不動産がどのように構成され，どのように貢献しているかという土地と人間との関係，すなわち不動産のあり方は，諸要因の相互作用によって決定され，その不動産の経済価値（不動産の価格）を形成するだけでなく，逆に，不動産の価格に応じて変化し，諸要因に影響を与えるものなのである。

小問(2)

一般に財の価格は，その財の需要と供給との相互関係によって定まるとともに，その価格は，また，その財の需要と供給とに影響を及ぼす。

完全競争市場の下，財の価格は，需要と供給の均衡点おいて定まる。このときに定まる価格を均衡価格と呼ぶと，財の価格が均衡価格よりも高くなった場合には，競争の作用が働き供給が需要を超過し，その結果価格が下落し，一方，財の価格が均衡価格より低くなった場合には，需要が供給を超過し，その結果価格が上昇する。このように財の価格をシグナルとして需要及び供給が決定され，他方では，需要と供給によって財の価格が決定される。これを一般財貨の価格の二面性という。不動産の価格についても，この一般財貨の価格の二面性が認められ，その需要と供給との相互関係により定まるのであるが，不動産は他の財と異なる自然的特性及び人文的特性を有するために，その需要と供給及び価格の形成には，これらの特性の反映が認められる。

一般財貨の価格の二面性
「基準」総論第4章

つまり，①不動産は，自然的特性（地理的位置の固定性，不増性，個別性等）を有しているため，供給が限定されがちで，価格の上昇に対して供給が増加する度合いは少ない（供給の価格弾力性が小さい）。また，②不動産の供給は，労働力と同じように価格が一定の水準を超えるとかえってその量が減少する傾向を有する。他方，③人文的特性（用途の多様性）のため，不動産に対する様々な利用目的を前提とする需要が競合し，その競争の過程で価格が定められる傾向がある。その上，④自然的特性（個別性）等のため，不動産の取引は，限定された当事者間において行われることが多く，その価格も，個人的な事情や動機に左右されて決められることが多い。

不動産の価格の二面性

以上をまとめると，一般財貨の価格の二面性とは，価格と需要及

び供給との相互関係を意味し，不動産の価格の二面性とは，価格と自然的，社会的，経済的及び行政的な要因との相互関係を意味しており，不動産はこの両者を持ち合わせつつ，その持つ諸特性に応じて，一般財貨とは異なる価格の形成過程を生じさせることとなる。 } まとめ

以　上

解　説

本問は，「基準」総論第１章の不動産の価格の二面性についての出題である。

小問(1)については，不動産の価格と諸要因との相互関係を，基準本文の言葉を中心に説明すれば十分である。小問(2)については，「需要と供給の原則」に基づき，一般財貨の価格の二面性を説明し，不動産の価格の二面性との違いを述べることができればよいのであるが，不動産にも一般財貨の価格の二面性が認められていることと，不動産の持つ諸特性に応じた反映の内容についても言及することが望まれる。

小問(2)の場合，そもそも一般財貨の価格の二面性が何のことかが分からないと答案にならないため，その意味では難問といえる。

問題3　「実際実質賃料」について，次の問いに答えなさい。

(1)　この概念を説明しなさい。

(2)　この概念が必要な理由を説明しなさい。

解答例

小問(1)

1．賃料の鑑定評価について

不動産の賃料は，当該不動産が物理的，機能的及び経済的に消滅するまでの期間のうち一部の期間について，不動産の賃貸借等の契約に基づき，不動産を使用収益することを基礎として生ずる経済価値を貨幣額をもって表示したものを主体とするものである。

賃料の意義

そこで，不動産の賃料の鑑定評価に当たっては，賃料の算定期間を定める必要がある。鑑定評価によって求める賃料の算定の期間は，原則として，宅地並びに建物及びその敷地の賃料にあっては1月を単位とし，その他の土地にあっては1年を単位とするものとする。

賃料の算定の期間
「基準」総論第7章

2．実際実質賃料の定義

実際実質賃料とは，各支払時期に実際に支払われる支払賃料のほか，契約に当たって授受される一時金の運用益及び償却額並びに付加使用料等のうち実質的に賃料に相当する部分を含む，貸主に実際に支払われているすべての経済的対価をいう。

実際実質賃料の定義

3．実質賃料と支払賃料の関係（位置付け）

賃料の鑑定評価は，対象不動産について，賃料の算定の期間に対応して，実質賃料を求めることを原則とし，賃料の算定の期間及び支払いの時期に係る条件並びに権利金，敷金，保証金等の一時金の授受に関する条件が付されて支払賃料を求めることを依頼された場合には，実質賃料とともに，その一部である支払賃料を求めることができるものとする。

賃料の鑑定評価
「基準」総論第7章

4．実質賃料，支払賃料の定義

実質賃料とは，賃料の種類の如何を問わず賃貸人等に支払われ

る賃料の算定の期間に対応する適正なすべての経済的対価をいい，純賃料及び不動産の賃貸借等を継続するために通常必要とされる諸経費等（必要諸経費等という。）から成り立つものである。

支払賃料とは，各支払時期に支払われる賃料をいい，契約に当たって，権利金，敷金，保証金等の一時金が授受される場合においては，当該一時金の運用益及び償却額と併せて実質賃料を構成するものである。

実質賃料の定義
「基準」総論第7章

支払賃料の定義
「基準」総論第7章

5．付加使用料等の内容

なお，慣行上，建物及びその敷地の一部の賃貸借等に当たって，水道光熱費，清掃・衛生費，冷暖房費等がいわゆる付加使用料，共益費等の名目で支払われる場合もあるが，これらのうちには実質的に賃料に相当する部分が含まれている場合があることに留意する必要がある。

付加使用料等
「基準」総論第7章

6．一時金の内容

賃貸借等の契約に当たって借主から貸主へ授受される一時金の主なものは次のとおりである。

(イ) 賃料の前払的性格を有するもの

一般に権利金，礼金等と呼ばれているもので，契約終了後も貸主から借主に返済されないため，当該一時金の運用益及び償却額を経済的対価として計上する。

(ロ) 預り金的性格を有するもの

一般に敷金，保証金，協力金等と呼ばれるもので，通常，契約終了時に貸主から借主に返還されるため，当該一時金の運用益のみを経済的対価として計上する。

一時金の種類と性格

7．運用利回りの把握

一時金の運用益を求めるためには適切な運用利回りの把握が必要である。運用利回りは，賃貸借等の契約に当たって授受される一時金の性格，賃貸借等の契約内容並びに対象不動産の種類及び性格等の相違に応じて，当該不動産の期待利回り，不動産の取引利回り，長期預金の金利，国債及び公社債利回り，金融機関の貸出金利等を比較考量して決定するものとする。

運用利回り
「基準」総論第7章

小問(2)

不動産の賃貸借契約は多様であり，一時金が授受されている場合や，実費を上回る付加使用料等が支払われている場合は，各支払時期に実際に支払われる賃料（支払賃料）に，一時金の運用益・償却額等を加えることによって，はじめて対象不動産の用益の対価を把握することができる。この点に「実際実質賃料」の概念の必要性が認められる。

鑑定評価の手法の適用に当たっては，主に次の場合に「実際実質賃料」を求めなければならない。

実際実質賃料の必要性

(1) 賃貸事例比較法

賃貸事例比較法は，不動産の市場性に着目して，賃貸事例の実際実質賃料との比較によって，対象不動産の賃料を求める手法である。

不動産の用益の対価を表すものは実質賃料であり，賃料の鑑定評価は実質賃料を求めることを原則とするから，賃貸事例比較法の適用に当たっては，事例の実際実質賃料を求めた上で，事例不動産と対象不動産とを比較しなければならない。

賃貸事例比較法

(2) 収益還元法

収益還元法は，不動産の収益性に着目して，対象不動産が将来生み出すであろうと期待される純収益の現在価値の総和を求めることにより，対象不動産の試算価格（収益価格）を求める手法である。

この手法は，不動産の用益の対価と交換の対価との相関関係に着目して後者を求めるものであるから，賃貸用不動産に係る純収益を求めるに当たっては，実際実質賃料（総収益）を求め，これから総費用を控除しなければならない。

収益還元法

以　上

解　説

本問は「基準」総論第７章の「実際実質賃料」からの出題である。実際実質賃料については，実質賃料と支払賃料の関係を充分に理解しておく必要がある。

論文構成としては，小問(1)では，まず，賃料の鑑定評価（全般）について簡単に説明する。次に，実際実質賃料の定義を述べる。その後に，実質賃料と支払賃料の関係を説明した上で，実質賃料の定義，支払賃料の定義を説明する。この流れは，実質賃料と支払賃料の関係の論点と同様なのでしっかり押さえてほしい。基準にもある通り，支払賃料は実質賃料の一部を構成するものである旨しっかり整理しよう。

また，小問(2)は，実際実質賃料の定義を踏まえてその概念の必要性を述べた上，当該概念が用いられる具体的な手法について言及するとよい。実際実質賃料は，解答例にあげた手法のほか，継続賃料を求める各手法等においても求める必要がある。

問題4　借地権及び底地の鑑定評価について，次の問に答えなさい。ただし，この場合の借地権及び底地は旧借地法により締結された賃貸借契約に基づくものとする。

(1)　借地権の価格と底地の価格との関連性について述べなさい。

(2)　借地権の鑑定評価額の決定に当たり総合的に勘案すべき事項のうち，「将来における賃料の改定の実現性とその程度」は，どのように理解すべきであるかについて述べなさい。　（一部改題）

解答例

小問(1)

借地権とは，借地借家法（廃止前の借地法を含む）に基づく借地権（建物の所有を目的とする地上権又は土地の賃借権）をいう。

借地権の価格は，借地借家法（廃止前の借地法を含む）に基づき土地を使用収益することにより借地権者に帰属する経済的利益（一時金の授受に基づくものを含む）を貨幣額で表示したものである。

（借地権の定義・価格　「基準」総論第2章，各論第1章）

底地とは，宅地について借地権の付着している場合における当該宅地の所有権をいう。

底地の価格は，借地権の付着している宅地について，借地権の価格との相互関連において借地権設定者に帰属する経済的利益を貨幣額で表示したものである。

（底地の定義・価格　「基準」総論第2章，各論第1章）

借地権及び底地の鑑定評価に当たっては，借地権の価格と底地の価格との関連のほか，その更地としての価格及び建付地としての価格との関連についても理解しておく必要がある。

すなわち，借地権と底地とが併合した場合は更地又は建付地となるが，借地権の価格と底地の価格との合計額は，必ずしも更地としての価格又は建付地としての価格とはならない。借地権は借地条件等により当該宅地の最有効使用が必ずしも期待できない場合があり，また，借地権のうち賃借権については，流通性に制約があり，さらに直接に抵当権の目的となり得ないこと等から担保価値の減退も考えられる。一方，底地についても，借地条件に基づく最有効使用の

（借地権価格と底地価格の関連性）

制約による経済的不利益，借地権が付着していることによる市場性及び担保価値の減退が考えられる。そこで，借地権の価格及び底地の価格は，これらの不利益をも反映して個別的に形成されるのである。

借地権の価格と底地の価格とは密接に関連し合っているので，以下に述べる諸点を十分に考慮して相互に比較検討すべきである。

① 宅地の賃貸借等及び借地権取引の慣行の有無とその成熟の程度は，都市によって異なり，同一都市内においても地域によって異なることもあること。

② 借地権の存在は，必ずしも借地権の価格の存在を意味するものではなく，また，借地権取引の慣行について，借地権が単独で取引の対象となっている都市又は地域と，単独で取引の対象となることはないが建物の取引に随伴して取引の対象となっている都市又は地域とがあること。

③ 借地権取引の態様

④ 借地権の態様

借地権の取引慣行
「基準」各論第１章

借地権と借地権の価格
「基準」各論第１章

借地権取引の態様
借地権の態様
「基準」各論第１章

小問(2)

借地権者に帰属する経済的利益とは，土地を使用収益することによる広範な諸利益を基礎とするものであるのが，特に次に掲げるものが中心となる。

① 土地を長期間占有し，独占的に使用収益し得る借地権者の安定的利益

② 借地権の付着している宅地の経済価値に即応した適正な賃料と実際支払賃料との乖離（賃料差額という）及びその乖離の持続する期間を基礎として成り立つ経済的利益の現在価値のうち，慣行的に取引の対象となっている部分

借地人に帰属する経済的利益
「基準」各論第１章

これは，借地権の付着している宅地の正常実質賃料と当該借地契約に係る実際支払賃料との賃料差額（いわゆる借り得）により生ずる，経済的側面から見た利益である。

賃料差額は，発生理由の相違により，①地価の高騰に地代の改定が伴わなかったこと等に基づいて生じた自然発生的なもの，②権利金等の一時金の授受に基づいて生じた創設的なもの，及び③上記二

賃料差額の区分

者が混在したものに区分できる。

借地権の鑑定評価は，借地権の取引慣行の有無及びその成熟の程度によってその手法を異にするものである。

借地権の取引慣行の成熟の程度の高い地域における借地権の鑑定評価額は，借地権及び借地権を含む複合不動産の取引事例に基づく比準価格，土地残余法による収益価格，当該借地権の設定契約に基づく賃料差額のうち取引の対象となっている部分を還元して得た価格及び借地権取引が慣行として成熟している場合における当該地域の借地権割合により求めた価格を関連づけて決定するものとする。

借地権の取引慣行の成熟の程度の低い地域における借地権の鑑定評価額は，土地残余法による収益価格，当該借地権の設定契約に基づく賃料差額のうち取引の対象となっている部分を還元して得た価格及び当該借地権の存する土地に係る更地又は建付地としての価格から底地価格を控除して得た価格を関連づけて決定するものとする。

借地権の鑑定評価
「基準」各論第1章

上述のとおり，持続的な賃料差額は，借地人に帰属する経済的利益の基礎であるが，将来期待される賃料差額の現在価値の総和は，実際支払賃料が将来どのように改定されるかということに左右される。例えば，正常実質賃料が上昇傾向にあるにも拘わらず実際支払賃料の値上げ改定が見込めない場合は賃料差額の拡大が予測され，正常実質賃料が下落傾向にあるにも拘わらず実際支払賃料の値下げ改定が見込めない場合は賃料差額の縮小が予想される。したがって，借地権の鑑定評価に当たっては，当該借地契約の内容や類似の借地契約に係る賃料改定の動向等を把握し分析した上で，将来における賃料の改定の実現性とその程度を勘案しなければならない。

賃料改定の実現性等と賃料差額との関連
「基準」各論第1章

具体的には，取引事例比較法における個別格差，土地残余法や賃料差額還元法による還元利回り，借地権割合法における借地権割合等に，当該事項を反映する必要がある。

各手法への反映

以　上

解　説

本問は，「基準」各論第１章のうち借地権及び底地の価格の関連性に関する問題である。借地権と底地とは，密接に関連し合っているので，両者を十分に考慮して相互に比較検討することが必要である。また，本問は，「基準」以外の文章でどれだけ解答用紙を埋められるかもポイントとなってくる。

論文構成としては，借地権の及ぶ底地の両者の定義をはじめにしっかり論述した上で，借地権価格と底地価格の関連性を述べる。この部分が小問⑴のポイントとなるため十分な理解が必要である。小問⑴の後半は，借地権及び底地の鑑定評価にあたっての考慮すべき事項を基準から論述する。

小問⑵は，賃料差額に基づく経済的利益の有無やその程度が解答の鍵となる。賃料差額が将来の実際支払賃料に影響することを述べるため，はじめに借地人に帰属する経済的利益を説明し，次に賃料改定の実現性等と賃料差額との関連性を述べるとよい。

MEMO

昭和55年度

問題1　適合の原則について次の問に答えなさい。

(1)　この原則が成り立つ根拠について明らかにしなさい。

(2)　鑑定評価を行うに当たって，この原則を適用する場合に特に留意すべき点について述べなさい。

解答例

小問(1)

不動産の価格の形成の過程を考察するとき，いくつかの基本的な法則性を認めることができる。これらの法則性を具体的に現したものを不動産の価格に関する諸原則というが，このうち適合の原則とは，「不動産の収益性又は快適性が最高度に発揮されるためには，当該不動産がその環境に適合していることが必要である。したがって，不動産の最有効使用を判定するためには，当該不動産が環境に適合しているかどうかを分析することが必要である。」という原則である。この場合の最有効使用は，現実の社会経済情勢の下で客観的に見て，良識と通常の使用能力を持つ人による合理的かつ合法的な最高最善の使用方法に基づくものであるが，適合の原則は，不動産の外部条件との適合を問題とする原則であり，内部構成要素間の均衡に着目した均衡の原則とともにこの最有効使用判定の有力な指針となるものである。

（適合の原則の意義　「基準」総論第4章）

不動産は，個々のものが単独に機能し，独立してその価格が定まるというものではなく，他の不動産とともに，用途的に同質性を有する一定の地域を構成してこれに属することを通常とし（不動産の地域性），地域はその規模，構成の内容，機能等にわたってそれぞれ他の地域と区別されるべき特性を有しており（地域の特性），また各々の地域ごとに一定の価格水準を形成する。

用途的地域内の不動産は相互に競争，代替等の関係に立ち，用途的地域はその特性を前提として他の地域と相互関係に立つことから，各地域には一定の価格水準が形成され，個別の不動産の価格は，そ

（不動産の価格形成）

の最有効使用を前提としてその属する地域の価格水準の大枠の下で個別具体的に形成される。

不動産の価格は，その不動産の最有効使用を前提として把握される価格を標準として形成されるものである（最有効使用の原則）から，不動産の鑑定評価に当たっては，対象不動産の最有効使用を判定する必要があるが，一般に個々の不動産の最有効使用は，近隣地域の地域の特性の制約下にあるので，個別分析に当たっては，特に近隣地域に存する不動産の標準的使用との相互関係を明らかにすることが必要がある。

最有効使用判定の必要性
「基準」総論第4章，第6章

すなわち，個別の不動産の価格は，その最有効使用を前提としてその属する地域の価格水準下で形成されるものであるが，この最有効使用の状態（収益性又は快適性が最高度に発揮されている状態）は，その属する地域の標準的使用との整合性を保って利用されるときに（環境との適合）初めて実現できるものである。したがって，不動産と環境との適合の状況を把握することは，最有効使用の判定に不可欠であり，この点に「適合の原則」の成立根拠が認められる。

適合の原則の成立根拠

小問(2)

前述のとおり，不動産は地域の標準的使用との整合性を保って利用されることにより，最有効使用の状態を実現できるものであるから，不動産の鑑定評価に当たっては，地域分析及び個別分析を通じて対象不動産についてその最有効使用を判定しなければならない。

地域分析とは，その対象不動産がどのような地域に存するか，その地域はどのような特性を有するか，また，対象不動産に係る市場はどのような特性を有するか，及びそれらの特性はその地域内の不動産の利用形態と価格形成について全般的にどのような影響力をもっているかを分析し，判定することをいう。

また，個別分析とは，対象不動産の個別的要因が対象不動産の利用形態と価格形成についてどのような影響力をもっているかを分析してその最有効使用を判定することをいう。

地域分析・個別分析
「基準」総論第6章，第8章

(1) 価格形成要因の分析における「適合の原則」の適用

前述の地域（近隣地域）の特性は，通常，その地域に属する不動産の一般的な標準的使用に具体的に現れるが，この標準的

使用は，利用形態からみた地域相互間の相対的位置関係及び価格形成を明らかにする手掛りとなるとともに，その地域に属する不動産のそれぞれについての最有効使用を判定する有力な標準となるものである。したがって個別分析の前提として，地域分析を的確に行い，不動産の属する用途的地域の標準的使用を明確にした上で，標準的使用と対象不動産の用途との適合性を考慮して最有効使用を判定する必要がある。

対象不動産が更地である場合には，対象不動産の想定される建物の用途が周辺環境と適合しているか，対象不動産が建物及びその敷地である場合には，当該建物が環境との適合を考慮すると現況利用が妥当であるか，取り壊すことが妥当であるか等について，適合の原則を適用して，対象不動産の最有効使用を判定することとなる。

価格形成要因の分析における適合の原則の適用
「基準」総論第6章

(2) 複合不動産の鑑定評価手法における「適合の原則」の適用

複合不動産への価格を求める三手法（原価法，取引事例比較法，収益還元法）の適用に当たっては，適合の原則を活用して適切に試算価格を求める必要がある。

原価法については，減価修正における経済的減価を判定する場合に適合の原則を活用して，不動産とその付近の環境との不適合の程度等を判定し，適切な減価額を把握する必要がある。

取引事例比較法については，個別的要因の比較を行う必要があるが，この場合には適合の原則を活用し，対象不動産と周辺環境との適合の程度について判定し，的確に比較する必要がある。

収益還元法については，純収益の継続性を判断する際に適合の原則を活用して，対象不動産が最有効使用の状態にあるか否か，有期還元法を適用すべきか否か等について判定する必要がある。

複合不動産の評価における適合の原則の適用

以　上

解　説

本問は「基準」総論第４章の不動産の価格に関する諸原則の中から「適合の原則」についての問題である。

まず小問(1)については，この原則が最有効使用の判定指針となっていることに着目し，どのような場合に最有効使用が実現できるのかが説明できればよい。論点のボリュームがあるので，内容は明瞭にまとめる必要がある。小問(2)については，この原則が地域の環境との適合性を問題とする原則であることから，地域分析と関連が深いことを述べたうえで，価格形成要因の分析への適用，複合不動産，鑑定評価の手法への活用について説明する。

問題2　個別的要因の意義を述べ，それが鑑定評価の三方式の適用に当たって果たす役割について述べなさい。

解答例

1．個別的要因の意義

不動産の価格を形成する要因（価格形成要因という）とは，不動産の効用及び相対的稀少性並びに不動産に対する有効需要の三者に影響を与える要因をいう。不動産の価格は，多数の要因の相互作用の結果として形成されるものであるが，要因それ自体も常に変動する傾向を持っている。したがって，不動産の鑑定評価を行うに当たっては，価格形成要因を市場参加者の観点から明確に把握し，かつ，その推移及び動向並びに諸要因間の相互関係を十分に分析して，前記三者に及ぼすその影響を判定することが必要である。

価格形成要因は，一般的要因，地域要因及び個別的要因に分けられる。

（価格形成要因の定義　「基準」総論第3章）

個別的要因とは，不動産に個別性を生じさせ，その価格を個別的に形成する要因をいう。すなわち，土地の価格に関していえば，当該土地の属する用途的地域における標準的な土地に係る価格水準と比較して，個別的な差異を生じさせる要因である。

個別的要因は，土地，建物，建物及びその敷地という類型ごとに，また，土地については住宅地，商業地等の種別ごとに着眼点が異なるものである。

（個別的要因の定義等　「基準」総論第3章）

例えば，住宅地の個別的要因は主に快適性及び利便性に影響を与える要因（日照，通風，交通施設との距離，商店街との接近の程度等）であり，商業地の個別的要因は主に収益性に影響を与える要因（商業地域の中心への接近性，顧客の流動の状態との適合性等）である。また，建物の個別的要因には，建築の年次，面積，高さ，構造，材質等がある。さらに，建物及びその敷地の個別的要因には，土地，建物に関する個別的要因に加え，敷地内におけ

（個別的要因の具体例　「基準」総論第3章）

る建物の配置等敷地と建物との適応の状態等がある。

不動産の鑑定評価は，その不動産の価格の形成過程を追究し，分析することを本質とするものであり，不動産の価格は，その不動産の最有効使用を前提として把握される価格を標準として形成される。したがって，価格形成要因の分析に当たっては，一般的要因を分析するとともに，地域分析により判定した地域の標準的使用に基づき，個別分析により対象不動産の最有効使用を判定しなければならない。このとき，個々の不動産の最有効使用は，一般に近隣地域の地域の特性の制約下にあるので，不動産の種別及び類型ごとに着目すべき個別的要因が異なる点に留意し，それぞれの用途に対応した個別的要因の分析を行った上で最有効使用を判定すべきである。

個別的要因の分析の必要性
「基準」総論第4章，第6章

2．個別的要因が三方式適用に当たって果たす役割

市場人が合理的な市場において財の経済価値を判定する場合は，通常，費用性，市場性，収益性（価格の三面性）を検討する。不動産の鑑定評価とは，現実の社会経済情勢の下で合理的と考えられる市場で形成されるであろう市場価値を表示する適正な価格を，不動産鑑定士が的確に把握する作業に代表される作業であるから，価格の三面性を反映した鑑定評価の三方式を原則として併用すべきである。

原価方式は費用性の観点から不動産の再調達に要する原価に着目して，比較方式は市場性の観点から不動産の取引事例又は賃貸借等の事例に着目して，収益方式は不動産から生み出される収益に着目して，それぞれ不動産の価格又は賃料を求めようとするものである。

個別的要因の分析結果は，鑑定評価の方式の適用においても反映すべきであり，以下に各方式の適用における個別的要因の役割について述べる。

価格の三面性と鑑定評価の三方式
「基準」総論第1章，第6章，第7章

(1) 原価方式

原価法の適用においては，再調達原価を査定するが，土地については対象地と造成事例との，また建物については対象建物と建設事例との個別的要因の比較を行うこととなる。また，減

価修正は対象不動産と新規かつ最有効使用の状態にある不動産との比較において行うことになるが，敷地と建物との適応の状態等の個別的要因に着目して行う。

積算法の適用で基礎価格を求める場合に原価法を適用するときも同様に行う。

原価方式における個別的要因の役割

⑵　比較方式

取引事例比較法又は賃貸事例比較法の適用において，事例不動産と対象不動産との個別的要因をそれぞれ分析し，これに基づいて比較を行う。

借地権の比準価格を試算する場合，区分所有建物及びその敷地の比準価格を試算する場合には，それぞれ借地権固有の個別的要因，区分所有建物及びその敷地の個別的要因があることに留意する。また，比準賃料を試算する場合にも，契約内容等の賃料固有の個別的要因があることに留意する。

比較方式における個別的要因の役割

⑶　収益方式

収益還元法の適用に当たっては，純収益（総収益－総費用）を還元利回りで還元する。総収益を求めるに際しては，賃貸事例と対象不動産との個別的要因の比較を適切に行い，また，還元利回りを求めるに際しては，対象不動産の個別性を十分反映させなければならない。

収益方式における個別的要因の役割

なお，各方式の適用において採用する事例は，対象不動産との個別的要因の比較が可能なものでなければならない。

留意点

以　上

解　説

設問より，前半部分は個別的要因の意義，後半部分は個別的要因が鑑定評価の三方式の適用に当たって果たす役割について解答する。

前半部分は，価格形成要因についての説明から個別的要因の説明へとつなげるとよい。基本的な知識を問う部分であり，確実に記述していただきたい。いきなり「個別的要因とは……」と書き出さず，常にマクロの視点から，ミクロの視点への流れの中で論述すること。

後半部分は，基準においてもストレートに記述されている部分がなく，書きにくいかと思われる。このような場合においても，まず「鑑定評価の三方式とは何か」についての説明をし，そして，それを細分化（原価・比較・収益方式）して記述するとまとまりがよくなる。

問題3　賃料と付加使用料・共益費との相違点を述べ，かつ，賃料の鑑定評価において付加使用料・共益費をどのように扱うべきかを簡単に論じなさい。

解答例

1．賃料の定義

不動産の賃料は，当該不動産が物理的，機能的及び経済的に消滅するまでの期間のうち一部の期間について，不動産の賃貸借等の契約に基づき，不動産を使用収益できることを基礎として生ずる経済価値を貨幣額を持って表示したものを主体とするものである。したがって，不動産の鑑定評価に当たっては，賃料の算定の期間を定める必要がある。鑑定評価によって求める賃料の算定の期間は，原則として，宅地並びに建物及びその敷地にあっては1月を単位とし，その他の土地にあっては1年を単位とする。

賃料の意義

賃料の算定の期間
「基準」総論第7章

2．実質賃料と支払資料

賃料の鑑定評価は，対象不動産について，賃料の算定の期間に対応して，実質賃料を求めることを原則とし，賃料の算定の期間及び支払いの時期に係る条件並びに権利金，敷金，保証金等の一時金の授受に関する条件が付されて支払賃料を求めることを依頼された場合には，実質賃料とともに，その一部である支払賃料を求めることができるものとする。

賃料の鑑定評価
「基準」総論第7章

実質賃料とは，賃料の種類の如何を問わず賃貸人等に支払われる賃料の算定の期間に対応する適正なすべての経済的対価をいい，純賃料及び不動産の賃貸借等を継続するために通常必要とされる諸経費等（必要諸経費等という。）から成り立つものである。

実質賃料の定義
「基準」総論第7章

一方，支払賃料とは，各支払期間に支払われる賃料をいい，契約に当たって，権利金，敷金，保証金等の一時金が授受される場合においては，当該一時金の運用益及び償却額と併せて実質賃料を構成するものである。

支払賃料の定義
「基準」総論第7章

契約に当たって一時金が授受される場合における支払賃料は，

実質賃料から，当該一時金について賃料の前払的性格を有する一時金の運用益及び償却額並びに預り金的性格を有する一時金の運用益を控除して求めるものとする。

支払賃料の求め方
「基準」総論第7章

なお，一時金のうち，賃料の前払的性格を有するものには，一般に不動産の賃貸借等の契約等において授受される権利金，礼金等と呼ばれているものがあり，契約終了時に賃貸人等から賃借人等に返済されることのないものである。一方，預り金的性格を有するものには，一般に敷金，保証金，協力金等と呼ばれているものがあり，通常，契約終了時に賃貸人等から賃借人等に返済される。これらの金額の大小は，支払賃料の金額に影響を及ぼすため，評価に当たっては十分に留意しなければならないのである。

一時金の種類

3．賃料と付加使用料・共益費との相違点，鑑定評価における扱い

付加使用料・共益費とは，慣行上，建物及びその敷地の一部（アパートの１室，事務所ビルの１フロアなど）の賃貸借等に当たって賃貸人等に支払われる，水道光熱費，清掃・衛生費，冷暖房費等に相当する金員をいう。

賃料とは，賃貸人等に支払われる経済的対価であるのに対し，付加使用料・共益費とは，最終的に清掃請負者等に支払われるものであり賃貸人等はこれを一時的に預り受けるに過ぎない点において，両者は本質的に異なる。

賃料と付加使用料・共益費との相違点
「基準」総論第7章

ところで，借地借家法による借主保護等の理由により賃料の値上げが困難な場合，賃貸人等は，実費を上回る付加使用料・共益費を徴収することにより，実質的な値上げを図る場合がある。このとき，付加使用料等のうちには実質的に賃料に相当する部分が含まれている場合があることに留意する必要がある。

したがって，賃貸事例比較法の適用に当たって賃貸事例に係る実際実質賃料を求めたり，収益還元法の適用に当たって賃貸用不動産の総収益を求める場合には，必要に応じて実際支払賃料及び一時金の運用益・償却額に，付加使用料等のうち実質的に賃料に相当する部分を加算すべきである。

付加使用料・共益費の取扱い
「基準」総論第7章

以　上

解　説

本問は，「基準」総論第７章より，賃料と付加使用料・共益費との関連性を問われた問題であるが，特に付加使用料等の内容について「基準」では明確に規定されていない。したがって，賃料について「基準」の一般的留意事項を中心に記述し，付加使用料・共益費については「基準」の文言を用いながらいかに分かり易く論述するかがポイントとなる。

賃料の構成要素，すなわち支払賃料と一時金の運用益及び償却額が実質賃料を構成しているのだという基本的な論点をしっかり押さえた上で，これを機に，付加使用料・共益費にはどのようなものがあり，鑑定評価上どのように扱うのかということを具体的に論述できるようまとめておこう。

問題4　不動産の種別ごとに着目すべき価格形成要因が異なることとなる理由を説明しなさい。

解答例

1．不動産の種別

不動産の鑑定評価においては，不動産の地域性並びに有形的利用及び権利関係の態様に応じた分析を行う必要があり，その地域の特性等に基づく不動産の種類ごとに検討することが重要である。

不動産の種類とは，不動産の種別及び類型の二面からなる複合的な不動産の概念を示すものであり，この不動産の種別及び類型が不動産の経済価値を本質的に決定づけるものであるから，この両面の分析をまって初めて精度の高い不動産の鑑定評価が可能となるものである。

不動産の種類
「基準」総論第2章

不動産の種別とは，不動産の用途に関して区分される不動産の分類をいい，地域の種別と土地の種別とがある。地域の種別は，宅地地域，農地地域，林地地域等に分けられる。また，土地の種別は，地域の種別に応じて分類される土地の区分であり，宅地，農地，林地等に分けられる。

不動産の種別
「基準」総論第2章

2．価格形成要因

不動産の価格を形成する要因（価格形成要因という）とは，不動産の効用及び相対的稀少性並びに不動産に対する有効需要の三者に影響を与える要因をいい，一般的要因，地域要因及び個別的要因に分けられる。

価格形成要因の定義
「基準」総論第3章

一般的要因とは，一般経済社会における不動産のあり方及びその価格の水準に影響を与える要因をいい，自然的要因，社会的要因，経済的要因及び行政的要因に大別される。

一般的要因
「基準」総論第3章

地域要因とは，一般的要因の相関結合によって規模，構成の内容，機能等にわたる各地域の特性を形成し，その地域に属する不動産の価格の形成に全般的な影響を与える要因をいう。

地域要因
「基準」総論第3章

個別的要因とは，不動産に個別性を生じさせ，その価格を個別

個別的要因
「基準」総論第3章

的に形成する要因をいう。

3．不動産の種別ごとに着目すべき価格形成要因が異なる理由

不動産は，他の不動産とともに，用途的に同質性を有する一定の地域（用途的地域）を構成してこれに属することを通常とし，用途的地域は，その規模・構成の内容・機能等にわたってそれぞれ他の地域と区別されるべき特性を有している。

不動産の地域性

一般的要因は，このような用途的地域ごとにそれぞれ異なった影響を与えるとともに，同じ種別の地域に対しては同質的な影響を与えるという地域的偏向性を有している。例えば，ある都市における人口の増加（社会的要因）は，当該都市内の住宅地域の需要を増加させるが，工業地域の需要には大きな影響を与えないことが多い。

一般的要因の地域的偏向性

また，地域要因とは，このような地域的偏向性を有する一般的要因の相関結合によって地域の特性を形成する要因であり，市場参加者が地域に期待する効用は地域の種別ごとに異なるものであるから，地域の種別ごとに着目すべき地域要因は異なることとなる。例えば，住宅地域では「交通施設の状態」「街並みの状態」など利便性・快適性に関する地域要因が，商業地域では「繁華性の程度」など収益性に関する地域要因が，それぞれ重視される。

さらに，土地の種別は地域の種別に応じて分類される土地の区分であるから，地域の種別の場合と同様に，土地の種別ごとに着目すべき個別的要因は異なる。

地域の種別毎に着目すべき地域要因・個別的要因が異なる理由

4．鑑定評価の手順における留意点

不動産の種別ごとに着目すべき価格形成要因は異なるため，鑑定評価の各手順において，次のことに留意すべきである。

評価手順における留意点

(1) 地域分析及び個別分析

不動産の価格は，その最有効使用を前提として把握される価格を標準として形成されるものであるから，価格形成要因の分析に当たっては，地域分析により判定した地域の標準的使用に基づき，個別分析により対象不動産の最有効使用を判定しなければならない。地域分析及び個別分析に当たっては，対象不動産の種別に応じ，着目すべき地域要因及び個別的要因を適切に

地域分析・個別分析

分析しなければならない。

(2) 取引事例比較法等の適用

取引事例比較法等の適用に当たっては，対象不動産と同種別の取引事例を選択し，地域要因及び個別的要因の比較を適切に行うべきである。

取引事例比較法等

以　上

解　説

本問は，「基準」総論第２章及び第３章から，不動産の種別と価格形成要因との関係を問う問題である。ポイントは「不動産の価格形成」と「価格形成要因の作用の仕方」という２つの特徴に尽きるが，文章を明瞭にまとめるのがやや難しい問題である。流れの良さについては少々目をつむって，種別と価格形成要因をそれぞれ説明してしまい，あとで両者の関係を結びつけるのが比較的無難な書き方である。本問のような一行問題は，論旨が不明瞭にならないようにすることが重要である。

なお，解答例では省略したが，種別ごとに重視される要因の具体例を述べられれば当然に加点事由となる。この場合，地域の種別と土地の種別の両方を書くことを忘れずに。

◇ 昭和56年度

問題1　不動産の相対的稀少性について次の問に答えなさい。
(1)　それはどのようなことをいうものですか。
(2)　それは不動産の価格とどのような関連性を持っていますか。
(3)　鑑定評価上それをどのように扱えばよろしいか。

解答例

小問(1)

不動産の重要な構成要素である土地は，自然的特性として，地理的位置の固定性，不動性（非移動性），永続性（不変性），不増性，個別性（非同質性，非代替性）等を有し，固定的であって硬直的である。

我々人間の欲求を充足する資源が有限である場合，当該資源には稀少性が認められる。また，この稀少性は，効用，有効需要とともに当該資源の価値の源泉となるものである。不動産（特に土地）は，不増性等の自然的特性のために，高い稀少性を有する。

土地の自然的特性と不動産の稀少性
「基準」総論第1章

ここで，「相対的稀少性」の「相対的」とは，稀少性には大小があるという意味で用いられている。用途が一つに限られたような一般の商品とは異なり，不動産は「効用」という観点から，他の不動産や他の財との間に広く代替関係が認められる。このため，その稀少性は絶対的なものではなく，その程度に大小が生じるのである。

「相対的稀少性」についての説明

小問(2)

不動産の価格は，一般に，①その不動産に対してわれわれが認める効用，②その不動産の相対的稀少性，③その不動産に対する有効需要の三者の相関結合によって生ずる不動産の経済価値を，貨幣額をもって表示したものである。

不動産価格の三要素
「基準」総論第1章

すなわち，設問の「相対的稀少性」のほか，その不動産が人間の欲求を充足する有用性（効用）と，購買力に裏付けられたその不動産に対する需要（有効需要）とがすべて存在するとき，初めてその不動産の経済価値（価格）が生ずるのである。

相対的稀少性と不動産価格との関連

合理的と考えられる市場における市場参加者は，この不動産価格の三要素（相対的稀少性，有効需要，効用）と，これに対応する不動産価格の三面性（費用性，市場性，収益性）に着目して，取引意思を決定する。

小問(3)

不動産は物理的な稀少性を有するものであるが，その稀少性は「効用」との関連において相対的なものであるから，鑑定評価において「相対的稀少性」を考慮する場合は，「効用」という観点から検討しなければならない。

例えば，都市における道路・鉄道の郊外への延伸や自動車普及率の増加等は，都心への時間距離を短縮し，結果としてその都市における住宅用地の稀少性を低下させる要因として作用する。

したがって，不動産の鑑定評価を行うに当たっては，価格形成要因を市場参加者の観点から明確に把握し，かつ，その推移及び動向並びに諸要因間の相互関係を十分に分析して，相対的稀少性に及ぼすその影響を判定することが必要である。

以　上

鑑定評価における相対的稀少性の検討
「基準」総論第3章

解　説

本問は主に「基準」総論第１章，第７章から不動産の鑑定評価の根本的な考え方を問う問題である。基本的な論点だが，基準の暗記だけでは対応できない理解力を試される問題である。

不動産，特に土地は，その自然的特性（固定性・個別性等）故に通常稀少性が高いものであること，その稀少性も効用との関係いかんにおいて影響を受けるものであることをしっかり押さえよう。

問題2　減価修正における減価の要因のうち，経済的要因について説明し，機能的要因との相違点を指摘しなさい。

解答例

1．原価法の意義

原価法とは，不動産の価格の費用性に着目し，価格時点における対象不動産の再調達原価を求め，この再調達原価について減価修正を行って対象不動産の試算価格（積算価格）を求める手法である。

原価法は，対象不動産が建物又は建物及びその敷地である場合において，再調達原価の把握及び減価修正を適切に行うことができるときに有効であり，対象不動産が土地のみである場合においても，再調達原価を適切に求めることができるときはこの手法を適用することができる。

原価法の意義
「基準」総論第7章

2．減価修正の意義

減価修正における「減価」とは，新築かつ最有効使用の状態を前提とする再調達原価を上限値として，そこからの価値の減少を意味する。

減価修正の目的は，減価の要因に基づき発生した減価額を対象不動産の再調達原価から控除して価格時点における対象不動産の適正な積算価格を求めることである。減価修正を行うに当たっては，減価の要因に着目して対象不動産を部分的かつ総合的に分析検討し，減価額を求めなければならない。

減価額を求めるには，「耐用年数に基づく方法」と「観察減価法」の二つの方法があるが，両者は相互補完の関係にあるため，これらを併用するものとする。

減価修正の意義
「基準」総論第7章

3．減価の要因

減価の要因は，物理的要因，機能的要因及び経済的要因に分けられる。

これらの要因は，それぞれ独立しているものではなく，相互に

関連し，影響を与え合いながら作用していることに留意しなければならない。

⑴　物理的要因

物理的要因としては，不動産を使用することによって生ずる摩滅及び破損，時の経過又は自然的作用によって生ずる老朽化並びに偶発的な損傷があげられる。

⑵　機能的要因

機能的要因としては，不動産の機能的陳腐化，すなわち，建物と敷地との不適応，設計の不良，形式の旧式化，設備の不足及びその能率の低下等があげられる。

⑶　経済的要因

経済的要因としては，不動産の経済的不適応，すなわち，近隣地域の衰退，不動産とその付近の環境との不適合，不動産と代替，競争等の関係にある不動産又は付近の不動産との比較における市場性の減退等があげられる。

減価の要因
「基準」総論第７章

4．経済的要因の意義

不動産の収益性又は快適性が最高度に発揮されるためには，当該不動産がその環境に適合していることが必要である（適合の原則）。

経済的要因とは，建物の建築当初との比較における近隣地域の衰退や，不動産とその付近の環境との不適合などにより生ずる不動産の経済的不適応に係る減価の要因をいう。したがって，経済的要因に関しては，「適合の原則」を活用して，対象不動産が環境に適合しているかどうかを分析することが必要である。

なお，経済的要因の検討に際しては，対象不動産や対象不動産と類似する不動産の取引市場における需給動向について注意しなければならない。

経済的要因の意義
「基準」総論第４章

5．経済的要因と機能的要因との相違点

不動産の収益性又は快適性が最高度に発揮されるためには，その構成要素の組合せが均衡を得ていることが必要である（均衡の原則）。

機能的要因とは，建物とその敷地との不適応や，設備の不足な

経済的要因と機能的要因との相違点
「基準」総論第４章

どにより生ずる不動産の機能的陳腐化に係る減価の要因をいう。したがって，機能的要因に関しては，「均衡の原則」を活用して，対象不動産の構成要素の組合せが均衡を得ているかどうかを分析することが必要である。

このように，経済的要因は主に対象不動産と外部環境との不適合等による減価の要因であるのに対して，機能的要因は主に対象不動産内部の不均衡等による減価の要因であることが両者の相違点である。

ただし，建物と敷地との不適応（機能的要因）が，当該不動産の付近の不動産との比較における市場性の減退（経済的要因）を引き起こす場合があるなど，機能的要因と経済的要因とは，相互に関連しながら作用していることに留意しなければならない。

以　上

解　説

本問は「基準」総論第７章の原価法のうち，特に減価修正についての理解を問う問題である。

論文構成としては，まず，原価法の説明をして減価修正の位置づけを明確にして，減価の要因の説明を行う。「基準」の流れ通りに進めればよいが，後半の論点を考えるとボリュームを押さえてムダなくまとめていく必要がある。後半の経済的要因と機能的要因については，それぞれが何に着目した減価であるのかを説明することとなるが，相互に関連しているものである点を確実に押さえなければならない。また，経済的要因が対象不動産と外部環境との不適合による減価要因であり，機能的要因が対象不動産内部の不均衡による減価要因であることがポイントであり，それぞれ「適合の原則」や「均衡の原則」について触れて，厚みのある答案にしたい。

問題3　宅地（広義）の同一需給圏を判定するに当たって，特に留意すべき事項を説明しなさい。

解答例

不動産は用途的地域を構成し，各地域には地域の特性を前提とする価格水準が形成される。また，個別の不動産の価格は，地域の価格水準という大枠の中で，その不動産の最有効使用を前提として個別的に形成される。

したがって，対象不動産の価格を形成する要因を分析するに当たっては，まず，対象不動産の存する用途的地域（近隣地域）について分析することが必要である。

（地域分析の必要性　「基準」総論第4章）

地域分析とは，その対象不動産がどのような地域に存するか，その地域はどのような特性を有するか，また，対象不動産に係る市場はどのような特性を有するか，及びその特性はその地域内の不動産の利用形態と価格形成について全般的にどのような影響力を持っているかを分析し，判定することをいう。

地域分析に当たって特に重要な地域は，用途的観点から区分される地域（用途的地域という。），すなわち近隣地域及びその類似地域と，近隣地域及びこれと相関関係にある類似地域を含むより広域的な地域，すなわち同一需給圏である。

（地域分析の意義　「基準」総論第6章）

同一需給圏とは，一般に対象不動産と代替関係が成立して，その価格の形成について相互に影響を及ぼすような関係にある他の不動産の存する圏域をいう。それは，近隣地域を含んでより広域的であり，近隣地域と相関関係にある類似地域等の存する範囲を規定するものである。

一般に，近隣地域と同一需給圏内に存する類似地域とは，隣接すると否とにかかわらず，その地域要因の類似性に基づいて，それぞれの地域の構成分子である不動産相互の間に代替，競争等の関係が成立し，その結果，両地域は相互に影響を及ぼすものである。

また，近隣地域の外かつ同一需給圏内の類似地域の外に存する不

（同一需給圏の意義　「基準」総論第6章）

動産であっても，同一需給圏内に存し対象不動産とその用途，規模，品等等の類似性に基づいて，これら相互の間に代替，競争等の関係が成立する場合がある。

したがって，鑑定評価の各手法の適用に当たっては，近隣地域に存する不動産に係る事例資料のみならず，同一需給圏内の類似地域及び代替競争不動産に係る事例資料も必要に応じて活用すべきである。

同一需給圏は，不動産の種類，性格及び規模に応じた需要者の選好性によってその地域的範囲を異にするものであるから，その種類，性格及び規模に応じて需要者の選好性を的確に把握した上で適切に判定する必要がある。

宅地（広義）の同一需給圏の判定に当たって特に留意すべき基本的な事項は，次のとおりである。

① 住宅地の同一需給圏は，一般に都心への通勤可能な地域の範囲に一致する傾向がある。ただし，地縁的選好性により地域的範囲が狭められる傾向がある。

なお，地域の名声，品位等による選好性の強さが同一需給圏の地域的範囲に特に影響を与える場合があることに留意すべきである。

② 商業地の同一需給圏は，高度商業地については，一般に広域的な商業背後地を基礎に成り立つ商業収益に関して代替性の及ぶ地域の範囲に一致する傾向があり，したがって，その範囲は高度商業地の性格に応じて広域的に形成される傾向がある。

また，普通商業地については，一般に狭い商業背後地を基礎に成り立つ商業収益に関して代替性の及ぶ地域の範囲に一致する傾向がある。ただし，地縁的選好性により地域的範囲が狭められる傾向がある。

③ 工業地の同一需給圏は，港湾，高速交通網等の利便性を指向する産業基盤指向型工業地等の大工場地については，一般に原材料，製品等の大規模な移動を可能にする高度の輸送機関に関して代替性を有する地域の範囲に一致する傾向があり，したがって，その地域的範囲は，全国的な規模となる傾向がある。

同一需給圏の判定の留意点「基準」総論第6章

また，製品の消費地への距離，消費規模等の市場接近性を指向する消費地指向型工業地等の中小工場地については，一般に製品の生産及び販売に関する費用の経済性に関して代替性を有する地域の範囲に一致する傾向がある。

④　移行地の同一需給圏は，一般に当該土地が移行すると見込まれる土地の種別の同一需給圏と一致する傾向がある。ただし，熟成度の低い場合には，移行前の土地の種別の同一需給圏と同一のものとなる傾向がある。

以　上

解　説

「基準」総論第６章からの出題である。本問は，基本的には基準の文言を用いて論述していけば合格答案の作成が可能である。ただし，地域分析を行うことの前提理論として，不動産の地域性及び地域の特性というものがあり，その影響の下に個々の不動産の価格が形成されていることをきちんと説明することを忘れてはならない。ここが高得点のためのポイントである。

また，「広義の宅地」には移行地が含まれることに注意し，移行地の同一需給圏についての説明も忘れないこと。

問題4　賃料の鑑定評価に関連して，その価格時点及び支払いの時期について述べなさい。　（一部改題）

解答例

1．賃料の鑑定評価

不動産の賃料は，当該不動産が物理的，機能的及び経済的に消滅するまでの全期間のうち一部の期間について，不動産の賃貸借等の契約に基づき不動産を使用収益することを基礎として生ずる経済価値を貨幣額をもって表示したものである。

賃料の定義

賃料の鑑定評価は，対象不動産について，賃料の算定の期間に対応して，実質賃料を求めることを原則とし，賃料の算定の期間及び支払いの時期に係る条件並びに権利金，敷金，保証金等の一時金の授受に関する条件が付されて支払賃料を求めることを依頼された場合には，実質賃料とともに，その一部である支払賃料を求めることができるものとする。

実質賃料とは，賃料の種類の如何を問わず賃貸人等に支払われる賃料の算定の期間に対応する適正なすべての経済的対価をいい，純賃料及び不動産の賃貸借等を継続するために通常必要とされる諸経費等（必要諸経費等という。）から成り立つものである。

支払賃料とは，各支払時期に支払われる賃料をいい，契約に当たって，権利金，敷金，保証金等の一時金が授受される場合においては，当該一時金の運用益及び償却額と併せて実質賃料を構成するものである。

なお，慣行上，建物及びその敷地の一部の賃貸借等に当たって，水道光熱費，清掃・衛生費，冷暖房費等がいわゆる付加使用料，共益費等の名目で支払われる場合もあるが，これらのうちには実質的に賃料に相当する部分が含まれている場合があることに留意する必要がある。

賃料の鑑定評価
「基準」総論第7章

2．賃料の価格時点

価格形成要因は，時の経過により変動するものであるから，不

動産の価格はその判定の基準となった日においてのみ妥当するものである。したがって，不動産の鑑定評価を行うに当たっては，不動産の価格の判定の基準日を確定する必要があり，この日を価格時点という。

価格時点は，鑑定評価を行った年月日を基準として現在の場合（現在時点），過去の場合（過去時点）及び将来の場合（将来時点）に分けられる。

価格時点の定義
「基準」総論第5章

また，不動産の賃料の鑑定評価に当たっては，賃料の算定の期間を確定する必要がある。鑑定評価によって求める賃料の算定の期間は，原則として，宅地並びに建物及びその敷地の賃料にあっては1月を単位とし，その他の土地にあっては1年を単位とするものとする。

賃料の価格時点は，賃料の算定の期間の収益性を反映するものとしてその期間の期首となる。

価格時点と賃料の算定の期間と関連
「基準」総論第5章，第7章

3．賃料の支払いの時期

賃料の支払いの時期とは支払賃料の支払われる期日であり，賃料の計算の基準となるべき期日である。これは契約自由の原則により賃料算定期間の期首すなわち価格時点となる場合もあり，期末となる場合もある。

賃料の支払時期

契約に当たって一時金が授受される場合における支払賃料は，実質賃料から，当該一時金について賃料の前払的性格を有する一時金の運用益及び償却額並びに預り金的性格を有する一時金の運用益を控除して求めるものとする。

なお，賃料の前払的性格を有する一時金の運用益及び償却額については，対象不動産の賃貸借等の持続する期間の効用の変化等に着目し，実態に応じて適切に求めるものとする。

運用利回りは，賃貸借等の契約に当たって授受される一時金の性格，賃貸借等の契約内容並びに対象不動産の種類及び性格等の相違に応じて，当該不動産の期待利回り，不動産の取引利回り，長期預金の金利，国債及び公社債利回り，金融機関の貸出金利等を比較考量して決定するものとする。

支払賃料を求める方法
「基準」総論第7章

支払賃料を求める鑑定評価に当たっては，賃料の支払いの時期

によって一時金の運用益等に差異が生じ鑑定評価額が異なる場合があるので，評価条件により定められた賃料の支払いの時期について留意する必要がある。

支払時期に留意すべき理由

以　上

解　説

本問は，「基準」総論第5章，第7章からの関連出題である。 論点としては賃料の鑑定評価の一般留意事項，価格時点の基本定義となぜ賃料の価格時点が賃料算定の期間の期首となるのか，なぜ鑑定評価の依頼の条件として賃料の支払いの時期が要求されるのかということである。

展開としては，まず，賃料の一般的留意事項の実質賃料と支払賃料の定義に触れ，価格時点の定義，価格と賃料の相関関係から賃料の算定の期間へ発展させる。「賃料算定の期間の収益性を反映させるため」価格時点は算定の期間の期首となる。

次に賃料の支払いの時期について簡単に記述するが，その際，支払いの時期が価格時点ではないことに注意する。支払いの時期については，運用利回り自体が期間概念を含むものであることから，支払賃料の求め方について言及しとりまとめるのがよい。

MEMO

◇ 昭和57年度

> **問題①** 不動産の鑑定評価によって求める価格は基本的には正常価格であるとされていますが，その理由を明らかにしなさい。（一部改題）

解答例

1．正常価格の意義

不動産の鑑定評価によって求める価格は，基本的には正常価格であるが，鑑定評価の依頼目的に対応した条件により限定価格，特定価格又は特殊価格を求める場合があるので，依頼目的に対応した条件を踏まえて価格の種類を適切に判断し，明確にすべきである。

（鑑定評価により求める価格「基準」総論第5章）

正常価格とは，市場性を有する不動産について，現実の社会経済情勢の下で合理的と考えられる条件を満たす市場で形成されるであろう市場価値を表示する適正な価格をいう。

（正常価格の定義「基準」総論第5章）

「市場性を有する不動産」とは，市場において一般の多数の売手及び買手の間で取引の対象となり得るものである。したがって，学校等の公共用不動産について公共の目的に供することを前提として価格を求める場合などは，当該不動産は市場性を有する不動産とはいえず，正常価格を求めることはできない。

（補足）

また，現実の社会経済情勢の下で合理的と考えられる条件を満たす市場とは，以下の条件を満たす市場をいう。

(1) 市場参加者が自由意思に基づいて市場に参加し，参入，退出が自由であること。なお，ここでいう市場参加者は，自己の利益を最大化するための要件（①売り急ぎ，買い進み等をもたらす動機のないこと，②対象不動産及び対象不動産が属する市場について取引を成立させるために必要となる通常の知識や情報を得ていること，③取引を成立させるために通常必要と認められる労力，費用を費やしていること，④対象不動産の最有効使用を前提とした価値判断を行うこと，⑤買主が通常の資金調達能力を有していること）を満たすとともに，慎重かつ賢明に予

（合理的条件「基準」総論第5章）

測し，行動するものとする。
(2) 取引形態が，市場参加者が制約されたり，売り急ぎ，買い進み等を誘引したりするような特別なものではないこと。
(3) 対象不動産が相当の期間市場に公開されていること。

2．不動産の鑑定評価によって求める価格は基本的に正常価格である理由

土地はその持つ有用性の故にすべての国民の生活と活動とに欠くことのできない基盤である。そして，この土地を我々人間が各般の目的のためにどのように利用しているかという土地と人間との関係は，不動産のあり方，すなわち不動産がどのように構成され，どのように貢献しているかということに具体的に現れる。そして，この不動産のあり方は，その不動産の経済価値を具体的に表している価格を選択の主要な指標として決定されている。

不動産のあり方の決定指標
「基準」総論第1章

土地は他の一般の諸財と異なり，自然的特性として，個別性（非同質性，非代替性）等を有し，固定的であって硬直的である。ゆえに，不動産の現実の取引価格等は，取引等の必要に応じて個別的に形成されるのが通常であり，しかもそれは個別的な事情に左右されがちのものであって，このような取引価格等から不動産の適正な価格を見出すことは一般の人には非常に困難である。したがって，不動産の適正な価格については専門家としての不動産鑑定士の鑑定評価活動が必要となるものである。

土地の自然的特性と不動産の価格の特徴(4)
「基準」総論第1章

不動産の鑑定評価とは，現実の社会経済情勢の下で合理的と考えられる市場で形成されるであろう市場価値を表示する適正な価格（すなわち正常価格）を，不動産鑑定士が的確に把握する作業に代表されるものであり，そして，その意義は，この社会における一連の価格秩序の中で，その不動産の価格等がどのようなところに位するかを指摘し，不動産のあり方の決定のおける選択の主要な指標を示すことにあるといえる。

鑑定評価の定義
「基準」総論第1章

個人の幸福も社会の成長，発展及び公共の福祉も不動産のあり方に依存することを考えると，不動産の鑑定評価は，不動産の適正な価格を求め，その適正な価格の形成に資するものでなければならないといえる。したがって，不動産の鑑定評価によって求め

正常価格を求める理由
「基準」総論第5章

る価格は，上述のとおり，基本的には正常価格となるのである。

なお，鑑定評価報告書の作成に当たって正常価格を求めることができる不動産について，依頼目的及び条件により限定価格若しくは特定価格を求めた場合は，かっこ書きで正常価格である旨を付記してそれらの額を併記しなければならない。

鑑定評価報告書における留意点
「基準」総論第9章

3．正常価格以外の価格について

多様な不動産取引の実態に即応し，社会的な需要に応ずるため，次のような限定価格や特定価格，特殊価格を求める場合がある。

限定価格等の意義

限定価格とは，市場性を有する不動産について，不動産と取得する他の不動産との併合又は不動産の一部を取得する際の分割等に基づき，正常価格と同一の市場概念の下において形成されるであろう市場価値と乖離することにより，市場が相対的に限定される場合における取得部分の当該市場限定に基づく市場価値を適正に表示する価格をいう。限定価格は，正常価格のように何人も妥当する客観的な交換価値ではないが，特定の当事者間では経済合理性のある取引価格であり，相対的に限定された市場を前提とするものである。

また，特定価格とは，市場性を有する不動産について，法令等による社会的要請を背景とする鑑定評価目的の下で，正常価格の前提となる諸条件を満たさないことにより正常価格と同一の市場概念の下において形成されるであろう市場価値と乖離することとなる場合における不動産の経済価値を適正に表示する価格をいう。

特定価格は正常価格の前提となる合理的と考えられる諸条件を満たさない場合の価格であるという点で正常価格とは異なる。

さらに，特殊価格とは，文化財等の一般的に市場性を有しない不動産について，その利用現況等を前提とした不動産の経済価値を適正に表示する価格をいう。

正常価格は市場において一般の取引当事者の間で取引の対象となりうる「市場性を有する不動産」についての価格であり，特殊価格は一般的な市場性を有しないという点で両者は異なる。

特定価格・特殊価格の定義
正常価格との相違点
「基準」総論第5章

以　上

解　説

本問は，なぜ正常価格が鑑定評価で求める価格の基本となるのかを問われているが，正常価格に関する問題が出題された場合，この論点は必ず記述する必要がある。また，正常価格についての出題はいずれの受験生もほぼ解答できることから，差があまりつかない問題であると同時に，この問題が解答できないと他の受験生と決定的な差がつくという怖い問題でもある。

正常価格についての記述を「基準」総論第5章から引用するとともに，鑑定評価で基本的に求める価格となっている理由については，不動産の価格が不動産のあり方の選択指標となっていること，現実には合理的な市場が存在し難いことから論述するとよい。

なお，鑑定評価報告書記載上の留意点が書ければ加点事由となる。

問題2　不動産の純収益を還元利回りで還元する方法のうち，いわゆるインウッドの手法について次の問に答えなさい。

(1)　この手法の必要性を述べ，この手法がいかなる場合に適用されるか具体例（類型その他の分類）を一つあげなさい。

(2)　この手法といわゆるホスコルドの手法との相違点について述べなさい。

解答例

小問(1)

不動産の価格を求める鑑定評価の基本的な手法は，価格の三面性（費用性，市場性及び収益性）に対応する，原価法，取引事例比較法及び収益還元法に大別される。

鑑定評価の手法
「基準」総論第7章

収益還元法は，不動産の収益性に着目し，対象不動産が将来生み出すであろうと期待される純収益の現在価値の総和を求めることにより対象不動産の試算価格（収益価格）を求める手法である。

収益還元法の定義
「基準」総論第7章

対象不動産の純収益は，一般に1年を単位として総収益から総費用を控除して求めるものとするが，この純収益は，永続的なものと非永続的なもの，償却前のものと償却後のもの等，総収益及び総費用の把握の仕方により異なるものであり，それぞれ収益価格を求める方法及び還元利回り又は割引率を求める方法とも密接な関係があることに留意する必要がある。

不動産の純収益
「基準」総論第7章

還元利回り及び割引率は，共に不動産の収益性を表し，収益価格を用いるために用いるものである。

還元利回り及び割引率は，共に比較可能な他の資産の収益性や金融市場における運用利回りと密接な関連があるので，その動向に留意しなければならない。

さらに，還元利回り及び割引率は，地方別，用途的地域別，品等別等によって異なる傾向をもつため，対象不動産に係る地域要因及び個別的要因の分析を踏まえつつ適切に求めることが必要である。

還元利回り等の意義
「基準」総論第7章

対象不動産の純収益が非永続的なものであるものには有期還元法

を用いる必要がある。

有期還元法とは，不動産が敷地と建物等との結合により構成されている場合において，その収益価格を，不動産賃貸又は賃貸以外の事業の用に供する不動産経営に基づく償却前の純収益に割引率と有限の収益期間とを基礎とした複利年金現価率を乗じて求める方法をいう。

この場合に，インウッドの手法とは，償却前純収益に複利年金現価率を乗じて求めた純収益の現在価値の総和に対して，収益期間満了時における土地の価格，及び建物等の残存価格又は建物等の撤去費をそれぞれ現在価値に換算した額を加減して，対象となる建物及びその敷地の収益価格を求める方法をいう。

有価還元法，インウッドの手法
「留意事項」総論第7章

土地から得られる純収益は一般に永続的である。また，建物についても，その経済的残存耐用年数が満了しても，その間において回収された当該建物の減価償却累積額により，現状と同等の建物を建替え，それを稼動させることによって継続的に純収益を生み出すことができるものであるから，総費用に減価償却費を計上する等により，永久還元の方法によって純収益を還元することができる。

しかし，例えば，使用容積率が法令上許容される容積率を大きく下回るなど非最有効使用の状態にある「建物及びその敷地」は，将来現状と同等の建物を建替えることを想定することは妥当ではない。このような場合，現状の建物を前提とする純収益は非永続的であるので，インウッドの手法のような有期還元法により収益価格を求める必要がある。

インウッドの手法の必要性

小問(2)

ホスコルドの手法とは，上述の有期還元法の一つで，複利年金現価率の代わりに蓄積利回り等を基礎とした償還基金率と割引率とを用いる方法である。すなわち，償却前純収益に，割引率・蓄積利回りと有限の収益期間とを基礎とした収益現価率を乗じて求めた純収益の現在価値の総和に対して，収益期間満了時における残存価格等を現在価値に換算した額を加減して，対象不動産の収益価格を求める方法をいう。

ホスコルドの手法
「留意事項」総論第7章

ホスコルドの手法はインウッドの手法に比較して二点の相違点が

ある。

① インウッドの手法は1種類の利回り（割引率）を採用するが，ホスコルドの手法は2種類の利回り（割引率と蓄積利回り）を採用する。

② ホスコルドの手法は，年々回収される償却額が一定の利回り（蓄積利回り）で利子を生ずることを前提とするが，この蓄積利回りは，通常，安全性を標準に決定されるため，割引率より低い利回りが用いられる。

ホスコルドの手法は，主に鉱山などのリスクの高い不動産の評価に用いられることが多い。したがって，割引率は一般の不動産と比較して高く設定される。

ホスコルドの手法説明・補足

以　上

解　説

本問は，収益還元法のうち，直接還元法の応用モデルである有期還元法についての理解を問うものである。

純収益が非永続的（有限的）な不動産については，通常，インウッド式を適用することとなるので，インウッド式の定義，基本式，適用する具体例を中心に整理しておくこと。

本問ではホスコルド式についても問われているが，実務的にも適用することの少ない手法であり，今後の出題可能性は相当低いので，参考程度にとどめておけばよい。

問題3　不動産の鑑定評価において，対象不動産の確認とはどのようなことをいうのですか。また，確認に際して特に留意すべき事項を述べなさい。

解答例

1．対象不動産の確定

鑑定評価の成果である鑑定評価額は，ある特定の不動産について，特定の条件において導き出される特定の時点における価格又は賃料であるから，不動産の鑑定評価に当たっては，基本的事項として，対象不動産，価格時点及び価格又は賃料の種類を確定しなければならない。

鑑定評価の基本的事項
「基準」総論第5章

そこで，不動産の鑑定評価を行うに当たっては，まず，鑑定評価の対象となる土地又は建物等を物的に確定することのみならず，鑑定評価の対象となる所有権及び所有権以外の権利を確定する必要がある。

対象不動産の確定は，鑑定評価の対象を明確に他の不動産と区別し，特定することであり，それは後述する「対象不動産の確認」という実践行為を経て最終的に確定されるべきものである。

対象不動産の「確定」の意義
「基準」総論第5章

不動産の鑑定評価を行う場合，対象となる不動産はその範囲等が可変的であり，また，権利の態様については所有権，地上権等の物権のみならず，外見上からは不分明な賃借権等の債権も対象となり，これらが複合的又は重層的に存在する等，その対象が複雑な様相を呈するため，対象不動産を確定することが必要となる。したがって，対象不動産の確定においては，鑑定評価の依頼目的，条件及び依頼が必要となった背景について依頼者に明瞭に確認しなければならない。

「確定」の必要性
「基準」総論第8章

2．対象不動産の確認

対象不動産の確認とは，不動産鑑定士が鑑定評価の依頼目的及び条件に照応する対象不動産と当該不動産の現実の利用状況とを照合して確認するという実践行為をいう。

対象不動産の確認に当たっては，対象不動産の確定により確定された対象不動産についてその内容を明瞭にしなければならない。

対象不動産の確認は，対象不動産の物的確認及び権利の態様確認に分けられ，実地調査，聴聞，公的資料の確認等により，的確に行う必要がある。

対象不動産の確定においては，いわば観念的に対象不動産の所在，範囲等が確定されているに過ぎない。鑑定評価に当たっては，対象不動産の物的事項及び権利の態様如何により，対象不動産の経済価値が異なるため，確定された不動産が現実にその通り存在しているかどうかを確認する必要がある。

対象不動産の「確認」の意義，「確定」と「確認」の関係
「基準」総論第5章，第8章

この対象不動産の確認は，適正な鑑定評価の前提となるもので，実地調査の上，閲覧，聴聞等を通じて的確に行うべきであり，いかなる場合においてもこの作業を省略してはならない。

「確認」の必要性
旧「運用通知」第8章

(1) 対象不動産の物的確認

対象不動産の物的確認に当たっては，土地についてはその所在，地番，数量等を，建物についてはこれらのほか家屋番号，建物の構造，用途等を，それぞれ実地に確認することを通じて，「対象不動産の確定」により確定された対象不動産の存否及びその内容を，確認資料を用いて照合しなければならない。

物的確認
「基準」総論第8章

(2) 権利の態様の確認

権利の態様の確認に当たっては，物的に確認された対象不動産について，当該不動産に関するすべての権利関係を明瞭に確認することにより，「対象不動産の確定」により確定された鑑定評価の対象となる権利の存否及びその内容を，確認資料を用いて照合しなければならない。

権利の態様の確認
「基準」総論第8章

不動産は，その性格上，種々の権利が設定されることが多く，これらの権利についても価格が形成されて鑑定評価の対象となる。

一方，このような権利の有無及びその内容が権利の目的となっている不動産の価格にも重要な影響を及ぼしている。したがって，鑑定評価の対象が所有権であるか所有権以外の権利であるかを問わず，対象不動産に係るすべての権利関係を明瞭にし，鑑定評価の対象である権利の存否及びその内容を確認する必要がある。

補足

3．確認に当たって留意すべき事項

⑴　物的確認を行うに当たっては，対象不動産について登記事項証明書等により登記又は登録されている内容とその実態との異同について把握する必要がある。

⑵　権利の態様の確認に当たっては，登記簿等に登記又は登録されている内容はもちろん，登記簿等に表れていない権利についても現実の利用関係等を調査することにより把握する必要がある。

物的確認，権利の態様の確認について「基準」総論第8章

⑶　対象不動産の確認を行った結果が依頼者から設定された対象確定条件と相違する場合は，再度依頼者に確認の上，対象確定条件の改定を求める等適切な措置を講じなければならない。

対象確定条件 旧「運用通知」第8章

⑷　不動産の物的確認及び権利の態様の確認に必要な資料を確認資料という。鑑定評価の成果は，採用した資料によって左右されるものであるから，確認資料の収集及び整理は，鑑定評価の作業に活用し得るように適切かつ合理的な計画に基づき，実地調査，聴聞，公的資料の確認等により的確に行うものとし，公正妥当を欠くようなことがあってはならない。

確認資料「基準」総論第8章

⑸　対象不動産が区分所有建物及びその敷地である場合においては，専有部分のほか共用部分，建物の敷地等についてもその内容を明確にする必要がある。

区分所有建物及びその敷地のケース

以　上

解　説

本問は，「基準」総論第8章のうち対象不動産の確認について，概念と留意事項を説明させるオーソドックスな問題である。対象不動産の「確認」の説明においては「確定」との関係を説明する必要があり，「確定」の内容及び「確認」との関係をしっかり説明できるかが本問のポイントである。対象不動産の確定が，対象不動産の確認という実践行為を経て，最終的に確定されるべきものであり，観念的に確定されているに過ぎない対象不動産を現実的に確認する作業が必要不可欠であることをきちんと整理しよう。

論文構成としては，手順の通り「確定」→「確認」と説明していくこととなるが，それぞれ内容説明の中で確定と確認の関係をスムーズに説明してほしい。

問題4　試算価格の調整が必要な理由と調整に際しての留意点を述べなさい。

解答例

不動産の価格は，一般に，不動産の効用及び相対的稀少性並びに不動産に対する有効需要の三者の相関結合によって生ずる不動産の経済価値を貨幣額をもって表示したものである。

価格の三要素（三者）「基準」総論第1章

ところで，一般的に，「合理的な市場」において市場人が取引の意思決定を行う場合には，①その財にどれほどの費用が投じられたものであるか（費用性），②その財が市場においてどれほどの価格で取引きされているか（市場性），③その財を利用することによってどれほどの収益が得られるか（収益性）という3点を考慮する。これを価格の三面性といい，不動産の価格についても妥当する。そして，不動産の鑑定評価の方式には原価方式，比較方式及び収益方式の三方式があり，それぞれ価格の費用性，市場性及び収益性に基づくものである。

価格の三面性「基準」総論第7章

不動産の鑑定評価の方式は，価格を求める手法と賃料を求める手法に分類される。価格を求める鑑定評価の基本的な手法は，原価法，取引事例比較法及び収益還元法に大別され，各手法の適用により求められた価格を試算価格という。

価格を求める手法「基準」総論第7章

不動産の鑑定評価とは，現実の社会経済情勢の下で合理的と考えられる市場において形成されるであろう市場価値を表示する適正な価格を，不動産鑑定士が的確に把握する作業に代表されるものである。したがって，鑑定評価の手法の適用に当たっては，鑑定評価の手法を当該案件に即して適切に適用すべきである。この場合，地域分析及び個別分析により把握した対象不動産に係る市場の特性等を適切に反映した複数の鑑定評価の手法を適用すべきであり，対象不動産の種類，所在地の実情，資料の信頼性等により複数の鑑定評価の手法の適用が困難な場合においても，その考え方をできるだけ参酌するように努めるべきである。

鑑定評価手法の適用「基準」総論第1章，第8章

鑑定評価の各手法を適用して求めた試算価格は，理論的には一致するはずである。なぜなら，不動産の経済価値は，その効用，相対的稀少性，有効需要の存在という三者の関連において形成されるものであり，各手法はそれぞれから導びかれる収益性，費用性，市場性に着目してアプローチした試算価格等であるから，その着眼点は違っても結果的には一つになるはずだからである。

しかし，現実には開差が生ずるのがむしろ普通である。なぜなら，現実には，各手法の適用において実施される作業は実行可能な範囲に限られ，また試算価格が求められるまでには多くの判断が介在するからである。そこで試算価格の調整が必要となるのである。

試算価格の調
整の必要性

試算価格の調整とは，鑑定評価の種類の手法により求められた各試算価格の再吟味及び各試算価格が有する説得力に係る判断を行い，鑑定評価における最終判断である鑑定評価額の決定に導く作業をいう。

試算価格の調整に当たっては，対象不動産の価格形成を論理的かつ客観的に説明できるようにすることが重要である。このため，鑑定評価の手順の各段階について，客観的，批判的に再吟味し，その結果を踏まえた各試算価格が有する説得力の違いを適切に反映することによりこれを行うものとする。

すなわち，鑑定評価額の決定にあたっては，市場分析の結果等を踏まえ，試算価格の調整において明らかにされた開差の理由に基づき，各試算価格の説得力の優劣を判定し，重み付けを行った上で，適正と判断される価格を決定することになる。

試算価格の調
整の意義
「基準」総論第
8章

なお，試算価格の調整に当たっては，特に次の事項に留意すべきである。

(1) 各試算価格の再吟味

① 資料の選択，検討及び活用の適否

鑑定評価の成果は，資料の信頼性の如何によって大きく左右されるので，選択した資料の信頼性，対象不動産や評価条件との適合性等について検討を行うべきである。

② 不動産の価格に関する諸原則の当該案件に即応した活用の適否

試算価格の調
整に当たって
の留意事項
「基準」総論第
8章

現実の不動産の価格形成過程に諸原則を当てはめ，活用しているか検討する必要がある。

③ 一般的要因の分析並びに地域分析及び個別分析の適否

一般的要因並びに地域要因は，一般的な価格水準及びそれぞれの地域における価格水準に影響を与えるため，調整段階において，客観的，批判的に再吟味する必要がある。

④ 各手法の適用において行った各種補正，修正等に係る判断の適否

原価法適用の際の減価修正や，取引事例比較法適用の際の事情補正及び時点修正等について適正に行われているか再吟味する必要がある。

⑤ 各手法に共通する価格形成要因に係る判断の整合性

例えば，建物が老朽化しており，数年内の更新が必要な場合には，原価法においては物理的減価要因として，取引事例比較法においては個別要因格差として，収益還元法においては総費用増加の要因として，それぞれ適切に反映させなければならない。

⑥ 単価と総額との関連の適否

大規模画地は需要者が限定されること等から単価が低くなる傾向があるため，手法（開発法）の適用，事例の選択，個別的要因の比較等において，対象不動産の規模が十分考慮されているか等を総額としての観点から検討しなければならない。

(2) 各試算価格が有する説得力に係る判断

① 対象不動産に係る地域分析及び個別分析の結果と各手法との適合性

例えば，個別分析において対象地の最有効使用を分譲マンションと判定した場合は開発法を適用すべきであり，地域分析による市場分析結果を踏まえて販売価格や投下資本収益率を適切に査定できれば，開発法による価格の重み付けは高まる。

② 各手法の適用において採用した資料の特性及び限界からく

る相対的信頼性

採用した資料の特性や限界によって試算価格の相対的信頼性は変化する。例えば，賃貸市場が未熟な戸建住宅地内の評価に際して，適切な収益事例を収集し難い場合には収益価格の相対的信頼性は低くなる。

以　上

解　説

本問は「基準」総論第８章の「鑑定評価の手順」から，「試算価格の調整」に関する論点の出題である。

論文構成としては，価格の三要素（三者），価格の三面性を説明した後，各手法の適用（併用）を説明し，調整が必要な理由を述べるとよい。次いで，調整の意義を「基準」を使って述べると流れもよくまとめられる。

試算価格等の調整においては，試算価格等を求めた各過程に誤りはなかったのかという点検及びこの結果を踏まえての各試算価格の優劣の判定に重点を置かなければならないことをしっかり理解しよう。

また，本問は，調整上の留意事項を問うものであるため，８つの例示について補足説明を加えつつ説明するとよい。

◇ 昭和58年度

問題1　不動産の自然的特性の一つである個別性（非同質性，非代替性）と，不動産の価格に関する諸原則の一つである代替の原則を説明し，両者の関係について論じなさい。

解答例

1．不動産の個別性

不動産が国民の生活と活動に組み込まれどのように貢献しているかは具体的な価格として現れるものであるが，土地は他の一般の諸財と異なって次のような特性を持っている。

⑴　自然的特性として，地理的位置の固定性，不動性（非移動性），永続性（不変性），不増性，個別性（非同質性，非代替性）等を有し，固定的であって硬直的である。

⑵　人文的特性として，用途の多様性（用途の競合，転換及び併存の可能性），併合及び分割の可能性，社会的及び経済的位置の可変性等を有し，可変的であって伸縮的である。

（土地の特性　「基準」総論第1章）

不動産一般についてもこれらの土地の諸特性の顕著な影響が認められる。

土地の自然的特性は，土地それ自体に内在する固有の特性であり，物理的観点からとらえられた特性といえる。したがって，この場合の個別性（非同質性，非代替性）とは，個々に区画された土地は，同一規格品の大量生産が可能な他の一般の商品とは異なり，少なくとも地理的位置が同一のものは二つとないため，物理的に同質性，代替性を有する土地は存在し得ないという意味である。

（不動産の個別性）

2．「代替の原則」について

「代替性を有する二以上の財が存在する場合には，これらの財の価格は，相互に影響を及ぼして定まる。

不動産の価格も代替可能な他の不動産又は財の価格と相互に関連して形成される。」この原則を代替の原則という。

（代替の原則　「基準」総論第4章）

実質的に同等の効用を有する二以上の財が存在する場合には，購買者は価格の最も低いものを選択するから，このような財の価格は相互に影響を及ぼしあって最も低い価格で決まる。不動産の価格についても同様であり，ある不動産の価格は，その不動産と同等の効用を持ち，代替が可能である他の不動産又は他の財が存在する場合には，相互に競争を行うことにより，その代替可能な不動産等の価格と一致して定まるのである。

代替の原則の内容

3．土地の個別性（非同質性，非代替性）と「代替の原則」の関係

土地については，その自然的特性として非代替性を有するにも関わらず，これについて代替の原則が成立し得るのは，自然的特性としての非代替性は，あくまで物理的観点からとらえたものであるのに対し，代替の原則は，不動産を「効用」という観点からとらえることにより，広く代替性を認めているためである。つまり，現実に土地が財として取引される場合には，通常，用途，位置，地積，環境等の条件が類似している不動産相互間には効用面で代替関係が成立している。さらに，不動産を資産の保有手段として，または収益の手段等として抽象的に考えると，不動産以外の財，たとえば貴金属，有価証券等も不動産と代替関係にあるものと考えられる。

土地の個別性と代替の原則

不動産の価格の鑑定評価は，その不動産を再調達する場合の費用，同等の効用を有する不動産の取引価格及び不動産を利用することによって得られる収益の三つの面から行われるが，これは，代替の原則に基礎をおくものである。

すなわち，ある不動産の価格は，その不動産と同等の効用を持ち，代替が可能である他の不動産が存在する場合には，相互に競争を行うことによって，その代替可能な不動産の価格に一致して定まる（取引事例比較法）。また，ある不動産について，その不動産と同等の効用を持つ不動産等を新規に調達することができる場合には，その不動産の価格が再調達に要する原価を超えると需要者は新規に再調達する方法を選択するので，結局，不動産の価格は再調達原価を上限として定まる（原価法）。さらに，この原則は収益用不動産についてもあてはまるものであり，ある不動産

三手法と代替の原則

に求められる収益性は，収益物件として代替性を有する他の不動産又は財に係る収益性と関連して定まる（収益還元法）。

このように，代替の原則は，鑑定評価の基礎となる重要な原則であり，不動産をその効用と関連づけて考えることにより，不動産の個別性（非同質性，非代替性）とも両立するのである。

以　上

解　説

不動産の個別性（非同質性，非代替性）と「代替の原則」は，一見矛盾しているようで，実際は両立し得るものである。

自然的特性としての非代替性は，あくまで物理的観点からとらえた特性であるのに対し，「代替の原則」は，「効用」という面から，広く不動産相互間または不動産と他の財との間に代替関係を認めているものであり，鑑定評価の各手法の成立根拠となっている。

基準の文章だけでは，どうしても解答に窮してしまう問題であり，多くの受験生が論文構成に悩むものと思われる。このような問題の場合，とにかく聞かれていることに自分の言葉であっても明確に答えることが重要であり，問題に関係ない基準の部分の文章をひたすら書いても合格点は得られないということを覚えておいてほしい。

問題2 不動産鑑定評価基準によれば，鑑定評価の手法の適用に当たっては，鑑定評価の手法を当該案件に即して適切に適用すべき旨定められているが，これをどのように理解すべきか，鑑定評価の三方式を踏まえて説明しなさい。（一部改題）

解答例

1．鑑定評価の三方式

合理的と考えられる市場において市場参加者が財の経済価値を判定する場合は，通常，①それにどれほどの費用が投じられて作られたものであるか（費用性），②それがどれほどの値段で市場で取引されているものであるか（市場性），③それを利用することによってどれほどの収益が得られるものであるか（収益性）という，価格の三面性を考慮する。不動産の価格の場合もこれと同様に考えられ，不動産の鑑定評価の三方式の考え方の基本となっている。

価格の三面性

鑑定評価の方式には，上記の費用性，市場性及び収益性にそれぞれ対応した原価方式，比較方式及び収益方式の三方式がある。

原価方式は不動産の再調達（建築，造成等による新規の調達をいう。）に要する原価に着目して，比較方式は不動産の取引事例又は賃貸借等の事例に着目して，収益方式は不動産から生み出される収益に着目して，それぞれ不動産の価格又は賃料を求めようとするものである。

鑑定評価方式
「基準」総論第7章

不動産の価格を求める鑑定評価の基本的な手法は，原価法，取引事例比較法及び収益還元法に大別され，このほかこれら三手法の考え方を活用した開発法等の手法がある。

原価法は，価格時点における対象不動産の再調達原価を求め，この再調達原価について減価修正を行って対象不動産の試算価格（積算価格）を求める手法である。

取引事例比較法は，まず多数の取引事例を収集して適切な事例の選択を行い，これらに係る取引価格に必要に応じて事情補正及

価格を求める鑑定評価の手法
「基準」総論第7章

び時点修正を行い，かつ，地域要因の比較及び個別的要因の比較を行って求められた価格を比較考量し，これによって対象不動産の試算価格（比準価格）を求める手法である。

収益還元法は，対象不動産が将来生み出すであろうと期待される純収益の現在価値の総和を求めることにより対象不動産の試算価格（収益価格）を求める手法である。

なお，鑑定評価の各手法は，価格の三面性を反映した三方式のいずれかの考え方を中心としているものの，一対一の関係ではなく，一つの手法の中に三方式の考え方が相互に反映されるものである点に留意すべきである。

三手法と価格の三面性との関係

2．不動産の鑑定評価の意義

不動産の鑑定評価によって求める価格は，基本的には正常価格である。正常価格とは，市場性を有する不動産について，現実の社会経済情勢の下で合理的と考えられる条件を満たす市場で形成されるであろう市場価値を表示する適正な価格をいう。この場合において，現実の社会経済情勢の下で合理的と考えられる条件を満たす市場とは，①市場参加者が自由意思に基づいて市場に参加し，参入・退出が自由であること，②取引形態が，市場参加者が制約されたり，売り急ぎ，買い進み等を誘引したりするような特別なものではないこと，③対象不動産が相当の期間市場に公開されていること，という条件を満たす市場をいう。

正常価格
「基準」総論第5章

つまり不動産の鑑定評価とは，この正常価格を不動産鑑定士が的確に把握する作業に代表される。

鑑定評価の意義
「基準」総論第1章

一方で，不動産の現実の取引価格等は，取引等の必要に応じて個別的に形成されるのが通常であり，しかもそれは個別的な事情に左右されがちのものであって，このような取引価格等から不動産の適正な価格を見出すことは一般の人には非常に困難である。

価格の特徴
「基準」総論第1章

したがって，不動産の適正な価格については専門家としての不動産鑑定士の鑑定評価活動が必要となるものである。

鑑定評価の必要性
「基準」総論第1章

3．鑑定評価の手法の適切な適用

不動産の価格は，一般の財と同様，基本的には価格の三面性を反映して形成されるものであり，これに対応して鑑定評価の三方

式がそれぞれ規定されている。また，不動産の鑑定評価とは，合理的な市場で形成されるであろう市場価値を表示する適正な価格を的確に把握する作業であるから，この価格の三面性を十分に考慮することが必要であり，そのためには価格の三面性を反映する三方式の考え方を原則として併用すべきである。

三方式併用の必要性

ただし，不動産は，その種別・類型や市場の特性等によって市場参加者の属性や行動基準等が異なり，その価格形成に当たっても価格の三面性が常に等しく反映されるものではないこと等から，必ずしも三手法をすべて併用することが合理的とは限らない。

したがって，鑑定評価の手法の適用に当たっては，鑑定評価の手法を当該案件に即して適切に適用すべきである。この場合，地域分析及び個別分析により把握した対象不動産に係る市場の特性等を適切に反映した複数の鑑定評価の手法を適用すべきであり，対象不動産の種類，所在地の実情，資料の信頼性等により複数の鑑定評価の手法の適用が困難な場合においても，その考え方をできるだけ参酌するように努めるべきである。

なお，不動産鑑定評価基準各論では，対象不動産の種別及び類型ごとに基本的に適用すべき鑑定評価の手法が規定されているが，地域分析及び個別分析により把握した対象不動産に係る市場の特性等を適切に反映した複数の鑑定評価方式の考え方が適切に反映された一つの鑑定評価の手法を適用した場合には，当該鑑定評価でそれらの鑑定評価方式に即した複数の鑑定評価の手法を適用したものとみなすことができる。

この場合，不動産鑑定評価基準に規定されている手法を一部省略することができるが，採用した手法に三方式の考え方及び対象不動産に係る市場の特性が十分に反映されていると判断した理由について，鑑定評価報告書に記載する必要がある。

鑑定評価の手法の適切な適用
「基準」総論第8章
「留意事項」総論第8章

以　上

解説

本問は，「基準」総論第７章及び第８章を中心とした鑑定評価手法の適用に関する問題である。

論文構成としては，まず「不動産の価格形成」，「鑑定評価方式（三方式）」，「鑑定評価の意義」の３点から三方式併用の必要性を述べていく。次に，個々の不動産の価格形成の特徴に触れ，鑑定評価の手法の適用に当たっては，鑑定評価の手法を当該案件に即して適切に適用すべきである点を，「基準」に即して述べるとよい。

問題3　要因資料の概念とその収集の必要性について述べ，収集に当たって留意すべき事項を説明しなさい。

解答例

1．要因資料の概念とその収集の必要性

鑑定評価に必要な資料は，おおむね，確認資料，要因資料及び事例資料に分けられ，このうち要因資料とは，不動産の価格を形成する要因（価格形成要因という）に照応する資料をいう。

価格形成要因とは，不動産の効用及び相対的稀少性並びに不動産に対する有効需要の三者（不動産に価格を生じさせる三要素）に影響を与える要因をいう。

（評価に必要な資料，要因資料の定義　「基準」総論第8章，第3章）

不動産の価格は，多数の価格形成要因の相互作用の結果として形成されるものであるから，不動産の鑑定評価を行うに当たっては，価格形成要因を市場参加者の観点から明確に把握・分析して，上記三者に及ぼす影響を判定することが必要である。したがって，鑑定評価に当たっては，これらの要因の分析に資するため，要因資料を収集し整理しなければならないのである。

（価格形成要因の意義と要因資料の必要性　「基準」総論第3章）

価格形成要因は，一般的要因，地域要因及び個別的要因に分けられ，要因資料は，これらの要因に照応して，一般資料，地域資料及び個別資料に分けられる。

（価格形成要因の区分と要因資料の区分　「基準」総論第3章，第8章）

(1)　一般的要因と一般資料

一般的要因とは，一般経済社会における不動産のあり方及びその価格の水準に影響を与える要因をいい，自然的要因，社会的要因，経済的要因及び行政的要因に大別される。

一般的要因は，不動産の価格形成全般に影響を与えるものであり，鑑定評価手法の適用における各手順において常に考慮されるべきものであり，価格判定の妥当性を検討するために活用しなければならない。すなわち，一般的要因を分析することにより，個別分析（最有効使用の判定）の前提として市場における用途ごとの有効需要を把握することや，取引事例比較法にお

（一般的要因の定義，一般的要因分析の必要性　「基準」総論第3章，第7章）

ける時点修正率の査定，収益還元法における還元利回りの決定等を的確に行うことができる。

したがって，一般的要因の分析に資する一般資料として，人口動態統計，消費者物価指数，国債・公社債利回り・金融機関の貸出金利等に関する資料などを収集すべきである。

一般資料の例示

(2) 地域要因と地域資料

地域要因とは，一般的要因の相関結合によって規模，構成の内容，機能等にわたる各地域の特性を形成し，その地域に属する不動産の価格の形成に全般的な影響を与える要因をいう。

地域要因を分析することにより，事例資料の収集範囲の判定や地域要因の比較が可能となるため，地域分析に基づいて評価手法を適用することにより，（個別不動産の価格の前提となる）地域の価格水準を把握することができる。

地域要因の定義，地域分析の必要性
「基準」総論第3章

したがって，地域分析に資する地域資料として，各種地図（土地利用図，住宅地図等），都市計画図，地価公示に関する資料，国税路線価図などを収集すべきである。

地域資料の例示

(3) 個別的要因と個別資料

個別的要因とは，不動産に個別性を生じさせ，その価格を個別的に形成する要因をいう。

不動産の価格は，その不動産の最有効使用（現実の社会経済情勢の下で客観的にみて，良識と通常の使用能力を持つ人による合理的かつ合法的な最高最善の使用方法）を前提として把握される価格を標準として形成されるものであるから，鑑定評価に当たっては，個別的要因が対象不動産の利用形態と価格形成についてどのような影響力を持っているかを分析してその最有効使用を判定すること（個別分析）が必要である。

個別的要因の定義，個別分析の必要性
「基準」総論第3章，第6章

したがって，最有効使用の判定，手法の適用における個別的要因の比較等に資する資料として，測量図，地質に関する資料，道路の種類・幅員等に関する資料，最有効使用建物の想定に関する資料（日影図等），設計図書，エンジニアリング・レポートなどを収集すべきである。

なお，個別資料の多くは，不動産の確認に必要な確認資料と

個別資料の例示

重複するものである。

2．要因資料の収集に当たって留意すべき事項

鑑定評価の成果は，採用した資料によって左右されるものであるから，資料の収集及び整理は，鑑定評価の作業に活用し得るように適切かつ合理的な計画に基づき，実地調査，聴聞，公的資料の確認等により的確に行うものとし，公正妥当を欠くようなことがあってはならない。

資料収集上の留意点
「基準」総論第8章

一般資料及び地域資料は，平素からできるだけ広くかつ組織的に収集すべきである。

特に，近隣地域の地域分析においては，近隣地域に係る要因資料についての分析を行うこととなるが，この分析の前提として対象不動産に係る市場の特性や近隣地域を含む広域的な地域に係る地域要因を把握し分析する必要がある。このためには，日常から広域的な地域に係る要因資料の収集，分析に努めなければならないのである。

一般資料・地域資料収集上の留意点
「基準」総論第8章
「留意事項」総論第6章

また，対象不動産の種別及び類型の相異により重視すべき個別的要因はそれぞれ異なるので，個別資料は，対象不動産の種類，対象確定条件等の案件の相違に応じて適切に収集すべきである。

個別資料収集上の留意点
「基準」総論第8章

以　上

解　説

本問は要因資料を中心として，地域分析・個別分析あるいは資料の収集などを絡めた横断的な問題である。要因資料は一般資料及び地域資料，個別資料と分かれることから「収集の必要性」を「各要因分析の必要性」と読み替えると理解しやすい。

論文構成としては，各要因資料と各要因分析について説明し，それぞれの要因分析がどのような意義を持っているのかを述べていけばよい。この際，それぞれの内容を明確化するために，ある程度資料の例示はほしいところである。後半は，特に「収集」の場面についての留意点を求めているので，「基準」や「留意事項」から引用できれば十分であろう。

なお，要因資料以外の鑑定評価に必要な資料（確認資料・事例資料・その他の資料）についても，それぞれの資料の定義，具体例等を日頃から整理しておこう。

問題4　更地の鑑定評価について，次の問に答えなさい。

(1)　更地の意義を述べなさい。

(2)　再調達原価はいかなる場合に把握できるかを説明し，再調達原価を求めるに当たり留意すべき事項を述べなさい。

解答例

小問(1)

宅地の類型は，その有形的利用及び権利関係の態様に応じてに応じて，更地，建付地，借地権，底地，区分地上権等に分けられる。不動産の類型は，種別（用途による不動産の分類）とともに，不動産の経済価値を本質的に決定づけるものである。

不動産の鑑定評価とは，不動産の経済価値を判定することであるので，種別及び類型に応じた分析をする必要がある。

鑑定評価の意義
「基準」総論第2章

更地とは，建物等の定着物がなく，かつ，使用収益を制約する権利の付着していない宅地をいう。すなわち，都市計画法，建築基準法等の公法上の規制は受けるが，当該宅地に建物，構造物等の定着物がなく，かつ，賃借権，地上権，地役権等の使用収益を制約する権利の付着していない宅地をいう。

不動産の価格は，最有効使用を前提として把握される価格を標準として形成されるが，更地は当該宅地の最有効使用に基づく経済的利益を十分に享受することを期待し得るものであるから，更地の鑑定評価に当たっては最有効使用を前提として把握される価格を求めることとなる。

更地の定義
「基準」総論第2章

小問(2)

不動産の価格を求める基本的な手法は，価格の三面性（費用性，市場性及び収益性）にそれぞれ対応する，原価法，取引事例比較法及び収益還元法に大別される。

価格を求める三手法
「基準」総論第7章

更地の鑑定評価額は，更地並びに配分法が適用できる場合における建物及びその敷地の取引事例に基づく比準価格並びに土地残余法による収益価格を関連づけて決定し，再調達原価が把握できる場合

には，積算価格をも関連づけて決定すべきである。さらに，当該更地の面積が近隣地域の標準的な土地の面積に比べて大きい場合等においては，開発法による価格を比較考量して決定する。

更地の鑑定評価額
「基準」各論第1章

原価法は，価格時点における対象不動産の再調達原価を求め，この再調達原価について減価修正を行って対象不動産の積算価格を求める手法である。この手法は，対象不動産が建物又は建物及びその敷地である場合において，再調達原価の把握及び減価修正を適正に行うことができるときに有効であり，対象不動産が土地のみである場合においても，再調達原価を適切に求めることができるときはこの手法を適用することができる。

既成市街地における更地は，再調達原価が把握できないため原価法を適用できないが，最近において造成された造成地・埋立地など再調達原価を適切に求めることができるものは，この手法を適用することができる。

原価法の定義・有効性
「基準」総論第7章

再調達原価とは，対象不動産を価格時点において再調達することを想定した場合において必要とされる適正な原価の総額をいう。

再調達原価の定義
「基準」総論第7章

土地の再調達原価は，その素材となる土地の標準的な取得原価に当該土地の標準的な造成費と発注者が直接負担すべき通常の付帯費用とを加算して求めるものとする。

土地の再調達原価
「基準」総論第7章

なお，宅地造成直後の対象地の地域要因と価格時点における対象地の地域要因とを比較し，公共施設，利便施設等の整備及び住宅等の建設等により，社会的，経済的環境の変化が価格水準に影響を与えていると客観的に認められる場合には，地域要因の変化の程度に応じた増加額を熟成度として加算することができる。

熟成度加算
「基準」総論第7章

また，再調達原価を求める方法には，直接法（対象不動産について直接的に求める方法）及び間接法（近隣地域若しくは同一需給圏内の類似地域等に存する対象不動産と類似の不動産又は同一需給圏内の代替競争不動産から間接的に求める方法）があるが，収集した建設事例等の資料としての信頼度に応じていずれかを適用するものとし，また，必要に応じて併用するものとする。

再調達原価を求める方法（直接法及び間接法）
「基準」総論第7章

以　上

解　説

本問は，更地の鑑定評価における原価法の取扱いについて問うものである。

小問(1)は，基本問題である。更地の定義を「基準」に即して確実に述べてから，更地の価格は「最有効使用を前提とした価格」として求める必要がある点を述べること。

小問(2)は，各論第１章に規定されている更地の鑑定評価方法を述べてから，原価法の意義や土地の再調達原価の内容について「基準」に即して述べればよい。「再調達原価を適切に求めることができるとき」とあるように，更地について原価法を適用することが可能な場合は，最近において造成された造成地等に限定されてしまう点をきちんと説明する必要がある。

MEMO

昭和59年度

> 問題1　価格形成要因の分析に当たって考慮すべき事項について述べなさい。また，個別的要因は不動産の価格にどのように作用するか述べなさい。

解答例

不動産の価格は，一般に，不動産の効用及び相対的稀少性並びに不動産に対する有効需要の三者の相関結合によって生ずる不動産の経済価値を，貨幣額をもって表示したものである。不動産の価格を形成する要因（価格形成要因）とは，これら三者に影響を与える要因をいう。

不動産の価格は，多数の要因の相互作用の結果として形成されるものであるが，要因それ自体も常に変動する傾向を持っている。したがって，不動産の鑑定評価を行うに当たっては，価格形成要因を市場参加者の観点から明確に把握し，かつ，その推移及び動向並びに諸要因間の相互関係を十分に分析して，前記三者に及ぼすその影響を判定することが必要である。

価格形成要因は，一般的要因，地域要因及び個別的要因に分けられる。価格形成要因の分析に当たっては，一般的要因を分析するとともに，地域分析及び個別分析を通じて対象不動産についてその最有効使用を判定しなければならない。

価格形成要因の定義等
「基準」総論第1章，第3章，第8章

(1)　一般的要因とは，一般経済社会における不動産のあり方及びその価格の水準に影響を与える要因をいう。それは，自然的要因，社会的要因，経済的要因及び行政的要因に大別される。

一般的要因
「基準」総論第3章

一般的要因は，不動産の価格形成全般に影響を与えるものであり，鑑定評価手法の適用における各手順において常に考慮されるべきものであり，価格判定の妥当性を検討するために活用しなければならない。

一般的要因の重要性
「基準」総論第7章

なお，一般的要因は不動産の地域ごとにそれぞれ異なった影響を与えるとともに，同種の地域に対しては同質的な影響を与える

地域的偏向性

という地域的偏向性を有している。

(2) 地域要因とは，この地域的偏向性を有する一般的要因の相関結合によって規模，構成の内容，機能等にわたる各地域の特性を形成し，その地域に属する不動産の価格の形成に全般的な影響を与える要因をいう。

地域要因
「基準」総論第3章

不動産は，他の不動産とともに，用途的に同質性を有する一定の地域を構成してこれに属することを通常とし，地域は，その規模，構成の内容，機能等にわたってそれぞれ他の地域と区別されるべき特性を有している（不動産の地域性及び地域の特性）。

地域分析とは，その対象不動産がどのような地域に存するか，その地域はどのような特性を有するか，また，対象不動産に係る市場はどのような特性を有するか，及びそれらの特性はその地域内の不動産の利用形態と価格形成について全般的にどのような影響力を持っているかを分析し，判定することをいう。

この地域（近隣地域）の特性は，通常，その地域に属する不動産の一般的な標準的使用に具体的に現れるが，この標準的使用は，利用形態からみた地域相互間の相対的位置関係及び価格形成を明らかにする手掛りとなるとともに，その地域に属する不動産のそれぞれについての最有効使用を判定する有力な標準となるものである。

地域分析
「基準」総論第6章

また，不動産の属する地域は固定的なものではなく，地域の特性を形成する地域要因も常に変動するものであることから，地域分析に当たっては，対象不動産に係る市場の特性の把握の結果を踏まえて地域要因及び標準的使用の現状と将来の動向とをあわせて分析し，標準的使用を判定しなければならない。

なお，地域分析における対象不動産に係る市場の特性の把握に当たっては，同一需給圏における市場参加者がどのような属性を有しており，どのような観点から不動産の利用形態を選択し，価格形成要因についての判断を行っているかを的確に把握することが重要である。

留意点
「基準」総論第6章

(3) 個別的要因とは，不動産に個別性を生じさせ，その価格を個別的に形成する要因をいう。

不動産は上記のような地域性及び地域の特性という特徴を有す

るため，用途的地域を形成し，当該地域ごとに一定の価格水準を形成する。個別の不動産の価格は，地域の標準的使用を前提とする価格水準に比較して個別的な差異を生じさせる要因の影響を受けて個別的に形成される。

個別的要因
「基準」総論第3章

不動産の価格は，最有効使用の原則に示されているように，その不動産の最有効使用を前提として把握される価格を標準として形成されるものであるから，不動産の鑑定評価に当たっては，対象不動産の最有効使用を判定する必要がある。個別分析とは，対象不動産の個別的要因が対象不動産の利用形態と価格形成についてどのような影響力を持っているかを分析してその最有効使用を判定することをいうものであるが，個々の不動産の最有効使用は，一般に近隣地域の地域の特性の制約下にあるので，個別分析に当たっては，特に近隣地域に存する不動産の標準的使用との相互関係を明らかにし判定することが必要である。

個別分析
「基準」総論第6章

個別的要因の価格への作用は対象不動産が土地のみの場合と，建物及びその敷地（以下「複合不動産」という）の場合で異なるものである。

対象不動産が土地のみである場合は，土地の種別ごとに着目すべき個別的要因が異なり（住宅地については居住の快適性等，商業地については商況性等に影響を与える要因に着目），また，要因の作用の程度も異なることから，種別を細分化し，適切な地域分析を行った上で個別分析を行う必要がある。

対象不動産が複合不動産の場合には，土地と建物という異種の不動産の複合によって成り立っているものであることから，相互の適応の状態が個別的要因として考慮されなければならない。建物及びその敷地の個別的要因の主なものを例示すれば，敷地内における建物，駐車場，通路，庭等の配置，建物と敷地規模の対応関係等建物と敷地との適応の状態，修繕計画・管理計画の良否とその実施の状態等がある。

なお，建物と敷地の適応の状態が著しく劣る場合には建物を取り壊すことが最有効使用であるという判断が成り立つ場合もある。

価格への作用
留意点
「基準」総論第3章

以　上

解　説

本問では，価格形成要因の分析，そしてその中で個別的要因の価格への作用について問われている。

本問のように，価格形成要因分析が出題された場合は，まず，不動産の価格（第１章）→価格形成要因（第３章）→要因分析（第６章）という基準の流れに沿った論証の基本型を考えておこう。その上で，どの部分について問われているのか，どの部分について多く記述すべきかを考え，論文構成するとまとまりのある答案が作成できる。非常に重要論点であり，短くまとめた論証も用意しておくと，様々な問題で使うことができ有用である。

問題2　鑑定評価方式の適用に当たって考慮すべき諸点について述べなさい。

解答例

合理的な市場において市場人が財の経済価値を判定する場合には，通常，(1)その財に投じられた費用（費用性），(2)その財の市場における取引価格（市場性），及び(3)その財が生み出す収益（収益性）という価格の三面性を考慮する。

価格の三面性

鑑定評価の方式は，上記価格の三面性を基本的な考え方とするものであり，原価方式，比較方式及び収益方式の三方式がある。(1)原価方式は不動産の再調達（建築，造成等による新規の調達をいう）に要する原価に着目して，(2)比較方式は不動産の取引事例又は賃貸借等の事例に着目して，(3)収益方式は不動産から生み出される収益に着目して，それぞれ不動産の価格又は賃料を求めようとするものである。不動産の鑑定評価の方式は，価格を求める手法と賃料を求める手法に分類される。

鑑定評価の方式
「基準」総論第7章

不動産の鑑定評価とは鑑定評価の主体が合理的と考えられる市場を前提とする適正な価格を導く作業であり，合理的と考えられる市場における市場参加者は価格の三面性を考慮するから，鑑定評価の手法の適用に当たっては，鑑定評価の手法を当該案件に即して適切に適用すべきである。この場合，地域分析及び個別分析により把握した対象不動産に係る市場の特性等を適切に反映した複数の鑑定評価の手法を適用すべきであり，対象不動産の種類，所在地の実情，資料の信頼性等により複数の鑑定評価の手法の適用が困難な場合においても，その考え方をできるだけ参酌するように努めるべきである。

手法適用の必要性
「基準」総論第8章

(1)　原価方式

①　原価法（価格を求める手法）

原価法は，価格時点における対象不動産の再調達原価を求め，この再調達原価について減価修正を行って対象不動産の試算価

原価法の定義
「基準」総論第7章

格（積算価格）を求める手法である。

② 積算法（新規賃料を求める手法）

積算法は，対象不動産について，価格時点における基礎価格を求め，これに期待利回りを乗じて得た額に必要諸経費等を加算して，対象不動産の試算賃料（積算賃料）を求める手法である。

積算法の定義
「基準」総論第7章

原価方式は，価格の費用性に着目したものであるから，原価法が有効であるためには再調達原価の把握が，積算法が有効であるためには基礎価格の把握が，それぞれ適正に行い得ることが必要である。

原価方式の有効性

(2) 比較方式

① 取引事例比較法（価格を求める手法）

取引事例比較法は，まず多数の取引事例を収集して適切な事例の選択を行い，これらに係る取引価格に必要に応じて事情補正及び時点修正を行い，かつ，地域要因の比較及び個別的要因の比較を行って求められた価格を比較考量し，対象不動産の試算価格（比準価格）を求める手法である。

取引事例比較法の定義
「基準」総論第7章

② 賃貸事例比較法（新規賃料を求める手法）

賃貸事例比較法は，まず多数の新規の賃貸借等の事例を収集して適切な事例の選択を行い，これらに係る実際実質賃料に必要に応じて事情補正及び時点修正を行い，かつ，地域要因の比較及び個別的要因の比較を行って求められた賃料を比較考量し，対象不動産の試算賃料（比準賃料）を求める手法である。

賃貸事例比較法の定義
「基準」総論第7章

比較方式は，価格の市場性に着目し，代替性のある事例資料と比準して試算価格又は試算賃料を求めるものであるから，近隣地域若しくは同一需給圏内の類似地域等において，対象不動産と類似の不動産に係る事例又は同一需給圏内の代替競争不動産に係る事例が存する場合に有効である。

比較法式の有効性
「基準」総論第7章

(3) 収益方式

① 収益還元法（価格を求める手法）

収益還元法は，対象不動産が将来生み出すであろうと期待される純収益の現在価値の総和を求めることにより対象不動産の

収益還元法の定義
「基準」総論第7章

試算価格（収益価格）を求める手法である。

② 収益分析法（新規賃料を求める手法）

収益分析法は，一般の企業経営に基づく総収益を分析して対象不動産が一定期間に生み出すであろうと期待される純収益を求め，これに必要諸経費等を加算して対象不動産の試算賃料（収益賃料）を求める手法である。

（収益分析法の定義 「基準」総論第7章）

収益方式は，価格の収益性に着目し，不動産に帰属する純収益に基づいて試算価格又は試算賃料を求めるものであるから，収益還元法は，賃貸用不動産又は賃貸以外の事業の用に供する不動産の価格を求める場合に特に有効であり，収益分析法は，企業の用に供されている不動産に帰属する純収益を適切に求め得る場合に有効である。

（収益方式の有効性 「基準」総論第7章）

以　上

解　説

本問は，「方式の適用に当たって考慮すべき諸点」という，出題者の意図が分かりにくい問題である。そこで受験生の立場から，解答方法としては以下の3パターンが考えられるであろう。

① 三方式併用・試算価格の調整の問題ととらえる。

② 価格を求める手法を列挙，それぞれ適用における留意点を挙げる。

③ 価格，新規賃料を求める手法を列挙，それぞれ適用における留意点を挙げる。

解答例では③のパターンを試みたが，①，②のパターンを選択することも可能であろう。

本問のように問い方が微妙な問題はよく見られるが，このような場合，他の受験生が記述すると思われる部分を意識しながら，論証の幅を（保険的に）広げておくというテクニックも，相対評価試験であることからは有益である。

問題3　用途的地域の種別について述べなさい。また，用途的地域を判断する上で現実の土地利用状況はどのように考慮されるか述べなさい。

解答例

1．用途的地域の種別について

不動産の鑑定評価においては，不動産の地域性並びに有形的利用及び権利関係の態様に応じた分析を行う必要があり，その地域の特性等に基づく不動産の種類ごとに検討することが重要である。

不動産の種類とは，不動産の種別及び類型の二面からなる複合的な不動産の概念を示すものであり，この不動産の種別及び類型が不動産の経済価値を本質的に決定づけるものであるから，この両面の分析をまって初めて精度の高い不動産の鑑定評価が可能となるものである。

（不動産の種類　「基準」総論第2章）

不動産の種別とは，不動産の用途に関して区分される不動産の分類をいい，不動産の類型とは，その有形的利用及び権利関係の態様に応じて区分される不動産の分類をいう。

不動産の種別は，地域の種別と土地の種別とに分けられる。

（不動産の種別　「基準」総論第2章）

不動産は，他の不動産とともに，用途的に同質性を有する一定の地域（用途的地域）を構成してこれに属することを通常とし（不動産の地域性），地域は，その規模，構成の内容，機能等にわたってそれぞれ他の地域と区別されるべき特性を有している（地域の特性）。個別の不動産は，この用途的地域との関係や当該地域内の他の不動産との関係を通じて社会的及び経済的な有用性を発揮し，また，用途的地域は，他の用途的地域との相互関係を通じて社会的及び経済的位置を占めるものである。

したがって，個別の不動産の種別は，この用途的地域の種別を前提として判定されるものであり，不動産の経済価値は，用途的地域の種別，個別の不動産の種別に応じて決定されるものということができる。

（不動産の地域性と経済価値）

そして，不動産の種別の分類は，不動産の鑑定評価における地域分析，個別分析，鑑定評価手法の適用等の各手順を通じて重要な事項となっており，これらを的確に分類，整理することは鑑定評価の精密さを一段と高めることとなるものである。

不動産の種別の意義
「留意事項」総論第２章

(1) 地域の種別

地域の種別は，宅地地域，農地地域，林地地域等に分けられる。なお，宅地地域，農地地域，林地地域等の相互間において，ある種別の地域から他の種別の地域へと転換しつつある地域及び宅地地域，農地地域等のうちにあって細分されたある種別の地域から，その地域の他の細分された地域へと移行しつつある地域があることに留意すべきである。

地域の種別
「基準」総論第２章

(2) 土地の種別

土地の種別は，地域の種別に応じて分類される土地の区分であり，宅地，農地，林地，見込地，移行地等に分けられ，さらに地域の種別の細分に応じて細分される。

土地の種別
「基準」総論第２章

２．用途的地域を判断する上で現実の土地利用状況はどのように考慮されるか

用途的地域は，宅地地域，農地地域，林地地域等に大別される。

宅地地域とは，居住，商業活動，工業生産活動等の用に供される建物，構築物等の敷地の用に供されることが，自然的，社会的，経済的及び行政的観点からみて合理的と判断される地域をいい，住宅地域，商業地域，工業地域等に細分される。さらに住宅地域，商業地域，工業地域等については，その規模，構成の内容，機能等に応じた細分化が考えられる。

農地地域とは，農業生産活動のうち耕作の用に供されることが自然的，社会的，経済的及び行政的観点からみて合理的と判断される地域をいう。

林地地域とは，林業生産活動のうち木竹又は特用林産物の生育の用に供されることが，自然的，社会的，経済的及び行政的観点からみて合理的と判断される地域をいう。

宅地地域等の定義
「基準」総論第２章

このように用途的地域の種別の分類は，「○○の用に供されることが自然的，社会的，経済的及び行政的観点からみて合理的と

判断される地域」であるか否かという基準により行われる。すなわち，用途的地域の判断基準として，現況主義は採用されず，必ずしも現実の土地の利用状況とは一致しない。これは，用途的地域は，自然的，社会的，経済的及び行政的観点から巨視的かつ客観的に判断されるべきである，という考えによるものであり，現実の不合理な使用方法に惑わされてその判定を誤ることのないようにすることを目的とするものである。

地域の種別の判定

以　上

解　説

本問は，「基準」総論第２章の不動産の種別からの問題である。基本的なものであるためしっかりと押さえておきたい。

論文構成としては，種別に関する問題であるため，まず不動産の種類から説明するとよい。単に「種別について述べよ」とあるが，その他の論点との関係からも，種別の分類の意義や不動産の地域性等にも触れておいた方がベターである。

後半の「現実の土地利用状況との関連」については，用途的地域と地域の種別，土地の種別の概念をしっかり分けて押さえた上で，現況主義を採用していないことを丁寧に論じる。

問題4　実質賃料と支払賃料との関係を述べなさい。また，支払賃料を求めるに当たっての一般的留意事項を述べなさい。

解答例

1．実質賃料と支払賃料との関係

不動産の賃料は，当該不動産が物理的，機能的及び経済的に消滅するまでの期間のうち一部の期間について，不動産の賃貸借等の契約に基づき，不動産を使用収益することを基礎として生ずる経済価値を貨幣額をもって表示したものを主体とするものである。そこで，不動産の賃料の鑑定評価に当たっては，賃料の算定期間を定める必要がある。鑑定評価によって求める賃料の算定の期間は，原則として，宅地並びに建物及びその敷地の賃料にあっては１月を単位とし，その他の土地にあっては１年を単位とするものとする。

賃料の鑑定評価（全般）について「基準」総論第７章

賃料の鑑定評価は，対象不動産について，賃料の算定の期間に対応して，実質賃料を求めることを原則とし，賃料の算定の期間及び支払いの時期に係る条件並びに権利金，敷金，保証金等の一時金の授受に関する条件が付されて支払賃料を求めることを依頼された場合には，実質賃料とともに，その一部である支払賃料を求めることができるものとする。

実質賃料と支払賃料の関係（位置付け）「基準」総論第７章

実質賃料とは，賃料の種類の如何を問わず賃貸人等に支払われる賃料の算定の期間に対応する適正なすべての経済的対価をいい，純賃料及び不動産の賃貸借等を継続するために通常必要とされる諸経費等（必要諸経費等）から成り立つものである。

実質賃料の定義「基準」総論第７章

この場合の純賃料及び必要諸経費等とは，賃貸借等の対象となった不動産の賃貸借等の契約に基づく経済価値（使用方法等が賃貸借等の契約によって制約されている場合は，その制約されている程度に応じた経済価値）に即応する適正な純賃料及び必要諸経費等のことをいう。

実質賃料の内容

支払賃料とは，各支払期間に支払われる賃料をいい，契約に当たって，権利金，敷金，保証金等の一時金が授受される場合においては，

当該一時金の運用益及び償却額と併せて実質賃料を構成するものである。この実質賃料及び支払賃料は，新規賃料（正常賃料及び限定賃料），継続賃料についてそれぞれ求めることができる。

支払賃料の定義
「基準」総論第7章

なお，慣行上，建物及びその敷地の一部の賃貸借に当たって，水道光熱費，清掃・衛生費，冷暖房費等がいわゆる付加使用料，共益費等の名目で支払われる場合もあるが，これらのうちには実質的に賃料に相当する部分が含まれている場合があることに留意する必要がある。

付加使用料等の内容
「基準」総論第7章

2．支払賃料を求めるに当たっての一般的留意事項

契約に当たって一時金が授受される場合における支払賃料は，実質賃料から，当該一時金について賃料の前払的性格を有する一時金の運用益及び償却額並びに預り金的性格を有する一時金の運用益を控除して求めるものとする。なお，賃料の前払的性格を有する一時金の運用益及び償却額については，対象不動産の賃貸借等の持続する期間の効用の変化等に着目し，実態に応じて適切に求めるものとする。

支払賃料の求め方
（内容）
「基準」総論第7章

一時金のうち，賃料の前払的性格を有するものは，一般に不動産の賃貸借等の契約等に際して授受される権利金，礼金等と呼ばれているもので，契約終了時に貸主から借主に返済されることがないものである。

一方，預り金的性格を有するものは，一般に敷金，保証金，協力金等と呼ばれているもので，通常，契約終了時に貸主から借主に返済される。

これらの金額の大小は，支払賃料の金額に影響を及ぼすものであり，充分に留意すべきものである。

一時金の内容

一時金の運用益等を求めるためには適切な運用利回りの把握が必要である。運用利回りは，賃貸借等の契約に当たって授受される一時金の性格，賃貸借等の契約内容並びに対象不動産の種類及び性格等の相違に応じて，当該不動産の期待利回り，不動産の取引利回り，長期預金の金利，国債及び公社債利回り，金融機関の貸出金利等を比較考量して決定するものとする。

運用利回りの内容
「基準」総論第7章

なお，支払賃料の鑑定評価を依頼された場合における鑑定評価額

の記載は，支払賃料である旨を付記して支払賃料の額を表示するとともに，当該支払賃料が実質賃料と異なる場合においては，かっこ書きで実質賃料である旨を付記して実質賃料の額を併記しなければならない。

これらは，両者の関係を明確にし，無用の混乱を避けるためのものである。

鑑定評価報告書での両賃料の関係
「基準」総論第9章

以　上

解　説

本問は「基準」総論第７章の「賃料を求める場合の一般的留意事項」からの出題である。賃料を求める場合の一般的留意事項については，実質賃料と支払賃料の関係を十分に理解しておく必要がある。

論文構成としては，まず賃料の鑑定評価（全般）について簡単に説明する。次に，実質賃料と支払賃料の関係を説明した上で，実質賃料の定義，支払賃料の定義を説明する。それぞれの定義のあと簡単に付加使用料等についても説明するとよい。

また，本問は，支払賃料の求め方を問うたものでもあるため，支払賃料の求め方，一時金の内容，運用利回りの把握の順で説明するとよい。なお，一時金の内容については，「基準」に書かれていないため，賃料の前払的性格を有する一時金と預り金的性格を有する一時金のそれぞれについて，どのようなものがあり，どのような性格を有するか，具体的に説明できるようまとめておこう。

最後に，鑑定評価報告書上での両者の関係について触れると加点理由となる。

MEMO

◇ 昭和60年度

問題[1] 一般的要因と地域要因の概念について説明し，それらが不動産の価格形成にどのようにかかわりを持つか述べなさい。

解答例

不動産の価格は，一般に，不動産の効用及び相対的稀少性並びに不動産に対する有効需要の三者の相関結合によって生ずる不動産の経済価値を，貨幣額をもって表示したものである。

設問の一般的要因及び地域要因とは，不動産の価格を形成する要因（以下「価格形成要因」という）の区分であり，価格形成要因とは，前記三者に影響を与える要因をいう。不動産の価格は，多数の価格形成要因の相互作用の結果として形成されるものであるが，要因それ自体も常に変動する傾向を持っている。

不動産の鑑定評価は，その不動産の価格の形成過程を追究し，分析することを本質とするものであるので，鑑定評価を行うに当たっては，価格形成要因を市場参加者の観点から明確に把握し，かつ，その推移及び動向並びに諸要因間の相互関係を十分に分析して，前記三者に及ぼすその影響を判定することが必要である。

価格形成要因は，一般的要因，地域要因及び個別的要因に分けられる。

価格形成要因の意義
「基準」総論第1章，第3章，第4章

(1) 一般的要因の意義と価格形成へのかかわり

一般的要因とは，一般経済社会における不動産のあり方及びその価格の水準に影響を与える要因をいい，自然的要因，社会的要因，経済的要因及び行政的要因に大別される。

不動産は，他の不動産とともに，用途的に同質性を有する一定の地域を構成してこれに属することを通常とするが，一般的要因はこのような地域ごとにそれぞれ異なった影響を与えるとともに，同じ種別（用途）の地域に対しては同質的な影響を与えるという地域的偏向性を有している。

一般的要因の意義
「基準」総論第3章

一般的要因は，不動産の価格形成全般に影響を与えるものであ

り，価格判定の妥当性を検討するために活用しなければならない。例えば，地域分析及び個別分析により地域の標準的使用及び対象不動産の最有効使用を判定するに当たっては，その前提として貯蓄，消費及び投資の状態，金融機関の融資態度，税制の状態等の一般的要因を分析して，不動産の用途ごとの有効需要を的確に把握することが必要である。また，取引事例比較法の適用における時点修正率の査定や，収益還元法の適用における還元利回りの決定等に際しても，国民所得の動向や金融資産の利回り等の一般的要因を把握しなくてはならない。

一般的要因の価格形成に対するかかわり
「基準」総論第7章，第3章

⑵　地域要因の意義と価格形成へのかかわり

地域要因とは，一般的要因の相関結合によって規模，構成の内容，機能等にわたる各地域の特性を形成し，その地域に属する不動産の価格の形成に全般的な影響を与える要因をいう。

地域要因は，地域的偏向性を有する一般的要因の相関結合により地域の特性を形成する要因であるから，地域の種別（用途）ごとに重視すべき要因が異なる。例えば，住宅地域については快適性や利便性に関する要因が，商業地域については収益性に関する要因がそれぞれ重視される。

地域要因の意義
「基準」総論第3章

不動産は，他の不動産とともに，用途的に同質性を有する一定の地域（用途的地域）を構成してこれに属することを通常とし（不動産の地域性），地域は，その規模，構成の内容，機能等にわたってそれぞれ他の地域と区別されるべき特性を有している（地域の特性）。そして，この用途的地域は，他の地域との間に相互関係にたち，この相互関係を通じて，その社会的及び経済的位置（価格水準）を占めるものである。そこで，地域要因は，地域の特性を形成することを通じて当該地域の価格水準を形成するものであると言うことができる。したがって，当該用途的地域について重視される地域要因を分析し，この分析に基づいて鑑定評価の手法を適用することにより，地域の価格水準を把握することができる。

地域要因の価格形成に対するかかわり１
「基準」総論第1章

また，不動産の価格は，その不動産の最有効使用を前提として把握される価格を標準として形成されるものであるが，この最有

効使用は当該不動産が属する用途的地域の地域の特性の制約下にある。そこで，地域要因は，不動産の個別的要因（不動産に個別性を生じさせ，その価格を個別的に形成する要因）とともに，当該不動産の最有効使用を形成することを通じて，不動産の価格を形成するものであると言うことができる。

地域要因の価格形成に対するかかわり2
「基準」総論第6章，第3章

このように，不動産の鑑定評価に当たっては，地域分析によって，利用形態から見た地域相互間の相対的位置関係及び価格形成を明らかにする手掛りを得るとともに，地域分析及び個別的要因の分析によって，最有効使用を判定することが必要である。

「基準」総論第6章

以　上

解　説

本問は，「基準」総論第3章（価格形成要因），第6章（地域分析）を中心論点とするものである。

一般的要因，地域要因の価格形成への関わりについて「基準」の引用等により説明した上で，その関わりを鑑定評価の手順においてどのように反映させるかということをできるだけ具体的に説明してほしい。

なお，一般的要因と地域分析（又は個別分析）との関連については，前者を分析し種類ごとの有効需要を把握することを通じて，後者における標準的使用の判定（又は最有効使用の判定）の指標とすることを述べるとよい。

問題2　収益還元法及び収益分析法が不動産鑑定評価を行ううえで有効であるのはどのような場合か，また，その有効である理由は何かについて述べなさい。

解答例

1．鑑定評価の方式

合理的と考えられる市場において市場参加者が財の経済価値を判定する場合，一般に，その①費用性，②市場性，及び③収益性（価格の三面性）を考慮する。

そこで，合理的と考えられる市場を前提とする適正な価格を導く作業である鑑定評価においては，価格の三面性を反映する，①原価方式（不動産の再調達原価に着目する方式），②比較方式（不動産の取引事例等に着目する方式），及び③収益方式（不動産から生み出される収益に着目する方式）を併用すべきである。

不動産の鑑定評価の方式は，価格を求める手法と賃料を求める手法に分類される。

鑑定評価の方式
「基準」総論第7章

2．収益還元法の意義

(1)　不動産の価格の特徴（価格と賃料との相関関係）

不動産の経済価値は，一般に，交換の対価である価格として表示されるとともに，その用益の対価である賃料として表示される。そして，この価格と賃料との間には，いわゆる元本と果実との間に認められる相関関係を認めることができる。

価格と賃料との相関関係
「基準」総論第1章

(2)　収益配分の原則

土地（不動産），資本，労働及び経営（組織）の各要素の結合によって生ずる総収益は，これらの各要素に配分される。したがって，このような総収益のうち，資本，労働及び経営（組織）に配分される部分以外の部分は，それぞれの配分が正しく行われる限り，土地（不動産）に帰属するものである。（収益配分の原則）

収益配分の原則
「基準」総論第4章

(3)　収益還元法の定義

収益還元法とは，収益性を反映する収益方式のうち価格を求める方法であり，「価格と賃料との相関関係」に着目し，「収益配分の原則」を活用して求めた不動産に帰属する純収益から，不動産の価格を試算するものである。すなわち，収益還元法は，対象不動産が将来生み出すであろうと期待される純収益の現在価値の総和を求めることにより対象不動産の試算価格（収益価格）を求める手法で，直接還元法とＤＣＦ法がある。

直接還元法とは，一期間の純収益を還元利回りによって還元する方法で，ＤＣＦ法とは，連続する複数の期間に発生する純収益及び復帰価格を，その発生時期に応じて現在価値に割り引き，それぞれを合計する方法である。

収益還元法の定義・成立根拠
「基準」総論第７章

3．収益還元法の有効性

この手法は，不動産に帰属する純収益を求めることのできる，賃貸不動産又は賃貸以外の事業の用に供する不動産の価格を求める場合に特に有効である。

しかし，文化財の指定を受けた建造物等の一般的に市場性を有しない不動産や，賃貸市場が熟成していない住宅地域に存する不動産など適切な賃貸事例が存在しない場合は，この手法を適用することはできない。

なお，不動産の価格は，一般に当該不動産の収益性を反映して形成されるものであり，収益は不動産の経済価値の本質を形成するものである。したがって，この手法は，上記の不動産以外のものには基本的にすべて適用すべきものであり，自用の不動産といえども賃貸を想定することにより適用されるものである。

収益還元法の有効性
「基準」総論第７章

4．収益分析法の意義

収益分析法とは，収益性を反映する収益方式のうち，「収益配分の原則」を活用して不動産の新規賃料を求める手法である。すなわち，収益分析法は，一般の企業経営に基づく総収益（売上高）を分析して対象不動産が一定期間に生み出すであろうと期待される純収益（減価償却後のものとし，これを収益純賃料という）を求め，これに必要諸経費等を加算して対象不動産の試算賃料（収

収益分析法の定義・成立根拠
「基準」総論第７章

益賃料）を求める手法である。

5．収益分析法の有効性

収益分析法は，企業経営に基づく売上高を分析して，不動産の新規賃料を求める手法であるから，ホテル，ショッピングセンター等の企業の用に供されている不動産に帰属する純収益を適切に求め得る場合に有効である。

しかし，この手法は，住宅など企業経営に供されていない不動産には，適用できない。また，賃料を求めるために賃料を分析することは循環論となるから，賃貸用不動産に適用することもできない。

収益分析法の有効性
「基準」総論第7章

6．収益還元法と収益分析法との比較

収益還元法（賃貸以外の事業の用に供する不動産の場合）と収益分析法とは，ともに収益方式に属する手法であり，「収益配分の原則」を活用し，売上高から売上原価，販売費及び一般管理費等を控除して，不動産に帰属する純収益又は収益純賃料を求める点が共通している。

しかし，収益還元法は不動産の存続する全期間に対応するものであるのに対し，収益分析法は当該期間のうち一部（賃料算定期間）に対応するものである。したがって，収益純賃料の算定においては，賃料の有する特性に留意しなければならない。

以　上

収益還元法と収益分析法との比較
「基準」総論第7章

解　説

本問は，収益還元法と収益分析法という収益方式の出題である。

したがって，価格の三面性及び三方式から記述を始め，収益方式の位置付けに繋げると流れのある答案作成ができる。

収益還元法，収益分析法共に，不動産から生み出される収益に着目する手法であるが，そもそも，収益還元法は価格を求める鑑定評価の手法であり，収益分析法は賃料を求める手法である等両手法の違いをしっかり理解しておこう。

なお，両手法共，価格諸原則のうち「収益配分の原則」を活用して価格又は賃料を求める手法であるから，「収益配分の原則」について触れる必要がある。

問題3　不動産の鑑定評価に必要な「資料」の種類をあげて説明しなさい。また，「資料」の収集及び整理に際して留意すべき事項について述べなさい。

解答例

1．資料の種類

不動産の鑑定評価とは，対象不動産の経済価値を判定し，これを貨幣額をもって表示することである。具体的には，対象不動産の的確な認識の上に，必要とする関連諸資料を十分に収集して，これを整理し，価格形成要因の把握，不動産の価格に関する諸原則の活用，鑑定評価手法の適用，関連諸資料の具体的な分析を経て鑑定評価額を決定することとなる。

また，これは練達堪能な専門家によって初めて可能な仕事であるから，このような意味において，不動産の鑑定評価とは，不動産の価格に関する専門家の判断であり，意見であるといえる。そして，この専門家の判断が，豊富に収集し整理された資料に基づくことにより，客観的な価格を求めることが可能となる。

鑑定評価の意義
「基準」総論第1章

不動産の鑑定評価に必要な資料は，おおむね確認資料，要因資料，事例資料に分けられる。

(1)　確認資料

確認資料とは，不動産の物的確認及び権利の態様の確認に必要な資料をいう。確認資料としては，登記事項証明書，土地又は建物等の図面，写真，不動産の所在地に関する地図，土地又は建物等の固定資産課税台帳の写し，地籍図又は公図，建物等の配置図，平面図，立面図，建築確認申請書，売買契約書，賃貸借契約書等があげられる。

(2)　要因資料

要因資料とは，価格形成要因に照応する資料をいう。要因資料は，一般的要因に係る一般資料，地域要因に係る地域資料及び個別的要因に係る個別資料に分けられる。

資料の種類
「基準」総論第8章

一般資料としては，国勢調査，人口動態統計，経済成長率，建築着工統計，公定歩合及び市中金利，卸売物価指数，消費者物価指数等があげられる。

地域資料としては，住宅地図，市街地図，都市計画図，開発指導要綱，地価公示及び都道府県地価調査に関する資料，路線価図等があげられる。

個別資料としては，地質調査資料，土地の高低を示す図面，日影図，エンジニアリング・レポート等があげられる。

⑶ 事例資料

事例資料とは，鑑定評価の手法の適用に必要とされる現実の取引価格，賃料等に関する資料をいう。事例資料としては，建設事例（原価法），取引事例（取引事例比較法），収益事例（収益還元法，収益分析法），賃貸借等の事例（賃貸事例比較法）等があげられる。

なお，鑑定評価先例価格は鑑定評価に当たって参考資料とし得る場合があり，売買希望価格等についても同様である。

2．資料の収集及び整理に際して留意すべき事項

鑑定評価の成果は，採用した資料によって左右されるものであるから資料の収集及び整理は，鑑定評価の作業に活用し得るように適切かつ合理的な計画に基づき，実地調査，聴聞，公的資料の確認等により的確に行うものとし，公正妥当を欠くようなことがあってはならない。

資料の収集・整理の留意点「基準」総論第8章

⑴ 確認資料

不動産の鑑定評価に当たっては，対象不動産の確認（物的確認・権利の態様の確認）を行う必要があり，確認資料を用いて照合しなければならない。したがって，各案件に応じた確認資料の収集，整理を行う必要がある。

⑵ 要因資料

一般資料及び地域資料は，平素からできるだけ広くかつ組織的に収集しておくべきである。個別資料は，対象不動産の種類，対象確定条件等案件の相違に応じて適切に収集すべきである。

確認・要因資料の収集・整理の留意点「基準」総論第8章

⑶　事例資料

事例資料は，鑑定評価の各手法に即応し，適切にして合理的な計画に基づき，豊富に秩序正しく収集し，選択すべきであり，投機的取引であると認められる事例等適正さを欠くものであってはならない。

事例資料は，次の要件の全部を備えるもののうちから選択するものとする。

⑴　次の不動産に係るものであること

①　近隣地域又は同一需給圏内の類似地域若しくは必要やむを得ない場合には近隣地域の周辺の地域（同一需給圏内の類似地域等）に存する不動産。

②　対象不動産の最有効使用が標準的使用と異なる場合等における同一需給圏内に存し対象不動産と代替，競争等の関係が成立していると認められる不動産（同一需給圏内の代替競争不動産）。

⑵　取引等の事情が正常なものと認められるものであること又は正常なものに補正することができるものであること。

⑶　時点修正をすることが可能なものであること。

⑷　地域要因の比較及び個別的要因の比較が可能なものであること。

以　上

事例資料の収集・整理の留意点
「基準」総論第7章

解　説

「基準」総論第８章からの出題で，前半は資料の種類の説明で知識を問う問題，後半は資料の収集・整理の留意点で理解を問う問題である。

前半については，資料の種類（３種類）について列挙することとなるが，この場合，「なぜ鑑定評価にとって資料が必要なのか」ということを記述した上で，列挙すると，より理解度を表現できる。また，事例資料について，鑑定評価先例価格と売買希望価格を書き忘れてはいけない。

後半については，各資料についての留意事項を記述すればよい。基準には詳細な留意事項は記述されていないので，この機会に解答例程度の内容は押さえよう。事例資料については，「基準」総論第７章の内容となる。

不動産の鑑定評価とは，豊富な資料に基づいて不動産鑑定士が判断することにより客観的な価格を求めることである。つまり，不動産鑑定士の判断であるといっても広く社会一般に対して説得力を有する（客観性のある）鑑定評価は，十分な資料に立脚して初めて可能となるのである。この点を表現できれば，試験委員にも好印象を与えるであろう。

問題4　「自用の建物及びその敷地」に関する次の問に答えなさい。

(1)　「自用の建物及びその敷地」とは何か説明しなさい。

(2)　「自用の建物及びその敷地」の鑑定評価額はどのようにして決定するか述べなさい。なお，特別のケースを二つあげてそれらについても述べなさい。

解答例

小問(1)

建物及びその敷地の類型は，その有形的利用及び権利関係の態様に応じて，自用の建物及びその敷地，貸家及びその敷地，借地権付建物，区分所有建物及びその敷地等に分けられる。

自用の建物及びその敷地とは，建物所有者とその敷地の所有者とが同一人であり，その所有者による使用収益を制約する権利の付着していない場合における当該建物及びその敷地をいう。「自用の建物及びその敷地」は，直ちに需要者の用に供することができるという点で「貸家及びその敷地」と異なる。

自用の建物その敷地の意義
「基準」総論第2章

小問(2)

合理的な市場における市場人は，通常価格の三面性（費用性，市場性，収益性）に着目して取引意思を決定する。

価格の三面性

自用の建物及びその敷地は，前述のとおり直ちに需要者の用に供することができるものであるから，その鑑定評価額は，①費用性を反映する原価法による積算価格，②市場性を反映する取引事例比較法による比準価格及び③収益性を反映する収益還元法による収益価格を関連づけて決定するものとする。

自用の建物その敷地の鑑定評価額
「基準」各論第1章

1．自用の建物及びその敷地の積算価格

原価法は，価格時点における対象不動産の再調達原価を求め，この再調達原価について減価修正を行って対象不動産の試算価格（積算価格）を求める手法である。

この場合における再調達原価は，まず，土地の再調達原価（再調達原価が把握できない既成市街地における土地にあっては取引事例

自用の建物及びその敷地の積算価格
「基準」総論第7章

比較法及び収益還元法によって求めた更地の価格に発注者が直接負担すべき通常の付帯費用を加算した額）を求め，この価格に建物の再調達原価を加算して求めるものとする。

また，減価修正の目的は，減価の要因（物理的要因，機能的要因，経済的要因）に基づき発生した減価額を対象不動産の再調達原価から控除して価格時点における対象不動産の適正な積算価格を求めることである。減価修正を行うに当たっては，減価の要因に着目して対象不動産を部分的かつ総合的に分析検討し，減価額を求めなければならない。建物及びその敷地における減価の要因としては，建物と敷地との不適応（機能的要因）などがあげられる。

2．自用の建物及びその敷地の比準価格

取引事例比較法は，まず多数の自用の建物及びその敷地の取引事例を収集して適切な事例の選択を行い，これらに係る取引価格に必要に応じて事情補正及び時点修正を行い，かつ，地域要因の比較及び個別的要因の比較を行って求められた価格を比較考量し，これによって対象不動産の試算価格（比準価格）を求める手法である。なお，建物及びその敷地について比較する個別的要因には，敷地内における建物，駐車場，通路，庭等の配置，建物と敷地の規模の対応関係等建物等と敷地との適応の状態，修繕計画・管理計画の良否とその実施の状態がある。

自用の建物及びその敷地の比準価格
「基準」総論第7章，第3章

3．自用の建物及びその敷地の収益価格

収益還元法は，対象不動産が将来生み出すであろうと期待される純収益の現在価値の総和を求めることにより対象不動産の試算価格（収益価格）を求める手法である。

収益価格を求める方法には，一期間の純収益を還元利回りによって還元する方法（直接還元法）と，連続する複数の期間に発生する純収益及び復帰価格を，その発生時期に応じて現在価値に割り引き，それぞれを合計する方法（ＤＣＦ法）がある。

いずれの方法を用いる場合にも，純収益を求めるに当たっては，当該不動産の賃貸を想定する等により，総収益・総費用を的確に把握しなければならない。

また，直接還元法には，純収益が永続的なものか否かに応じて永

自用の建物及びその敷地の収益価格
「基準」総論第7章

久還元法と有期還元法とがあるので，建物と敷地との適応の状態等を考慮して適切な方法を選択しなければならない。

4．自用の建物及びその敷地の特別のケース

なお，自用の建物及びその敷地の鑑定評価に当たっては，対象不動産の最有効使用の程度によって評価の方法が異なるため，個別分析を行った上で対象不動産を現状のまま継続使用することが最有効使用の状態にないと判断された場合には，次のように評価すべきである。

① 建物の用途を変更し，又は建物の構造等を改造して使用することが最有効使用と認められる場合における自用の建物及びその敷地の鑑定評価額は，用途変更等を行った後の経済価値の上昇の程度，必要とされる改造費等を考慮して決定するものとする。

② 建物を取壊すことが最有効使用と認められる場合における自用の建物及びその敷地の鑑定評価額は，建物の解体による発生材料の価格から取壊し，除去，運搬等に必要な経費を控除した額を，当該敷地の最有効使用に基づく価格に加減して決定するものとする。

したがって，この場合における自用の建物及びその敷地は，当該敷地の更地としての価格を下回ることもあり得る。

以　上

自用の建物その敷地評価の特別のケース「基準」各論第１章

解　説

本問は，ほぼ「基準」の文言で対応できる問題である。又，基準に記述してある「なお書き」「また書き」「ただし書き」が論点となる典型的な問題でもある。

自用の建物及びその敷地は，建物所有者とその敷地の所有者が同一人であり，その所有者による使用収益を制約する権利が付着していないのであるから，直ちに需要者の用に供することができるものであること，基本的には三手法の併用が可能であるから，積算価格，比準価格及び収益価格を関連づけて鑑定評価額を決定することをしっかり理解しよう。

原価法，取引事例比較法及び収益還元法についての記述は，必要箇所をコンパクトにまとめる必要があり，また，本問が「自用の建物及びその敷地」であることを意識して問題に対する解答となるよう工夫し，適時，基準をアレンジして記述することも大事である。なお，特別のケースについては，用途変更等・取り壊し最有効のケースについて，「基準」の文言も用いて論述していけばよい。

昭和61年度

> **問題1　地域分析の意義について述べなさい。また，地域分析と個別分析との関連について説明しなさい。**

解答例

1．地域分析の意義

不動産は，他の不動産とともに，用途的に同質性を有する一定の地域（用途的地域）を構成しこれに属することを通常とし（不動産の地域性），地域は，その規模，構成の内容，機能等にわたってそれぞれ他の地域と区別されるべき特性を有している（地域の特性）。

不動産の地域性・地域の特性

用途的地域内の不動産は相互に代替等の関係にたち，地域はその特性を前提として他の地域と相互関係にたつことから，地域には一定の価格水準が形成される。また，個別の不動産の価格は，用途的地域の価格水準という大枠の下に個別的に形成される。

したがって，対象不動産の価格を形成する要因を分析するに当たっては，まず，対象不動産の存する用途的地域（近隣地域）について分析することが必要である。

地域の価格水準と地域分析の意義

地域分析とは，その不動産がどのような地域に存するか，その地域はどのような特性を有するか，また，対象不動産に係る市場はどのような特性を有するか，及びそれらの特性はその地域内の不動産の利用形態と価格形成について全般的にどのような影響力を持っているかを分析し，判定することをいう。

地域分析の定義
「基準」総論第６章

この地域（近隣地域）の特性は，通常，その地域に属する不動産の一般的な標準的使用に具体的に現れるが，この標準的使用は，①利用形態からみた地域相互間の相対的位置関係及び価格形成を明らかにする手掛りとなるとともに，②その地域に属する不動産のそれぞれについての最有効使用を判定する有力な標準となる。

標準的使用の意義（地域分析の必要性）
「基準」総論第６章

すなわち，地域分析により標準的使用を判定することを通じて，鑑定評価手法の適用に当たって必要な事例資料を収集すべき範囲

（近隣地域又は同一需給圏内の類似地域等）が明らかになり，また，近隣地域と取引事例等の属する用途的地域との地域要因の比較が可能となる。そこで，地域分析に基づいて評価手法を適用することによって，地域の価格水準を把握することができる。

さらに，地域分析により判定した標準的使用は，後述する個別の不動産の最有効使用の判定に当たって有力な標準となるものである。

なお，地域分析における対象不動産に係る市場の特性の把握に当たっては，同一需給圏における市場参加者がどのような属性を有しており，どのような観点から不動産の利用形態を選択し，価格形成要因についての判断を行っているかを的確に把握することが重要である。あわせて同一需給圏における市場の需給動向を的確に把握する必要がある。

地域分析の留意点(1)
「基準」総論第6章

また，把握した市場の特性については，近隣地域における標準的使用の判定に反映させるとともに鑑定評価の手法の適用，試算価格又は試算賃料の調整等における各種の判断においても反映すべきである。

地域分析の留意点(2)
「基準」総論第6章

2．地域分析と個別分析との関連

不動産の価格は，その不動産の最有効使用（現実の社会経済情勢の下で客観的にみて，良識と通常の使用能力を持つ人による合理的かつ合法的な最高最善の使用方法）を前提として把握される価格を標準として形成されるものである。

したがって，価格形成要因の分析に当たっては，地域分析及び個別分析（対象不動産の個別的要因が対象不動産の利用形態と価格形成についてどのような影響力を持っているかを分析してその最有効使用を判定すること）を通じて対象不動産についてその最有効使用を判定しなければならない。

個別分析の定義・必要性
「基準」総論第4章，第6章，第8章

ところで，個々の不動産の最有効使用は，一般に近隣地域の地域の特性の制約下にあるので，個別分析に当たっては，特に近隣地域に存する不動産の標準的使用との相互関係を明らかにし判定することが必要である。

地域分析と個別分析との関連
「基準」総論第6章

個別分析に当たっては，地域の標準的土地等との比較において，

画地条件，街路条件等の個別的要因が対象不動産の利用形態や価格形成に与える影響の程度（個別性を生じさせる程度）を判断しなければならない。個別的要因の影響の程度は，用途的地域ごとに異なるので，地域分析により把握した地域の特性（標準的使用）との関連に留意して，対象不動産の個別性を的確に判断し，最有効使用を判定すべきである。この点に，地域分析と個別分析との関連が認められる。

しかし，戸建住宅地内に存する大規模マンション適地のように，対象不動産の位置，規模，環境によっては，標準的使用の用途と異なる用途（最有効使用）の可能性が考えられるので，こうした場合には，それぞれの用途に対応した個別的要因の分析を行った上で最有効使用を判定しなければならない。

以　上

解　説

本問は，「基準」総論第６章に関する頻出論点である。

地域分析の意義は，標準的使用の意義（地域間の位置関係など把握の手掛り，最有効使用判定の標準）に集約されているので，具体的内容をしっかり説明できるようにしてほしい。

また，地域分析と個別分析との関連については，最有効使用判定の必要性を述べた上で，標準的使用を判定の標準とすることを，「基準」の引用を踏まえて流れよくまとめること。

問題2　土地には，地理的位置の固定性，用途の多様性等の特徴があるために，土地の価格は他の一般の諸財の価格と異なる特徴を持っているといわれるが，その特徴はどのようなものか述べなさい。

解答例

1．土地の特性

不動産が国民の生活と活動に組み込まれどのように貢献しているかは具体的な価格として現れるものであるが，土地は他の一般の諸財と異なって次のような特性を持っている。

自然的特性として，地理的位置の固定性，不動性（非移動性），永続性（不変性），不増性，個別性（非同質性，非代替性）等を有し，固定的であって硬直的である。

自然的特性は，ありのままの土地自体に内在する固有の特性である。

人文的特性として，用途の多様性（用途の競合，転換及び併存の可能性），併合及び分割の可能性，社会的及び経済的位置の可変性等を有し，可変的であって伸縮的である。

人文的特性は，土地に対して人間が種々の働きかけをする場合において人間と土地との関係として生じてくる特性である。

不動産はこの土地の持つ諸特性に照応する特定の自然的条件及び人文的条件を与件として利用され，その社会的及び経済的な有用性を発揮するものである。そして，これら諸条件の変化に伴って，その利用形態並びにその社会的及び経済的な有用性は変化する。

（土地の特性「基準」総論第１章）

不動産は，また，他の地域とともに，用途的に同質性を有する一定の地域を構成してこれに属することを通常とし，地域はその規模，構成の内容，機能等にわたってそれぞれ他の地域と区別されるべき特性を有している。

（不動産の地域性・地域の特性）

2．土地価格の特徴

このような土地の特性と地域の特性により，土地の価格につい

ても，他の一般の諸財の価格と異なって，およそ次のような特徴を指摘することができる。

(1) 土地の経済価値は，一般に，交換の対価である価格として表示されるとともに，その用益の対価である賃料として表示される。そして，この価格と賃料との間には，いわゆる元本と果実との間に認められる相関関係を認めることができる。

この価格の特徴は，永続性がある土地の効用（価格）を時間的に分割して生ずるのが地代であることから，永続性に起因するものということができる。

土地の価格の特徴(1)
「基準」総論第1章

(2) 土地の価格（又は賃料）は，その土地に関する所有権，賃借権等の権利の対価又は経済的利益の対価であり，また，二つ以上の権利利益が同一の土地の上に存する場合には，それぞれの権利利益について，その価格（又は賃料）が形成され得る。

この価格の特徴は，併合及び分割の可能性（人文的特性）に基づき，同一の土地にあっても借地権と底地との関係のように，複数の権利利益が重畳的に併存することが可能で，また，それぞれの権利利益の価格（又は賃料）は相互に影響を及ぼしあって定まることを示すものである。

土地の価格の特徴(2)
「基準」総論第1章

(3) 土地の属する地域は固定的なものではなくて，常に拡大縮小，集中拡散，発展衰退等の変化の過程にあるものであるから，土地の利用形態が最適なものであるかどうか，仮に現在最適なものであっても，時の経過に伴ってこれを持続できるかどうか，これらは常に検討されなければならない。したがって，土地の価格（又は賃料）は，通常，過去と将来とにわたる長期的な考慮の下に形成される。今日の価格（又は賃料）は，昨日の展開であり，明日を反映するものであって常に変化の過程にあるものである。

この価格の特徴は，土地が永続性を有する資産であるが故に，時間的な連続性の中での不動産のあり方として価格に反映されるものであることを示している。昨今の経済の国際化の進展等にみられるように，経済情勢等は常に変動しているものであるから，不動産の価格（又は賃料）は，現在の利用形態のみを基

土地の価格の特徴(3)
「基準」総論第1章

礎とするものではないことに留意すべきである。

(4) 土地の現実の取引価格等は，取引等の必要に応じて個別的に形成されるのが通常であり，しかもそれは個別的な事情に左右されがちのものであって，このような取引価格等から土地の適正な価格を見出すことは一般の人には非常に困難である。したがって，土地の適正な価格については専門家としての不動産鑑定士の鑑定評価活動が必要となるものである。

この価格の特徴は，不増性等の自然的特性の反映として供給の非弾力性が生じ，さらに，用途の多様性の人文的特性から特別な使用方法を前提とする需要の介在の余地があり，市場の不完全さを助長していることから土地の自然的特性及び人文的特性全般に起因するものであると言うことができる。

なお，これらの土地価格の特徴は，土地を重要な構成要素とする不動産についても当てはまるものである。

土地の価格の特徴(4)
「基準」総論第1章

以　上

解　説

本問は，「基準」総論第１章から，土地の特徴と土地の価格の特徴について，それぞれ正面から問うものである。

基本的には「基準」からの引用によって解答になるが，解答例のように４つの価格の特徴それぞれについて補足説明を加えることにより，厚みのある解答となる。

解答例では割愛したが，４つの価格の特徴それぞれの鑑定評価上の意義も押さえておいてほしい。

問題3　不動産鑑定評価基準では，鑑定評価報告書に価格時点及び鑑定評価を行った年月日を記載することとしているが，その理由を述べなさい。

解答例

1．鑑定評価報告書とその記載事項

鑑定評価報告書は，不動産の鑑定評価の成果を記載した文書であり，不動産鑑定士が自己の専門的学識と経験に基づいた判断と意見を表明し，その責任を明らかにすることを目的とするものである。

鑑定評価報告書の意義
「基準」総論第9章

不動産の鑑定評価は，その不動産の価格の形成過程を追究し，分析することを本質とするものである。鑑定評価報告書は，鑑定評価の基本的事項及び鑑定評価額を表し，鑑定評価額を決定した理由を説明し，その不動産の鑑定評価に関与した不動産鑑定士の責任の所在を示すことを趣旨とするものであるから，鑑定評価報告書の作成に当たっては，まずその鑑定評価の過程において採用したすべての資料を整理し，価格形成要因に関する判断，鑑定評価の手法の適用に係る判断等に関する事項を明確にして，これに基づいて作成すべきである。

鑑定評価報告書の作成指針
「基準」総論第4章，第9章

鑑定評価報告書の内容は，不動産鑑定業者が依頼者に交付する鑑定評価書の実質的な内容となるものである。したがって，鑑定評価報告書は，鑑定評価書を通じて依頼者のみならず第三者に対しても影響を及ぼすものであり，さらには不動産の適正な価格の形成の基礎となるものであるから，その作成に当たっては，誤解の生ずる余地を与えないよう留意しなければならない。

そのため，鑑定評価報告書には，少なくとも鑑定評価額及び価格又は賃料の種類，鑑定評価の条件などのほか，価格時点及び鑑定評価を行った年月日を記載しなければならない。

鑑定評価報告書の必要的記載事項
「基準」総論第9章

2．価格時点及び鑑定評価を行った年月日の記載理由

不動産の価格を形成する要因（「価格形成要因」という）とは，不動産の効用及び相対的稀少性並びに不動産に対する有効需要の三者に影響を与える要因をいい，一般的要因，地域要因及び個別的要因に分けられる。不動産の価格は，多数の要因の相互作用の結果として形成されるものであるが，要因それ自体も常に変動する傾向を持っている。

価格形成要因
「基準」総論第3章

一般に財の価格は，その価格を形成する要因の変化に伴って変動する。

不動産の価格も多数の価格形成要因の相互因果関係の組合せの流れである変動の過程において形成されるものである。したがって，不動産の鑑定評価に当たっては，価格形成要因が常に変動の過程にあることを認識して，各要因間の相互因果関係を動的に把握すべきである。

変動の原則
「基準」総論第4章

すなわち，価格形成要因は，時の経過により変動するものであるから，不動産の価格はその判定の基準となった日においてのみ妥当するものである。したがって，不動産の鑑定評価を行うに当たっては，不動産の価格の判定の基準日を確定する必要があり，この日を価格時点という。また，賃料の価格時点は，賃料の算定の期間の収益性を反映するものとしてその期間の期首となる。価格時点は，鑑定評価を行った年月日を基準として現在の場合（現在時点），過去の場合（過去時点）及び将来の場合（将来時点）に分けられる。鑑定評価額は，この価格時点においてのみ妥当するものであるから，当然に鑑定評価報告書に記載しなければならない。

価格時点の確定
「基準」総論第5章

一方，鑑定評価を行った年月日とはいわゆる評価時点のことである。これは鑑定評価の手順を完了した日，すなわち鑑定評価報告書を作成し，これに鑑定評価額を表示した日である。これを記載する趣旨は，価格時点と評価時点との間隔の如何は，資料収集の可能性，価格形成要因の分析の正確度等に影響を及ぼし，鑑定評価額とも関係してくる場合があるので，当該評価時点においては当該鑑定評価額としたことに誤りはなかったことを後日立証す

鑑定評価を行った年月日

る点にある。

なお，後日対象不動産の現況把握に疑義が生ずる場合があることを考慮して，実地調査を行った年月日をあわせて記載しなければならない。

実査日
「基準」総論第9章

以　上

解　説

本問は「基準」総論第９章の鑑定評価報告書の必要的記載事項について，特に価格時点と鑑定評価を行った年月日について問う問題である。「基準」を中心に押さえていく問題で，論点も極めてオーソドックスなものであるため，ポイントをしっかりと押さえると同時に，答案構成にも気を配りたい。

答案構成としては，まず鑑定評価報告書と必要的記載事項の列挙を「基準」の文章を用いて述べていく。次に価格時点と鑑定評価を行った年月日の２つの時点についての説明となるが，価格時点については，総論第５章の基本的事項の確定の必要性と価格時点の確定の必要性，鑑定評価を行った年月日については，当該時点の説明と記載理由，価格時点との関連を丁寧に記述することがポイントである。また，個別の理由ばかりでなく，必要的記載事項全般についての記載理由についても述べて，説明に厚みを付けたい。

問題4　不動産鑑定評価基準には，差額配分法について，「対象不動産の経済価値に即応した適正な実質賃料又は支払賃料と，実際実質賃料又は実際支払賃料との間に発生している差額について，契約の内容，契約締結の経緯等を総合的に勘案して，当該差額のうち賃貸人等に帰属する部分を適正に判定して得た額を実際実質賃料又は実際支払賃料に加減して試算賃料を求める手法である」と規定されている。この場合，「対象不動産の経済価値に即応した適正な実質賃料又は支払賃料」とはどのような賃料をいうのか説明しなさい。また，「賃貸人等に帰属する部分」の判定に当たって勘案すべき事項についても簡潔に述べなさい。（一部改題）

解答例

1.「対象不動産の経済価値に即応した適正な実質賃料又は支払賃料」

不動産の鑑定評価によって求める賃料は，一般的には正常賃料又は継続賃料である。

（鑑定評価による賃料　「基準」総論第5章）

正常賃料とは，正常価格と同一の市場概念の下において新たな賃貸借等（賃借権若しくは地上権又は地役権に基づき，不動産を使用し，又は収益することをいう。）の契約において成立するであろう経済価値を表示する適正な賃料（新規賃料）をいう。

（正常賃料の定義　「基準」総論第5章）

継続賃料とは，不動産の賃貸借等の継続に係る特定の当事者間において成立するであろう経済価値を適正に表示する賃料をいう。

（継続賃料の定義　「基準」総論第5章）

不動産の賃料を求める鑑定評価の手法は，新規賃料にあっては積算法，賃貸事例比較法，収益分析法等があり，継続賃料にあっては差額配分法，利回り法，スライド法，賃貸事例比較法等がある。

（賃料を求める手法　「基準」総論第7章）

このうち差額配分法は，対象不動産の経済価値に即応した適正な実質賃料又は支払賃料と実際実質賃料又は実際支払賃料との間に発生している差額について，契約の内容，契約締結の経緯等を総合的に勘案して，当該差額のうち賃貸人等に帰属する部分を適切に判定して得た額を実際実質賃料又は実際支払賃料に加減して

（差額配分法の定義　「基準」総論第7章）

試算賃料を求める手法である。

この手法は，現行賃料約定時から価格時点までの対象不動産に係る用益の増減分を反映している点で説得力があるが，差額の配分に当たっては，衡平の観点から慎重にその配分割合を判定しなければならない。

差額配分法の長所・短所

対象不動産の経済価値に即応した適正な実質賃料は，価格時点において想定される新規賃料であり，積算法，賃貸事例比較法等により求める。

対象不動産の経済価値に即応した適正な支払賃料は，契約に当たって一時金が授受されている場合については，実質賃料から権利金，敷金，保証金等の一時金の運用益及び償却額を控除することにより求める。

この場合，「対象不動産の経済価値に即応した適正な賃料」とは，必ずしも当該不動産の最有効使用を前提として把握される元本価格に即応した賃料を意味しない。当該不動産の使用方法等が賃貸借等の契約条件により制約されている場合には，当該制約下において把握される元本価格に対応する賃料をいうものである。

対象不動産の経済価値に即応した適正な賃料
「基準」総論第7章

特に，「対象不動産の経済価値に即応した適正な実質賃料」を求める際に適用される手法の一つである積算法は，対象不動産について，価格時点における基礎価格を求め，これに期待利回りを乗じて得た額に必要諸経費等を加算して求めるものであるが，この場合，基礎価格は価格時点において対象不動産の有する経済価値を示す価格であり，次の事項に留意する必要がある。

積算法
「基準」総論第7章

(1)　宅地の賃料（いわゆる地代）を求める場合

①　最有効使用が可能な場合は，更地の経済価値に即応した価格である。

②　建物の所有を目的とする賃貸借等の場合で契約により敷地の最有効使用が見込めないときは，当該契約条件を前提とする建付地としての経済価値に即応した価格である。

(2)　建物及びその敷地の賃料（いわゆる家賃）を求める場合

建物及びその敷地の現状に基づく利用を前提として成り立つ当該建物及びその敷地の経済価値に即応した価格である。

基礎価格を求める際の留意事項
「留意事項」総論第7章，各論第2章
旧「運用通知」第7章

(3) 中高層建物及びその敷地の一部の賃料（いわゆる家賃）を求める場合

基礎価格を原価法で求めるときは，一棟の建物及びその敷地の積算価格を階層別及び同一階層内における位置別の効用比により求めた配分率を乗じて求める必要がある。この場合において，当該一棟の建物に対し敷地が広すぎる場合，建物が低層の場合等最有効使用の状態でないときは，敷地について過大な配分を行うことのないよう留意すべきである。

2．勘案事項

継続賃料は賃貸借等の継続に係る賃料であり，契約の当事者が特定されている。すなわち，その性格上，当初から当事者は限定されており，一般人が参入する余地はなく，市場は限定されている。一般に，特定の当事者間における実際実質（支払）賃料は，契約の期間の経過とともに賃料値上げの困難性等により，第三者に新規に賃貸することを想定した正常実質（支払）賃料から乖離する傾向がある。差額配分法は，この乖離に着目した継続賃料を求める手法である。

差額配分法の性格

賃貸人等に帰属する部分については，元本価格の上昇に伴う経済的利益の増加等について衡平に配分することが要請される。したがって，継続賃料固有の価格形成要因に留意しつつ，一般的要因の分析及び地域要因の分析により差額発生の要因を広域的に分析し，さらに対象不動産について契約内容及び契約締結の経緯等に関する分析を行うことにより適切に判断するものとする。

賃貸人等に帰属する部分
「基準」総論第7章

以　上

解　説

本問は，「基準」総論第７章の継続賃料を求める鑑定評価手法のうち差額配分法について問う問題である。

「対象不動産の経済価値に即応した適正な実質賃料及び支払賃料は，必ずしも当該不動産の最有効使用を前提として把握される元本価格に即応した賃料を意味しているのではなく，当該不動産の使用方法等が賃貸借等の契約条件により制約されている場合には，当該制約下において把握される元本価格に対応する賃料である」点が本問のポイント。

差額配分法の長所は，現行賃料約定時から価格時点までの対象不動産に係る用益の増減分をよく反映していることであり，短所は衡平の観点から慎重にその配分割合を判定しなければならない点にある。これを機に，他の継続賃料を求める鑑定評価手法の長所・短所も併せてまとめておこう。

MEMO

◇ 昭和62年度

問題1　不動産の鑑定評価における「地域」について次の問に答えなさい。
(1)　他の一般の諸財と異なる特性である「不動産の地域性」について述べなさい。
(2)　不動産の価格を形成する要因のうち一般的要因の地域的な指向性あるいは偏向性について説明しなさい。

解答例

小問(1)

不動産は，土地の持つ自然的特性（個別性等）及び人文的特性（用途の多様性等）に照応する特定の自然的条件及び人文的条件を与件として利用され，その社会的及び経済的な有用性を発揮するものである。

〔個別の不動産の特徴　「基準」総論第１章〕

不動産は，また，その自然的条件及び人文的条件の全部又は一部を共通にすることによって，他の不動産とともにある地域を構成し，その地域の構成分子としてその地域との間に，依存，補完等の関係に及びその地域内の他の構成分子である不動産との間に協働，代替，競争等の関係にたち，これらの関係を通じてその社会的及び経済的な有用性を発揮するものである（不動産の地域性）。

〔不動産の地域性　「基準」総論第１章〕

さらに，地域は，用途の同一性を基準として理解されるものであって，他の地域と区分されるべき特性を有するとともに，他の地域と相互関係にたち，この相互関係を通じて，その社会的及び経済的位置を占める（地域の特性）。

〔地域の特性　「基準」総論第１章〕

このように，不動産は「地域性」という特徴を有するため，様々な種別の地域（用途的地域）が形成され，用途的地域ごとに価格水準が形成される。また，個別の不動産の価格は，地域の価格水準という大枠の中で個別的に形成されるものである。

〔地域性の意義〕

小問(2)

不動産の価格を形成する要因とは，不動産の効用及び相対的稀少性並びに不動産に対する有効需要の三者に影響を与える要因をいう。

不動産の価格は，多数の要因の相互作用の結果として形成されるものであるが，要因それ自体も常に変動する傾向を持っている。したがって，不動産の鑑定評価を行うに当たっては，価格形成要因を市場参加者の観点から明確に把握し，かつ，その推移及び動向並びに諸要因間の相互関係を十分に分析して，前記三者に及ぼすその影響を判定することが必要である。

価格形成要因は，一般的要因，地域要因及び個別的要因に分けられる。

価格形成要因の意義
「基準」総論第3章

一般的要因とは，一般経済社会における不動産のあり方及びその価格の水準に影響を与える要因をいう。それは，自然的要因（地質，地盤の状態等），社会的要因（人口の状態，都市形成の状態等），経済的要因（貯蓄，消費及び投資の水準等）及び行政的要因（土地利用に関する計画及び規制の状態等）に大別される。

一般的要因の定義
「基準」総論第3章

この一般的要因は，用途的地域ごとにそれぞれ異なった影響を与えるとともに，同種別の地域には同質的な影響を与えるという地域的偏向性を有している。（例えば，ある都市における人口増加は，住宅地の需要を増加させるが，工業地の需要には大きな影響を与えない。）

一般的要因の地域的偏向性

地域要因とは，一般的要因の相関結合によって規模，構成の内容，機能等にわたる各地域の特性を形成し，その地域に属する不動産の価格の形成に全般的な影響を与える要因をいう。

地域要因は，地域的偏向性を有する一般的要因の相関結合により地域の特性を形成する要因であるから，地域の種別ごとに重視すべき要因が異なる。例えば，住宅地域では「街並みの状態」など快適性・利便性に関する要因が，商業地域では「繁華性の程度」など収益性に関する要因が，工業地域では「輸送施設の整備の状況」など生産性に関する要因が，それぞれ重視される。

地域要因の定義
「基準」総論第3章

この地域要因の分析（地域分析）により判定した地域（近隣地域）の特性は，通常，その地域に属する不動産の一般的な標準的使用に具体的に現れるが，この標準的使用は，利用形態からみた地域相互間の相対的位置関係及び価格形成を明らかにする手掛りとなるとともに，その地域に属する不動産のそれぞれについての最有効使用を

地域要因の分析の必要性
「基準」総論第6章

判定する有力な標準となるものである。すなわち，対象不動産の属する用途的地域（近隣地域）の地域要因を分析することを通じて，①鑑定評価手法の適用に当たって把握すべき事例資料の収集範囲や地域要因格差が明らかとなり，また②鑑定評価の行為基準となる最有効使用を判定する標準を得ることができる。

したがって，鑑定評価に当たっては，地域分析を通じて，一般的要因の地域的偏向性に基づいて形成された地域の特性を明らかにすることが必要である。また，地域分析に当たっては，一般的要因の地域的偏向性により地域の種別ごとに重視すべき地域要因が異なることに留意して，適切な分析を行わなければならない。

一般的要因の地域的偏向性の意義

以　上

解　説

小問(1)については，土地の特性 → 個別の不動産の特性 → 不動産の地域性の順に基準にそって記述すればよい。

小問(2)については，一般的要因の地域的偏向性に関する問題であるが，「鑑定評価においてなぜ価格形成要因（の把握）が必要か」→「価格形成要因には3種類ある」→「一般的要因」→「地域的偏向性」の順に記述すると論理的な文章となり，採点するほうも非常に採点がしやすくなり高得点に繋がる（試験委員が文章を何度も読み返さなければならない答案は論理性に欠け高得点は望めない！）。

一般的要因は，非常にマクロ的な要因で鑑定評価上も一般的要因を分析して直接価格に結びつけることは困難であり（基準でも具体的な一般的要因の分析についての記述がない），やや，解答しにくいかと思われる。このような場合，丁寧に，地域的偏向性とは何か，そして鑑定評価においてなぜその概念が必要なのかということを論じればよい。一般的要因と地域要因との相関結合が地域の特性を形成することが解答の切り口になる。

問題2　不動産の鑑定評価における取引事例比較法の適用に当たり，多数の取引事例を収集することが必要とされる理由について述べなさい。

解答例

1．取引事例比較法の意義

取引事例比較法は，市場性に着目して不動産の価格を求める手法で，まず多数の取引事例を収集して適切な事例の選択を行い，これらに係る取引価格に必要に応じて事情補正及び時点修正を行い，かつ，地域要因の比較及び個別的要因の比較を行って求められた価格を比較考量し，これによって対象不動産の試算価格（比準価格）を求める手法である。

（取引事例比較法の定義「基準」総論第7章）

取引事例比較法は，代替の原則を前提としているので，近隣地域若しくは同一需給圏内の類似地域等において対象不動産と類似の不動産の取引が行われている場合又は同一需給圏内の代替競争不動産の取引が行われている場合に有効である。

したがって，不動産の取引が極めて乏しい地域における不動産（例えば農地地域における建物及びその敷地）や，取引されることが極めて少ない不動産（例えば神社や仏閣又は境内地等のような特殊なもの，学校・公園等公共・公益用のもの）については，その適用は困難である。また，建物及びその敷地（区分所有建物及びその敷地を除く）については，市場性を有している通常の不動産であっても，土地建物一体として類似性の高い取引事例を収集することが困難であり，また土地と建物それぞれの要因比較を適切に行うことも困難であることから，取引事例比較法の適用を断念することが多い。

（取引事例比較法の有効性「基準」総論第7章）

2．多数の取引事例を収集する理由

取引事例比較法は，市場において発生した取引事例を価格判定の基礎とするものであるので，多数の取引事例を収集することが必要である。

豊富に収集された取引事例の分析検討は，個別の取引に内在する特殊な事情を排除し，時点修正率を把握し，及び価格形成要因の対象不動産の価格への影響の程度を知る上で欠くことのできないものである。特に，選択された取引事例は，取引事例比較法を適用して比準価格を求める場合の基礎資料となるものであり，収集された取引事例の信頼度は比準価格の精度を左右するものである。

すなわち，まず収集された多数の取引事例を詳細に分析，検討して，個別の取引に内在する特殊な事情をチェックすることにより，量的な面から客観性を付与し，かつ，正常な事情による取引において成立するであろう適正な価格を推定することが可能となる。

また，事例の採否を決定するために，時系列的な価格水準を把握し，概観的な価格水準をも判断する必要があるが，これは多くの取引事例を時系列的に検討することにより，不動産の実勢価格の変化を知る手掛かりを得ることができる。

さらに，それぞれの不動産の取引価格とそれに反映されている地域要因や個別的要因との相関関係を十分に検討することによって，それらの価格形成要因が価格に及ぼしている影響の程度を明らかにすることができる。

多数の取引事例を収集する理由（量的側面から）
「留意事項」総論第７章
「基準」総論第７章

なお，取引事例比較法の適用に当たっては，その有効性を高めるため，取引事例はもとより，売り希望価格，買い希望価格，精通者意見等の資料を幅広く収集するよう努めるものとする。これらの資料は，近隣地域等の価格水準及び地価の動向を知る上で十分活用し得るものである。

取引事例以外の資料の活用
「留意事項」総論第７章

３．取引事例の選択要件

上述により，多数の取引事例を収集することにより量的な面で客観性を付与することができるが，さらに，質的な面からも客観性を付与する必要がある。

まず，取引事例比較法の適用に当たって必要な取引事例は，取引事例比較法に即応し，適切にして合理的な計画に基づき，豊富に秩序正しく収集し，選択すべきであり，投機的取引であると認

取引事例の選択４要件（質的側面から）
「基準」総論第７章

められる事例等適正さを欠くものであってはならない点に留意すべきである。次に，取引事例は，原則として近隣地域又は同一需給圏内の類似地域に存する不動産に係るもののうちから選択するものとし，必要やむを得ない場合には近隣地域の周辺の地域に存する不動産に係るもののうちから，対象不動産の最有効使用が標準的使用と異なる場合等には，同一需給圏内の代替競争不動産に係るもののうちから選択するものとするほか，次の要件の全部を備えなければならない。

① 取引事情が正常なものと認められるものであること又は正常なものに補正することができるものであること。
② 時点修正をすることが可能なものであること。
③ 地域要因の比較及び個別的要因の比較が可能なものであること。

以　上

解　説

本問は，「基準」総論第７章の取引事例比較法からの出題である。取引事例比較法は，価格を求める手法において重要な手法であるので十分に理解しておく必要がある。

また，多数の事例を収集する必要性の理由については，そもそも不動産の鑑定評価とは不動産の客観的な経済価値を求めることであるから，客観性を付与するため量的な側面から必要であることに気づいてほしい。とくに，取引事例比較法は，市場において発生した取引事例を価格判定の基礎とするものであり，収集された取引事例の信頼度が比準価格の精度を左右するものなのだということをしっかり理解しよう。

なお，客観性を付与するための質的な側面から事例適格４要件も記述する必要があり，さらに「投機的取引事例の排除」についても漏らさないようにしてほしい。

問題3　不動産鑑定評価基準において「借地権の存在は，必ずしも借地権価格の存在を意味するものではない」と述べられているが，どのようなことか説明しなさい。ただし，この場合の借地権は旧借地法により締結された賃貸借契約に基づくものとする。（一部改題）

解答例

1．借地権価格について

宅地の類型は，その有形的利用及び権利関係の態様に応じて，更地，建付地，借地権，底地，区分地上権等に分けられる。このうち借地権とは，借地借家法（廃止前の借地法を含む。）に基づく借地権（建物の所有を目的とする地上権又は土地の賃借権）をいう。したがって，建物以外の工作物，又は竹木等を所有するため他人の土地を使用する権利及び使用貸借契約に基づいて土地を使用する権利は借地権ではない。

（宅地の類型，借地権の定義「基準」総論第２章）

借地権の価格は，借地借家法（廃止前の借地法を含む。）に基づき土地を使用収益することにより借地権者に帰属する経済的利益（一時金の授受に基づくものを含む。）を貨幣額で表示したものである。

借地権者に帰属する経済的利益とは，土地を使用収益することによる広範な諸利益を基礎とするものであるが，特に次に掲げるものが中心となる。

ア．土地を長期間占有し，独占的に使用収益し得る借地権者の安定的利益

これは，借地法により最低存続期間が定められていること，契約期間が経過しても地主に更新拒絶のための正当事由がない限り借地契約は更新されることなど，借地権の強化・安定化が図られているという，法的側面からみた利益である。

イ．借地権の付着している宅地の経済価値に即応した適正な賃料と実際支払賃料との乖離（「賃料差額」という）及びその乖離の持続する期間を基礎にして成り立つ経済的利益の現在価値の

（借地人に帰属する経済的利益「基準」各論第１章）

うち，慣行的に取引の対象となっている部分

これは，当該宅地の正常実質賃料（新規賃料）と当該借地契約に係る実際支払賃料との差額（いわゆる「借り得部分」）により生ずる，経済的側面からみた利益である。

宅地の経済価値に即応した適正な賃料とは，宅地の正常実質賃料相当額を意味し，借地条件により当該借地の使用収益が制約されている場合は，その制約条件下における宅地の経済価値に即応したものとなる。

適正な賃料

賃料差額は，発生理由の相違により，①地価の高騰に地代の改定が伴わなかったこと等に基づいて生じた自然発生的なもの，②権利金等の一時金の授受に基づいて生じた創設的なもの，及び③上記二者が混在したものに区分できる。

賃料差額の区分

2．借地権の存在が必ずしも借地権価格の存在を意味するものではないことについて

宅地に建物所有を目的とした地上権又は土地の賃借権が設定されれば，借地権が存在することとなる。しかし，借地権の存在は，必ずしも借地権の価格の存在を意味するものではなく，借地権に価格が発生するためには，借地人に帰属する経済的利益が発生し，この経済的利益に着目した市場人が多数現れ（有効需要），市場において売買が一般化，慣行化していくことが必要となる。

借地権価格の発生理由
「基準」各論第１章

この場合，持続的な賃料差額は，借地人に帰属する経済的利益の基礎であるが，実際支払賃料が正常実質賃料と同等で賃料差額が生じていない場合や，賃料差額が生じている場合であっても，まもなく借地契約が終了する場合等には，借地権の存在が必ずしも借地権価格の存在を意味しないことがある。

賃料差額がないケース

また，宅地の賃貸借等及び借地権取引の慣行の有無とその成熟の程度は，都市によって異なり，同一都市内においても地域によっても異なることもある。借地権の市場価値はその取引慣行の有無や成熟の程度に強く影響を受けて形成される。この場合，賃料差額による経済的利益が生じている場合であっても，直ちにそのすべてが市場価値を形成するものではなく，近隣地域及び同一需給圏内の類似地域等における取引慣行及びその成熟の程度によって

借地権の取引慣行がないケース
「基準」各論第１章

左右されるものであり，当該経済的利益についての取引慣行がない地域においては，借地権の存在が借地権価格の存在を意味しないことがある。

3．借地権の鑑定評価

このように借地権価格は，借地人に帰属する経済的利益の存在や取引慣行等によって強く影響を受けるものであるため，鑑定評価手法も取引慣行の成熟の程度に応じて次のように区分されている。

ア．借地権の取引慣行の成熟の程度の高い地域

借地権の鑑定評価額は，①借地権及び借地権を含む複合不動産の取引事例に基づく比準価格，②土地残余法による収益価格，③当該借地権の設定契約に基づく賃料差額のうち取引の対象となっている部分を還元して得た価格及び④借地権取引が慣行として成熟している場合における当該地域の借地権割合により求めた価格を関連づけて決定するものとする。

イ．借地権の取引慣行の成熟の程度の低い地域

借地権の鑑定評価額は，①土地残余法による収益価格，②当該借地権の設定契約に基づく賃料差額のうち取引の対象となっている部分を還元して得た価格及び③当該借地権の存する土地に係る更地又は建付地としての価格から底地価格を控除して得た価格を関連づけて決定するものとする。

以　上

借地権の鑑定評価
「基準」各論第1章

解　説

本問は,「基準」各論のうち借地権の価格に関するものである。

借地権の価格は,「持続的な賃料差額」と「取引慣行」とを前提として存在するものであることを理解していないと，十分な解答を書くことができず，やや難度の高い問題といえる。

借地人に帰属する経済的利益のうち「経済的側面から見た利益」について，しっかりと説明できるようにしてほしい。説明に当たっては,「賃料差額」の発生理由についても触れるべきである。

解答例では，取引慣行の成熟の程度に応じた借地権の評価手法をすべて列挙したが，評価手法については,「持続的な賃料差額」と「取引慣行」とを直接的に反映する手法である「賃料差額還元法」に論点を絞って解答することも考えられる。

問題④　不動産鑑定評価基準において「鑑定評価に当たってはまず，鑑定評価の基本的事項を確定しなければならない」と述べられているが，どのようなことか説明しなさい。

解答例

土地は，他の一般の諸財と異なる自然的特性（個別性等）及び人文的特性（社会的，経済的位置の可変性等）を有しており，土地を重要な構成要素とする不動産にもこれらの特性の反映が認められる。

土地の特性
「基準」総論第1章

このため，不動産は，前提となる市場の相違（合理的な市場，限定された市場等）等に基づく多面的な経済価値，及び同一の不動産における権利の併存等に基づく多元的な経済価値を有し，しかも，時の経過に伴って経済価値は変化する。

したがって，不動産の鑑定評価に当たっては，基本的事項として，対象不動産，価格時点及び価格又は賃料の種類を確定しなければならない。

すなわち，不動産の鑑定評価とは，特定の不動産について，特定の時点における，（特定の市場条件における）特定の種類の価格又は賃料を求めるものであるから，これらを特定するために，基本的事項を確定する必要がある。

基本的事項確定の必要性
「基準」総論第5章

(1)　対象不動産について

不動産は，その物的な範囲等が可変的であり，また所有権，賃借権等の権利の態様が複合的，重層的で複雑な様相を呈している。

そこで，鑑定評価を行うに当たっては，まず，鑑定評価の対象となる土地又は建物等を物的に確定することのみならず，鑑定評価の対象となる所有権及び所有権以外の権利を確定する必要がある。

対象不動産確定の必要性
「基準」総論第5章

対象不動産の確定に当たって必要となる鑑定評価の条件を対象確定条件という。これは，対象不動産の所在，範囲等の物的事項及び所有権，賃借権等の対象不動産の権利の態様に関する事項を確定するために必要な条件である。

対象確定条件
「基準」総論第5章

対象不動産の確定は，鑑定評価の対象を明確に他の不動産と区別し，特定することであり，それは不動産鑑定士が鑑定評価の依頼目的及び条件に照応する対象不動産と当該不動産の現実の利用状況とを照合して確認するという実践行為を経て最終的に確定されるべきものである。

対象不動産確定の方法
「基準」総論第5章

(2) 価格時点について

不動産の価格は，効用，相対的稀少性，有効需要の三者の相関結合によって決定され，この三者に影響を与える要因を価格形成要因という。不動産の価格は，多数の価格形成要因の相互作用によって形成されるものであるが，要因それ自体も時の経過により変動するものであるから，不動産の価格はその判定の基準となった日においてのみ妥当するものである。

したがって，鑑定評価を行うに当たっては，不動産の価格の判定の基準日を確定する必要があり，この日を価格時点という。また，賃料の価格時点は，賃料の算定の期間の収益性を反映するものとしてその期間の期首となる。

価格時点確定の必要性
「基準」総論第5章，第3章

価格時点は，鑑定評価を行った年月日を基準として現在の場合（現在時点），過去の場合（過去時点）及び将来の場合（将来時点）に分けられる。

価格時点の種類
「基準」総論第5章

過去時点の鑑定評価は，対象不動産の確認等が可能であり，かつ，鑑定評価に必要な要因資料及び事例資料の収集が可能な場合に限り行うことができる。また，時の経過により対象不動産及びその近隣地域等が価格時点から鑑定評価を行う時点までの間に変化している場合もあるので，このような事情変更のある場合の価格時点における対象不動産の確認等については，価格時点に近い時点の確認資料等をできる限り収集し，それを基礎に判断すべきである。

将来時点の鑑定評価は，対象不動産の確定，価格形成要因の把握，分析及び最有効使用の判定についてすべて想定し，又は予測することとなり，また，収集する資料についても鑑定評価を行う時点までのものに限られ，不確実にならざるを得ないので，原則として，このような鑑定評価は行うべきではない。ただし，特に

過去時点・将来時点の鑑定評価
「留意事項」総論第5章

必要がある場合において，鑑定評価上妥当性を欠くことがないと認められるときは将来の価格時点を設定することができるものとする。

(3) 価格又は賃料の種類について

不動産の鑑定評価とは，現実の社会経済情勢の下で合理的と考えられる市場で形成されるであろう市場価値を表示する適正な価格を，不動産鑑定士が的確に把握する作業に代表されるものである。したがって，鑑定評価によって求める価格は基本的には正常価格である。しかし，多様な不動産取引に即応し社会的な需要に応ずるため，依頼目的に対応した条件により限定価格，特定価格又は特殊価格を求める場合がある。また，鑑定評価によって求める賃料は，一般的には正常賃料又は継続賃料であるが，鑑定評価の依頼目的に対応した条件により限定賃料を求めることができる場合がある。

これらの価格又は賃料は，それぞれ前提とする市場概念が異なるものである。したがって，鑑定評価に当たっては，依頼者に直接依頼内容を確認した上で，依頼目的に対応した条件を踏まえて求める価格又は賃料の種類を適切に判断し，明確にしなければならない。

価格又は賃料の種類
「基準」総論第5章

価格等の種類確定の必要性・方法

以　上

解　説

本問は「基準」総論第５章の「鑑定評価の基本的事項」について正面から問う問題である。本問の論点は，なぜ基本的事項を確定しなければならないか，基本的事項の内容とは何かである。したがって，鑑定評価の基本的事項である，対象不動産，価格時点，価格又は賃料の種類について論点を整理して丁寧に論述できるかがポイントとなる。

論文構成としては，鑑定評価の基本的事項（対象不動産，価格時点，価格又は賃料の種類）を順序良く整理して論述していく。基本的事項の問題は，各事項で１問になり得るものなので基準をベースに的確な論点抽出を行って整理し，論文構成を行う必要がある。

MEMO

◇ 昭和63年度

問題1　「対象確定条件」とは何か説明しなさい。また，不動産の鑑定評価に当たり，想定上の「対象確定条件」が付加される場合について論じなさい。

解答例

1．対象確定条件

不動産の鑑定評価を行うに当たっては，まず，鑑定評価の対象となる土地又は建物等を物的に確定することのみならず，鑑定評価の対象となる所有権及び所有権以外の権利を確定する必要がある。

なぜなら，不動産は他の諸財と異なる特徴を有するため，鑑定評価の対象とすべき不動産と他の不動産との範囲が外見上不明確な場合があり，また，二つ以上の権利利益が同一の不動産に複合的，重畳的に存するなど鑑定評価の対象が複雑な様相を呈するからである。

対象不動産の確定は，鑑定評価の対象を明確に他の不動産と区別し，特定することであり，それは不動産鑑定士が鑑定評価の依頼目的及び条件に照応する対象不動産と当該不動産の現実の利用状況とを照合して確認するという実践行為を経て最終的に確定されるべきものである。

対象不動産の確定に当たって必要となる鑑定評価の条件を対象確定条件という。

対象確定条件は，鑑定評価の対象とする不動産の所在，範囲等の物的事項及び所有権，賃借権等の対象不動産の権利の態様に関する事項を確定するために必要な条件である。

（対象確定条件の定義　「基準」総論第5章）

2．想定上の対象確定条件が付加される場合

鑑定評価に際しては，現実の用途及び権利の態様並びに地域要因及び個別的要因を所与として不動産の価格を求めることのみでは多様な不動産取引の実態に即応することができず，社会的な需

（条件設定の必要性　「留意事項」総論第5章）

要に応ずることができない場合があるので，条件設定の必要性が生じてくる。

想定上の対象確定条件の設定は，依頼目的に応じて対象不動産の内容を確定するものである。したがって，条件設定は，鑑定評価の妥当する範囲及び鑑定評価を行った不動産鑑定士等の責任の範囲を示すという意義を持つものである。

想定上の対象確定条件の意義
「留意事項」総論第５章

想定上の対象確定条件の設定としては，主に以下のものが挙げられる。

(1) 不動産が土地及び建物等の結合により構成されている場合において，その土地のみを建物等が存しない独立のもの（更地）として鑑定評価の対象とすること（この場合の鑑定評価を独立鑑定評価という。）。

(2) 不動産の併合又は分割を前提として，併合後又は分割後の不動産を単独のものとして鑑定評価の対象とすること（この場合の鑑定評価を併合鑑定評価又は分割鑑定評価という。）。

(3) 造成に関する工事が完了していない土地又は建築に係る工事（建物を新築するもののほか，増改築等を含む。）が完了していない建物について，当該工事の完了を前提として鑑定評価の対象とすること（この場合の鑑定評価を未竣工建物等鑑定評価という。）。

鑑定評価の条件は，依頼内容に応じて設定するもので，不動産鑑定士等は不動産鑑定業者の受付という行為を通じてこれを間接的に確認することとなる。しかし，同一不動産であっても設定された条件の如何によっては鑑定評価額に差異が生ずるものであるから，不動産鑑定士は直接，依頼内容の確認を行うべきである。

設定例
「基準」総論第５章
「留意事項」総論第５章

対象確定条件を設定するに当たっては，対象不動産に係る諸事項についての調査及び確認を行った上で，依頼目的に照らして，鑑定評価書の利用者の利益を害するおそれがないかどうかの観点から当該条件設定の妥当性を確認しなければならない。

なお，未竣工建物等鑑定評価を行う場合は，上記妥当性の検討に加え，価格時点において想定される竣工後の不動産に係る

条件設定に当たって留意すべき事項
「基準」総論第５章

物的確認を行うために必要な設計図書等及び権利の態様の確認を行うための請負契約書等を収集しなければならず，さらに，当該未竣工建物等に係る法令上必要な許認可等が取得され，発注者の資金調達能力等の観点から工事完了の実現性が高いと判断されなければならない。

以　上

解　説

本問は「基準」総論第５章からの出題である。一見「基準」及び「留意事項」の引用だけで解けそうに思えるが，後段の想定上の「対象確定条件」を「想定上の地域要因及び個別的要因」と誤解しやすいので注意が必要である。

論文構成としては，対象確定条件の定義をきちんと書き，想定上の「対象確定条件」の条件設定の必要性からその意義，設定される独立鑑定評価，併合鑑定評価及び分割鑑定評価，未竣工建物等鑑定評価の定義をしっかり書く。

なお，部分鑑定評価（建付地の評価等）は，現実の状態を所与とするものであり，想定上の対象確定条件には該当しないので注意すること。

問題2　鑑定評価報告書の作成指針について述べなさい。

解答例

1．鑑定評価報告書の意義

鑑定評価報告書は，不動産の鑑定評価の成果を記載した文書であり，不動産鑑定士が自己の専門的学識と経験に基づいた判断と意見を表明し，その責任を明らかにすることを目的とするものである。

鑑定評価報告書の意義
「基準」総論第9章

2．鑑定評価報告書の作成指針

不動産の鑑定評価は，その不動産の価格の形成過程を追究し，分析することを本質とするものである。鑑定評価報告書は，鑑定評価の基本的事項及び鑑定評価額を表し，鑑定評価額を決定した理由を説明し，その不動産の鑑定評価に関与した不動産鑑定士の責任の所在を示すことを主旨とするものであるから，鑑定評価報告書の作成に当たっては，まずその鑑定評価の過程において採用したすべての資料を整理し，価格形成要因に関する判断，鑑定評価の手法の適用に係る判断等に関する事項を明確にして，これに基づいて作成すべきである。

鑑定評価報告書の内容は，不動産鑑定業者が依頼者に交付する鑑定評価書の実質的な内容となるものである。したがって，鑑定評価報告書は，鑑定評価書を通じて依頼者のみならず第三者に対しても影響を及ぼすものであり，さらには不動産の適正な価格の形成の基礎となるものであるから，その作成に当たっては，誤解の生ずる余地を与えないよう留意するとともに，特に鑑定評価額の決定の理由については，依頼者のみならず第三者に対して十分に説明し得るものとするように努めなければならない。

鑑定評価報告書の作成指針
「基準」総論第4章，第9章

3．記載事項

上記2の目的を達するため，鑑定評価報告書には，少なくとも以下のⅠ～Ⅻの事項について記載しなければならない。

Ⅰ　鑑定評価額及び価格又は賃料の種類

正常価格又は正常賃料を求めることができる不動産について，依頼目的に対応した条件により限定価格，特定価格又は限定賃料を求めた場合は，かっこ書きで正常価格又は正常賃料である旨を付記してそれらの額を併記しなければならない。

また，支払賃料の鑑定評価を依頼された場合における鑑定評価額の記載は，支払賃料である旨を付記して支払賃料の額を表示するとともに，当該支払賃料が実質賃料と異なる場合においては，かっこ書きで実質賃料である旨を付記して実質賃料の額を併記しなければならない。

鑑定評価額及び価格又は賃料の種類
「基準」総論第9章

Ⅱ　鑑定評価の条件

対象確定条件，依頼目的に応じ設定された地域要因若しくは個別的要因についての想定上の条件又は調査範囲等条件についてそれらの条件の内容及び評価における取扱いが妥当なものであると判断した根拠を明らかにするとともに，必要があると認められるときは，当該条件が設定されない場合の価格等の参考事項を記載すべきである。

鑑定評価の条件
「基準」総論第9章

Ⅲ　対象不動産の所在，地番，地目，家屋番号，構造，用途，数量等及び対象不動産に係る権利の種類

対象不動産の表示
「基準」総論第9章

Ⅳ　対象不動産の確認に関する事項

対象不動産の物的確認及び権利の態様の確認について，確認資料と照合した結果を明確に記載しなければならない。また，後日対象不動産の現況把握に疑義が生ずる場合があることを考慮して，実地調査を行った年月日や実地調査を行った不動産鑑定士の氏名等を合わせて記載しなければならない。

対象不動産の確認に関する事項
「基準」総論第9章

Ⅴ　鑑定評価の依頼目的及び依頼目的に対応した条件と価格又は賃料の種類との関連

鑑定評価の依頼目的に対応した条件により，当該価格又は賃料を求めるべきと判断した理由を記載しなければならない。特に，特定価格を求めた場合には法令等による社会的要請の根拠，また，特殊価格を求めた場合には文化財の指定の事実等を明らかにしなければならない。

依頼目的及び条件と価格又は賃料の種類との関連
「基準」総論第9章

Ⅵ　価格時点及び鑑定評価を行った年月日

価格時点は，不動産の価格の判定の基準となった日であり，鑑定評価額はその日においてのみ妥当するものであるから，この記載は不可欠である。鑑定評価を行った年月日とは鑑定評価の手順を完了した日，すなわち鑑定評価報告書において鑑定評価額を表示した日のことであり，価格時点との間隔の如何は，資料収集の可能性，価格形成要因の分析の正確度等に影響を及ぼし，鑑定評価額とも関係するので，後日誤りのなかったことを立証するためのものである。

価格時点及び鑑定評価を行った年月日「基準」総論第9章

Ⅶ　鑑定評価額の決定の理由の要旨

鑑定評価額の決定の理由の要旨は，①地域分析及び個別分析に関する事項，②最有効使用の判定に関する事項，③鑑定評価の手法の適用に関する事項，④試算価格又は試算賃料の調査に関する事項，⑤公示価格との規準に関する事項，⑥当事者間で事実の主張が異なる事項等について記載するものとする。また，支払賃料を求めた場合には，その支払賃料と実質賃料との関連を記載しなければならない。

鑑定評価額の決定の理由の要旨「基準」総論第9章

Ⅷ　鑑定評価上の不明事項に係る取扱い及び調査の範囲

対象不動産の確認，資料の検討及び価格形成要因の分析等，鑑定評価の手順の各段階において，鑑定評価における資料収集の限界，資料の不備等によって明らかにすることができない事項が存する場合の評価上の取扱いを記載しなければならない。その際，不動産鑑定士が自ら行った調査の範囲及び内容を明確にするとともに，他の専門家が行った調査結果等を活用した場合においては，当該専門家が調査した範囲及び内容を明確にしなければならない。

鑑定評価上の不明事項に係る取扱い及び調査の範囲「基準」総論第9章

Ⅸ　関与不動産鑑定士及び関与不動産鑑定業者に係る利害関係等

関与不動産鑑定士及び関与不動産鑑定業者の対象不動産に関する利害関係等の他，依頼者及び提出先等と関与不動産鑑定士及び関与不動産鑑定業者との関係につき，特別の資本的関係，人的及び取引関係の有無並びにその内容等を記載しなければならない。

関与不動産鑑定士又は関与不動産鑑定業者に係る利害関係等「基準」総論第9章

Ⅹ　関与不動産鑑定士の氏名

関与不動産鑑定士の氏名「基準」総論第9章

XI　依頼者及び提出先等の氏名又は名称

XII　鑑定評価額の公表の有無について確認した内容

4．附属資料

対象不動産等の所在を明示した地図，土地又は建物等の図面，写真等の確認資料，事例資料等は，必要に応じて鑑定評価報告書に添付するものとする。

以　上

（鑑定評価書提出先の氏名又は名称「基準」総論第9章）
（公表の有無について確認した内容「基準」総論第9章）
（附属資料「基準」総論第9章）

解　説

本問は「基準」総論第9章の「鑑定評価報告書の作成指針」から，鑑定評価報告書について真っ向から問う問題である。「基準」を中心とした文章となるため正確な論述が求められる。

論文構成としては，基本的には「基準」総論第9章の文章を流れに沿って押さえていけばよい。前半で総論的な文章を押さえつつ，必要的記載事項について，なぜ記載すべき事項なのかを丁寧に論述していけばよい。論点がはっきりと示されているので，周辺論点に深入りしてはならない。むしろ鑑定評価の意義的な部分から説明できればより厚みのある答案となる。

問題3　「基礎価格」とは何か説明しなさい。また何故このような価格を求める必要があるか，述べなさい。

解答例

1．「基礎価格」について

不動産の賃料を求める鑑定評価の手法は，新規賃料にあっては積算法，賃貸事例比較法，収益分析法等があり，継続賃料にあっては差額配分法，利回り法，スライド法，賃貸事例比較法等がある。

賃料を求める手法
「基準」総論第7章

このうち積算法は，対象不動産について，価格時点における基礎価格を求め，これに期待利回りを乗じて得た額に必要諸経費等を加算して対象不動産の試算賃料を求める手法である（この手法による試算賃料を積算賃料という。）。

積算法は，対象不動産の基礎価格，期待利回り及び必要諸経費等の把握を的確に行い得る場合に有効である。

積算法の定義・有効性
「基準」総論第7章

基礎価格とは，積算賃料を求めるための基礎となる価格をいい，原価法及び取引事例比較法により求めるものとする。

基礎価格の定義
「基準」総論第7章

基礎価格は，原価法によって算定するのが最も理論的である。しかし，既成市街地における土地のように原価法の適用が困難な場合も多いため，基礎価格の算定に取引事例比較法を採用し得るとして，この手法の適用範囲の拡大が図られている。なお，収益還元法を適用することは，循環論となり妥当ではない。

基礎価格を取引事例比較法により求めることができる理由

積算賃料を求めるに当たっての基礎価格は，賃貸借等の契約において，賃貸人等の事情によって使用方法が制約されている場合等で最有効使用の状態を確保できない場合には，最有効使用が制約されている程度に応じた経済価値の減分を考慮して求めるものとする。

基礎価格の特徴
「留意事項」各論第2章

基礎価格を求めるに当たっては，次に掲げる事項に留意する必要がある。

(1)　宅地の賃料（いわゆる地代）を求める場合

① 最有効使用が可能な場合は，更地の経済価値に即応した価格である。

② 建物の所有を目的とする賃貸借等の場合で契約により敷地の最有効使用が見込めないときは，当該契約条件を前提とする建付地としての経済価値に即応した価格である。

⑵ 建物及びその敷地の賃料（いわゆる家賃）を求める場合

建物及びその敷地の現状に基づく利用を前提として成り立つ当該建物及びその敷地の経済価値に即応した価格である。

留意事項「留意事項」総論第７章

⑶ 中高層建物及びその敷地の一部の賃料（いわゆる家賃）を求める場合

留意事項旧「運用通知」第７章

基礎価格を原価法で求めるときは，一棟の建物及びその敷地の積算価格を階層別及び同一階層内における位置別の効用比により求めた配分率を乗じて求める必要がある。この場合において，当該一棟の建物に対し敷地が広すぎる場合，建物が低層の場合等最有効使用の状態でないときは，敷地について過大な配分を行うことのないよう留意すべきである。

区分所有建物及びその敷地の鑑定評価「基準」各論第１章

また利回り法は，基礎価格に継続賃料利回りを乗じて得た額に必要諸経費等を加算して試算賃料を求める手法であり，基礎価格の求め方については，積算法に準ずるものとする。

利回り法の定義「基準」総論第７章

2．「基礎価格」を求める必要性

不動産の経済価値は，一般に，交換の対価である価格として表示されるとともに，その用益の対価である賃料として表示される。そして，この価格と賃料との間には，いわゆる元本と果実との間に認められる相関関係を認めることができる。

元本と果実の関係「基準」総論第１章

不動産の価格とは，「不動産が物理的，機能的，経済的に消滅するまでの全期間にわたって不動産を使用し，又は収益することができることを基礎として生ずる経済価値を貨幣額をもって表示したもの」である。一方，不動産の賃料とは，「上記期間のうちの一部の期間にわたって，不動産の賃貸借契約又は地上権若しくは地役権の設定契約に基づき，不動産を使用し，又は収益することができることを基礎として生ずる経済価値を貨幣額をもって表示したもの（純賃料）を主体とするもの」である。

不動産の価格・賃料

したがって，不動産の賃料は，当該不動産の価格を適正に把握することによって求められ，逆に，不動産の価格は，賃料を適正に把握することによって求められる。ここにいわゆる元本と果実の相関関係を求めることができる。そこで，この相関関係に着目して賃料（果実）を求めるために，基礎価格（元本）を求めることが必要となる。

元本と果実の相関関係からの必要性

また建築，造成等により取得した不動産を賃貸借等に供する場合，当該不動産の取得は投資と位置づけられ，その投資額に対して期待される一定の収益がその不動産の賃貸借等を通じて提供される用益の原価を構成することとなる。ここに，投下資本の回収という観点からも基礎価格を求める必要性が認められる。

投下資本回収からの必要性

以　上

解　説

本問は，賃料に関する鑑定評価のうち，基礎価格を用いる手法についての問題である。まず，基礎価格は，積算法と利回り法の二つの手法において算定する必要があることをしっかり理解しよう。「基礎価格」と「利回り」については，賃料に関する鑑定評価の中で比較的出題しやすい論点なのでよく整理しておいてほしい。

論文構成としては，論点が「基礎価格」に限定されているため，ボリュームとの兼合いで，ある程度「基礎価格」の詳細な説明を前半でしておきたい。これを踏まえて「基礎価格」を求める必要性の説明となるが，積算法における「基礎価格」の位置づけの説明が中心となる。この手法は元本と果実との相関関係に着目した手法であり，基礎価格を求めることにより賃料を求めることができることを説明する。

問題4　更地の鑑定評価における取引事例比較法の適用に当たり「自用の建物及びその敷地」の取引事例を用いる場合の方法について説明しなさい。また，その方法の適用に当たり，留意すべき事項について述べなさい。

解答例

1．更地の鑑定評価額

(1)　更地

更地とは，建物等の定着物がなく，かつ，使用収益を制約する権利の付着していない宅地をいう。すなわち，更地は，都市計画法，建築基準法等の公法上の規制は受けるが当該宅地に建物，構築物等の定着物がなく，かつ，賃借権，地上権，地役権等の使用収益を制約する権利の付着していない宅地をいう。更地は有形的利用及び権利関係の態様の両面から制約がなく，当該宅地の最有効使用に基づく経済価値を十全に享受することを期待し得るものであるから，更地の鑑定評価に当たっては，当該宅地の最有効使用を前提として把握される価格を求めることとなる。

更地の意義
「基準」総論第2章

(2)　自用の建物及びその敷地

自用の建物及びその敷地とは，建物所有者とその敷地の所有者とが同一人であり，その所有者による使用収益を制約する権利の付着していない場合における当該建物及びその敷地をいう。

自用の建物及びその敷地の定義
「基準」総論第2章

(3)　更地の鑑定評価額

更地の鑑定評価額は，更地並びに配分法が適用できる場合における建物及びその敷地の取引事例に基づく比準価格並びに土地残余法による収益価格を関連づけて決定するものとする。再調達原価が把握できる場合には，積算価格をも関連づけて決定すべきである。当該更地の面積が近隣地域の標準的な土地の面積に比べて大きい場合等においては，開発法による価格を比較考量して決定するものとする。

更地の鑑定評価手法
「基準」各論第1章

なお，配分法及び土地残余法を適用する場合における取引事例及び収益事例は，敷地が最有効使用の状態にあるものを採用すべきである。

2．取引事例比較法，配分法

(1) 取引事例比較法

取引事例比較法は，まず多数の取引事例を収集して適切な事例の選択を行い，これらに係る取引価格に必要に応じて事情補正及び時点修正を行い，かつ，地域要因の比較及び個別的要因の比較を行って求められた価格を比較考量し，これによって対象不動産の試算価格（比準価格）を求める手法である。

取引事例比較法は，近隣地域若しくは同一需給圏内の類似地域等において，対象不動産と類似の不動産の取引が行われている場合又は同一需給圏内の代替競争不動産の取引が行われている場合に有効である。

取引事例比較法の意義
「基準」総論第7章

(2) 配分法

取引事例が対象不動産と同類型の不動産の部分を内包して複合的に構成されている異類型の不動産に係る場合においては，①当該取引事例の取引価格から対象不動産と同類型の不動産以外の部分の価格が取引価格等により判明しているときは，その価格を控除し，又は②当該取引事例について各構成部分の価格の割合が取引価格，新規投資等により判明しているときは，当該事例の取引価格に対象不動産と同類型の不動産の部分に係る構成割合を乗じて，対象不動産の類型に係る事例資料を求めるものとする（この方法を配分法という）。

配分法の定義
「基準」総論第7章

3．更地の鑑定評価における配分法の適用

更地の鑑定評価における取引事例比較法の適用は，①更地の取引事例に基づく方法と，②自用の建物及びその敷地等の取引事例に配分法を適用して求めた更地の事例資料に基づく方法とがある。

(1) 配分法が認められている理由

そもそも，「更地」と「自用の建物及びその敷地（又は貸家及びその敷地）」とは類型が異なり，同一価値尺度での個別的要因の比較ができないため，取引事例として採用できないのが

配分法の必要性

原則である。

しかし，更地の鑑定評価において比準価格を試算する際，更地のみならず自用の建物及びその敷地の取引事例等に配分法の適用が認められている。その理由は，①既成市街地等においては，更地そのものよりも，建物等と一体となって取引される事例が多く（必要性），また②宅地が最有効使用の状態にある複合不動産に係る事例資料を採用する限り，これに配分法を適用して求められる宅地の価格は，更地の価格と同一になる（許容性）ことからである。

(2) 配分法を適用する際の留意点

この場合，更地は常に最有効使用が可能であるため，自用の建物及びその敷地の取引事例は，敷地が最有効使用の状態にあるものを採用する必要がある。自用の建物及びその敷地は，建物が敷地に対し不適応及び環境に不適合な場合があり，敷地の最有効使用が建物に制約されている場合があるからである。

また，配分法は，複合不動産の取引価格（総額）が適正に把握でき，土地以外の部分の価格，または土地の価格の割合が判明している場合に有効であり，対象不動産と同類型の不動産の部分が事例選択要件を具備していることが必要とされる。

以　上

配分法適用上の留意点
「基準」各論第１章

解　説

本問は，更地の鑑定評価における「配分法」に着目した問題である。

配分法は，複合不動産に係る取引価格を土地と建物に配分する方法のことであり，更地，建付地，借地権，建物等の鑑定評価において取引事例比較法を適用する際に適用するものである。

解答に当たっては，更地の意義と鑑定評価方法を述べてから，取引事例比較法の定義，配分法の定義，更地評価における配分法の必要性，留意点等を述べていけばよい。

平成元年度

> 問題1　不動産の賃貸借に伴って授受される一時金の種類と性格に触れつつ，支払賃料の求め方について説明しなさい。

解答例

1．実質賃料及び支払賃料の意義

不動産の賃料は，不動産が物理的，機能的，経済的に消滅するまでの全期間のうち一部の期間（賃料算定期間）について賃貸借契約等により不動産を使用収益できることを基礎として生ずる経済価値を貨幣額で表示したもの（純賃料）及び賃貸借等を継続するために必要な諸経費等からなる。

賃料の鑑定評価は，対象不動産について，賃料の算定の期間に対応して，実質賃料を求めることを原則とする。また，多様な不動産取引等に即応し，社会的な需要に応ずるために，賃料の算定の期間及び支払の時期に係る条件並びに権利金，敷金，保証金等の一時金の授受に関する条件が付されて支払賃料を求めることを依頼された場合には，実質賃料とともにその一部である支払賃料を求めることができる。

（賃料の鑑定評価について「基準」総論第7章）

実質賃料とは，賃料の種類の如何を問わず賃貸人等に支払われる賃料の算定の期間に対応する適正なすべての経済的対価をいい，純賃料及び不動産の賃貸借等を継続するために通常必要とされる諸経費等（以下，「必要諸経費等」という。）から成り立つものである。

一方，支払賃料とは，各支払時期に支払われる賃料をいい，契約に当たって，権利金，敷金，保証金等の一時金が授受される場合においては，当該一時金の運用益及び償却額と併せて実質賃料を構成するものである。

なお，慣行上，建物及びその敷地の一部の賃貸借等に当たって，水道光熱費，清掃・衛生費，冷暖房費等がいわゆる付加使用料，共益費等の名目で支払われる場合もあるが，これらのうちには実

（実質賃料と支払賃料「基準」総論第7章）

質的に賃料に相当する部分が含まれている場合があることに留意する必要がある。

これらは，実費を超える共益費等を徴求することにより，実質的に支払賃料を引き上げたものである。

2．一時金の種類と性格

賃貸借等の契約に当たって借主から貸主へ授受される一時金には，以下のものがあげられる。

(イ) 賃料の前払的性格を有するもの

一般に権利金，礼金等と呼ばれているもので，契約終了後も貸主から借主に返済されないため，当該一時金の運用益及び償却額を経済的対価として計上する。

(ロ) 預り金的性格を有するもの

一般に敷金，保証金，協力金等と呼ばれるもので，通常，契約終了時に貸主から借主に返還されるため，当該一時金の運用益のみを経済的対価として計上する。

これらの一時金は，その性格により次のように分けられる。

① 賃料滞納等の契約不履行に基づく，損害賠償の担保たる性格を有するもの（敷金）

② 賃貸借契約に定められた契約期間の完全履行を保証し，又は中途解約を防止するための性格を有するもの（保証金）

③ 建物等の建設資金又は既に調達した建設資金等の返済に当てるための金融的性格を有するもの（協力金）

(ハ) 賃貸借等の権利に譲渡性等を付与するもの

上記の(イ)の一時金には，譲渡又は転貸借を認める場合においては，この性質を有するものが認められる。

(ニ) 営業権の対価，又はのれん代に相当するもの

これらは原則として不動産に帰属するものではないので鑑定評価の範疇から除かれる。

一時金の種類と性格

3．支払賃料の求め方

契約に当たって一時金が授受された場合における支払賃料は，実質賃料から，当該一時金について賃料の前払的性格を有する一時金の運用益及び償却額並びに預り金的性格を有する一時金の運

用益を控除して求めるものとする。

賃料の前払的性格を有する一時金の運用益及び償却額については，対象不動産の賃貸借等の持続する期間の効用の変化等に着目し，実態に応じて適切に求めるものとする。

運用利回りは，賃貸借等の契約に当たって授受される一時金の性格，賃貸借等の契約内容並びに対象不動産の種類及び性格等の相違に応じて，当該不動産の期待利回り，不動産の取引利回り，長期預金の金利，国債及び公社債利回り，金融機関の貸出金利等を比較考量して決定するものとする。

支払賃料の求め方
「基準」総論第7章

4．鑑定評価報告書記載上の留意点

支払賃料の鑑定評価を依頼された場合には，鑑定評価報告書の鑑定評価額の記載方法は，支払賃料である旨を付記して支払賃料の額を表示するとともに，当該支払賃料が実質賃料と異なる場合においては，かっこ書きで実質賃料である旨を付記して実質賃料の額を併記するものとする。

支払賃料の鑑定評価報告書記載上の留意点
「基準」総論第9章

以　上

解　説

本問は主に「基準」総論第７章のうち，賃料を求める場合の一般的留意事項からの出題である。

問題文に「不動産の賃貸借に伴って授受される一時金の種類と性格に触れつつ…」とあるとおり，不動産の賃貸借に伴って授受される一時金について具体的に説明する必要があるが，基準の文章だけでは対応できない。賃料の前払的性格を有する一時金（権利金，礼金等）は，契約終了後も貸主から借主に返済されないが，預り金的性格を有する一時金（敷金，保証金，協力金等）は，契約終了時に貸主から借主に返還されるところがポイントである。

解答に当たっては，賃料の鑑定評価，実質賃料と支払賃料の意義・関連についても丁寧に論述する必要がある。

なお，鑑定評価報告書記載上の留意事項が書ければ加点事由となる。

問題2　不動産の鑑定評価は，合理的かつ現実的な認識と判断に基づいた一定の秩序的な手順により行うこととされているが，これについて，各作業項目をあげ簡潔に説明しなさい。

解答例

不動産の鑑定評価は，不動産鑑定士が合理的と考えられる市場で形成される不動産の適正な価格を把握する作業に代表されるものであるが，それは，評価主体の能力などの実質的要件のほか，一定の手順を踏むという形式的要件を満たすことによって，初めて合理的で客観的なものとなる。したがって，鑑定評価を行うためには，合理的かつ現実的な認識と判断に基づいた一定の秩序的な手順を必要とする。

序論
「基準」総論第8章

この手順は，以下の各作業項目から成る。

1．鑑定評価の基本的事項の確定

鑑定評価に当たっては，まず，鑑定評価の基本的事項を確定しなければならない。このため，鑑定評価の依頼目的，条件及び依頼が必要となった背景について依頼者に明瞭に確認するものとする。

鑑定評価の基本的事項の確定
「基準」総論第8章

2．依頼者，提出先等及び利害関係等の確認

前記1．における依頼者への確認においては，あわせて，次に掲げる事項を確認するものとする。

(1) 依頼者並びに鑑定評価書が依頼者以外の者へ提出される場合における当該提出先及び鑑定評価額が依頼者以外の者へ開示される場合における当該開示の相手方

(2) 関与不動産鑑定士及び関与不動産鑑定業者に係る利害関係等

(3) 鑑定評価額の公表の有無

依頼者，提出先及び利害関係等の確認
「基準」総論第8章

3．処理計画の策定

前記1．により確定された鑑定評価の基本的事項に基づき，実施すべき作業の性質及び量，処理能力等に即応して，以下の鑑定評価の作業に係る処理計画を秩序的に策定しなければならない。

処理計画の策定
「基準」総論第8章

4．対象不動産の確認

前記１．により確定された対象不動産についてその内容を明瞭にしなければならない。対象不動産の確認は，対象不動産の物的確認及び権利の態様の確認に分けられ，実地調査，聴聞，公的資料の確認等により，的確に行う必要がある。

(1) 物的確認に当たっては，土地についてはその所在，地番，数量等を，建物についてはこれらのほか家屋番号，建物の構造，用途等を，それぞれ実地に確認することを通じて，前記１．により確定された対象不動産の存否及びその内容を，確認資料を用いて照合しなければならない。

(2) 権利の態様の確認に当たっては，物的に確認された対象不動産について，当該不動産に係るすべての権利関係を明瞭に確認することにより，前記１．により確定された鑑定評価の対象となる権利の存否及びその内容を，確認資料を用いて照合しなければならない。

対象不動産の確認
「基準」総論第８章

５．資料の収集及び整理

鑑定評価の成果は，採用した資料によって左右されるものであるから，資料の収集及び整理は，鑑定評価の作業に活用し得るように適切かつ合理的な計画に基づき，実地調査，聴聞，公的資料の確認等により的確に行うものとし，公正妥当を欠くようなことがあってはならない。

鑑定評価に必要な資料は，おおむね確認資料，要因資料及び事例資料に分けられる。

資料の収集及び整理
「基準」総論第８章

６．資料の検討及び価格形成要因の分析

資料の検討に当たっては，収集された資料についてそれが鑑定評価の作業に活用するために必要にして十分な資料であるか否か，資料が信頼するに足りるものであるか否かについて考察しなければならない。

価格形成要因の分析に当たっては，収集された資料に基づき，一般的要因を分析するとともに，地域分析及び個別分析を通じて対象不動産の最有効使用を判定しなければならない。

資料の検討及び価格形成要因の分析
「基準」総論第８章

７．鑑定評価の手法の適用

鑑定評価の手法の適用に当たっては，鑑定評価の手法を当該案

件に即して適切に適用すべきである。この場合，地域分析及び個別分析により把握した対象不動産に係る市場の特性等を適切に反映した複数の鑑定評価の手法を適用すべきであり，対象不動産の種類，所在地の実情，資料の信頼性等により複数の鑑定評価の手法の適用が困難な場合においても，その考え方をできるだけ参酌するように努めるべきである。

鑑定評価の手法の適用
「基準」総論第8章

8．試算価格又は試算賃料の調整

試算価格又は試算賃料の調整とは，鑑定評価の複数の手法により求められた各試算価格又は試算賃料の再吟味及び各試算価格又は試算賃料が有する説得力に係る判断を行い，鑑定評価における最終判断である鑑定評価額の決定に導く作業をいう。

試算価格又は試算賃料の調整に当たっては，対象不動産の価格形成を論理的かつ実証的に説明できるようにすることが重要である。このため，鑑定評価の手順の各段階について，客観的，批判的に再吟味し，その結果を踏まえた各試算価格又は各試算賃料が有する説得力の違いを適切に反映することによりこれを行うものとする。

試算価格又は試算賃料の調整
「基準」総論第8章

9．鑑定評価額の決定

以上に述べた手順を十分に尽した後，専門職業家としての良心に従い適正と判断される鑑定評価額を決定すべきである。なお，地価公示法施行規則に規定する公示区域において土地の正常価格を求めるときは，公示価格を規準としなければならない。

鑑定評価額の決定
「基準」総論第8章

10．鑑定評価報告書の作成

鑑定評価額が決定されたときは，鑑定評価報告書を作成するものとする。

鑑定評価報告書の作成
「基準」総論第8章

以　上

解　説

「基準」総論第8章の鑑定評価の手順全体について問う基本的な問題であり，解答も，「基準」に即して各手順の内容を述べていくだけでよい。

問題3　不動産鑑定評価基準における地域分析に当たっての「特に重要な地域」について述べなさい。また，鑑定評価の手法の適用に関し，これら地域と事例資料との関連について述べなさい。　（一部改題）

解答例

1．地域分析の意義

不動産は用途的地域を構成し，各地域には地域の特性を前提とする価格水準が形成される。また，個別の不動産の価格は，地域の価格水準という大枠の中で，その不動産の最有効使用を前提として個別的に形成される。

したがって，対象不動産の価格形成要因を分析するに当たっては，まず，対象不動産の存する地域について分析することが必要である。

（地域分析の必要性）

地域分析とは，その対象不動産がどのような地域に存するか，その地域はどのような特性を有するか，また，対象不動産に係る市場はどのような特性を有するか，及びそれらの特性はその地域内の不動産の利用形態と価格形成について全般的にどのような影響力を持っているかを分析し，判定することをいう。

（地域分析の定義　「基準」総論第６章）

2．地域分析に当たって「特に重要な地域」

地域分析に当たって特に重要な地域は，用途的観点から区分される地域（以下「用途的地域」という。），すなわち近隣地域及びその類似地域と，近隣地域及びこれと相関関係にある類似地域を含むより広域的な地域，すなわち同一需給圏である。

（地域分析に当たって「特に重要な地域」　「基準」総論第６章）

(1)　近隣地域

近隣地域とは，対象不動産の属する用途的地域であって，より大きな規模と内容とを持つ地域である都市あるいは農村等の内部にあって，居住，商業活動，工業生産活動等人の生活と活動とに関して，ある特定の用途に供されることを中心として地域的にまとまりを示している地域をいい，対象不動産の価格の形成に関して直接に影響を与えるような特性を持つものである。

（近隣地域の意義　「基準」総論第６章）

近隣地域は，その地域の特性を形成する地域要因の推移，動向の如何によって変化していくものである。

(2) 類似地域

類似地域とは，近隣地域の地域の特性と類似する特性を有する地域であり，その地域に属する不動産は，特定の用途に供されることを中心として地域的にまとまりを持つものである。この地域のまとまりは，近隣地域の特性との類似性を前提として判定されるものである。

類似地域の意義
「基準」総論第6章

(3) 同一需給圏

同一需給圏とは，一般に対象不動産と代替関係が成立して，その価格の形成について相互に影響を及ぼすような関係にある他の不動産の存する圏域をいう。それは，近隣地域を含んでより広域的であり，近隣地域と相関関係にある類似地域等の存する範囲を規定するものである。

同一需給圏は，不動産の種類，性格及び規模に応じた需要者の選好性によって，その地域的範囲を異にするものであるから，その種類，性格，規模に応じて需要者の選好性を的確に把握した上で適切に判定する必要がある。

同一需給圏の意義
「基準」総論第6章

3．用途的地域等と事例資料との関連

鑑定評価手法の適用に必要とされる事例資料とは，現実の取引価格，賃料等に関する資料をいい，建設事例，取引事例，収益事例，賃貸借等の事例等（取引事例等という）があげられる。

事例資料の意義
「基準」総論第8章

代替性を有する二以上の財が存在する場合には，これらの財の価格は，相互に影響を及ぼして定まる。不動産の価格も代替可能な他の不動産又は財の価格と相互に関連して形成される（代替の原則）。

代替の原則
「基準」総論第4章

近隣地域内の不動産は，用途的な共通性及び機能的な同質性を持ち，不動産相互間に代替，競争等の関係が成立する。その結果，当該地域内に存する不動産について一定の価格水準が形成されるため，近隣地域に存する不動産に係る事例資料は，鑑定評価の各手法の適用上最も価格牽連性が強く規範性の高いものである。

また，一般に，近隣地域と同一需給圏内に存する類似地域とは，

原則的関係と事例選択要件
「基準」総論第6章，第7章

隣接すると否とにかかわらず，その地域要因の類似性に基づいて，それぞれの地域の構成分子である不動産相互の間に代替，競争等の関係が成立し，その結果，両地域は相互に影響を及ぼすものである。

したがって，取引事例等（事例資料）は，原則として近隣地域又は同一需給圏内の類似地域に存する不動産に係るもののうちから選択するものとし，必要やむを得ない場合には近隣地域の周辺の地域に存する不動産に係るもののうちから選択する必要がある。

ただし，戸建住宅地域に存する大規模なマンション適地等，対象不動産の個別性のために近隣地域の制約の程度が著しく小さい場合等には，近隣地域の外かつ同一需給圏内の類似地域の外に存する不動産であっても，同一需給圏内に存し対象不動産とその用途，規模，品等等の類似性に基づいて，これら相互の間に代替，競争等の関係が成立する場合がある。

このような場合には必ずしも近隣地域，類似地域といった地域概念にとらわれず，「代替の原則」を活用し，同一需給圏内に存し対象不動産と代替，競争等の関係が成立していると認められる不動産（同一需給圏内の代替競争不動産）に係る取引事例等を選択すべきである。

以　上

例外的関係と事例選択要件
「基準」総論第6章、第7章
「留意事項」総論第7章

解　説

本問は「基準」総論第6章の地域分析と第7章の事例選択要件に関する問題である。

論文構成としては，前半で地域分析と「特に重要な地域」である用途的地域と同一需給圏の概念を説明し，後半で事例資料との関連を説明する。この場合，特に前半は「基準」中心の記述となり，後半の論点のボリュームからもムダのないスリムな文章を心掛けたい。後半はこれら地域と事例資料との関連について述べていくこととなるが，「代替の原則」を挙げておくと，説得力のある解答となってよい。

同一需給圏内の不動産同士の代替関係については，原則的な関係と例外的な関係があり，特に後者においては，「同一需給圏内の代替競争不動産」に係る事例資料を選択する必要があるという点を，「基準」総論第6章と第7章の文言をうまく活用して述べること。

問題[4]　限定価格の意義を説明するとともに，これを求めることができる場合を三つ例示し，その理由を述べなさい。

解答例

1．不動産の鑑定評価とは，現実の社会経済情勢の下で合理的と考えられる市場で形成されるであろう市場価値を表示する適正な価格を不動産鑑定士が的確に把握する作業に代表される作業であるから，鑑定評価によって求める価格は，基本的には正常価格である。しかし，多様な不動産取引の実態に即応する社会的な需要に応ずるため，依頼目的に対応した条件により限定価格，特定価格又は特殊価格を求めることができる場合があるので，依頼目的に対応した条件を踏まえて価格の種類を適切に判断し，明確にすべきである。

限定価格の位置付け
「基準」総論第1章，第5章

限定価格とは，市場性を有する不動産について，不動産と取得する他の不動産との併合又は不動産の一部を取得する際の分割等に基づき正常価格と同一の市場概念の下において形成されるであろう市場価値と乖離することにより，市場が相対的に限定される場合における取得部分の当該市場限定に基づく市場価値を適正に表示する価格をいう。

限定価格の定義
「基準」総論第5章

限定価格は，合理的と考えられる市場を前提とする正常価格と異なり，市場限定下における特定の当事者の間においてのみ経済合理性が認められる価格であって，しかも，その合理性が不動産の価値自体から導き出されるような価格である。

限定価格の内容

2．限定価格を求めることができる場合を例示すれば，次のとおりである。

(1)　借地権者が底地の併合を目的とする売買に関連する場合

借地権者が底地を併合する場合には，当該併合により完全所有権となる。

この場合，買い手である借地権者にとっては，最有効使用実現への期待，担保価値の増大及び市場性の回復に伴う増分価値

借地権者が底地の併合を目的とする売買
「基準」総論第5章

が見込まれ，当該底地を正常価格より高い価格で買っても経済合理性が成り立つ。そこで，第三者の市場介入が困難となり市場が相対的に限定され，限定価格を求め得ることになる。

(2) 隣接不動産の併合を目的とする売買に関連する場合

隣接する土地を併合する場合には，併合後の土地の価格が，併合前の各単独地の合計額よりも高くなることがある。これは，併合による画地の規模の拡大，不整形の整形地への変更等，寄与の原則により併合後の土地の最有効使用の程度が上昇するため増分価値が生じるからである。そこで，ある土地の所有者が隣接土地を併合しようとする場合，これにより併合後の土地の価格が併合前のそれぞれの土地の価格の合計額より高くなるときは，当該土地所有者にとってはその隣接土地を併合することで増分価値が生じ，合理的な市場で形成されるであろう市場価値を乖離するので，市場が相対的に限定されることとなる。

隣接不動産の併合を目的とする売買
「基準」総論第5章

(3) 経済合理性に反する不動産の分割を前提とする売買に関連する場合

ある土地の一部を分割して取得しようとする場合には，残地の利用効率が低下し，減価が生ずることがある。このような場合には，当該土地の所有者は，残地の減価分の補償を受けない限りその土地の一部を分割して譲渡しようとはしない。そこで当該土地を分割して取得しようとする者は，残地の減価分の補償を上乗せした価格で取得せざるを得ないことから，当該分割された土地の価格は，正常価格を上回り，市場が相対的に限定されることとなる。なお，当該土地を分割して取得しようとする者が，隣接土地の所有者である場合は，同時に上記(2)の隣接不動産の併合を目的とする売買に関連する場合に該当することとなり，併合の場合の価値増加と分割の場合の残地の価値減少とを勘案して限定価格を求めることとなる。

経済合理性に反する不動産の分割を前提とする売買
「基準」総論第5章

3．上記(1)〜(3)の例示のほか，貸家及びその敷地を当該借家人が買い取る場合も，自用の建物及びその敷地となることによる市場性の回復等に即応する経済価値の増分が生ずることがあり，限定価格を求めることができる場合がある。

補足
「基準」各論第1章

さらに，不動産鑑定評価基準においては限定価格の例示としてあげられていないが，複数の土地を一団の土地として利用するため逐次取得するときも限定価格を求めることができる場合がある。この場合には，隣接不動産の併合を目的とする売買に関連する場合と同様に，併合後の土地の価値が大きくなることがあるからである。 補足

以　上

解　説

本問は「基準」総論第５章の価格又は賃料の種類の確定の中から，特に限定価格に的を絞った問題である。論点が絞られている分，内容，ボリュームともに厚みのある答案が求められる。

論文構成としては，問題文の通りに，まず，限定価格の内容を説明してから，限定価格を求めることができる場合について「基準」に例示されている３つのケースについて述べていけばよい。３つのケースについて，限定価格となる理由を説明する際には，「正常価格と乖離する価値の増減」が生じ，その結果，「市場が限定される」という点を具体的に述べる必要がある。

MEMO

◇ 平成２年度

> 問題1　同一需給圏の概念について説明するとともに，移行地及び見込地について，同一需給圏の判定に当たって特に留意すべき事項を述べなさい。

解答例

1．不動産は用途的地域を構成し，各地域には地域の特性を前提とする価格水準が形成される。また，個別の不動産の価格は，地域の価格水準という大枠の中で，その不動産の最有効使用を前提として個別的に形成される。

　したがって，対象不動産の価格形成要因を分析するに当たっては，まず，対象不動産の存する地域について分析することが必要である。

（地域分析の必要性）

　地域分析とは，その対象不動産がどのような地域に存するか，その地域はどのような特性を有するか，また，対象不動産に係る市場はどのような特性を有するか，及びそれらの特性はその地域内の不動産の利用形態と価格形成について全般的にどのような影響力を持っているかを分析し，判定することをいう。

（地域分析の定義　「基準」総論第６章）

　地域分析に当たって特に重要な地域は，用途的観点から区分される地域（以下「用途的地域」という。）すなわち近隣地域及びその類似地域と，近隣地域及びこれと相関関係にある類似地域を含むより広域的な地域すなわち同一需給圏である。

（地域分析に当たって特に重要な地域　「基準」総論第６章）

2．同一需給圏とは，一般に対象不動産と代替関係が成立して，その価格の形成について相互に影響を及ぼすような関係にある他の不動産の存する圏域をいう。それは近隣地域を含んでより広域的であり，近隣地域と相関関係にある類似地域等の存する範囲を規定するものである。一般に，近隣地域と同一需給圏内に存する類似地域とは隣接すると否とにかかわらず，その地域要因の類似性に基づいて，それぞれの地域の構成分子である不動産相互の間に代替，競争等の関係が成立し，その結果，両地域は相互に影響を

（同一需給圏の意義　「基準」総論第６章）

及ぼすものである。また，近隣地域の外かつ同一需給圏内の類似地域の外に存する不動産であっても，同一需給圏内に存し対象不動産とその用途，規模，品等等の類似性に基づいて，これら相互の間に代替，競争等の関係が成立する場合がある。

したがって，鑑定評価の各手法の適用に当たっては，近隣地域に存する不動産に係る事例資料のみならず，同一需給圏内の類似地域に存する不動産，さらには同一需給圏内の代替競争不動産に係る事例資料も必要に応じて活用すべきである。

このように，同一需給圏は，対象不動産との代替関係が働き得る地域的な限界を示すものであり，鑑定評価の各手法の適用に必要とされる事例資料の収集範囲をも明らかにするものである。

3．不動産の種類とは，不動産の種別（用途）及び類型（有形的利用及び権利関係の態様）の二面から成る複合的な不動産の概念を示すものであり，不動産の経済価値を本質的に決定する。

したがって，対象不動産の価格の形成過程を追究し，分析することを本質とする鑑定評価においては，種別，類型に基づく分析が必要となる。

不動産の種別とは，不動産の用途に関して区分される不動産の分類をいい，地域の種別は，宅地地域，農地地域，林地地域等に分けられる。

不動産の種別（地域の種別と土地の種別）について「基準」総論第２章

宅地地域とは，居住，商業活動，工業生産活動等の用に供される建物，構築物等の敷地の用に供されることが自然的，社会的，経済的及び行政的観点からみて合理的と判断される地域をいい，住宅地域，商業地域，工業地域等に細分される。さらに，住宅地域，商業地域，工業地域等については，その規模，構成の内容，機能等に応じた細分化が考えられる。

また，農地地域とは，農業生産活動のうち耕作の用に供されることが，林地地域とは，林業生産活動のうち木竹又は特用林産物の生育の用に供されることが，それぞれ，自然的，社会的，経済的及び行政的観点から見て合理的と判断される地域である。

なお，宅地地域，農地地域，林地地域等の相互間において，ある種別の地域から他の種別の地域へと転換しつつある地域及び宅

地地域，農地地域等のうちにあって細分されたある種別の地域から，その地域の他の細分された地域へと移行しつつある地域があることに留意すべきである。

土地の種別は，地域の種別に応じて分類される土地の区分であり，宅地，農地，林地，見行地，移行地等に分けられ，さらに地域の種別の細分に応じて細分される。

見込地とは，宅地地域，農地地域，林地地域等の相互間において，ある種別の地域から他の種別の地域へと転換しつつある地域のうちにある土地をいい，宅地見込地，農地見込地等に分けられる。

移行地とは，宅地地域，農地地域等のうちにあって，細分されたある種別の地域から他の種別の地域へと移行しつつある地域のうちにある土地をいう。

見込地・移行地の定義
「基準」総論第2章

4．同一需給圏は不動産の種類，性格及び規模に応じた需要者の選好性によって，その地域的範囲を異にするものであるから，その種類，性格及び規模に応じて需要者の選好性を的確に把握した上で適切に判定する必要がある。

移行地の価格形成に特に影響を及ぼす同一需給圏は，一般に当該移行地が移行すると見込まれる土地の種別の同一需給圏と一致する傾向がある。ただし，熟成度の低い場合には移行前の土地の種別の同一需給圏と同一のものとなる傾向がある。

見込地の場合についても移行地と同様にその同一需給圏は，一般に当該土地が転換すると見込まれる土地の種別の同一需給圏と一致する傾向がある。ただし，熟成度の低い場合には転換前の土地の種別の同一需給圏と同一のものとなる傾向がある。

なお，熟成度の程度の判定に当たっては，周辺地域の地域要因の変化の推移，動向が当該見込地・移行地の変化の動向予測に当たって有効な資料となる。

移行地・見込地の同一需給圏の判定に当たって特に留意すべき事項
「基準」総論第6章
「留意事項」総論第6章

以　上

解説

本問は，「基準」総論第6章の地域分析から，「同一需給圏」に着目した問題である。

解答の大半は，「基準」の引用によって作り上げることができるが，同一需給圏の概念について解答例のような補足説明があれば，より高得点が見込める。

問題[2] 不動産とその価格の特徴を説明するとともに，不動産の鑑定評価の必要性と社会的公共的意義について簡潔に述べなさい。

解答例

1．土地は，他の一般の諸財と異なり次のような特性を持っている。自然的特性として，地理的位置の固定性，不動産（非移動性），永続性（不変性），不増性，個別性（非同質性，非代替性）等を有し，固定的であって硬直的である。人文的特性として，用途の多様性（用途の競合，転換及び併存の可能性），併合及び分割の可能性，社会的及び経済的位置の可変性等を有し，可変的であって伸縮的である。

土地の特性
「基準」総論第1章

土地は不動産の重要な構成要素であることから，不動産一般についても，この土地の特性の顕著な影響が認められる。

不動産の特性

不動産は，また，その自然的条件及び人文的条件の全部又は一部を共通することによって，他の不動産とともにある地域を構成し，その地域の構成分子としてその地域との間に依存，補完等の関係に及びその地域内の他の構成分子である不動産との間に協働，代替，競争等の関係にたち，これらの関係を通じてその社会的及び経済的な有用性を発揮するものである（不動産の地域性）。

不動産の地域性
「基準」総論第1章

このような地域には，その規模，構成の内容，機能等にしたがって各種のものが認められるが，そのいずれもが，不動産の集合という意味において，個別の不動産の場合と同様に，特定の自然的条件及び人文的条件との関係を前提とする利用のあり方の同一性を基準として理解されるものであって，他の地域と区別されるべき特性をそれぞれ有するとともに，他の地域との間に相互関係にたち，この相互関係を通じてその社会的及び経済的位置を占めるものである（地域の特性）。

地域の特性
「基準」総論第1章

このような不動産の特徴により，不動産の価格についても，他の一般の諸財の価格と異なって，およそ次のような特徴を指摘することができる。

(1) 不動産の経済価値は，一般に，交換の対価である価格として表示されるとともに，その用益の対価である賃料として表示される。そして，この価格と賃料との間には，いわゆる元本と果実との間に認められる相関関係を認めることができる。

(2) 不動産の価格（又は賃料）は，その不動産に関する所有権，賃借権等の権利の対価又は経済的利益の対価であり，また，二つ以上の権利利益が同一の不動産の上に存する場合には，それぞれの権利利益について，その価格（又は賃料）が形成され得る。

(3) 不動産の属する地域は固定的なものではなくて，常に拡大縮小，集中拡散，発展衰退等の変化の過程にあるものであるから，不動産の利用形態が最適なものであるかどうか，仮に現在最適なものであっても，時の経過に伴ってこれを持続できるかどうか，これらは常に検討されなければならない。したがって，不動産の価格（又は賃料）は，通常，過去と将来とにわたる長期的な考慮の下に形成される。今日の価格（又は賃料）は，昨日の展開であり，明日を反映するものであって常に変化の過程にあるものである。

(4) 不動産の現実の取引価格等は，取引等の必要に応じて個別的に形成されるのが通常であり，しかもそれは個別的な事情に左右されがちのものであって，このような取引価格等から不動産の適正な価格を見出すことは一般の人には非常な困難である。

不動産の価格の特徴
「基準」総論第１章

2．したがって，一般の諸財と異なる不動産についてその適正な価格を求めるためには，鑑定評価の活動に依存せざるを得ないこととなる。

不動産の鑑定評価の必要性
「基準」総論第１章

不動産の鑑定評価は，その対象である不動産の経済価値を判定し，これを貨幣額をもって表示することである。また，不動産の鑑定評価とは，現実の社会情勢の下で合理的と考えられる市場で形成されるであろう市場価値を表示する適正な価格（すなわち正常価格）を，不動産鑑定士が的確に把握することを中心とする作業に代表される作業である。

不動産の鑑定評価の意義
「基準」総論第１章

個人の幸福も社会の成長，発展及び公共の福祉も，不動産のあ

り方（土地と人間との関係）に依存しているものであることを考えると，この社会における一連の価格秩序のなかで，対象不動産の価格の占める適正なあり所（すなわち正常価格）を指摘し，不動産のあり方の決定における選択の主要な指標を示す鑑定評価の社会的公共的意義は極めて大きいといわなければならない。

不動産の鑑定評価の社会的公共的意義「基準」総論第１章

以　上

解　説

本問は，「基準」総論第１章に関する問題である。

「不動産の特徴」「不動産の価格の特徴と鑑定評価の必要性」については，「基準」を引用すればそのまま解答となる。各価格の特徴について補足説明を加えてもよい。「鑑定評価の社会的公共的意義」については，冗長な説明は避け，解答例のように「不動産のあり方」を挙げて簡潔にまとめること。

問題3　対象不動産の確定と確認の関係について説明するとともに，特に対象不動産の確認の方法について述べなさい。

解答例

1．不動産の鑑定評価を行うに当たっては，まず，鑑定評価の対象となる土地又は建物等を物的に確定することのみならず，鑑定評価の対象となる所有権及び所有権以外の権利を確定する必要がある。

対象不動産の確定は，鑑定評価の対象を明確に他の不動産と区別し，特定することであり，それは不動産鑑定士が鑑定評価の依頼目的及び条件に照応する対象不動産と当該不動産の現実の利用状況とを照合して確認するという実践行為を経て最終的に確定されるべきものである。

（対象不動産の確定　「基準」総論第５章）

物の評価を行うときには，その対象を確定した上で行わなければならない。不動産は，人文的特性（用途の多様性，併合及び分割の可能性，社会的及び経済的位置の可変性等）に基づき，その範囲等が可変的であり，また，所有権，地上権等の物権のみならず，外見上からは不分明な賃借権等の債権も対象となり，これらが複合又は重層的に存在する等，その対象が複雑な様相を呈するために，対象不動産を確定することが重要となる。

ところで，手順の第１段階としての対象不動産の確定は，対象不動産の所在，範囲等が観念的に確定されるにすぎない。

（対象不動産の確定の必要性（小前提））

2．そこで，鑑定評価に当たっては，確定された対象不動産が現実にそのとおり存在しているかどうかを確認する必要がある。対象不動産の確認は，適正な鑑定評価の前提となる実践行為であり，いかなる場合においてもこの作業を省略してはならない。

対象不動産の確認に当たっては，不動産鑑定士は確定された対象不動産についてその内容を明瞭にしなければならない。確認を行った結果が依頼者から設定された対象確定条件と相違する場合は，再度依頼者に確認の上，対象確定条件の改定を求める等の適

（対象不動産の確認　「基準」総論第８章　旧「運用通知」）

切な措置を講じなければならない。

対象不動産の確認は，対象不動産の物的確認及び権利の態様の確認に分けられ，実地調査，聴聞，公的資料の確認等により，的確に行う必要がある。

(1) 対象不動産の物的確認

対象不動産の物的確認に当たっては，土地についてはその所在，地番，数量等を，建物についてはこれらのほか家屋番号，建物の構造，用途等を，それぞれ実地に確認することを通じて，確定された対象不動産の存否及びその内容を，確認資料を用いて照合しなければならない。

また，対象不動産について登記事項証明書等により登記又は登録されている内容とその実態との異同について把握する必要がある。

(2) 権利の態様の確認

権利の態様の確認に当たっては，物的に確認された対象不動産について，当該不動産に係るすべての権利関係を明瞭に確認することにより，確定された鑑定評価の対象となる権利の存否及びその内容を，確認資料を用いて照合しなければならない。

3．不動産については，その性格上種々の権利が設定されることが多く，これらの権利についても価格が形成されて鑑定評価の対象となる一方，このような権利の有無及びその内容が権利の目的となっている不動産の価格にも重要な影響を及ぼしている。したがって，鑑定評価の対象が所有権であるか所有権以外の権利であるかを問わず，対象不動産に係るすべての権利関係を明瞭にし，鑑定評価の対象とされた権利の存否及びその内容を確認する必要がある。権利の態様の確認に当たっては，登記事項証明書等に記載されている権利についてはもちろん，登記事項証明書等に表れていない権利についても現実の利用関係等を調査することにより把握する必要がある。

なお，対象不動産が区分所有建物及びその敷地である場合においては，専有部分のほか共用部分，建物の敷地等についてもその内容を明確にする必要がある。

以　上

対象不動産の確認に関する注意点

解　説

本問は「基準」総論第５章及び総論第８章に関連する出題である。

総論第８章「鑑定評価の手順」に記述されているように，「対象不動産の確定」とは鑑定評価を実際に行っていく上で第一段階となる作業である。すなわち対象不動産の確定とは鑑定評価の依頼を受け，その鑑定評価の対象物件（対象不動産）は何であるか（種別及び類型），どこに所在しているか等，作業の基本となる第一歩のことである。

これに対して，「対象不動産の確認」とは上述の確定された対象不動産が現実にはどのような状態にあるかを実地調査，聴聞（地元不動産精通者等），閲覧（登記事項証明書，公図等）等を通じて，実際に確認していく作業のことである。

問題の前半部分は上記の点に注意しながら，両者の違いを明確にするように記述していけば十分である。

次に，後半部分の論点としての「対象不動産の確認方法」については，「基準」の定義だけではなく，登記事項証明書等に記載されていない権利等についての確認，区分所有建物及びその敷地についての確認等についても重要な論点となるので，注意が必要である。

問題④　不動産の価格と賃料との関係について説明するとともに，賃料の価格時点及び算定の期間について述べなさい。

解答例

1．不動産の価格と賃料との関係について

土地は自然的特性として永続性を有し，また，個別の不動産は利用されることによって有用性を発揮するものである。このため，不動産の経済価値は，一般に，交換の対価である価格として表示されるとともに，その用益の対価である賃料として表示される。そして，この価格と賃料との間には，いわゆる元本と果実との間に認められる相関関係を認めることができる。

不動産の価格とは，その経済的残存耐用年数の全期間にわたって，当該不動産を使用・収益できることを基礎として生ずる経済価値を貨幣額表示したものである。また，不動産の賃料とは，上記期間の一部の期間において，賃貸借契約等に基づいて，当該不動産を使用・収益できることを基礎として生ずる経済価値を貨幣額表示したものである。

したがって，両者は，一方が増加（減少）すれば他方も増加（減少）するという正の相関関係を有しており，この関係は「利回り（賃料／価格）」として表示できる。

価格と賃料との相関関係
「基準」総論第1章

このような価格と賃料との関係に着目した評価手法としては，①賃料から価格を求めるための「収益還元法」，②価格から新規賃料を求めるための「積算法」，及び，③価格から継続賃料を求めるための「利回り法」が挙げられる。

価格と賃料との相関関係に基づく評価手法

①　収益還元法

収益還元法は，対象不動産が生み出すであろうと期待される純収益の現在価値の総和を求めることにより，対象不動産の試算価格（収益価格）を求める手法である。

還元利回り及び割引率は，共に不動産の収益性を表し，収益価格を求めるために用いるものであって，賃料と価格との相関

収益還元法
「基準」総論第7章

関係を示すものである。

両者は，共に比較可能な他の資産の収益性や金融市場における運用利回りと密接な関連があるので，不動産に帰属する適正な純収益等を把握し，かつ，他の資産の収益性等との比較を通じて適正な還元利回り又は割引率を把握することにより，当該不動産の価格を求めることができる。

② 積算法

積算法は，対象不動産について価格時点における基礎価格を求め，これに期待利回りを乗じて得た額に必要諸経費等を加算して対象不動産の試算賃料（積算賃料）を求める手法である。

期待利回りとは，賃貸借等に供する不動産を取得するために要した資本に相当する額に対して期待される純収益のその資本相当額に対する割合をいい，価格と新規賃料との相関関係を示すものである。

期待利回りを求める方法は，上記の還元利回りを求める方法に準ずるが，賃料の有する特性に留意すべきである。すなわち，期待利回りは当該不動産に係る経済的残存耐用年数の一部の期間に対応するものなので，還元利回りと比較して，将来における価格や賃料の変動の可能性を反映する程度が低いことに留意しなければならない。

積算法
「基準」総論第７章

③ 利回り法

利回り法は，基礎価格に継続賃料利回りを乗じて得た額に必要諸経費等を加算して試算賃料を求める手法である。

継続賃料利回りは，価格と継続賃料との相関関係を示すものであり，直近合意時点における基礎価格に対する純賃料の割合を標準として求める。

利回り法
「基準」総論第７章

２．賃料の価格時点等について

(1) 価格時点

価格形成要因は，時の経過により変動するものであるから，不動産の価格（賃料）はその判定の基準となった日においてのみ妥当するものである。したがって，不動産の鑑定評価を行うに当たっては，不動産の価格の判定の基準日を確定する必要が

価格時点
「基準」総論第５章

あり，この日を価格時点という。

賃料の価格時点は，後述する賃料の算定の期間の収益性を反映するものとしてその期間の期首となる。

価格時点は，鑑定評価を行った年月日を基準として現在の場合（現在時点），過去の場合（過去時点）及び将来の場合（将来時点）に分けられる。

(2) 賃料の算定の期間

不動産の賃料とは，全収益期間のうち一部の期間に対応するものなので，賃料の鑑定評価に当たっては当該一部の期間を定める必要があり，これを賃料の算定の期間という。

鑑定評価によって求める賃料の算定の期間は，原則として，宅地並びに建物及びその敷地の賃料にあっては1月を単位とし，その他の土地（農地等）にあっては1年を単位とする。

賃料算定期間「基準」総論第7章

以　上

解　説

本問は「基準」総論第1章，第5章，第7章と多岐にわたる章と関連する問題なので，論点を整理して，要領良くまとめて記述する必要がある。

問題の前半部分の主要な論点としては，「不動産の価格と賃料の関係」すなわちキーワードとなる「元本と果実の相関関係」についての記述が必要不可欠となる。

元本と果実の相関関係については，その具体例としての「収益還元法」，「積算法」，「利回り法」等について言及する必要がある。

次に，問題の後半部分の論点である「賃料の価格時点及び算定の期間」については問われている「定義」のみではなく，その前文となる「なぜ価格時点及び算定の期間が必要なのか」という論点についても必ず記述を行うようにしよう。このような前文の記述によって，論文としての構成（流れ）が構築される。

MEMO

平成３年度

問題1　取引事例の収集及び選択に際して留意すべき事項を説明しなさい。

解答例

1．不動産の価格を求める基本的な手法は，価格の三面性（費用性，市場性及び収益性）にそれぞれ対応する，原価法，取引事例比較法及び収益還元法に大別される。

（三者及び価格の三面性と三方式）

取引事例比較法は，まず多数の取引事例を収集して適切な事例の選択を行い，これらに係る取引価格に必要に応じて事情補正及び時点修正を行い，かつ，地域要因の比較及び個別的要因の比較を行って求められた価格を比較考量し，これによって対象不動産の試算価格（比準価格）を求める手法である。

（取引事例比較法の定義　「基準」総論第７章）

取引事例比較法は，近隣地域若しくは同一需給圏内の類似地域等において対象不動産と類似の不動産の取引が行われている場合又は同一需給圏内の代替競争不動産の取引が行われている場合に有効である。

（取引事例比較法の有効性　「基準」総論第７章）

2．一般に，鑑定評価の各手法の適用に当たって必要とされる取引事例等は，各手法に即応し，適切にして合理的な計画に基づき，豊富に秩序正しく収集し，選択すべきであり，投機的取引であると認められる事例等適正を欠くものであってはならない。

投機的事例か否かの判断は，主に取引目的が最終的に利用を前提とするか否かによって行うこととなる。

3．取引事例比較法は，前記のように取引事例を価格判定の基礎とするものであり，まず，多数の取引事例を収集することが必要である。

取引事例は，次の要件の全部を備えるもののうちから選択しなければならない。

① 近隣地域又は同一需給圏内の類似地域若しくは必要やむを得ない場合には近隣地域の周辺の地域に存する不動産に係るもの

（取引事例の収集及び選択　「基準」総論第７章　「運用通知」第７章）

であること。また，対象不動産の最有効使用が標準的使用と異なる場合等には，同一需給圏内に存し対象不動産と代替，競争等の関係が成立していると認められる不動産（同一需給圏内の代替競争不動産）に係るものであること。

代替性を有する二以上の財が存在する場合には，これらの財の価格は，相互に影響を及ぼして定まる。不動産の価格も代替可能な他の不動産又は財の価格と相互に関連して形成される（代替の原則）。

近隣地域や同一需給圏内の類似地域に存する不動産は，通常，相互に代替競争関係にあるため，取引事例として適切である。また，取引事例が少ない地域等においてこの手法の適用を可能とするため，やむを得ない場合は，周辺地域に存する不動産の事例も活用できる。なお，戸建住宅地域内の大規模なマンション適地のように最有効使用が標準的使用と異なる場合等においては，個々の不動産同士の代替性に着目し，同一需給圏内の代替競争不動産に係る事例を採用すべきである。

② 取引事情が正常なものと認められるものであること，又は正常なものに補正できるものであること。

鑑定評価によって求める価格は基本的には正常価格であるから，取引事情が正常なものでなければならない。現実の取引価格は個別的な事情に左右されがちであるが，事情補正が可能であれば活用できる。

③ 時点修正をすることが可能なものであること。

不動産の価格は価格形成要因の変化に伴い変動する。したがって，取引時点の価格を価格時点のものに修正できる事例を選択しなければならない。

④ 地域要因の比較及び個別的要因の比較が可能なものであること。

同一の価値尺度で比較が可能な，同種別かつ同類型の事例を選択しなければならない。

4．取引事例比較法の適用に当たっては，多数の取引事例を収集し，価格の指標となり得る事例の選択を行わなければならない。また，

売り希望価格，買い希望価格，精通者意見等の資料は，近隣地域等の価格水準及び地価の動向を知る上で十分活用し得るものであり，これらの資料により適用範囲を広げ，鑑定評価の精度を高めることができる。

豊富に収集された取引事例の分析検討は，個別の取引に内在する特殊な事情を排除し，時点修正率の把握及び価格形成要因の対象不動産の価格への影響の程度を知る上で欠くことのできないものである。特に，選択された取引事例は，取引事例比較法を適用して比準価格を求める場合の基礎資料となるものであり，比準価格の精度を左右するものである。

取引事例は，不動産の利用目的，不動産に関する価値観の多様性，取引の動機による売主及び買主の取引事情等により各々の取引について考慮されるべき視点が異なってくる。したがって，取引事例に係る取引事情を始め取引当事者の属性（個人，法人，不動産業者等）及び取引価格の水準の変動の推移を慎重に分析しなければならない。

事例分析における取引事例収集，選択の留意点「留意事項」総論第７章

この結果，取引当事者の属性により特別の動機，あるいは価格水準の一定の推移，動向から著しく乖離するような事例の選択には一層の慎重を期すべきであり，場合によっては選択を避けなければならない。

このように，取引事例比較法の適用に当たっては，豊富に収集した取引事例のうちから比較の対象として用いるにふさわしく，より信頼性の高い適切な取引事例の選択に努めなければならない。そのためには，取引事例を案件の都度にわかに収集するということではなく，変化する地域の動向を見失うことのないように，売買物件の動向，取引の成立状況等について日常の鑑定評価業務を通じて絶えず注意し，情報を入手するように努める必要がある。

鑑定評価業務上の取引事例，収集・選択の留意点「運用通知」第７章

以　上

解　説

本問は「基準」総論第7章「取引事例比較法」に関する出題である。

問題文は，「取引事例の収集及び選択に際して留意すべき事項」であるから，解答骨子の作成の起点として，まず「取引事例は不動産の鑑定評価においてどの段階で用いられるか」ということから記述が必要となってくる。

構成としては，前文（価格の三面性のうち市場性）→ 内容（手法の意義，事例選択4要件）→ 留意点（参考資料，多数事例収集の必要性等）→ まとめ（日常から絶えず情報入手等）という流れが最低限必要である。なお，上述の構成のうち問題の論旨としてポイントを置くべき記述点は「事例選択4要件（＋投機的取引の排除)」である。

本問の類似問題として，「取引事例等」と「等」が付き賃貸事例等も含む場合には，上記事例選択4要件に，契約内容の類似性をも加えて5要件となることにも注意が必要である。

問題2　不動産の鑑定評価に当たって地域要因又は個別的要因について付加される想定上の条件に関する次の問に答えなさい。

(1)　想定上の条件とはどのようなものか，また，どのような場合に付加されるか述べなさい。

(2)　当該条件を付加することについての当否の判断基準を述べなさい。

解答例

小問(1)

価格形成要因とは，不動産の効用及び相対的稀少性並びに不動産に対する有効需要の三者に影響を与える要因をいい，一般的要因，地域要因及び個別的要因に分けられる。不動産の鑑定評価を行うに当たっては，価格形成要因を市場参加者の観点から明確に把握・分析して，前記三者に及ぼすその影響を判定することが必要である。

地域要因とは，一般的要因の相関結合によって規模，構成の内容，機能等にわたる各地域の特性を形成し，その地域に属する不動産の価格の形成に全般的な影響を与える要因をいい，個別的要因とは，不動産に個別性を生じさせ，その価格を個別的に形成する要因をいう。

価格形成要因の意義，地域要因・個別的要因の定義「基準」総論第3章

地域要因又は個別的要因について付加される想定上の条件とは，例えば，「近隣地域における用途地域・指定容積率が変更されたものとして（地域要因）」「土壌汚染が除去されたものとして（土地の個別的要因）」「中古建物について設備が更新されたものとして（建物の個別的要因）」等，現況と異なる地域要因又は個別的要因を想定して鑑定評価を行う場合の条件をいう。

地域要因・個別的要因についての想定条件の具体例

鑑定評価に際しては，現実の用途及び権利の態様並びに地域要因及び個別的要因を所与として不動産の価格を求めることのみでは多様な不動産取引の実態に即応することができず，社会的な需要に応ずることができない場合があるので，条件設定の必要性が生じてくる。

条件設定は，鑑定評価の妥当する範囲及び鑑定評価を行った不動

想定条件設定の必要性「留意事項」総論第5章

産鑑定士の責任の範囲を示すという意義を持つものである。

なお，鑑定評価報告書の作成に当たっては，依頼目的に応じ設定された地域要因若しくは個別的要因についての想定上の条件についてそれらの条件の内容及び評価における取扱いが妥当なものであると判断した根拠を明らかにするとともに，必要があると認められるときは，当該条件が設定されない場合の価格等の参考事項を記載すべきである。

鑑定評価報告書への記載事項
「基準」総論第９章

小問(2)

対象不動産について，依頼目的に応じ対象不動産に係る価格形成要因のうち地域要因又は個別的要因について想定上の条件を設定する場合には，設定する想定上の条件が鑑定評価書の利用者の利益を害するおそれがないかどうかの観点に加え，特に実現性及び合法性の観点から妥当なものでなければならない。

鑑定評価書の利用者の利益を害するおそれがある場合とは，地域要因又は個別的要因についての想定上の条件を設定した価格形成要因が対象不動産の価格に与える影響の程度等について，鑑定評価書の利用者が自ら判断をすることが困難であると判断される場合をいう。

なお，証券化対象不動産の鑑定評価及び会社法上の現物出資の目的となる不動産の鑑定評価等，鑑定評価が鑑定評価書の利用者の利益に重大な影響を及ぼす可能性がある場合には，原則として地域要因又は個別的要因についての想定上の条件の設定をしてはならない。

実現性とは，設定された想定上の条件を実現するための行為を行う者の事業遂行能力等を勘案した上で当該条件が実現する確実性が認められることをいう。なお，地域要因についての想定上の条件を設定する場合には，その実現に係る権能を持つ公的機関の担当部局から当該条件が実現する確実性について直接確認すべきことに留意すべきである。したがって，当該実現性の観点等から，一般に，地域要因について想定上の条件を設定することが妥当と認められる場合は，計画及び諸規制の変更，改廃に権能を持つ公的機関の設定する事項に主として限られる。

合法性とは，公法上及び私法上の諸規制に反しないことをいう。

想定条件の妥当性の判断基準
「基準」総論第５章
「留意事項」総論第５章

なお，条件設定をする場合，依頼者との間で当該条件設定に係る鑑定評価依頼契約上の合意がなくてはならない。

また，条件設定が妥当ではないと認められる場合には，依頼者に説明の上，妥当な条件に改定しなければならない。

補足
「基準」総論第5章

以　上

解　説

本問は，「基準」総論第5章のうち，地域要因又は個別的要因について設定する想定上の条件に関する問題である。典型論点なので，対象確定条件・調査範囲等条件とともに要点をきちんと整理しておく必要がある。

小問(1)は，上位概念として地域要因・個別的要因の定義等に触れてから，想定上の条件の具体例と，当該条件を設定する必要性について述べること。上位概念については，解答例の他にも，対象不動産の確定等に触れてもよい。条件設定に関する鑑定評価報告書への記載事項について述べれば加点事由となる。

小問(2)は，条件設定の妥当性の判断基準について「基準」「留意事項」を引用すればよい。

問題③　不動産の価格に関する諸原則のうち最有効使用の原則について，次の問に答えなさい。

(1)　最有効使用の原則とは何か説明しなさい。

(2)　この原則と地域分析及び個別分析における不動産の標準的使用との関連を述べなさい。

解答例

小問(1)

不動産の価格形成過程には基本的な法則性が認められる。不動産の鑑定評価は，その価格形成過程を追究し分析することを本質とするものであるから，鑑定評価に際しては，必要な指針としてこれらの法則性を認識し，かつ，これらを具体的に現した諸原則を活用すべきである。

（価格諸原則の意義　「基準」総論第４章）

不動産，特に土地は，用途の多様性という人文的特性を有するため，同一の不動産について異なった使用方法を前提とする需要が競合し得る。需要者の間に競争が生ずる結果，最も高い価格を提示できる者がその不動産を取得するが，そのような価格を提示できるのは，その不動産の利用による収益性・快適性等が最大となるような使用方法，すなわち最有効使用を前提とした場合に限られる。したがって，不動産の価格は，その不動産の効用が最高度に発揮される可能性に最も富む使用（最有効使用）を前提として把握される価格を標準として形成される（最有効使用の原則）。

この場合の最有効使用とは，現実の社会経済情勢の下で客観的にみて，良識と通常の使用能力を持つ人による合理的かつ合法的な最高最善の使用方法に基づくものである。

（最有効使用原則の定義・成立根拠　「基準」総論第４章）

最有効使用の原則は，取引事例比較法において配分法を適用する際の取引事例の収集・選択，原価法において減価修正を行う際の機能的・経済的な減価要因の分析，及び収益還元法（土地残余法）における最有効使用の建物の想定等に当たって活用されるものであり，不動産の鑑定評価の行為基準となる重要な原則であるということが

（最有効使用原則の必要性）

いえる。

なお，ある不動産についての現実の使用方法は，必ずしも最有効使用に基づいているものではなく，不合理な又は個人的な事情による使用方法のために，当該不動産が十分な効用を発揮していない場合があることに留意すべきである。

現実の使用方法
「基準」総論第4章

小問(2)

不動産の価格は，その不動産の最有効使用を前提として把握される価格を標準として形成される。したがって，鑑定評価に当たっては，地域分析及び個別分析を通じて対象不動産についてその最有効使用を判定しなければならない。

地域分析・個別分析
「基準」総論第6章，第8章

地域分析とは，その対象不動産がどのような地域に存するか，その地域はどのような特性を有するか，また，対象不動産に係る市場はどのような特性を有するか，及びそれらの特性はその地域内の不動産の利用形態と価格形成について全般的にどのような影響力を持っているかを分析し，判定することをいう。

地域分析
「基準」総論第6章

不動産は，他の不動産とともに，用途的に同質性を有する一定の地域を構成してこれに属することを通常とし（不動産の地域性），地域はその規模，構成の内容，機能等にわたってそれぞれ他の地域と区別されるべき特性を有している（地域の特性）。

この地域（近隣地域）の特性は，通常，その地域に属する不動産の一般的な標準的使用に具体的に現れるが，この標準的使用は，利用形態からみた地域相互間の相対的位置関係及び価格形成を明らかにする手掛りとなるとともに，その地域に属する不動産のそれぞれについての最有効使用を判定する有力な標準となるものである。

標準的使用と最有効使用
「基準」総論第6章

一方，個別分析とは，対象不動産の個別的要因が対象不動産の利用形態と価格形成についてどのような影響力を持っているかを分析してその最有効使用を判定することをいう。

個別分析
「基準」総論第6章

個々の不動産の最有効使用は，一般に近隣地域の地域の特性の制約下にあるので，個別分析に当たっては，特に近隣地域に存する不動産の標準的使用との相互関係を明らかにし判定することが必要である。すなわち，不動産の最有効使用を判定するに当たっては，地域分析で判定した当該地域の標準的使用を有力な標準とすべきである。

標準的使用と最有効使用
「基準」総論第6章

しかし，戸建住宅地域に存する大規模なマンション適地等のように，対象不動産の位置，規模，環境等によっては，標準的使用の用途と異なる用途（最有効使用）の可能性が考えられるので，こうした場合には，それぞれの用途に対応した個別的要因の分析を行った上で最有効使用を判定しなければならない。

最有効使用判定上の留意点
「基準」総論第6章

以　上

解　説

本問は「基準」総論第４章「不動産の価格に関する諸原則」に関する出題である。

小問(1)は，「最有効使用の原則」に関する出題である。

不動産の価格に関する諸原則は不動産の価格形成過程に認められる法則性を具体的に現したものであるが，その11の価格諸原則の中で最も重要な原則の一つが「最有効使用の原則」である。

なぜなら「不動産の価格は，その不動産の最有効使用を前提として把握される価格を標準として形成される」からである。すなわちすべての不動産は個々の不動産の最有効使用をベースとして価格が決定されることから，不動産の価格を求める不動産の鑑定評価においては必ず「最有効使用」を判定することが必要となり，そのためには「最有効使用の原則」が十分に活用されることが必要となるのである。

小問(2)は，「基準」総論第６章「地域分析及び個別分析」との関連が問われている。

不動産の鑑定評価においては「地域分析」を通じて地域に存する不動産の標準的使用を判断し，次いで「個別分析」を通じて個々の不動産の最有効使用を判定する。

この場合において地域の標準的使用は個々の不動産の最有効使用を判定する有力な標準となるのである。すなわち，ここに上記「最有効使用の原則」と「標準的使用」との関係がある。

問題[4]　貸家及びその敷地について，次の問に答えなさい。
(1)　貸家及びその敷地とは何か説明しなさい。
(2)　貸家及びその敷地の鑑定評価額はどのように決定するか述べなさい。

解答例

小問(1)

不動産の類型とは，その有形的利用及び権利関係の態様に応じて区分される不動産の分類をいい，不動産の種別（用途）とともに，不動産の経済価値を本質的に決定づけるものである。

建物及びその敷地の類型は，「貸家及びその敷地」「自用の建物及びその敷地」などに区分される。

（不動産の類型　「基準」総論第2章）

貸家及びその敷地とは，建物所有者とその敷地の所有者とが同一人であるが，建物が賃貸借に供されている場合における当該建物及びその敷地をいう。

（貸家敷の定義　「基準」総論第2章）

貸家及びその敷地は，自用の建物及びその敷地と異なり，建物賃借権が付着して借家人が居付きの状態であるため，直ちに需要者の用に供することは困難であり，投資家を主な需要者とする収益物件として取引される。

（貸家敷の特徴）

小問(2)

貸家及びその敷地の主な需要者である投資家は，不動産の価格の三面性（費用性，市場性，収益性）のうち収益性を重視して取引の意思決定を行う傾向がある。

したがって，貸家及びその敷地の鑑定評価額は，(1)実際実質賃料に基づく純収益等の現在価値の総和を求めることにより得た収益還元法による収益価格を標準とし，(2)原価法による積算価格及び(3)取引事例比較法による比準価格を比較考量して決定するものとする。

（貸家敷の評価手法　「基準」各論）

(1)　収益還元法による収益価格

収益還元法は，対象不動産が将来生み出すであろうと期待される純収益の現在価値の総和を求めることにより対象不動産の

試算価格（収益価格）を求める手法である。

貸家及びその敷地の価格は現に付着している建物賃借権を前提として形成されるから，実際実質賃料に基づいて純収益を求めるべきである。ただし，売主が既に受領した一時金のうち売買等に当たって買主に承継されない部分がある場合には，当該部分の運用益及び償却額を含まないものとする。

収益還元法適用上の留意点
「基準」総論第７章，各論

(2) 原価法による積算価格

原価法は，価格時点における対象不動産の再調達原価を求め，この再調達原価について減価修正を行って対象不動産の試算価格（積算価格）を求める手法である。

減価修正を行うに当たっては，賃貸経営管理の良否（賃借人の状況・賃貸借契約内容，貸室の稼働状況，躯体・設備・内装等の資産区分及び修繕費用等の負担区分など）を分析の上，必要に応じて経済的要因に基づく減価額を計上すべきである。

原価法適用上の留意点
「基準」総論第７章，第３章

(3) 取引事例比較法による比準価格

取引事例比較法は，まず多数の取引事例を収集して適切な事例の選択を行い，これらに係る取引価格に必要に応じて事情補正及び時点修正を行い，かつ，地域要因の比較及び個別的要因の比較を行って求められた価格を比較考量し，これによって対象不動産の試算価格（比準価格）を求める手法である。

個別的要因の比較に当たっては，賃貸経営管理の良否に係る要因格差を適切に判定すべきである。

取引事例比較法適用上の留意点
「基準」総論第３章，第７章

なお，貸家及びその敷地の鑑定評価額を求めるに当たっては，次に掲げる事項を総合的に勘案するものとする。

① 将来における賃料の改定の実現性とその程度
② 契約に当たって授受された一時金の額及びこれに関する契約条件
③ 将来見込まれる一時金の額及びこれに関する契約条件
④ 契約締結の経緯，経過した借家期間及び残存期間並びに建物の残存耐用年数
⑤ 貸家及びその敷地の取引慣行並びに取引利回り
⑥ 借家の目的，契約の形式，登記の有無，転借か否かの別及

貸家敷評価における勘案事項
「基準」各論

び定期建物賃貸借（借地借家法第38条に規定する定期建物賃貸借をいう）か否かの別

⑦　借家権価格

また，貸家及びその敷地を当該借家人が買い取る場合における貸家及びその敷地の鑑定評価に当たっては，当該貸家及びその敷地が自用の建物及びその敷地となることによる市場性の回復等に即応する経済価値の増分が生ずる場合があることに留意すべきである。この場合，求める価格は限定価格となる。

以　上

解　説

本問は「基準」総論第２章「種別及び類型」，各論第１章「貸家及びその敷地」に関する出題である。

小問(1)は，「貸家及びその敷地」とは何かについての問である。このような問題については各小問のバランスに注意が必要である。つまり，「定義」のみの記述ではなく，まず前文として「種別及び類型」の説明から始めると流れのある答案作成が可能となる。

また，「貸家及びその敷地」は，①借家人がいることから直ちに需要者の用に供することが困難である，②投資用不動産としての性格が強い，の２点について必ず触れること。

小問(2)は，「貸家及びその敷地」についての鑑定評価額の決定についての問題である。各手法の定義だけでなく，「貸家及びその敷地」であることによる留意点についても述べる必要がある。

総合勘案事項については，各事項について，それが価格にどう影響するのかを考えながら暗記するとよい。

MEMO

◇ 平成４年度

問題[1]　不動産の鑑定評価の手法である開発法について述べなさい。

解答例

1．更地の鑑定評価と開発法

不動産の価格を求める鑑定評価の基本的な手法は，原価法，取引事例比較法及び収益還元法に大別され，このほかこれら三手法の考え方を活用した開発法等の手法がある。

開発法とは，大規模な更地等の価格を求める鑑定評価の手法の一つである。

（鑑定評価の手法　「基準」総論第７章）

更地とは，建物等の定着物がなく，かつ，使用収益を制約する権利の付着していない宅地をいう。更地は，その最有効使用に基づく経済的利益を十全に享受し得るものであるから，最有効使用を前提として把握される価格を求めることとなる。

（更地の意義　「基準」総論第２章）

したがって，更地の鑑定評価額は，

① 更地並びに（敷地が最有効使用の状態にある）配分法が適用できる場合における建物及びその敷地の取引事例に基づく取引事例比較法による比準価格，並びに，

② 土地残余法による収益価格（最有効使用の建物の建築を想定）を関連づけて決定し，

③ 再調達原価が把握できる場合には原価法による積算価格をも関連づけて決定する。

④ また，当該更地の面積が近隣地域の標準的な土地の面積に比べて大きい場合等においては，設問の開発法による価格を比較考量して決定する。

（更地の鑑定評価手法　「基準」各論第１章）

2．開発法の意義

開発法とは，開発事業者の視点に立ち，対象となる土地において開発事業を実施した場合に事業採算が合う土地価格を求めるものである。

（開発法の意義）

したがって，開発法による価格は，開発事業者が主たる需要者

となるような戸建住宅開発素地やマンション開発素地等の鑑定評価において強い説得力を有する。

開発法の適用方法は，対象となる土地の最有効使用の違いに応じて次の二つに区分される。

(1)　一体利用することが合理的と認められる場合

対象となる大規模地にマンション等を建築して分譲することが最有効使用と認められる場合は，価格時点において当該更地に最有効使用の建物（マンション等）が建築されることを想定し，建築を想定したマンション等の販売総額を価格時点に割り戻した額から，建物の建築費及び発注者が直接負担すべき通常の付帯費用を価格時点に割り戻した額を控除して試算価格を求める。

(2)　分割利用することが合理的と認められる場合

対象となる大規模地を戸建住宅地等として区画割りして分譲することが最有効使用と認められる場合は，価格時点において当該更地を区画割りして標準的な宅地とすることを想定し，細区分を想定した宅地の販売総額を価格時点に割り戻した額から，土地の造成費及び発注者が直接負担すべき通常の付帯費用を価格時点に割り戻した額を控除して試算価格を求める。

適用方法
「基準」各論第１章
「留意事項」各論第１章

これらの場合において販売総額等を価格時点に割り戻した額を求めるに当たっては，販売総額等に対し，投下資本収益率と価格時点から販売（又は支払い）時点までの期間とに応じた複利現価率を乗ずるものとする。

販売総額等の割戻し
「留意事項」各論第１章

この手法は，マンションや宅地の販売価格を査定するに当たって取引事例比較法の考え方を，建築費や造成費を査定するに当たって原価法の考え方を，将来の収入・支出の現在価値（割戻し額）を査定するに当たって収益還元法の考え方を，それぞれ活用するものである。

他手法との関連

３．開発法適用上の留意事項

開発法の適用に当たって，一体利用又は分割利用を選択することや，建物の建築・宅地の区画割りの具体的な内容を想定することは，対象となる土地の最有効使用を判定することと同義である。

適用上の留意事項
「留意事項」各論第１章

したがって，一般的要因の分析，対象不動産に係る市場の特性の分析，地域分析の結果を踏まえた的確な個別分析に基づいて，これらの想定を行わなければならない。

この場合において，マンション等の敷地又は細区分を想定した宅地は一般に法令上許容される用途，容積率等の如何によって土地価格が異なるので，敷地の形状，道路との位置関係等の条件のほか，マンション等の敷地については建築基準法等に適合した建物の概略設計，配棟等に関する開発計画を，細区分を想定した宅地については細区分した宅地の規模及び配置等に関する開発計画をそれぞれ想定し，これに応じた事業実施計画を策定することが必要である。

以　上

解　説

本問は各論第１章「更地」の鑑定評価における「開発法」を中心として出題された問題である。

「開発法」は，不動産の価格を求める鑑定評価の三手法の考え方を活用した手法と位置付けられている。「開発法」は，開発業者が需要者となり得るような「更地」の価格を求める場合に適用されるものであり，①一体利用前提の場合（マンション用地等），②分割利用前提の場合（分譲戸建住宅地等）の２つがある。（下図参照）

①一体利用

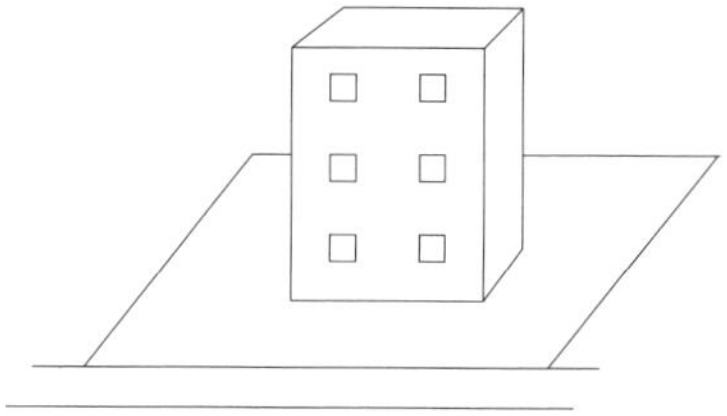

②分割利用

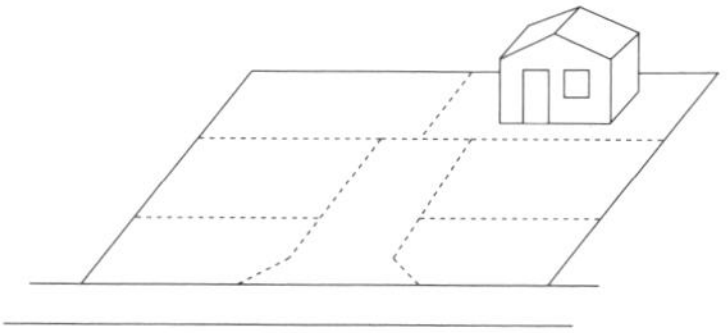

開発法については，各論の記述を中心に解答をまとめるとよい。

なお，「開発法」の留意事項（価格時点への割戻し，事業実施計画の策定）についても重要な論点であるから，記述を忘れないようにしよう。

「開発法」は他の価格の評価三手法の考え方を活用し，開発業者の「投資採算性」に着目した手法であり，他の手法の有力な験証手段となる。

また，各論第１章「宅地見込地」の評価（熟成度が高い場合）において，開発法と同様の方法が用いられていることにも注意が必要となる。

問題[2] 鑑定評価の基本的事項のうち価格時点の確定について次の問に答えなさい。

(1) 価格時点の確定はなぜ必要かを説明しなさい。

(2) 価格時点の確定と関連し，不動産の価格に関する変動の原則について説明しなさい。

解答例

小問(1)

不動産の鑑定評価に当たっては，基本的事項として，対象不動産，価格時点及び価格又は賃料の種類を確定しなければならない。

鑑定評価の基本的事項
「基準」総論第5章

不動産の価格は，効用，相対的稀少性及び有効需要の三者の相関結合によって生ずる経済価値を，貨幣額をもって表示したものである。この不動産の経済価値は，これら三者を動かす価格形成要因の相互作用によって決定されるが，要因それ自体も常に変動する傾向を持っている。

また，個別の不動産の価格は，その不動産が属する用途的地域の価格水準という大枠の下で形成されるが，不動産の属する地域は固定的なものではなくて，常に拡大縮小，集中拡散，発展衰退等の変化の過程にあるものであるから，不動産の利用形態が最適なものであるかどうか，仮に現在最適なものであっても，時の経過に伴ってこれを持続できるかどうか，これらは常に検討されなければならない。したがって，不動産の価格（又は賃料）は，通常，過去と将来とにわたる長期的な考慮の下に形成される。今日の価格（又は賃料）は，昨日の展開であり，明日を反映するものであって常に変化の過程にあるものである。

価格形成要因の変動，地域の変化と不動産の価格の変化
「基準」総論第1章，第3章

このように，価格形成要因は時の経過により変動し，不動産の価格は常に変化するものであるから，不動産の価格はその判定の基準となった日においてのみ妥当するものである。したがって，鑑定評価において価格形成要因を分析するに当たっては，不動産の価格の判定の基準日（価格時点）を確定することが必要となる。

価格時点確定の必要性
「基準」総論第5章

なお，鑑定評価は価格時点においてのみ妥当するものであるから，不動産の鑑定評価の成果を記載した文書である鑑定評価報告書には，価格時点を必ず記載しなければならない。

鑑定評価報告書への記載「基準」総論第９章

小問(2)

不動産の価格形成過程には基本的な法則性が認められる。不動産の鑑定評価とは，不動産の価格形成過程を追究し，分析することを本質とするものであるから，不動産の経済価値に関する適切な最終判断に到達するためには，鑑定評価に必要な指針としてこれらの法則性を認識し，かつこれらを具体的に現した価格に関する諸原則を活用すべきである。

価格諸原則の意義「基準」総論第４章

一般に財の価格は，その価格を形成する要因の変化に伴って変動する。不動産の価格も多数の価格形成要因の相互因果関係の組合せの流れである変動の過程において形成されるものであり，これを変動の原則という。

変動の原則「基準」総論第４章

このように不動産の価格に対し変動の原則が作用するからこそ，価格時点の確定は不動産の鑑定評価上必要不可欠であり，両者は密接な関係がある。

変動の原則と価格時点の確定の関係

なお価格時点については，鑑定評価を行った年月日を基準として現在の場合（現在時点）過去の場合（過去時点）及び将来の場合（将来時点）に分けられるが，変動の原則との関連から，過去時点，将来時点については，以下の点に留意する必要がある。

過去時点の鑑定評価は，対象不動産の確認等が可能であり，かつ，鑑定評価に必要な要因資料及び事例資料の収集が可能な場合に限り行うことができる。また，時の経過により対象不動産及びその近隣地域等が価格時点から鑑定評価を行う時点までの間に変化している場合もあるので，このような事情変更のある場合の価格時点における対象不動産の確認等については，価格時点に近い時点の確認資料等をできる限り収集し，それを基礎に判断すべきである。

将来時点の鑑定評価は，対象不動産の確定，価格形成要因の把握，分析及び最有効使用の判定についてすべて想定し，又は予測することになり，また，収集する資料についても鑑定評価を行う時点までのものに限られ，不確実にならざるを得ないので，原則として，こ

価格時点（過去・将来時点）の留意点「留意事項」総論第５章

のような鑑定評価を行うべきではない。ただし，特に必要がある場合において，鑑定評価上妥当性を欠かないと認められるときは将来の価格時点を設定することができるものとする。

以　上

解　説

本問は，「基準」総論第５章の基本的事項のうち，「価格時点」に着目した問題である。

小問(1)は，上位概念として基本的事項の概念に触れてから，価格形成要因の変化（３章前文），地域の変化（１章）を引用し，価格時点の確定が必要である点を述べること。変動の原則を引用してもよいが，小問(2)との重複に注意してほしい。

小問(2)は，上位概念として４章前文を述べてから，変動の原則の定義と，過去時点・将来時点の扱いについて述べるとよい。ただし，問題文を読む限り，小問(2)については小問(1)との論点分けが難しく，題意がやや不明確なため，時点修正等について述べてもよい。

問題3　不動産の価格を形成する要因について，次の問に答えなさい。
(1)　次の用語の意味を簡潔に述べなさい。
(イ) 一般的要因　(ロ) 地域要因　(ハ) 個別的要因
(2)　不動産の鑑定評価にあたっては，なぜ価格形成要因を把握し分析する必要があるのか，その理由を述べなさい。

解答例

小問(1)

不動産の価格は，一般に，不動産の効用及び相対的稀少性並びに不動産に対する有効需要の三者の相関結合によって生ずる不動産の経済価値を貨幣額をもって表示したものである。

不動産の価格を形成する要因（価格形成要因という）とは，この三者に影響を与える要因をいい，一般的要因，地域要因及び個別的要因に分けられる。

価格形成要因の定義等
「基準」総論第１章，第３章

(イ)　一般的要因

一般的要因とは，一般経済社会における不動産のあり方及びその価格の水準に影響を与える要因をいい，自然的要因，社会的要因，経済的要因及び行政的要因に大別される。

不動産は，他の不動産とともに，用途的に同質性を有する一定の地域を構成してこれに属することを通常とするが，一般的要因はこのような地域ごとにそれぞれ異なった影響を与えるとともに，同じ種別の地域に対しては同質的な影響を与えるという地域的偏向性を有している。

一般的要因の定義，一般的要因の地域的偏向性
「基準」総論第３章

(ロ)　地域要因

地域要因とは，一般的要因の相関結合によって規模，構成の内容，機能等にわたる各地域の特性を形成し，その地域に属する不動産の価格の形成に全般的な影響を与える要因をいう。

地域要因は，地域的偏向性を有する一般的要因の相関結合により地域の特性を形成する要因であるから，地域の種別ごとに重視すべき要因がなる。例えば，住宅地域では「街並みの状態」など

地域要因の定義等
「基準」総論第３章

快適性に関する要因が，商業地域では「繁華性の程度」など収益性に関する要因が，それぞれ重視される。

(ハ)　個別的要因

個別的要因とは，不動産に個別性を生じさせ，その価格を個別的に形成する要因をいう。

不動産の鑑定評価においては，不動産の地域性並びに有形的利用及び権利関係の態様に応じた分析を行う必要がある。したがって，個別的要因は，土地・建物等の類型に応じて，また，土地については住宅地・商業地等の種別に応じて，それぞれ重視すべき要因が異なる。

個別的要因の定義等
「基準」総論第2章，第3章

小問(2)

不動産の鑑定評価とは，その不動産の価格の形成過程を追究し，分析することを本質とするものである。

一方，不動産の価格は，上述のとおり，効用，相対的稀少性及び有効需要の三者の相関結合により生ずるものであり，当該三者に影響を与える多数の価格形成要因の相互作用の結果として形成されるものであるが，要因それ自体も常に変動する傾向を持っている。したがって，不動産の鑑定評価を行うに当たっては，価格形成要因を市場参加者の観点から明確に把握し，かつ，その推移及び動向並びに諸要因間の相互関係を十分に分析して，上記三者に及ぼすその影響を判定することが必要である。

鑑定評価と価格形成要因の把握，分析の必要性
「基準」総論第3章，第4章

(1)　一般的要因を把握し分析する必要性について

一般的要因は，不動産の価格形成全般に影響を与えるものであり，鑑定評価手法の適用における各手順において常に考慮されるべきものであり，価格判定の妥当性を検討するために活用しなければならない。したがって，地域分析や個別分析の前提となる市場における有効需要の把握，評価手法の適用における時点修正率や還元利回りの把握等に当たっては，一般的要因を把握し分析する必要がある。

一般的要因の把握，分析の必要性
「基準」総論第7章

(2)　地域要因及び個別的要因を把握し分析する必要性について

不動産は，地域性及び地域の特性という特徴を有するため，用途的地域を形成し，当該地域ごとに一定の価格水準を形成する。

また，個別の不動産の価格は，地域の価格水準という大枠の下で個別的に形成される。

したがって，対象不動産の価格形成要因を分析するに当たっては，まず対象不動産の存する地域の特性等を分析し判定すること（地域分析）が必要である。

この地域分析（地域要因の分析）により，適切な事例の収集や地域要因の比較等が可能となる。

また，不動産の価格は，その不動産の最有効使用を前提として把握される価格を標準として形成されるものである。したがって，鑑定評価に当たっては，対象不動産の個別的要因を分析してその最有効使用を判定する必要がある（個別分析）。このとき，地域分析により判定した近隣地域の標準的使用は，最有効使用を判定する有力な標準となる。

このように，利用形態から見た地域相互間の相対的位置関係及び価格形成を明らかにする手掛りを得，さらに，対象不動産の最有効使用を判定するために，地域分析及び個別分析を通じて，地域要因及び個別的要因を把握し分析する必要がある。

以　上

地域要因及び個別的要因の把握，分析の必要性
「基準」総論第６章

解　説

本問は「基準」総論第３章「価格形成要因」，総論第６章「地域分析及び個別分析」を中心とした出題である。

小問(1)は「価格形成要因」の意味を問う出題で，ただ単に「定義」を記述するのではなく，論文としての構成，すなわち前文 → 定義 → 内容 → 留意点といった流れを作るように注意が必要である。

留意点としては，「一般的要因」については，「地域的偏向性」についての記述を，「地域要因」については，地域の種別ごとに重視すべき地域要因が異なることについての記述を，「個別的要因」については，地域要因同様に種別ごとに重視すべき個別的要因が異なること，土地・建物の類型に応じても異なることを記述する必要がある。

小問(2)については，不動産の価格は，その不動産の最有効使用を前提として把握される価格を標準として形成されるものであるから，地域要因の分析・個別的要因の分析を通じて，対象不動産の最有効使用を判定する必要があるということをしっかり理解して論述しよう。

問題4　継続賃料を求める鑑定評価の手法の一つである差額配分法について説明しなさい。

解答例

1．不動産の鑑定評価によって求める賃料は，一般的には正常賃料又は継続賃料であるが，鑑定評価の依頼目的に対応した条件により限定賃料を求めることができる場合があるので，依頼目的に対応した条件を踏まえてこれを適切に判断し，明確にすべきである。

賃料の種類
「基準」総論第５章

継続賃料とは，不動産の賃貸借等の継続に係る特定の当事者間において成立するであろう経済価値を適正に表示する賃料をいう。継続賃料は賃貸借等の契約に係る賃料を改定する場合のものであり，契約の当事者が特定されていることにその特徴がある。

継続賃料の意義
「基準」総論第５章

継続賃料の鑑定評価額は，現行賃料を前提として，契約当事者間で現行賃料を合意しそれを適用した時点（以下「直近合意時点」という。）以降において，公租公課，土地及び建物価格，近隣地域若しくは同一需給圏内の類似地域等における賃料又は同一需給圏内の代替競争不動産の賃料の変動等のほか，賃貸借等の契約の経緯，賃料改定の経緯及び契約内容を総合的に勘案し，契約当事者間の公平に留意の上決定するものである。

継続賃料の鑑定評価
「基準」総論第７章

継続賃料を求める鑑定評価の手法としては，差額配分法，利回り法，スライド法，賃貸事例比較法等があり，これら各手法はいずれも一長一短があることから対象不動産の実情に即して，これらを併用し，総合的に判定することが望ましい。

継続賃料を求める鑑定評価手法
「基準」総論第７章

2．差額配分法とは，対象不動産の経済価値に即応した適正な実質賃料又は支払賃料と実際実質賃料又は実際支払賃料との間に発生している差額について，契約の内容，契約締結の経緯等を総合的に勘案して，当該差額のうち賃貸人等に帰属する部分を適切に判定して得た額を実際実質賃料又は実際支払賃料に加減して試算賃料を求める手法である。

差額配分法の定義
「基準」総論第７章

3．対象不動産の経済価値に即応した適正な実質賃料又は支払賃料

とは，必ずしも当該不動産の最有効使用を前提として把握される元本価格に即応した賃料を意味しているものではなく，当該不動産の使用方法等が賃貸借等の契約条件により制約されている場合には，当該制約下において把握される元本価格に即応する賃料をいうものである。

この手法は，対象不動産の経済価値に即応した適正な実質賃料又は支払賃料と実際実質賃料又は実際支払賃料との差額部分の全部又は一部を適正に配分する手法であり，賃貸借等に供されている不動産の用益の増減分を反映する点で説得力があるが，差額部分の配分に当たっては，衡平の観点から慎重にその配分割合を判定しなければならず，特に，大幅な乖離が生じた場合には，諸要因の把握・分析を充分に行い，適正かつ慎重な判定が要請される。

差額配分法の機能

4．なお，差額配分法の具体的な適用に当たっては，以下の点に留意する必要がある。

(1) 対象不動産の経済価値に即応した適正な実質賃料は，価格時点において想定される新規賃料であり，積算法，賃貸事例比較法等により求めるものとする。

また，対象不動産の経済価値に即応した適正な支払賃料は，契約に当たって一時金が授受されている場合については，実質賃料から権利金，敷金，保証金等の一時金の運用益及び償却額を控除することにより求めるものとする。

(2) 差額部分のうち賃貸人等に帰属する部分については，元本価格の上昇に伴う経済的利益の増加分等を，貸主及び借主に衡平の観点から慎重に配分することが要請される。したがって，継続賃料固有の価格形成要因に留意しつつ，一般的要因の分析及び地域要因の分析により差額発生の要因を広域的に分析し，さらに対象不動産について契約内容及び契約締結の経緯等に関する分析を行うことにより適切に判断するものとする。

差額配分法の適用方法
「基準」総論第7章

以　上

解　説

本問は,「基準」総論第7章から, 差額配分法に着目した問題である。

継続賃料を求める手法は,「基準」の文章量が少なく, 解答する内容も限られるので, 解答例のように「基準」に即してコンパクトにまとめれば十分である。賃貸人等に帰属する部分の判定に関する具体例や補足説明等があれば加点事由となる。

平成5年度

問題[1] 不動産の鑑定評価における個別分析にあたって，最有効使用を判定する場合の基本的事項および留意すべき事項について述べなさい。

解答例

1．最有効使用の意義

不動産（土地）は用途の多様性を有するため，同一の不動産について異なった使用方法を前提とする需要が競合し得る。需要者の間に競争が生ずる結果，その不動産の収益性・快適性等が最大となるような使用方法を前提とする者が，最も高い価格を提示してその不動産を取得する。

したがって，不動産の価格は，その不動産の効用が最高度に発揮される可能性に最も富む使用（以下「最有効使用」という）を前提として把握される価格を標準として形成される（最有効使用の原則）。

この場合の最有効使用とは，現実の社会経済情勢の下で客観的にみて，良識と通常の使用能力を持つ人による合理的かつ合法的な最高最善の使用方法に基づくものである。

最有効使用の意義
「基準」総論第4章

2．最有効使用の判定

不動産の価格は，その不動産の最有効使用を前提として把握される価格を標準として形成されることから，鑑定評価に当たっては，地域分析及び個別分析を通じて対象不動産の最有効使用を判定しなければならない。

地域分析とは，対象不動産が属する近隣地域の地域要因を分析して，その地域の特性を具体的に現す標準的使用を判定することをいう。

一方，個別分析とは，対象不動産の個別的要因が対象不動産の利用形態と価格形成についてどのような影響力を持っているかを分析してその最有効使用を判定することをいう。

個々の不動産の最有効使用は，一般に近隣地域の地域の特性の

地域分析・個別分析による最有効使用の判定
「基準」総論第6章，第8章

制約下にあるので，個別分析に当たっては，特に近隣地域に存する不動産の標準的使用との相互関係を明らかにし判定することが必要である。

なお，個別的要因は対象不動産の市場価値を個別的に形成しているものであるため，その分析においては，対象不動産に係る典型的な需要者がどのような個別的要因に着目して行動し，対象不動産と代替，競争等の関係にある不動産と比べた優劣及び競争力の程度をどのように評価しているかを的確に把握することが重要である。

また，最有効使用の判定に当たっては，次の事項に留意すべきである。

⑴ 良識と通常の使用能力を持つ人が採用するであろうと考えられる使用方法であること。

⑵ 使用収益が将来相当の期間にわたって持続し得る使用方法であること。

⑶ 効用を十分に発揮し得る時点が予測し得ない将来でないこと。

⑷ 対象不動産の位置，規模，環境等によっては，標準的使用の用途と異なる用途の可能性が考えられるので，こうした場合には，それぞれの用途に対応した個別的要因の分析を行った上で最有効使用を判定すること。

⑸ 価格形成要因は常に変動の過程にあることを踏まえ，特に価格形成に影響を与える地域要因の変動が客観的に予測される場合には，当該変動に伴い対象不動産の使用方法が変化する可能性があることを勘案して最有効使用を判定すること。

最有効使用判定上の留意点「基準」総論第6章

3．　建物及びその敷地の最有効使用の判定

建物及びその敷地の最有効使用の判定とは，当該敷地の更地としての最有効使用を踏まえ，現状の用途に基づく利用を継続すべきか否かを判定することをいう。これは，現実の建物の用途等と更地として最有効使用との一致の有無や乖離の程度を考慮して，①現状の用途に基づく利用を継続する，②用途変更等を実施する，③建物を取壊し更地化する等の判定を行うことを指す。

建物及びその敷地の最有効使用

建物及びその敷地の最有効使用の判定に当たっては，次の事項

に留意すべきである。

(1) 現実の建物の用途等が更地としての最有効使用に一致していない場合には，更地としての最有効使用を実現するために要する費用等を勘案する必要があるため，建物及びその敷地と更地の最有効使用の内容が必ずしも一致するものではないこと。

(2) 現実の建物の用途等を継続する場合の経済価値と建物の取壊しや用途変更等を行う場合のそれらに要する費用等を適切に勘案した経済価値を十分比較考量すること。

その際，特に下記の内容に留意すべきである。

① 物理的，法的にみた当該建物の取壊し，用途変更等の実現可能性

② 建物の取壊し，用途変更後における対象不動産の競争力の程度等を踏まえた収益の変動予測の不確実性及び取壊し，用途変更に要する期間中の逸失利益の程度

以　上

建物及びその敷地の最有効使用判定上の留意点
「基準」総論第6章
「留意事項」総論第6章

解説

本問は「基準」総論第4章「不動産の価格に関する諸原則」，総論第6章「地域分析及び個別分析」からの出題である。

記述すべき論点は大きく次の2つである。

① 最有効使用を判定する場合の基本的事項

② 最有効使用を判定する場合の留意事項

前半の①最有効使用を判定する場合の基本的事項については，

まず最有効使用とは何か → なぜ最有効使用を判定する必要があるのか → その判定方法はどのように行うべきかという流れで記述を行っていく必要がある。最有効使用についての具体的説明については，「基準」総論第4章「不動産の価格に関する諸原則」の言葉を用いながら，最有効使用の原則の成立根拠等の記述を行うこと。最有効使用の原則の成立根拠として，不動産とくに土地の特性である「用途の多様性」という人文的特性が挙げられる点をしっかり押さえておこう。

最有効使用の判定に当たっては，「基準」総論第6章「地域分析及び個別分析」との関連を中心にまとめていくと記述しやすい。

後半の②最有効使用を判定する場合の留意事項については，一般的な留意事項のみならず，「建物及びその敷地」の最有効使用判定に当たっての留意事項も「基準」に沿って正確に述べる必要がある。「建物及びその敷地」の最有効使用は，主に①現状の用途に基づく利用を継続する，②用途変更等を実施する，③建物を取壊し更地化する，の3つに分けられる点に留意すること。

問題[2] 地域分析における近隣地域および類似地域の意義を述べるとともに，近隣地域と同一需給圏内に存する類似地域との関係について簡潔に述べなさい。

解答例

1．不動産は用途的地域を構成し，各地域には地域の特性を前提とする価格水準が形成される。また，個別の不動産の価格は，地域の価格水準という大枠の中で，その不動産の最有効使用を前提として個別的に形成される。

したがって，対象不動産の価格を形成する要因を分析するに当たっては，まず，対象不動産の存する用途的地域（近隣地域）について分析することが必要である。

序論

2．地域分析とは，その対象不動産がどのような地域に存するか，その地域はどのような特性を有するか，また，対象不動産に係る市場はどのような特性を有するか，及びそれらの特性はその地域内の不動産の利用形態と価格形成について全般的にどのような影響力を持っているかを分析し，判定することをいう。

地域分析に当たって特に重要な地域は，用途的観点から区分される地域（「用途的地域」という），すなわち近隣地域及びその類似地域と，近隣地域及びこれと相関関係にある類似地域を含むより広域的な地域，すなわち同一需給圏である。

地域分析の意義
「基準」総論第6章

3．近隣地域とは，対象不動産の属する用途的地域であって，より大きな規模と内容とを持つ地域である都市あるいは農村等の内部にあって，居住，商業活動，工業生産活動等人の生活と活動とに関して，ある特定の用途に供されることを中心として地域的にまとまりを示している地域をいい，対象不動産の価格の形成に関して直接に影響を与えるような特性を持つものである。

近隣地域は，その地域の特性を形成する地域要因の推移，動向の如何によって，変化していくものである。

近隣地域の意義
「基準」総論第6章

4．類似地域とは，近隣地域の地域の特性と類似する特性を有する

地域であり，その地域に属する不動産は，特定の用途に供されることを中心として地域的にまとまりを持つものである。

類似地域は，無数に存在する用途的地域のうち，鑑定評価の対象となる不動産が存在する用途的地域である近隣地域の地域の特性と類似する用途的地域をいい，それは，その地域に存する不動産についてみれば，当該不動産の近隣地域に当たるものである。したがって，この類似地域のまとまりは，近隣地域の特性との類似性を前提として判定されるものである。

類似地域の意義
「基準」総論第6章

5．同一需給圏とは，一般に対象不動産と代替関係が成立して，その価格の形成について相互に影響を及ぼすような関係にある他の不動産の存する圏域をいう。

それは，近隣地域を含んでより広域的であり，近隣地域と相関関係にある類似地域等の存する範囲を規定するものである。

一般に，近隣地域と同一需給圏内に存する類似地域とは，隣接すると否とにかかわらず，その地域要因の類似性に基づいて，それぞれの地域の構成分子である不動産相互の間に代替，競争等の関係が成立し，その結果，両地域は相互に影響を及ぼすものである。

同一需給圏の意義
「基準」総論第6章

6．不動産は，上記の不動産の地域性及び地域の特性に基づき，各々の地域ごとに一定の価格水準を形成し，経済的位置を占めているという関係にある。

したがって，地域分析における近隣地域の相対的位置の把握に当たっては，同一需給圏内の類似地域の地域要因と近隣地域の地域要因を比較して相対的な地域要因の格差の判定を行うものとする。近隣地域の地域分析は，同一需給圏内の類似地域の把握なしには的確に行えない。

地域分析における関係
「留意事項」総論第6章

7．また，鑑定評価の各手法の適用上必要とされる事例資料は，近隣地域又は同一需給圏内の類似地域に存する不動産に係るもののうちから選択するものとされている。

これは，不動産はそれぞれの地域の特性の制約のもとで，相互に代替，競争等の関係にたち，その相互関係を通じて個別にその価格が形成されるものであり，このような密接な価格牽連性を有

原則的関係と事例選択要件
「基準」総論第7章

する近隣地域及び同一需給圏内の類似地域の取引事例等は，対象不動産の価格を求めるに当たって指標となり得るからである。

8．したがって，近隣地域と同一需給圏内の類似地域とは，地域分析や鑑定評価手法の適用上，密接な関係があるものといえる。 ｝まとめ

9．ただし，戸建住宅地域に存する大規模なマンション適地等，対象不動産の個別性のために近隣地域の制約の程度が著しく小さい場合等には，近隣地域の外かつ同一需給圏内の類似地域の外に存する不動産であっても，同一需給圏内に存し対象不動産とその用途，規模，品等等の類似性に基づいて，これら相互の間に代替，競争等の関係が成立する場合がある。

このような場合には必ずしも近隣地域，類似地域といった地域概念にとらわれず，同一需給圏内に存し対象不動産と代替，競争等の関係が成立していると認められる不動産（同一需給圏内の代替競争不動産）に係る取引事例等を選択すべきである。

（例外的関係と事例選択要件「基準」総論第6章，第7章「留意事項」総論第7章）

以　上

解　説

本問は「基準」総論第6章「地域分析及び個別分析」を中心とした出題である。

記述すべき論点は大きく2つ，前半部分の「近隣地域」,「類似地域」の意義と，後半部分の「近隣地域と同一需給圏内に存する類似地域との関係」である。

前半部分は，前文（不動産の地域性）→ 内容（地域分析，近隣地域等の定義）という流れで記述を行っていくとよい。

後半部分は，総論第7章の「事例選択要件」について触れることが必要である。

すなわち，近隣地域と同一需給圏内の類似地域とは事例選択4要件の1つ「場所的代替性」の点で大きく関連してくるからである。

両地域内に存する不動産は，相互に代替・競争等の関係にたち，密接な価格牽連性を有していることから「近隣地域」のみならず,「同一需給圏内の類似地域」に存する不動産に係る取引事例等も鑑定評価手法の適用に当たって採用し得るのである。

なお,「近隣地域の周辺地域」に存する不動産に係る取引事例,「同一需給圏内の代替競争不動産」に係る取引事例についても触れられれば，加点事由となる。

問題③　不動産鑑定評価基準に掲げる「試算価格を求める場合の一般的留意事項」である事情補正について簡潔に述べなさい。

解答例

1．事情補正の定義

事情補正とは，取引事例等に係る取引等が特殊な事情を含み，これが当該取引事例等に係る価格等に影響を及ぼしている場合に，特殊な事情を排除して正常な事情の下で成立したであろう価格に修正する作業をいう。

事情補正の定義
「基準」総論第７章

2．事情補正の必要性

不動産の鑑定評価において求める価格は基本的には正常価格である。正常価格とは，市場性を有する不動産について，現実の社会経済情勢の下で合理的と考えられる条件を満たす市場で形成されるであろう市場価値を表示する適正な価格をいう。この場合において現実の社会経済情勢の下で合理的と考えられる条件を満たす市場とは，①市場参加者が自由意思に基づいて市場に参加し，参入，退出が自由であること，②取引形態が，市場参加者が制約されたり，売り急ぎ，買い進み等を誘引したりするような特別なものではないこと，③対象不動産が相当の期間市場に公開されていることの３つの条件を満たす市場をいう。

正常価格の意義
「基準」総論第５章

鑑定評価の各手法の適用に当たって必要とされる事例としては，原価法の適用に当たって必要な建設事例，取引事例比較法の適用に当たって必要な取引事例，収益還元法の適用に当たって必要な収益事例等（「取引事例等」という）がある。これらの取引事例等は，正常価格が上記の条件を満たす合理的な市場の下で成立するものである以上，投機的取引と認められる事例等，適正さを欠くものであってはならないと同時に，取引等の事情が正常なものと認められるものでなければならないのが原則である。

しかし，不動産の現実の取引価格等は，取引等の必要に応じて個別的に形成されるのが通常であり，しかもそれは個別的な事情

事情補正の必要性
「基準」総論第７章
「基準」総論第１章

に左右されがちのものであることから，正常な事情の下で成立した取引事例等を多数収集するのは必ずしも容易ではない。そこで，取引事例等が特殊な事情を含むものであっても，正常な事情の下であれば成立したであろう価格に事情補正できれば，規範性を有する取引事例等を多数収集し，鑑定評価の精度を高めることができるのである。この点に，鑑定評価における事情補正の必要性が認められる。

3．事情補正に当たっての留意点

事情補正の必要性の有無及び程度の判定については，多数の取引事例等を総合的に比較対照の上，検討すべきものであるが，特に次の点に留意する必要がある。

(1) 上記のとおり，現実に成立した取引事例等には，不動産市場の特性，取引等における当事者双方の能力の多様性と特別の動機により売り急ぎ，買い進み等特殊な事情が存在する場合があるので，取引事例等がどのような条件の下で成立したものであるかを資料の分析に当たり十分調査しなければならない。

(2) 特殊な事情とは，正常価格を求める場合には，正常価格の前提となる現実の社会経済情勢の下で合理的と考えられる条件を欠くに至らしめる事情のことである。したがって，この条件を欠くに至らしめる事情としては，買主が不動産に関し明らかに知識や情報が不足している状態において過大な額で取引が行われたとき（減額すべき事情），売主が不動産に関し明らかに知識や情報が不足している状態において過小な額で取引が成立したとき（増額すべき事情），調停，清算，競売，公売等において価格が成立したとき（減額又は増額すべき事情）等が考えられる。これらの事情が認められ，事情補正を要すると判定したときは，取引等が行われた市場における客観的な価格水準等を考慮して適切に補正を行わなければならない。

以　上

事情補正を行うに当たっての留意点
「基準」総論第7章
「留意事項」総論第7章

解　説

本問は,「基準」総論第７章から,「試算価格を求める場合の一般的留意事項」における事情補正についての出題である。

事情補正について論述する際には，まず，前提として①正常価格の意義，②現実の取引価格の特徴について丁寧に述べる必要があり，これにより事情補正の必要性が明確となる。

事情補正に当たっての留意点は,「基準」,「留意事項」の引用により解答できるが，特殊な事情の具体例については，単に暗記するのみでなく，それらを何故減額（増額）する必要があるのかについても理解しておくこと。

問題4　不動産鑑定評価基準に掲げる「賃料を求める場合の一般的留意事項」に関し，次の問に答えなさい。

(1)　実質賃料と支払賃料との関係について述べなさい。

(2)　いわゆる付加使用料，共益費等の名目で支払われるものについて，賃料の鑑定評価における取り扱いにつき述べなさい。

解答例

小問(1)

1．不動産の賃料は，当該不動産が物理的，機能的及び経済的に消滅するまでの期間のうち一部の期間について，不動産の賃貸借等の契約に基づき，不動産を使用収益することを基礎として生ずる経済価値を貨幣額をもって表示したものを主体とするものである。そこで，不動産の賃料の鑑定評価に当たっては，賃料の算定期間を定める必要がある。鑑定評価によって求める賃料の算定の期間は，原則として，宅地並びに建物及びその敷地の賃料にあっては1月を単位とし，その他の土地にあっては1年を単位とする。

賃料の鑑定評価(全般)について
「基準」総論第7章

2．賃料の鑑定評価は，対象不動産について，賃料の算定の期間に対応して，実質賃料を求めることを原則とし，賃料の算定の期間及び支払いの時期に係る条件並びに権利金，敷金，保証金等の一時金の授受に関する条件が付されて支払賃料を求めることを依頼された場合には，実質賃料とともに，その一部である支払賃料を求めることができるものとする。

実質賃料と支払賃料の関係(位置づけ)
「基準」総論第7章

3．実質賃料とは，賃料の種類の如何を問わず賃貸人等に支払われる賃料の算定の期間に対応する適正なすべての経済的対価をいい，純賃料及び不動産の賃貸借等を継続するために通常必要とされる諸経費等（必要諸経費等という）から成り立つものである。

実質賃料の定義
「基準」総論第7章

この場合の純賃料及び必要諸経費等とは，必ずしも対象不動産の最有効使用に基づくものではなく，使用方法等が賃貸借等の契約によって制約されている場合は，その制約されている程度に応じた経済価値の減分が含まれるものである。

実質賃料の内容

4．一方，支払賃料とは，各支払時期に支払われる賃料をいい，契約に当たって，権利金，敷金，保証金等の一時金が授受される場合においては，当該一時金の運用益及び償却額と併せて実質賃料を構成するものである。

支払賃料の定義
「基準」総論第７章

5．契約に当たって一時金が授受される場合における支払賃料は，実質賃料から，当該一時金について賃料の前払的性格を有する一時金の運用益及び償却額並びに預り金的性格を有する一時金の運用益を控除して求める。

支払賃料の求め方（内容）
「基準」総論第７章

一時金のうち，賃料の前払的性格を有するものは，一般に不動産の賃貸借等の契約等に際して授受される権利金，礼金等と呼ばれているもので，契約終了時に賃貸人から賃借人に返済されないものである。

一方，預り金的性格を有するものは，一般に敷金，保証金，協力金等と呼ばれているもので，通常，契約終了時に賃貸人から賃借人に返済される。

これらの金額の大小は，支払賃料の金額に影響を及ぼすものであり，充分に留意すべきものである。

一時金の内容

6．なお，支払賃料の鑑定評価を依頼された場合における鑑定評価額の記載は，支払賃料である旨を付記して支払賃料の額を表示するとともに，当該支払賃料が実質賃料と異なる場合においては，かっこ書きで実質賃料である旨を付記して実質賃料の額を併記しなければならない。これは，両者の関係を明確にし，妥当性を証明し，無用の混乱を避けるためのものである。

鑑定評価報告書での両賃料の関係
「基準」総論第９章

小問(2)

慣行上，建物及びその敷地の一部の賃貸借等に当たって，水道光熱費，清掃・衛生費，冷暖房費等がいわゆる付加使用料，共益費等の名目で支払われる場合もある。これらは，元来賃料を構成するものではない。しかし，これらのうちには実質的には賃料に相当する部分が含まれている場合があることに留意する必要がある。

付加使用料等の内容
「基準」総論第７章

すなわち，賃料の値上げが困難な場合に，実際に使用した費用の額を上回る付加使用料及び共益費等を徴収することにより，実質的な賃料値上げが行われることもあるので，賃貸事例に係る実際実質

賃料を求める場合などにおいては，これら付加使用料及び共益費等に含まれている賃料相当額を適切に判断し，実質的な賃料を把握しなければならない。

鑑定評価上の取扱い

以　上

解　説

本問は，「基準」総論第７章から，「賃料を求める場合の一般的留意事項」に関連した出題である。

小問(1)は，「実質賃料と支払賃料との関係」についての出題である。

実質賃料とは，支払賃料に一時金の運用益及び償却額を加算したものであるということができ，このポイントに注意しながら記述を行えば十分合格答案を作成できる。「鑑定評価報告書への記載」についての記述も忘れないこと。

小問(2)は，付加使用料等には実質的に賃料に相当する部分が含まれている場合があることについて，その理由と対応方法をしっかり押さえてほしい。

MEMO

◇ 平成6年度

問題1

(1) 不動産の価格に関する諸原則のうち，「代替の原則」，「適合の原則」，「予測の原則」のそれぞれについて説明しなさい。

(2) 「代替の原則」，「適合の原則」，「予測の原則」を地域分析及び個別分析においてどのように活用するか述べなさい。

解答例

小問(1)

不動産の価格形成過程には基本的な法則性が認められる。不動産の鑑定評価とは，不動産の価格形成過程を追究し，分析することを本質とするものであるから，不動産の経済価値に関する適切な最終判断に到達するためには，鑑定評価に必要な指針としてこれらの法則性を認識し，これを具体的に現した価格に関する諸原則を活用すべきである。

価格諸原則の意義
「基準」総論第4章

設問の各原則の定義は，次のとおりである。

① 代替の原則

代替性を有する二以上の財が存在する場合には，これらの財の価格は，相互に影響を及ぼして定まる。不動産の価格も代替可能な他の不動産又は財の価格と相互に関連して形成される。

代替の原則
「基準」総論第4章

② 適合の原則

不動産の収益性又は快適性が最高度に発揮されるためには，当該不動産がその環境に適合していることが必要である。したがって，不動産が最有効使用にあるかどうかを判定するためには，当該不動産が環境に適合しているかどうかを分析することが必要である。

なお，最有効使用とは，現実の社会経済情勢の下で客観的にみて，良識と通常の使用能力を持つ人による合理的かつ合法的な最高最善の使用方法に基づくものである。

適合の原則
「基準」総論第4章

③　予測の原則

一般に財の価格は，その価格を形成する要因の変化に伴って変動し，不動産の価格も価格形成要因の変動の過程において形成される（変動の原則）。

したがって，財の価格は，その財の将来の収益性等についての予測を反映して定まり，不動産の価格も，価格形成要因の変動についての市場参加者による予測によって左右される（予測の原則）。

変動の原則
予測の原則
「基準」総論第４章

小問(2)

不動産は用途的地域を構成し，各地域にはその標準的使用を前提とする価格水準が形成される。また，個別の不動産の価格は，地域の価格水準という大枠の中で，その不動産の最有効使用を前提として個別的に形成される。

したがって，価格形成要因の分析に当たっては，地域分析及び個別分析を通じて対象不動産の最有効使用を判定しなければならない。

地域分析・個別分析の必要性
「基準」総論第８章

(1)　地域分析における価格諸原則の活用

地域分析とは，対象不動産がどのような地域に存するか，その地域はどのような特性を有するか，また，対象不動産に係る市場はどのような特性を有するか，及びその特性はその地域内の不動産の利用形態と価格形成について全般的にどのような影響力を持っているかを分析し，判定することをいう。

地域分析の定義
「基準」総論第６章

①　地域分析における「代替の原則」の活用

地域分析においては，まず，対象不動産の存する用途的地域（近隣地域）を明確化しなければならない。用途的地域とは，対象不動産と相互に代替関係にある不動産が構成する，用途的にまとまりを持つ地域であり，その明確化に当たっては，代替の原則を活用すべきである。同様に，近隣地域と類似する地域（類似地域）を明確化し，さらに，対象不動産と代替関係が成立する他の不動産の存する圏域（同一需給圏）を判定するに当たっても，代替の原則を活用すべきである。

代替の原則の活用

②　地域分析における「予測の原則」の活用

不動産の属する地域は固定的なものではなく，地域の特性を形成する地域要因も常に変動するものであることから，地域分

析に当たっては，標準的使用の現状のみならず，将来の動向も併せて分析し判定しなければならない。したがって，地域分析に当たっては，予測の原則を活用する必要がある。

予測の原則の活用
「基準」総論第6章

(2) 個別分析における価格諸原則の活用

個別分析とは，対象不動産の個別的要因が対象不動産の利用形態と価格形成についてどのような影響力を持っているかを分析してその最有効使用を判定することをいう。

個別分析の定義
「基準」総論第6章

① 個別分析における「適合の原則」の活用

不動産が最有効使用の状態にあるためには，当該不動産がその環境と適合し，かつ，建物と敷地とが適応していなくてはならない。したがって，個別分析に当たっては「適合の原則」を「均衡の原則」と併せて活用することにより，対象不動産の最有効使用を判定しなければならない。

適合の原則の活用

② 個別分析における「予測の原則」の活用

価格形成要因の変化に伴い，不動産の最有効使用は変化する。したがって，最有効使用の判定に当たっては，予測の原則を認識の上，

(イ) 使用収益が将来相当の期間にわたって持続し得る使用方法であること

(ロ) 効用を十分に発揮し得る時点が予測し得ない将来でないこと

(ハ) 価格形成に影響を与える地域要因の変動が客観的に予測される場合には，当該変動に伴い対象不動産の使用方法が変化する可能性があることを勘案すべきこと

などに留意すべきである。

予測の原則の活用
「基準」総論第6章

以　上

解　説

本問は，「基準」総論第4章「不動産の価格に関する諸原則」からの出題である。

小問(1)は，不動産の価格に関する諸原則の11の諸原則のうちの「代替の原則」，「適合の原則」，「予測の原則」についての説明である。

第4章前文（価格諸原則の意義）及び各原則の定義を確実に述べること。

小問(2)は，上記の価格諸原則が「地域分析及び個別分析」においてどのように活用するかを述べることであり，個々の原則ごとに活用内容の検討を行うと論述しやすい。

他の価格諸原則についても鑑定評価のどの段階で関連するかまとめておこう。

問題2　見込地と移行地について次の問に答えなさい。
(1)　不動産の種別の相違について述べなさい。
(2)　個別的要因について述べなさい。
(3)　同一需給圏の判定に当たって，特に注意すべき事項について述べなさい。

解答例

小問(1)

不動産の種別とは，不動産の用途に関して区分される不動産の分類をいい，不動産の類型（有形的利用及び権利関係の態様に応じて区分される不動産の分類）とともに，不動産の経済価値を本質的に決定づけるものである。したがって，鑑定評価に当たっては，不動産の種別ごとに価格形成要因や評価手法を検討しなければならない。

不動産の種別「基準」総論第2章

見込地とは，宅地地域，農地地域，林地地域等の相互間において，ある種別の地域から他の種別の地域へと転換しつつある地域のうちにある土地をいい，宅地見込地，農地見込地等に分けられる。

見込地の定義「基準」総論第2章

移行地とは，宅地地域，農地地域等のうちにあって，細分されたある種別の地域から他の種別の地域へと移行しつつある地域のうちにある土地（例えば，工業地域から住宅地域に移行しつつある地域のうちにある住宅地移行地など）をいう。

移行地の定義「基準」総論第2章

見込地及び移行地は，いずれも用途が変化しつつある地域のうちにある土地の種別であるが，前者は大分類から大分類への変化であるのに対し，後者は小分類から小分類への変化である点が異なる。

見込地と移行地との相違点

小問(2)

価格形成要因とは，不動産の効用及び相対的稀少性並びに不動産に対する有効需要の三者（不動産価格の三要素）に影響を与える要因をいう。不動産の価格は，多数の要因の相互作用の結果として形成されるものであるが，要因それ自体も常に変動する傾向を持っている。したがって，不動産の鑑定評価を行うに当たっては，価格形成要因を市場参加者の観点から明確に把握し，かつ，その推移及び

価格形成要因の定義「基準」総論第3章

動向並びに諸要因間の相互関係を十分に分析して，前記三者に及ぼすその影響を判定することが必要である。

価格形成要因は，一般的要因，地域要因及び個別的要因に分けられる。

個別的要因とは，不動産に個別性を生じさせ，その価格を個別的に形成する要因をいい，土地の種別ごとに重視すべき要因が異なる（例えば，住宅地では快適性や利便性に関する要因が，商業地では収益性に関する要因が重視される）。

不動産の価格は，その不動産の最有効使用を前提として把握される価格を標準として形成されるので，地域分析（地域要因の分析）及び個別分析（個別的要因の分析）を通じて対象不動産についてその最有効使用を判定しなければならない。

個別的要因の意義
「基準」総論第3章，第4章，第8章

見込地・移行地は，当該土地の存する地域が転換・移行の過程にあるため，最有効使用の判定に当たっては，転換・移行の程度に応じた適切な価格形成要因の分析を行わなければならない。

すなわち，個別的要因の分析に当たっては，転換・移行後の土地の種別及び転換・移行の程度を適切に予測し把握した上，転換・移行すると見込まれる転換後・移行後の種別の地域内の土地の個別的要因をより重視すべきである。また，転換・移行の程度の低い場合においては，転換前・移行前の種別の地域内の土地の個別的要因をより重視すべきである。

見込地・移行地の個別的要因
「基準」総論第3章

転換又は移行の程度の判定に当たっては，特に周辺地域の地域要因の変化の推移，動向が当該見込地・移行地の変化の動向予測に当たって有効な資料となる。

転換・移行の程度の判定
「留意事項」総論第6章

小問(3)

同一需給圏とは，一般に対象不動産と代替関係が成立して，その価格の形成について相互に影響を及ぼすような関係にある他の不動産の存する圏域をいう。それは，近隣地域（対象不動産の属する用途的地域）を含んでより広域的であり，近隣地域と相関関係にある類似地域（近隣地域と類似する特性を有する地域）等の存する範囲を規定するものである。

同一需給圏は，鑑定評価手法の適用に必要な事例資料を収集し得

同一需給圏の意義
「基準」総論第6章

る範囲を明らかにするものである。

同一需給圏は，不動産の種類，性格及び規模によってその地域的範囲を異にするものであるから，その種類，性格及び規模に応じて適切に判定する必要がある（例えば，住宅地の同一需給圏は一般に都心への通勤可能な地域の範囲に，商業地の同一需給圏は商業収益に関して代替性の及ぶ地域の範囲に一致する傾向がある）。

同一需給圏の判定
「基準」総論第6章

見込地・移行地は，用途が変化しつつある土地であるため，その同一需給圏は，一般に当該土地が転換・移行すると見込まれる土地の種別の同一需給圏と一致する傾向がある。ただし，熟成度（転換・移行の程度）の低い場合には，転換前・移行前の土地の種別の同一需給圏と同一のものとなる傾向がある。

したがって，見込地・移行地の同一需給圏についてはこの点に注意し，周辺地域の地域要因の変化の推移，動向等を分析して，熟成度を的確に把握した上で，その範囲を適切に判定しなければならない。

見込地・移行地の同一需給圏
「基準」総論第6章

以　上

解　説

本問は，「基準」総論第2章「種別及び類型」，総論第3章「価格形成要因」，総論第6章「地域分析及び個別分析」に関連した出題である。

小問(1)は，不動産の種別の相違についての出題である。

ここでのポイントは「見込地は大分類の種別間で，移行地は小分類の種別間での変化」ということである。

小問(2)は，「個別的要因」についての論点であるが，「見込地及び移行地」についての重要論点は「転換・移行前後いずれの価格形成要因を重視すべきか」ということがポイントとなる。これは「地域要因」についても同じことである。

小問(3)は「同一需給圏の判定に当たって留意すべき事項」である。

ここでのポイントは，「転換・移行前後いずれの同一需給圏と同一のものとなるか」ということである。熟成度についても触れるとよい。

問題③　不動産の鑑定評価の手法の一つである原価法における再調達原価について次の問に答えなさい。

(1)　再調達原価の意義について説明しなさい。

(2)　再調達原価を求める場合の直接法及び間接法についてそれぞれ述べなさい。

解答例

小問(1)

不動産の価格を求める鑑定評価の基本的な手法には，価格の三面性（費用性，市場性及び収益性）にそれぞれ対応する，原価法，取引事例比較法及び収益還元法の三手法がある。

原価法は，費用性に着目した手法であり，価格時点における対象不動産の再調達原価を求め，この再調達原価について減価修正を行って対象不動産の試算価格（積算価格）を求める手法である。

原価法は，再調達原価の把握及び減価修正を適切に行うことができるときに有効である。

再調達原価とは，対象不動産を価格時点において再調達（建築，造成等による新規の調達をいう）することを想定した場合において必要とされる適正な原価の総額をいう。

対象不動産と再調達を想定した不動産との間には一種の代替関係が生ずるため，取引当事者（特に供給者）は，再調達原価を上限値とし，当該原価と取引価格との比較を通じて取引意思を決定すると考えられる。そこで，上限値としての再調達原価に減価修正を行うことによって，費用性を反映した試算価格を求めることができるのである。

なお，建設資材，工法等の変遷により，対象不動産の再調達原価を求めることが困難な場合には，対象不動産と同等の有用性を持つものに置き換えて求めた原価（置換原価）を再調達原価とみなすものとする。

価格の三面性と三手法
「基準」総論第７章

原価法の定義・有効性
「基準」総論第７章

再調達原価の定義
「基準」総論第７章

再調達原価の必要性

置換原価
「基準」総論第７章

建物の再調達原価は，建設請負により，請負者が発注者に対して直ちに使用可能な状態で引き渡す通常の場合を想定し，発注者が請負者に対して支払う標準的な建設費に発注者が直接負担すべき通常の付帯費用を加算して求めるものとする。

なお，置換原価は，対象不動産と同等の有用性を持つ不動産を新たに調達することを想定した場合に必要とされる原価の総額であり，発注者が請負者に対して支払う標準的な建設費に発注者が直接負担すべき通常の付帯費用を加算して求める。

土地の再調達原価は，その素材となる土地の標準的な取得原価に当該土地の標準的な造成費と発注者が直接負担すべき通常の付帯費用とを加算して求めるものとする。

建物及びその敷地の再調達原価は，まず，土地の再調達原価（再調達原価が把握できない既成市街地における土地にあっては取引事例比較法及び収益還元法によって求めた更地の価格に発注者が直接負担すべき通常の付帯費用を加算した額）又は借地権の価格に発注者が直接負担すべき通常の付帯費用を加算した額を求め，この価格に建物の再調達原価を加算して求めるものとする。

再調達原価の内容
「基準」総論第7章

小問(2)

再調達原価を求める方法には，直接法及び間接法があるが，収集した建設事例等の資料としての信頼度に応じていずれかを適用するものとし，また，必要に応じて併用するものとする。

再調達原価を求める２つの方法
「基準」総論第7章

(イ) 直接法は，対象不動産について直接的に再調達原価を求める方法である。

直接法は，対象不動産について，使用資材の種別，品等及び数量並びに所要労働の種別，時間等を調査し，対象不動産の存する地域の価格時点における単価を基礎とした直接工事費を積算し，これに間接工事費及び請負者の適正な利益を含む一般管理費等を加えて標準的な建設費を求め，さらに発注者が直接負担すべき通常の付帯費用を加算して再調達原価を求めるものとする。

また，対象不動産の素材となった土地（素地）の価格並びに実際の造成又は建設に要する直接工事費，間接工事費，請負者の適正な利益を含む一般管理費等及び発注者が直接負担した付帯費用

直接法
「基準」総論第7章

の額並びにこれらの明細（種別，品等，数量，時間，単価等）が判明している場合には，これらの明細を分析して適切に補正し，かつ，必要に応じて時点修正を行って再調達原価を求めることができる。

(ロ)　間接法は，近隣地域又は同一需給圏内の類似地域等に存する対象不動産と類似の不動産から間接的に対象不動産の再調達原価を求める方法である。

間接法は，当該類似の不動産について，素地の価格やその実際の造成又は建設に要した直接工事費，間接工事費，請負者の適正な利益を含む一般管理費等及び発注者が直接負担した付帯費用の額並びにこれらの明細（種別，品等，数量，時間，単価等）を明確に把握できる場合に，これらの明細を分析して適切に補正し，必要に応じて時点修正を行い，かつ，地域要因の比較及び個別的要因の比較を行って，対象不動産の再調達原価を求めるものとする。

間接法
「基準」総論第７章

以　上

解　説

本問は，「基準」総論第７章から「原価法」の再調達原価に関する問題である。

小問(1)(2)とも論点は明確で，どちらも「基準」の規定をいかに正確に記述できるかがポイントとなる。

問題4

(1) 不動産鑑定評価基準に掲げる「不動産の類型」のうち，「自用の建物及びその敷地」と「貸家及びその敷地」のそれぞれについて説明しなさい。

(2) これらの鑑定評価の手法について述べなさい。

解答例

小問(1)

不動産の類型とは，その有形的利用及び権利関係の態様に応じて区分される不動産の分類をいい，不動産の種別（用途に応じた分類）とともに，不動産の経済価値を本質的に決定づけるものである。

建物及びその敷地の類型は，自用の建物及びその敷地，貸家及びその敷地，借地権付建物，区分所有建物及びその敷地等に分けられる。

（不動産の類型　「基準」総論第2章）

自用の建物及びその敷地とは，建物所有者とその敷地の所有者とが同一人であり，その所有者による使用収益を制約する権利が付着していない場合における当該建物及びその敷地をいう。

（自建の定義　「基準」総論第2章）

これに対し，貸家及びその敷地とは，建物所有者とその敷地の所有者とが同一人であるが，建物が賃貸借に供されている場合における当該建物及びその敷地をいう。

（貸家の定義　「基準」総論第2章）

両者は，ともに「建物及びその敷地」であり，かつ，建物所有者と敷地の所有者とが同一人である点が共通する。しかし，前者は，所有者による使用収益を制約する権利が付着していないため，直ちに需要者の用に供することができるのに対して，後者は，建物が賃貸借に供されているため，直ちに需要者の用に供することができない点が相違する。

（自建と貸家の共通点及び相違点）

小問(2)

1．自用の建物及びその敷地の評価手法

合理的な市場における市場人は，通常，価格の三面性（費用性，市場性及び収益性）を考慮して取引の意思を決定する。不動産の価格を求める基本的な手法は，価格の三面性をそれぞれ反映する，原価法，取引事例比較法及び収益還元法に大別され，各手法の適用により求められた試算価格をそれぞれ積算価格，比準価格及び収益価格という。

価格を求める評価手法
「基準」総論第7章

前述のとおり自用の建物及びその敷地は直ちに需要者の用に供することができるため，取引当事者は，通常，不動産の価格の三面性を等しく考慮して取引の意思を決定する。

自建の特徴

したがって，合理的な市場に成り代わって対象不動産の正常価格を求める鑑定評価に当たっては，自用の建物及びその敷地の鑑定評価額は，①積算価格，②比準価格及び③収益価格を関連づけて決定するものとする。

なお，建物の用途を変更し，又は建物の構造等を改造して使用することが最有効使用と認められる場合における自用の建物及びその敷地の鑑定評価額は，用途変更等を行った後の経済価値の上昇の程度，必要とされる改造費等を考慮して決定するものとする。

また，建物を取壊すことが最有効使用と認められる場合における自用の建物及びその敷地の鑑定評価額は，建物の解体による発生材料価格から取壊し，除去，運搬等に必要な経費を控除した額を，当該敷地の最有効使用に基づく価格（更地としての価格）に加減して決定するものとする。

自建の評価手法
「基準」各論第1章

2．貸家及びその敷地の鑑定評価手法

前述のとおり貸家及びその敷地は，建物が賃貸借に供されており，直ちに需要者の用に供することができないため，主たる需要者である投資家は，通常，当該不動産の有する収益性に着目し，収益物件として取引の意思を決定する。

貸家の特徴

したがって，貸家及びその敷地の鑑定評価額は，①実際実質賃料（売主が既に受領した一時金のうち売買等に当たって買主に承継されない部分がある場合には，当該部分の運用益及び償却額を

含まないものとする）に基づく純収益を還元して得た収益価格を標準とし，②積算価格及び③比準価格を比較考量して決定するものとする。

この場合において，次に掲げる事項を総合的に勘案するものとする。

(a) 将来における賃料の改定の実現性とその程度
(b) 契約に当たって授受された一時金の額及びこれに関する契約条件
(c) 将来見込まれる一時金の額及びこれに関する契約条件
(d) 契約締結の経緯，経過した借家期間及び残存期間並びに建物の残存耐用年数
(e) 貸家及びその敷地の取引慣行及び取引利回り
(f) 借家の目的，契約の形式，登記の有無，転借か否かの別及び定期建物賃貸借（借地借家法第38条に規定する定期建物賃貸借をいう）か否かの別
(g) 借家権価格

また，貸家及びその敷地を当該借家人が買い取る場合における貸家及びその敷地の鑑定評価に当たっては，当該貸家及びその敷地が自用の建物及びその敷地となることによる市場性の回復等に即応する経済価値の増分が生ずる場合があることに留意すべきである。

以　上

貸家の評価手法
「基準」各論第１章

解　説

本問は，「基準」総論第２章「種別と類型」，総論第７章「鑑定評価方式の適用」，各論「自用の建物及びその敷地」「貸家及びその敷地」からの出題である。

小問(1)は，「自用の建物及びその敷地」「貸家及びその敷地」それぞれの類型についての説明である。

前文（類型全般）→ 定義（「自用の建物及びその敷地」「貸家及びその敷地」）→ まとめ（両者の共通点及び相違点）というように論述すると流れのある答案作成ができる。ここでのキーワードは「直ちに需要者の用に供することが出来るか否か」ということである。

小問(2)は，上記類型の「鑑定評価手法」についての説明が問われている。

「自用の建物及びその敷地」「貸家及びその敷地」両者はいずれも適用する鑑定評価手法は同じであるが，鑑定評価額決定における各手法の基本的なウェイト付けが異なる点に留意すること。

◇ 平成７年度

問題1　不動産鑑定評価基準における「正常価格」の概念について説明しなさい。

解答例

1．不動産の鑑定評価によって求める価格

不動産の鑑定評価によって求める価格は，基本的には正常価格であるが，鑑定評価の依頼目的に対応した条件により限定価格，特定価格又は特殊価格を求めることができる場合があるので，依頼目的に対応した条件を踏まえて価格の種類を適切に判断し，明確にすべきである。

（鑑定評価によって求める価格　「基準」総論第５章）

2．正常価格・限定価格等の定義

正常価格とは，市場性を有する不動産について，現実の社会経済情勢の下で合理的と考えられる条件を満たす市場で形成されるであろう市場価値を表示する適正な価格をいう。

この場合において，「現実の社会経済情勢の下で合理的と考えられる条件を満たす市場」とは，市場参加者の合理性及び不動産の取引形態の合理性並びに市場公開期間の合理性に係る下記のような条件を満たす市場をいう。

① 市場参加者が自由意思に基づいて市場に参加し，参入，退出が自由であること。なお，ここでいう市場参加者は，自己の利益を最大化するための要件（ア．売り急ぎ，買い進み等をもたらす特別な動機のないこと。イ．対象不動産及び対象不動産が属する市場について取引を成立させるために必要となる通常の知識や情報を得ていること。ウ．取引を成立させるために通常必要と認められる労力，費用を費やしていること。エ．対象不動産の最有効使用を前提とした価値判断を行うこと。オ．買主が通常の資金調達能力を有していること。）を満たすとともに，慎重かつ賢明に予測し，行動するものとする。

② 取引形態が，市場参加者が制約されたり，売り急ぎ，買い進

（正常価格の定義　「基準」総論第５章）

み等を誘引したりするような特別なものではないこと。
③　対象不動産が相当の期間市場に公開されていること。

これに対し，限定価格とは，市場性を有する不動産について，不動産と取得する他の不動産との併合又は不動産の一部を取得する際の分割等に基づき，正常価格と同一の市場概念の下において形成されるであろう市場価値と乖離することにより，市場が相対的に限定される場合における取得部分の当該市場限定に基づく市場価値を適正に表示する価格をいう。

限定価格の定義
「基準」総論第５章

また，特定価格とは，市場性を有する不動産について，法令等による社会的要請を背景とする鑑定評価目的の下で，正常価格の前提となる諸条件を満たさないことにより正常価格と同一の市場概念の下において形成されるであろう市場価値と乖離することとなる場合における不動産の経済価値を適正に表示する価格をいう。

特定価格の定義
「基準」総論第５章

さらに，特殊価格とは，文化財等の一般的に市場性を有しない不動産について，その利用現況等を前提とした不動産の経済価値を適正に表示する価格をいう。

特殊価格の定義
「基準」総論第５章

3．正常価格の意義

正常価格は，市場において一般の売手及び買手の間で取引の対象となり得る「市場性を有する不動産」についての価格である。この点において，正常価格は，文化財等の一般的な市場性を有しない不動産等に係る特殊価格と異なる。

不動産の市場性

また，正常価格は，「合理的と考えられる条件を満たす市場(以下「合理的な市場」という)」において形成されるであろう価格である。この点において，正常価格は，併合や分割等に基づき相対的に限定された市場を前提とする限定価格や，これらの条件を満たさない場合を前提とする特定価格と異なる。

したがって，正常価格とは，合理的な市場を前提とする，一般の取引当事者にとって妥当する価格であるといえる。

合理的な市場

4．正常価格の必要性

不動産のあり方（不動産がどのように利用され，どのように貢献しているかということ）は，個人の幸福，社会の成長及び発展，並びに公共の福祉を左右する。そして，この不動産のあり方は，

不動産の価格を選択の主要な指標として決定されるものである。

ところが，不動産の現実の取引価格等は，土地の有する特性（個別性，用途の多様性等）のため，取引等の必要に応じて個別的に形成されるのが通常であり，しかもそれは個別的な事情に左右されがちなものであって，このような取引価格等から不動産の適正な価格を見出すことは一般の人には非常に困難である。

したがって，合理的な市場における価格形成過程を追究し分析する不動産の鑑定評価は，不動産の適正な価格（正常価格）を求め，その適正な価格の形成に資するものでなければならないといえ，この点に，鑑定評価においては正常価格を求める必要性が認められる。

不動産の鑑定評価とは，現実の社会経済情勢の下で合理的と考えられる市場で形成されるであろう市場価値を表示する適正な価格（正常価格）を不動産鑑定士が的確に把握する作業に代表されるものであり，その意義は，社会における一連の価格秩序のなかで対象不動産の占める適正なあり所を指摘し，不動産のあり方を決定するための指標を示すことにあるといえる。

正常価格の必要性
「基準」総論第1章
総論第5章

5．その他留意すべき事項

なお，鑑定評価報告書の作成に当たって，正常価格を求めることができる不動産について，依頼目的及び条件により限定価格又は特定価格を求めた場合は，かっこ書きで正常価格である旨を付記してそれらの額を併記しなければならない。

鑑定評価報告書
「基準」総論第9章

以　上

解　説

本問は，「基準」総論第５章「鑑定評価の基本的事項」から「正常価格」についての出題である。

このような問題の場合，論文としての構成を行うためには，前文（鑑定評価によってどの価格を求めるか）→ それぞれの価格の定義（正常価格，限定価格，特定価格，特殊価格）→ 内容（正常価格の存立条件，なぜ正常価格が必要なのか）→ その他（鑑定評価報告書への記載），という流れが必要となる。

このなかでとくに重要な部分が，

①　正常価格の存立条件（市場参加者の合理性，取引形態の合理性，相当の市場公開期間を経ていること）

②　正常価格の必要性（現実の取引価格等から適正な価格を見出すことは一般の人には困難 → 適正な価格（正常価格）については鑑定評価活動が必要 → 正常価格が選択指標として不動産のあり方を決定 → 社会的公共的意義）である。

上記の論点を組み込みながら，答案作成を行うように注意が必要である。

問題2　不動産の鑑定評価における一般的要因について次の問に答えなさい。

(1)　不動産の鑑定評価における一般的要因の位置付けを述べなさい。

(2)　不動産の鑑定評価に当たって，なぜ価格形成要因として一般的要因を把握し分析する必要があるのかその理由を述べなさい。

(3)　一般的要因のうち自然的要因とは何か述べなさい。

解答例

小問(1)

価格形成要因とは，不動産の価格の三要素（不動産の効用，相対的稀少性及び不動産に対する有効需要）に影響を与える要因をいう。

不動産の価格は多数の価格形成要因の相互作用の結果として形成されるものであるので，鑑定評価を行うに当たっては，価格形成要因を市場参加者の観点から明確に把握し分析して，前記三者に及ぼす影響を判定することが必要である。

価格形成要因は，一般的要因，地域要因及び個別的要因に分けられる。

（価格形成要因の定義　「基準」総論第3章）

一般的要因とは，一般経済社会における不動産のあり方及びその価格の水準に影響を与える要因をいい，自然的要因，社会的要因，経済的要因及び行政的要因に大別される。

（一般的要因の定義　「基準」総論第3章）

不動産のあり方（用途及び利用形態等）は，不動産の経済価値の本質を決定づけている。したがって，不動産のあり方に影響を与える一般的要因は，不動産の鑑定評価において重要な意義を有している。

また，個別の不動産の価格は，当該不動産が属する地域の価格水準の中で個別的要因により形成され，地域の価格水準は，社会における一連の価格秩序の中で地域要因により形成される。

マクロ的要因である一般的要因は，社会における一連の価格秩序を形成し，ミクロ的要因である地域要因及び個別的要因の基礎となるものであるから，鑑定評価において重要な意義を有している。

（一般的要因の意義　「基準」総論第2章）

小問⑵

一般的要因は，不動産の価格形成全般に影響を与えるものであり，鑑定評価手法の適用における各手順において常に考慮されるべきものであり，価格判定の妥当性を検討するために活用しなければならない。

一般的要因の活用
「基準」総論第７章

① 地域分析及び個別分析における一般的要因の把握分析の必要性

不動産の価格は，その最有効使用を前提として把握される価格を標準として形成される。したがって，価格形成要因の分析に当たっては，地域分析及び個別分析を通じて地域の標準的使用及び対象不動産の最有効使用を判定しなければならないが，まず，それらの基礎となる一般的要因がどのような具体的な影響力を持っているかを的確に把握しておくことが必要である。

例えば，対象地の最有効使用が店舗・事務所地であるか共同住宅地であるかを判定するに当たっては，地域分析及び個別分析を行う前に，所得の水準，消費及び投資の水準，金融の状態（金融機関の融資態度が積極的か否か等），税制の状態等の一般的要因を分析して，不動産の用途ごとの有効需要を的確に把握することが必要である。

最有効使用の判定と一般的要因
「基準」総論第６章，第８章，第３章

② 鑑定評価手法の適用における一般的要因の把握分析の必要性

原価法の適用における再調達原価の査定に当たって使用資材の価格や所要労働の人件費等を求めるに際しては，物価，賃金等の一般的要因を把握しなければならない。

再調達原価の査定
「基準」総論第３章

また，取引事例比較法の適用における時点修正率の査定に際しては，国民所得の動向，財政事情及び金融情勢，公共投資の動向等の一般的要因の動向を総合的に勘案すべきである。

時点修正率の査定
「留意事項」総論第７章

さらに，収益還元法の適用における還元利回りの決定等に際しては，国債，公社債，長期預金等の金融資産の利回り等の一般的要因を把握しなければならない。

還元利回りの決定
「運用通知」第７章

なお，鑑定評価の成果は，採用した資料によって左右されるものであるから，国勢調査，消費者物価指数等の一般的要因に係る資料（一般資料）は，平素からできるだけ広くかつ組織的に収集しておくべきである。

一般資料の収集
「基準」総論第８章

小問(3)

一般的要因は，自然的要因，社会的要因，経済的要因及び行政的要因に大別される。

社会的要因，経済的要因及び行政的要因は，人間が不動産に働きかけることにより生ずる外部的要因であるのに対して，自然的要因は，土地の有する本源的機能（物の積載，植物の生育等）及び自然的環境に係る要因である。

自然的要因の主なものを例示すれば，次のとおりである。

(イ)　地質，地盤等の状態

(ロ)　土壌及び土層の状態

(ハ)　地勢の状態

(ニ)　地理的位置関係

(ホ)　気象の状態

以　上

自然的要因
「基準」総論第3章

解　説

本問は，「基準」総論第3章「価格形成要因」に関連する出題である。

小問(1)は「一般的要因」の不動産の鑑定評価における位置付けについての出題である。

特に，「地域分析及び個別分析」と「鑑定評価の手法の適用」に着目して論文構成するとよいが，「試算価格又は試算賃料の調整」についても触れられると加点事由となる。

○：一般的要因（一般経済社会における不動産のあり方及び価格水準）
↓
△：地域要因（地域の価格水準）
↓
□：個別的要因（個々の不動産の価格）

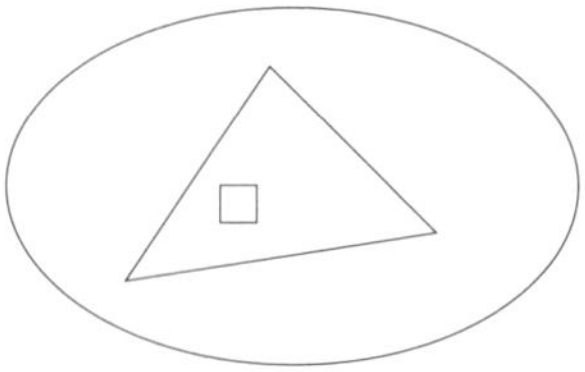

小問(2)は，「一般的要因」の把握，分析の理由についての出題である。不動産の鑑定評価の手順に沿って記述すると，論点の漏れを防ぎやすい。

地域分析及び個別分析 → 鑑定評価方式（原価方式，比較方式，収益方式）→ 資料（要因資料），という流れで論文構成するとよい。

小問(3)のポイントは，自然的要因は他の一般的要因（外部的要因）と異なり，土地の有する「本源的機能」に係る要因であるという点である。

問題3　区分所有建物及びその敷地の鑑定評価について次の問に答えなさい。

(1)　鑑定評価基準における「区分所有建物及びその敷地」の定義について述べなさい。

(2)　その確認について述べなさい。

(3)　その鑑定評価の手法について述べなさい。

解答例

小問(1)

建物及びその敷地の類型は，その有形的利用及び権利関係の態様に応じて，自用の建物及びその敷地，貸家及びその敷地，借地権付建物，区分所有建物及びその敷地等に分けられる。

建物及びその敷地の類型
「基準」総論第２章

区分所有建物及びその敷地とは，建物の区分所有等に関する法律第２条第３項に規定する専有部分並びに当該専有部分に係る同条第４項に規定する共用部分の共有持分及び同条第６項に規定する敷地利用権をいう。

「専有部分」とは，一棟の建物のうち構造上区分され，用途上独立性を有する建物の部分をいう。また，「共用部分」とは廊下，階段など専有部分以外の建物の部分等をいい，「敷地利用権」とは，専有部分を所有するための建物の敷地に関する権利をいう。

なお，敷地や共用部分に係る駐車場使用権等のいわゆる「専用使用権」に経済価値が認められ，当該専用使用権が区分所有権に付随する場合には，区分所有建物及びその敷地の経済価値の判定に当たって考慮すべきである。

区分所有建物及びその敷地の定義
「基準」総論第２章

小問(2)

区分所有建物及びその敷地の確認に当たっては，登記事項証明書，建物図面（さらに詳細な図面が必要な場合は，設計図書等），管理規約，課税台帳，実測図等に基づき物的確認と権利の態様の確認を行う。

また，確認に当たって留意すべき主な事項は，次のとおりである。

① 専有部分

ア 建物全体の位置，形状，規模，構造及び用途

イ 専有部分の一棟の建物における位置，形状，規模及び用途

ウ 専有部分に係る建物の附属物の範囲

② 共用部分

ア 共用部分の範囲及び共有持分

イ 一部の区分所有者のみに属する共用部分

③ 建物の敷地

ア 敷地の位置，形状及び規模

イ 敷地に関する権利の態様

ウ 対象不動産が存する一棟の建物に係る規約敷地の範囲

エ 敷地の共有持分

④ 管理費等 管理費及び修繕積立金の額

区分所有建物及びその敷地の確認
「留意事項」各論第１章

小問(3)

区分所有建物及びその敷地は，「自用の建物及びその敷地」「貸家及びその敷地」「借地権付建物(自用)」「借地権付建物(貸家)」として分類することが可能である。評価に当たっては，借家人の有無，敷地利用権の態様等を確認のうえ，各分類に応じた手法を適用するべきである。

区分所有建物及びその敷地の分類

(1) 専有部分が自用の場合

専有部分を区分所有者が使用しているものについての鑑定評価額は，①積算価格，②比準価格及び③収益価格を関連づけて決定するものとする。

積算価格とは，原価法による試算価格で，価格時点における対象不動産の再調達原価を求め，この再調達原価について減価修正を行って求めるものである。具体的には，まず，一棟の建物及びその敷地の積算価格を求め，当該積算価格に当該一棟の建物の各階層別及び同一階層内の位置別の効用比により求めた配分率を乗ずることにより求めるものとする。

比準価格とは，取引事例比較法による試算価格で，対象不動産と類似する区分所有建物及びその敷地の取引事例を多数収集・選択し，事情補正・時点修正・価格形成要因の比較を行うこと等に

自用の場合の評価手法
「基準」各論第１章，総論第７章

より求めるものである。要因比較に際しては，建物の管理の良否，敷地に関する権利の態様，専有部分の階層及び位置など，区分所有建物及びその敷地に固有の個別的要因について適切に分析を行う必要がある。

収益価格とは，収益還元法による試算価格で，対象不動産に係る総収益から総費用を控除して純収益を求め，これを還元利回りで還元する等により求めるものである。総収益の算定に際しては，専有部分の階層・位置などに留意し，総費用の算定に際しては，管理費及び修繕積立金の額などに留意しなければならない。

(2)　専有部分が賃貸されている場合

専有部分が賃貸されている場合，当該物件の需要者は収益物件として価値判断を行うことが多い。したがって，専有部分が賃貸されているものについての鑑定評価額は，①実際実質賃料（売主が既に受領した一時金のうち売買等に当たって買主に承継されない部分がある場合には，当該部分の運用益及び償却額を含まないものとする）に基づく純収益の現在価値の総和を求めることにより得た収益価格を標準とし，②積算価格及び③比準価格を比較考量して決定するものとする。

貸家の場合の評価手法
「基準」各論第１章

以　上

解　説

本問は，「基準」各論第１章「区分所有建物及びその敷地」からの出題である。

小問(1)は，「区分所有建物及びその敷地」の定義が問われている。このような場合には，定義から書き出すのではなく，前文 → 内容 → 留意点という流れが必要となる。つまり，本問では区分所有建物及びその敷地の上位概念である不動産の類型について述べられると流れのある答案が作成できる。

小問(2)は，「区分所有建物及びその敷地」の確認についてであるが，他の小問とのバランスを考えて，論点のみを簡潔に記述すべきである。

小問(3)は，「区分所有建物及びその敷地」の鑑定評価手法が問われている。

まず，前提として「区分所有建物及びその敷地」は建物が自用か，貸家か，敷地が所有権か，借地権かといった細分類が可能であることに触れ，①建物が自用の場合と②建物が貸家の場合の評価手法について述べること。これによって，鑑定評価額決定の際の各試算価格の基本的なウェイト付けが異なる。

問題4　底地の鑑定評価について次の問に答えなさい。ただし，この場合の底地は旧借地法により締結された賃貸借契約に基づくものとする。

(1)　底地の価格とは何か論じなさい。

(2)　底地の鑑定評価額はどのように決定するか述べなさい。

解答例

小問(1)

宅地の類型は，その有形的利用及び権利関係の態様に応じて，更地，建付地，借地権，底地，区分地上権等に分けられる。不動産の類型は，種別（用途に応じた分類）とともに，不動産の経済価値を本質的に決定づけるものである。

不動産の類型
「基準」総論第２章

底地とは，宅地について借地権が付着している場合における当該宅地の所有権をいう。また，借地権とは，借地借家法に基づく借地権（建物の所有を目的とする地上権又は賃借権）をいう。

底地の定義
借地権の定義
「基準」総論第２章

底地の価格は，借地権の付着している宅地について，借地権の価格との相互関連において借地権設定者に帰属する経済的利益を貨幣額で表示したものである。

借地権設定者に帰属する経済的利益とは，当該宅地の実際支払賃料から諸経費等を控除した部分の賃貸借等の期間に対応する経済的利益及びその期間の満了等によって復帰する経済的利益の現在価値をいう。なお，将来において一時金の授受が見込まれる場合には，当該一時金の経済的利益も借地権設定者に帰属する経済的利益を構成する場合があることに留意すべきである。

底地の価格は，①地代徴収権に相応する経済的利益のほか，②期間の満了により復帰する最有効使用実現の可能性等に係る経済的利益の現在価値及び③将来見込まれる一時金（更新料，条件変更承諾料等）に係る経済的利益の現在価値を加味して形成されるものである。

底地価格の意義
「基準」各論第１章

底地の価格は，借地権の価格と密接に関連し合っているので，相

互に比較検討しなければならない。ただし，借地権の価格と底地の価格とを合計した金額は，更地（又は建付地）の価格を下回ることが多い。これは，借地権及び底地の価格は，借地権（賃借権）の譲渡や抵当権設定が制約され借地権の市場性・収益性が減退すること，土地の最有効使用が契約で制約され底地の市場性や収益性が減退すること等を反映して，異なる取引市場においてそれぞれ個別的に形成されるためである。

底地価格と借地権価格との関連
「基準」各論第1章

小問(2)

底地の鑑定評価額は，①実際支払賃料に基づく純収益を還元して得た収益還元法による収益価格及び②取引事例比較法による比準価格を関連づけて決定するものとする。

底地の評価手法
「基準」各論第1章

① 収益還元法

収益還元法は，対象不動産が将来生み出すであろうと期待される純収益の現価の総和を求めるものであり，純収益を還元利回りで還元して試算価格を求める手法である。

底地の売主が既に受領した権利金等の一時金は，通常，売買に当たって買主に承継されない。したがって，底地の純収益は，実際支払賃料から必要諸経費等を控除して求める。

また，旧借地法により締結された賃貸借契約については，地主に一定の正当事由がない限り，借地人の更新請求を拒絶できないことなどから，契約の持続する期間が半永久的となることがある。このような場合は，永久還元法（永続的な純収益を還元する方法）を選択できる。

収益還元法
「基準」総論第7章

② 取引事例比較法

取引事例比較法は，多数の取引事例を収集して適切な事例を選択し，これらに係る取引価格に必要に応じて事情補正及び時点修正を行い，かつ，地域要因の比較及び個別的要因の比較を行って求められた価格を比較考量して，試算価格（比準価格）を求める手法である。

取引事例は，契約内容について類似性を有するものを選択しなければならない。また，底地の正常価格を求める場合の取引事例は，第三者（借地権者以外の者）の購入に係るものを選択すべきである。

取引事例比較法
「基準」総論第7章

底地の鑑定評価額を求める場合においては，次の事項を総合的に

勘案するものとする。
(a) 将来における賃料改定の実現性とその程度（将来賃料が引き上げられる場合，底地の収益性が高まる）
(b) 借地権の態様及び建物の残存耐用年数（地上権か賃借権か等の借地権の態様は底地の価格に影響を与える。また，建物の残存耐用年数は建替承諾料を授受するまでの期間の長短を通じて底地の価格に影響を与える）
(c) 契約締結の経緯並びに経過した借地期間及び残存期間（残存期間は更新料を授受するまでの期間の長短を通じて底地の価格に影響を与える）
(d) 契約に当たって授受された一時金の額及びこれに関する契約条件（契約時の一時金の多寡は支払賃料に影響を与える）
(e) 将来見込まれる一時金の額及びこれに関する契約条件（将来の建替承諾料，条件変更承諾料，更新料等は底地の価格を構成する）
(f) 借地権の取引慣行及び底地の取引利回り
(g) 当該借地権の存する土地に係る更地としての価格又は建付地としての価格

総合的勘案事項
「基準」各論第１章

また，底地を当該借地権者が買い取る場合における底地の鑑定評価に当たっては，当該宅地又は建物及びその敷地が同一所有者に帰属することによる市場性の回復等に即応する経済価値の増分が生ずる場合があることに留意すべきである。この場合，求める価格の種類は限定価格となる。

底地の限定価格
「基準」各論第１章

以　上

解　説

本問は，「基準」各論第１章「底地」からの出題である。

小問(1)は，底地価格についての出題である。「底地価格は借地権価格と密接に関連している」ことについて触れること。

また，底地の価格は，「基準」の文章のほか，①地代徴収権に相応する経済的利益，②期間の満了により復帰する経済的利益の現在価値，③将来見込まれる一時金に係る経済的利益の現在価値，を加味して形成されることについて補足説明すべきである。

小問(2)は，鑑定評価手法についての出題である。

収益還元法については，実際支払賃料をベースとすること，

取引事例比較法については，第三者間取引に係る事例を選択すべきことについて触れるとよい。

MEMO

◇ 平成８年度

> 問題[1] 不動産の価格に関する諸原則について次の問に答えなさい。
> (1) 不動産の価格に関する諸原則の必要性を述べるとともに，諸原則のうち「最有効使用の原則」，「変動の原則」及び「予測の原則」のそれぞれについて具体的に述べなさい。
> (2) 移行地の定義を述べるとともに，移行地の鑑定評価に当たって「最有効使用の原則」，「変動の原則」及び「予測の原則」をどのように活用するか述べなさい。

解答例

小問(1)

1．不動産の価格に関する諸原則の必要性

不動産の価格は，不動産の効用及び相対的稀少性並びに不動産に対する有効需要に影響を与える諸要因の相互作用によって形成されるが，その形成の過程を考察するとき，そこに基本的な法則性を認めることができる。不動産の鑑定評価は，その不動産の価格の形成過程を追求し，分析することを本質とするものであるから，不動産の経済価値に関する適切な最終判断に到達するためには，鑑定評価に必要な指針としてこれらの法則性を認識し，かつ，これらを具体的に現した不動産の価格に関する諸原則を活用すべきである。

これらの原則は，一般の経済法則に基礎を置くものであるが，鑑定評価の立場からこれを認識し，表現したものである。

なお，これらの原則は，孤立しているものではなく，直接的又は間接的に相互に関連しているものであることに留意しなければならない。

（価格諸原則の必要性　「基準」総論第４章）

2．各原則の定義

① 最有効使用の原則

不動産の価格は，その不動産の効用が最高度に発揮される可能性に最も富む使用（以下「最有効使用」という）を前提として

把握される価格を標準として形成される。この場合の最有効使用とは，現実の社会経済情勢の下で客観的にみて，良識と通常の使用能力を持つ人による合理的かつ合法的な最高最善の使用方法に基づくものである。

最有効使用の原則
「基準」総論第４章

② 変動の原則

一般に財の価格は，その価格を形成する要因の変化に伴って変動する。不動産の価格も多数の価格形成要因の相互因果関係の組合せの流れである変動の過程において形成されるものである。したがって，不動産の鑑定評価に当たっては，価格形成要因が常に変動の過程にあることを認識して，各要因間の相互因果関係を動的に把握すべきである。

変動の原則
「基準」総論第４章

③ 予測の原則

財の価格は，その財の将来の収益性等についての予測を反映して定まる。不動産の価格も，価格形成要因の変動についての予測によって左右される。

予測の原則
「基準」総論第４章

小問(2)

1．移行地の定義

土地の種別は，地域の種別（用途に関して区分される地域の分類）に応じて分類される土地の区分であり，宅地，農地，林地，見込地，移行地等に分けられる。

移行地とは，宅地地域，農地地域等のうちにあって，細分されたある種別の地域から他の種別の地域へと移行しつつある地域のうちにある土地（例えば，工業地域から住宅地域に移行しつつある地域のうちにある住宅地移行地など）をいう。

移行地の定義
「基準」総論第２章

2．移行地の鑑定評価における各原則の活用

不動産の価格は最有効使用を前提として把握される価格を標準として形成されるものであるので，鑑定評価においては最有効使用の原則に基づき，地域分析（標準的使用の判定）及び個別分析を通じて対象不動産の最有効使用を判定しなければならない。

移行地は，当該土地の存する地域が移行の過程にあるため，その最有効使用の判定に当たっては，変動の原則及び予測の原則を活用し，移行の程度に応じた適切な価格形成要因の分析を行わな

移行地評価における価格諸原則の活用
「基準」総論第３章，第６章，第８章
「留意事項」総論第６章

ければならない。

すなわち，価格形成要因の分析においては，変動の原則及び予測の原則を活用して移行後の地域・土地の種別及び移行の程度を適切に予測し把握した上，移行すると見込まれる移行後の種別の地域・土地に係る地域要因・個別的要因を重視すべきである。また，移行の程度の低い場合においては，移行前の種別の地域・土地に係る地域要因・個別的要因を重視すべきである。

このとき，周辺地域の地域要因の変化の推移，動向が当該移行地の変化の動向予測に当たって有効な資料となる。

以　上

解　説

本問は，「基準」総論第１章，第４章及び第５章からの関連出題である。

小問(1)の論文構成は，①価格諸原則の必要性 → ②最有効使用の原則，変動の原則，予測の原則となる。ただし，本問においては，小問(2)とのバランスを考えると，この三原則についてあまり深く掘り下げた記述は不要と判断する。内容的には基本的なものであるから，正確に論述すること。

小問(2)は，移行地の鑑定評価，特に価格形成要因の分析において，最有効使用の原則，変動の原則，予測の原則がどのように活用されるかについて出来るだけ具体的に論述することが必要である。

また，解答用紙に余裕があれば，前文として「不動産の種類（種別及び類型）」についての記述をすれば加点事由となる。

問題2　宅地の限定賃料の鑑定評価について次の問に答えなさい。

(1)　限定賃料の定義を正常賃料と対比して簡潔に述べなさい。

(2)　鑑定評価報告書の中の「鑑定評価額及び価格又は賃料の種類」，「鑑定評価の条件」及び「鑑定評価の依頼目的及び条件と価格又は賃料との種類との関連」の項目に記載する内容について，限定賃料であるために特に留意すべきことを簡潔に述べなさい。

(3)　宅地の限定賃料の鑑定評価額はどのように求めるか述べなさい。

解答例

小問(1)

不動産の鑑定評価によって求める賃料は，一般的には正常賃料又は継続賃料であるが，鑑定評価の依頼目的に対応した条件により限定賃料を求めることができる場合があるので，依頼目的に対応した条件を踏まえてこれを適切に判断し明確にすべきである。

（鑑定評価によって求める賃料　「基準」総論第５章）

正常賃料とは，正常価格と同一の市場概念の下において新たな賃貸借等（賃貸借若しくは地上権又は地役権に基づき，不動産を使用し，又は収益することをいう）の契約において成立するであろう経済価値を表示する適正な賃料（新規賃料）をいう。正常価格と同一の市場概念とは，現実の社会経済情勢の下で合理的と考えられる条件（市場参加者の合理性，取引形態の合理性，市場公開期間の合理性）を満たす市場を意味する。

（正常賃料の定義　「基準」総論第５章）

これに対し，限定賃料とは，限定価格と同一の市場概念の下において新たな賃貸借等の契約において成立するであろう経済価値を適正に表示する賃料（新規賃料）をいう。限定賃料を求めることができる場合を例示すれば次のとおりである。

①　隣接不動産の併合使用を前提とする賃貸借等に関連する場合
②　経済合理性に反する不動産の分割使用を前提とする賃貸借等に関連する場合

（限定賃料の定義　「基準」総論第５章）

限定価格と同一の市場概念とは，市場性を有する不動産について，不動産と賃貸借等をする他の不動産との併合又は不動産の一

（限定賃料の市場概念）

部の賃貸借等をする際の分割等に基づき正常価格と同一の市場概念の下において形成されるであろう市場価値と乖離することにより，相対的に限定される市場である。

このように，正常賃料は現実の社会経済情勢の下で合理的と考えられる条件を満たす市場を前提としているのに対し，限定賃料は相対的に限定された市場を前提としている点が異なる。

正常賃料と限定賃料との対比

小問(2)

鑑定評価報告書の必要的記載事項のうち，設問の各項についてはそれぞれ以下の点に留意する必要がある。

必要的記載事項
「基準」総論第9章

① 鑑定評価額及び価格又は賃料の種類

正常賃料を求めることができる不動産について，依頼目的に対応した条件により限定賃料を求めた場合は，かっこ書きで正常賃料である旨を付記してそれらの額を併記しなければならない。

鑑定評価額及び価格又は賃料の種類
「基準」総論第9章

② 鑑定評価の条件

賃料の算定の期間及び支払の時期に係る条件，並びに権利金，敷金，保証金等の一時金の授受に関する条件のほか，隣接宅地の併合使用又は宅地の一部の分割使用を前提条件とする旨，及び併合使用する隣接宅地又は分割前の宅地の所在，範囲等に関する条件などを記載する。

鑑定評価の条件
「基準」総論第7章

③ 鑑定評価の依頼目的及び依頼目的に対応した条件と価格又は賃料の種類との関連

依頼目的が隣接宅地の併合使用等を目的とする賃貸借である旨を記載した上，限定賃料を求めることが，当該依頼目的及び上記②の評価条件と合致している旨を記載する。この事項を記載することにより，鑑定評価によって求めるべき賃料の種類に関する判断の適否を再確認することができる。

鑑定評価の依頼目的及び依頼目的に対応した条件と価格又は賃料の種類との関連

小問(3)

宅地の限定賃料を求める場合の鑑定評価は，隣接宅地を新たに賃貸借等の契約を締結して併合使用する場合又は宅地の一部を分割して新たに賃貸借等の契約を締結して使用する場合における当該宅地の適正な賃料を求めるものである。

宅地の限定賃料を求める場合の鑑定評価

宅地の限定賃料の鑑定評価額は，①隣接宅地の併合使用又は宅地の一部の分割使用をする当該宅地の限定価格を基礎価格として求めた積算賃料及び②隣接宅地の併合使用又は宅地の一部の分割使用を前提とする賃貸借等の事例に基づく比準賃料を関連付けて決定するものとする。この場合においては，次に掲げる事項を総合的に勘案するものとする。

(a)　隣接宅地の権利の態様

(b)　当該事例に係る賃貸借等の契約の内容

以　上

宅地の限定賃料を求める場合の鑑定評価「基準」各論第２章

解　説

本問は，「基準」総論第５章を中心として，第７章及び第９章，各論第２章にわたる横断的な出題である。「基準」を各章ごとに暗記しているだけでは不十分であり，総論から各論までを結びつけて理解することが要求される。

小問(1)は，基本問題である。正常賃料，限定賃料ともに新規賃料であるが，正常賃料が合理的な市場を前提としているのに対して，限定賃料は，相対的に限定された市場を前提としているという正常賃料と限定賃料の対比について述べることは言うまでもない。

小問(2)は，鑑定評価報告書との関連についての理解を問う問題である。基本的な考え方は，鑑定評価によって求める価格が一般的に正常賃料であることに留意して，例外的な賃料である限定賃料を求めた場合に，依頼者のみならず，第三者にも影響を及ぼすおそれのある鑑定評価報告書にその旨を記述することにより，鑑定評価の妥当性を立証するということである。

小問(3)は，各論第２章についての内容そのものを問う問題である。

宅地の限定賃料の鑑定評価額は，隣接宅地の併合使用又は宅地の一部の分割使用をする当該宅地の限定価格を基礎価格として求めた積算賃料と当該使用を前提とする賃貸借等の事例に基づく比準賃料を関連づけて決定する旨，しっかり理解しよう。

問題3　不動産の鑑定評価における地域分析について次の問に答えなさい。

(1)　近隣地域，類似地域及び同一需給圏の定義を述べなさい。

(2)　近隣地域の範囲を判定する要因について具体例を述べるとともに，その際に留意する事項を述べなさい。

(3)　取引事例比較法を適用するための取引事例を選択するに当たって，近隣地域，同一需給圏内における近隣地域の周辺地域及び同一需給圏内における類似地域のそれぞれについて，優先順位をどのように考えるべきか述べなさい。

解答例

小問(1)

地域分析とは，その対象不動産がどのような地域に存するか，その地域はどのような特性を有するか，また，対象不動産に係る市場はどのような特性を有するか，及びそれらの特性はその地域内の不動産の利用形態と価格形成について全般的にどのような影響力を持っているかを分析し，判定することをいう。

地域分析に当たって特に重要な地域は，用途的観点から区分される地域すなわち近隣地域及びその類似地域と，近隣地域及びこれと相関関係にある類似地域を含むより広域的な地域，すなわち同一需給圏である。

地域分析の意義
「基準」総論第6章

近隣地域とは，対象不動産の属する用途的地域であって，より大きな規模と内容とを持つ地域である都市あるいは農村等の内部にあって，居住，商業活動，工業生産活動等人の生活と活動とに関して，ある特定の用途に供されることを中心として地域的にまとまりを示している地域をいい，対象不動産の価格の形成に関して直接に影響を与えるような特性を持つものである。

近隣地域は，その地域の特性を形成する地域要因の推移，動向の如何によって，変化していくものである。

近隣地域の定義
「基準」総論第6章

類似地域とは，近隣地域の地域の特性と類似する特性を有する地

域であり，その地域に属する不動産は，特定の用途に供されることを中心として地域的にまとまりを持つものである。この地域のまとまりは，近隣地域の特性との類似性を前提として判定されるものである。

類似地域の定義
「基準」総論第6章

同一需給圏とは，一般に対象不動産と代替関係が成立して，その価格の形成について相互に影響を及ぼすような関係にある他の不動産の存する圏域をいう。それは，近隣地域を含んでより広域的であり，近隣地域と相関関係にある類似地域等の存する範囲を規定するものである。

同一需給圏の定義
「基準」総論第6章

小問(2)

近隣地域の範囲の判定に当たっては，基本的な土地利用形態や土地利用上の利便性等に影響を及ぼす次に掲げるような事項に留意することが必要である。

① 自然的状態に係るものについては，ア．河川　イ．山岳及び丘陵　ウ．地勢，地質，地盤等があげられる。

ア．イ．は，土地，建物等の連たん性及び地域の一体性を分断する場合がある。

イ．ウ．は日照，通風，乾湿等に影響を及ぼす場合がある。

ウ．は，居住，商業活動等の土地利用形態に影響を及ぼすことに留意する。

② 人文的状態に係るものについては，ア．行政区域　イ．公法上の規制等　ウ．鉄道，公園等　エ．道路等があげられる。

ア．については，行政区域の違いによる道路，水道その他の公共施設及び学校その他の公益的施設の整備水準並びに公租公課等の負担の差異が土地利用上の利便性等に影響を及ぼす。

イ．については，都市計画法等による土地利用の規制内容が土地利用形態に影響を及ぼす。

ウ．エ．については，土地，建物等の連たん性及び地域の一体性を分断する場合がある。

近隣地域の範囲を判定する要因
「留意事項」総論第6章

なお，対象不動産の存する近隣地域の明確化及びその近隣地域の特性の把握に当たっては，対象不動産を中心に外延的に広がる地域について，対象不動産に係る市場の特性を踏まえて地域要因

をくり返し調査分析し，その異同を明らかにしなければならない。

これはまた，地域の構成分子である不動産について，最終的に地域要因を共通にする地域を抽出することとなるため，近隣地域となる地域及びその周辺の他の地域を併せて広域的に分析することが必要である。

範囲判定の留意事項
「留意事項」総論第６章

小問(3)

取引事例は，原則として近隣地域又は同一需給圏内の類似地域に存する不動産に係るもののうちから選択するものとし，必要やむを得ない場合には近隣地域の周辺の地域に存する不動産に係るもののうちから，対象不動産の最有効使用が標準的使用と異なる場合等には，同一需給圏内の代替競争不動産に係るもののうちから選択する。

取引事例選択要件
「基準」総論第７章

取引事例の選択における優先順位及びその理由は次のとおりである。

① 近隣地域

近隣地域内の不動産は，用途的な共通性及び機能的な同質性を持ち，不動産相互間に代替・競争等の関係が成立する。その結果，当該地域内に存する不動産について一定の価格水準が形成されるため，近隣地域に存する不動産に係る取引事例は最も価格牽連性の高い規範性のあるものとなる。したがって，取引事例を選択するに当たっては，近隣地域の優先順位が最も高い。

近隣地域に存する不動産に係る取引事例

② 同一需給圏における類似地域

一般に，近隣地域と同一需給圏内に存する類似地域とは，隣接すると否とにかかわらず，その地域要因の類似性に基づいて，それぞれの地域の構成分子である不動産相互の間に代替，競争等の関係が成立し，その結果，両地域は相互に影響を及ぼすものであるから，鑑定評価の方式の適用に当たっては，近隣地域に存する不動産に係る事例資料のみならず，同一需給圏内の類似地域に存する不動産に係る事例資料も活用すべきである。したがって，取引事例を選択するに当たっては，同一需給圏における類似地域の優先順位は近隣地域の次に高い。

同一需給圏内の類似地域に存する不動産に係る取引事例
「基準」総論第６章

③ 近隣地域の周辺の地域

取引事例を選択するに当たっては，近隣地域の周辺の地域の優

先順位は最も低い。当該地域内に存する不動産に係る取引事例が選択できるのは，不動産の種別の分類を細分化した際に，これに対応した事例等の収集・選択を可能にするためのものであり，また，異なる用途的地域内においても相互に価格けん連性が認められることを反映したものである。

近隣地域の周辺の地域に存する不動産に係る取引事例
旧「運用通知」第7章

以　上

解　説

本問は，地域分析を中心とする「基準」総論第6章及び第7章の関連出題である。地域分析は，鑑定評価の手順において重要な位置を占めるものであり，2次試験において出題頻度の高い論点である。個別分析との関連にも留意して，十分に整理しておくことが必要である。

小問(1)は，用語説明であり，このような基本問題については，確実に得点することが必要である。

また，前文として，「地域分析」について記述できれば，加点事由となる。

小問(2)のうち，近隣地域の範囲を判定する要因については，自然的状態に係るもの，人文的状態に係るものがあるが，日頃から頭の中でこれらの要因をイメージしながら具体例を挙げられるよう整理しておこう。

小問(3)の論点は，用途的地域相互間の価格牽連性の強弱について順位づけが十分に理解出来ているかということである。価格牽連性は，

近隣地域 ＞ 同一需給圏内の類似地域 ＞ 近隣地域の周辺の他の地域

となること，及びその理由を説明できるようにしておこう。

なお，「最有効使用が標準的使用と異なる場合等」における取り扱いについて，具体例を挙げて補足説明ができれば加点事由となる。

問題4　収益還元法について次の問に答えなさい。

(1)　収益還元法について,「永久還元」「有期還元」のそれぞれの定義を簡潔に述べなさい。

(2)　土地残余法の定義を述べ,これが更地の鑑定評価にも適用できる理由を簡潔に述べなさい。また,更地の鑑定評価に土地残余法を適用するに当たっての留意事項を二つ述べなさい。　（一部改題）

解答例

小問(1)

不動産の価格を求める鑑定評価の基本的な手法は,価格の三面性（費用性,市場性及び収益性）に対応する,原価法,取引事例比較法及び収益還元法に大別される。

収益還元法は,不動産の収益性に着目し,対象不動産が将来生み出すであろうと期待される純収益の現在価値の総和を求めることにより対象不動産の試算価格（収益価格）を求める手法である。

収益価格を求める方法には,①一期間の純収益を還元利回りによって還元する方法（直接還元法）と,②連続する複数の期間に発生する純収益及び復帰価格を,その発生時期に応じて現在価値に割り引き,それぞれを合計する方法（ＤＣＦ法）とがある。

収益還元法の定義
「基準」総論第７章

対象不動産の純収益は,一般に１年を単位として総収益から総費用を控除して求める。また,純収益は,永続的なものと非永続的なもの,償却前のものと償却後のもの等,総収益及び総費用の把握の仕方により異なるものであり,それぞれ収益価格を求める方法及び還元利回り又は割引率を求める方法とも密接な関連がある。

純収益の分類
「基準」総論第７章

設問の直接還元法は,純収益の継続性に応じて,①永久還元法と②有期還元法とに区分される。

永久還元法と直接還元法

①　永久還元法

永久還元法とは,対象不動産の純収益が永続的なものの場合における収益還元の方法である。

永久還元法の例としては,対象不動産が「土地（底地,農地等）」

の場合において，純収益を還元利回りで除する方法があげられる。

また，対象不動産が「建物及びその敷地」の場合であっても，減価償却費を控除しない償却前の純収益を，それに対応した（建物の償却率を含む）還元利回りで還元すること等により，建物の建替え等を前提とする永久還元を行うことができる。

永久還元法の意義

② 有期還元法

有期還元法とは，対象不動産の純収益が非永続的なものの場合における収益還元の方法である。

この方法は，対象不動産が最有効使用の状態にない「建物及びその敷地」であって，現状と同等の建物の建替えを想定することが難しい場合等に適用される。有期還元法の例としては，不動産が敷地と建物等との結合により構成されている場合において，償却前純収益に，割引率と有限の収益期間とを基礎とした複利年金現価率を乗ずる方法等があげられる。

有期還元法の意義
「留意事項」総論第７章

小問(2)

土地残余法とは，建物と一体として利用される「土地（更地，建付地，借地権等）」の収益価格を求める方法である。

この方法は，不動産が敷地と建物等との結合により構成されている場合において，収益還元法以外の手法によって建物等の価格を求めることができるとき，当該不動産に基づく純収益から，建物等に帰属する純収益を控除した残余の純収益を還元利回りで還元するものである。

土地残余法の定義
「留意事項」総論第７章

設問の更地とは，建物等の定着物がなく，かつ，使用収益を制約する権利の付着していない宅地をいう。

更地は，それ自体が単独で最有効使用の収益を生み出すものではなく，建物等と一体となってはじめて最有効使用に基づく収益を生み出す。そこで，建物等がない更地については，最有効使用の賃貸用建物等の建設を想定することにより，土地残余法を適用することができる。

具体的には，収益配分の原則を活用し，まず，想定した複合不動産が生み出すであろう総収益から総費用を控除して当該複合不動産に係る純収益を求める。次に，この純収益から建物等に帰属する純

更地評価に土地残余法が適用できる理由
「基準」総論第２章

収益を控除して更地に帰属する純収益を求め，さらに，これを土地の還元利回りで除して更地の収益価格を試算する。

この場合，次の事項に留意しなければならない。

⑴　総収益について

更地は最有効使用に基づく経済的利益の享受が可能であるから，総収益を求めるに当たっては，当該土地に最有効使用の賃貸用建物等を建築することを想定しなければならない。

最有効使用建物の想定
「基準」総論第７章

⑵　建物等に帰属する純収益について

土地残余法は，土地に帰属する永続的な純収益を永久還元する手法である。したがって，建物に帰属する純収益を求めるに際して，建物等の価格に（償却率を含む）建物等の還元利回りを乗ずること等により，土地に帰属する永続的な純収益を求めなければならない。

建物等に帰属する純収益

⑶　純収益を求める方法について

純収益の把握に当たっては，対象不動産の総収益から総費用を控除して直接的に求める方法（直接法）が望ましい。

土地に帰属する純収益を，類似の建付地の収益事例に係る純収益から間接的に求める方法（間接法）による場合は，当該事例が最有効使用の状態にあるものを採用すべきである。また，収益事例に係る建物が古い場合には，土地に帰属する純収益が的確に求められないことが多いので，建物は新築か築後間もないものでなければならない。

純収益を求める方法
「基準」総論第７章
「留意事項」総論第７章

以　上

解　説

収益還元法は，実務上も重視されている手法であり，今後も出題される可能性が高いため，十分に整理しておく必要がある。特に本問における「永久還元法」「有期還元法」の違いについては，十分に注意が必要な論点である。

小問(1)において注意すべき点は，「建物及びその敷地」の場合の永久還元についての考え方である。

土地は永久的に存在するものであるため永久還元が用いられることは容易に理解できるが，建物はいずれ滅失するものであるため，本来的には有期還元とも考えられる。しかし，建物の償却率を含む還元利回りを採用すること等により，耐用年数満了時に建物の建替えを行うことが想定され，建物についてもその永続性を考慮することができるのである。

小問(2)は，土地残余法についての出題である。土地はそれ自体が最有効使用の収益を生み出すものではなく，建物等と一体となってはじめて最有効使用の収益を生み出すという点について明確に述べることが必要である。

◇ 平成9年度

> 問題1　不動産鑑定評価基準において更地の価格を求める手法として挙げられているもののうち，基本的な三つの手法について次の問に答えなさい。
>
> (1)　三つの手法について簡潔に説明しなさい。
> その際，各手法から求められる試算価格の名称も述べなさい。
>
> (2)　三つの手法が更地の価格を求める手法として基本的なものとされる理由を述べなさい。
>
> (3)　鑑定評価額を求めるにあたって，三つの試算価格はどのように使われるのか述べなさい。

解答例

小問(1)

更地とは，建物等の定着物がなく，かつ，使用収益を制約する権利の付着していない宅地をいう。

更地は，その最有効使用に基づく経済価値を実現し得るものであるから，鑑定評価に当たっては当該宅地の最有効使用を前提として把握される価格を求める。

（更地の定義・特徴　「基準」総論第2章）

更地の価格を求める基本的な手法とは，次の三手法である。更地の鑑定評価額は，各手法の適用により求められた試算価格を関連づけて決定するものとし，大規模地等については，開発法による価格を比較考量して決定するものとする。

（更地の評価手法　「基準」各論第1章）

①　取引事例比較法

取引事例比較法は，まず多数の取引事例を収集して適切な事例の選択を行い，これらに係る取引価格に必要に応じて事情補正及び時点修正を行い，かつ，地域要因の比較及び個別的要因の比較を行って求められた価格を比較考量して，対象不動産の試算価格（比準価格）を求める手法である。

取引事例比較法は，近隣地域若しくは同一需給圏内の類似地域等において対象不動産と類似の不動産の取引が行われている場合

（取引事例比較法の定義・有効性　「基準」総論第7章）

又は同一需給圏内の代替競争不動産の取引が行われている場合に有効である。

取引事例が最有効使用の状態にある自用の建物及びその敷地であれば，配分法を適用して更地の事例資料とすることができる。

配分法

② 収益還元法

収益還元法は，対象不動産が将来生み出すであろうと期待される純収益の現在価値の総和を求めることにより対象不動産の試算価格（収益価格）を求める手法である。

収益還元法は，賃貸用不動産又は賃貸以外の事業の用に供する不動産の価格を求める場合に特に有効である。

収益還元法の定義・有効性
「基準」総論第７章

更地は，通常，建物等と一体として使用されることにより最有効使用に基づく収益を生み出すものである。したがって，更地に最有効使用の賃貸用建物等の建築を想定し，当該想定建物及びその敷地に基づく純収益から想定建物等に帰属する純収益を控除した残余の純収益を還元利回りで還元することにより，収益価格を試算することができる（この手法を土地残余法という）。

土地残余法
「留意事項」総論第７章

③ 原価法

原価法は，価格時点における対象不動産の再調達原価を求め，この再調達原価について減価修正を行って，対象不動産の試算価格（積算価格）を求める手法である。

対象不動産が更地の場合においても，造成地や埋立地のように再調達原価を適切に求めることができる場合は，この手法を適用できる。

原価法の定義・有効性
「基準」総論第７章

小問(2)

市場人が合理的な市場において取引意思を決定する場合，価格の費用性，市場性及び収益性（価格の三面性）を検討する。鑑定評価とは，不動産鑑定士が現実の社会経済情勢の下で合理的と考えられる市場で形成されるであろう市場価値を表示する適正な価格を求める作業であるから，価格を求める鑑定評価に当たっては，原則として，価格の三面性をそれぞれ反映した，原価法，取引事例比較法及び収益還元法を併用すべきである。

更地は，配分法の適用等により多数の取引事例を収集し得ること，

価格の三面性と三手法併用の必要性

最有効使用の建物の建築を想定することにより純収益を適切に求め得ること，及び造成地等であれば再調達原価を求め得ることから，上記の三手法が基本的なものとなる。

ただし，賃貸市場が未成熟な戸建住宅地域に存する土地など適切な収益事例が存在しない場合等に収益還元法は適用できず，また，再調達原価が把握できない既成市街地に存する土地に原価法は適用できない。

このような場合にも，三手法の考え方を活用した開発法を適用するなど，各手法の考え方をできるだけ参酌するように努めるべきである。

更地評価における三手法の位置付け

小問(3)

取引事例の収集等の作業は実行可能な範囲に限られること，試算の過程で多くの判断が介在することなどから，試算価格は相互に開差が生ずることが通常である。そこで，鑑定評価額の決定に当たっては，試算価格の調整が必要となる。

試算価格の調整とは，鑑定評価の複数の手法により求められた各試算価格の再吟味及び各試算価格が有する説得力に係る判断を行い，鑑定評価における最終判断である鑑定評価額の決定に導く作業をいう。

試算価格の調整に当たっては，対象不動産の価格形成を論理的かつ実証的に説明できるようにすることが重要である。このため，鑑定評価の手順の各段階について客観的，批判的に再吟味し，その結果を踏まえた各試算価格が有する説得力の違いを適切に反映することによりこれを行うものとする。

試算価格の調整
「基準」総論第8章

鑑定評価額の決定に当たっては，市場分析の結果等を踏まえ，試算価格の調整において明らかにされた開差の理由に基づき，各試算価格の説得力の優劣を判定し，重み付けを行った上で，適正と判断される価格を決定する。例えば，既成市街地内の戸建住宅地であれば，原価法が適用できないこと，価格形成において収益性よりも快適性等が重視されることなどから，比準価格を重視して鑑定評価額を決定すべきである。

更地の評価額の決定

以　上

解　説

本問は，更地の鑑定評価に関連づけて，価格を求める鑑定評価の三手法（原価法，取引事例比較法，収益還元法）について問うものである。

小問(1)は，単に三手法（原価法，取引事例比較法，収益還元法）の定義について説明するだけでは，不十分である。

本問が更地についての問題であることに留意して，原価法に関しては再調達原価が把握できる場合について，取引事例比較法に関しては配分法について，収益還元法に関しては土地残余法について，それぞれ触れること。

小問(2)は，三手法のそれぞれについて更地に適用し得る点を説明すること。

小問(3)は，試算価格の調整について，「基準」の引用だけではなく，具体的に更地の場合の調整方法について述べることが望ましい。なお，キーワードである「再吟味」と「説得力に係る判断」についてそれぞれ留意すべき点も押さえておくこと。

問題[2] 更地の鑑定評価を行うにあたって，取引事例としては更地の取引事例の他に自用の建物及びその敷地の取引事例を採用することがありますが，これについて次の問に答えなさい。

(1) このうち自用の建物及びその敷地の取引事例を選択する場合の留意事項を述べなさい。

(2) 自用の建物及びその敷地の取引事例を使用する場合には配分法を用いますが，配分法について具体的に述べなさい。

解答例

小問(1)

不動産の類型とは，その有形的利用及び権利関係の態様に応じて区分される不動産の分類をいい，不動産の種別（用途に応じた分類）とともに，不動産の経済価値を本質的に決定づけるものである。

宅地の類型は，更地，建付地，借地権，底地，区分地上権等に分けられる。

（不動産の類型 「基準」総論第2章）

更地とは，建物等の定着物がなく，かつ，使用収益を制約する権利の付着していない宅地をいう。

（更地の定義 「基準」総論第2章）

一方，自用の建物及びその敷地とは，建物所有者とその敷地の所有者とが同一人であり，その所有者による使用収益を制約する権利が付着していない場合における当該建物及びその敷地をいう。

（自建の定義 「基準」総論第2章）

更地の鑑定評価額は，更地並びに配分法が適用できる場合における建物及びその敷地の取引事例に基づく取引事例比較法による比準価格並びに土地残余法による収益価格を関連づけて決定し，再調達原価が把握できる場合には，原価法による積算価格をも関連づけて決定する。

（更地の鑑定評価 「基準」各論第1章）

取引事例比較法は，まず多数の取引事例を収集して適切な事例の選択を行い，これらに係る取引価格に必要に応じて事情補正及び時点修正を行い，かつ，地域要因の比較及び個別的要因の比較を行って求められた価格を比較考量して，試算価格（比準価格）を求める手法である。

（取引事例比較法 「基準」総論第7章）

取引事例は，投機的取引に係るものを排除するとともに，次の要件の全部を備えるもののうちから選択しなければならない。

(1) ①近隣地域又は同一需給圏内の類似地域若しくは必要やむを得ない場合には近隣地域の周辺の地域に存する不動産，又は，②対象不動産の最有効使用が標準的使用と異なる場合等における同一需給圏内に存し対象不動産と代替，競争等の関係が成立していると認められる不動産（同一需給圏内の代替競争不動産）。

(2) 取引事情が正常なものと認められるものであること，又は正常なものに補正できるものであること。

(3) 時点修正をすることが可能なものであること。

(4) 地域要因の比較及び個別的要因の比較が可能なものであること。

事例選択要件
「基準」総論第7章

更地と自用の建物及びその敷地とは類型が異なり，個別的要因の比較ができないため，本来，一方の取引事例を他方の鑑定評価において活用することはできない。しかし，土地は建物及びその敷地の構成部分であるから，小問(2)で述べる「配分法」を適用することにより，自用の建物及びその敷地の取引事例から更地の事例資料を求めることができる。

自建の取引事例を活用できる理由

この場合，自用の建物及びその敷地の取引事例は，上記の要件を備えるほか，敷地が最有効使用の状態にあるものを選択しなければならない。

なぜなら，更地は当該宅地の最有効使用に基づく経済的利益を十分に享受することができるため，その鑑定評価においては，最有効使用を前提として把握される価格を求めるからである。自用の建物及びその敷地の取引事例が最有効使用の状態と異なる場合は，建付減価又は建付増価が生ずるため，更地の適切な事例資料を求めることはできない。

自建の取引事例を活用する場合の留意事項
「基準」各論第1章

小問(2)

配分法とは，自用の建物及びその敷地の取引事例から更地，建付地又は建物の事例資料を求め，若しくは，借地権付建物の取引事例から借地権等の事例資料を求める方法である。

この方法は，取引事例が対象不動産と同類型の不動産の部分を内包して複合的に構成されている異類型の不動産（複合不動産）に係

る場合において，

① 当該取引事例の取引価格から対象不動産と同類型の不動産以外の部分の価格が取引価格等により判明しているときは，その価格を控除し，又は

② 当該取引事例について各構成部分の価格の割合が取引価格，新規投資等により判明しているときは，当該事例の取引価格に対象不動産と同類型の不動産の部分に係る構成割合を乗じて，対象不動産の類型に係る事例資料を求めるものである。

配分法の定義
「基準」総論第7章

更地の鑑定評価において配分法を適用する場合は，最有効使用の状態にある自用の建物及びその敷地の取引価格から建物の価格を控除し，又は当該取引価格に敷地の構成割合を乗じて，更地の事例資料を求める。

更地評価における配分法

取引事例比較法は，市場において発生した取引事例を価格判定の基礎とするものであるので，多数の取引事例を収集しなければならない。そこで，更地の取引事例だけではなく，配分法の適用により複合不動産の取引事例をも活用し事例の収集範囲を拡げることによって，精度の高い比準価格を求めることができるのである。

配分法の必要性
「基準」総論第7章

なお，建付地の鑑定評価において配分法を適用する場合は，建物と敷地との適応状態が対象不動産と類似する複合不動産の取引事例を選択しなければならない。なぜなら，建付減価又は建付増価の発生の有無及びその程度が対象不動産と同等の事例資料を求めることにより，より精度の高い比準価格を求めることができるからである。

補足
建付地評価における配分法

以　上

解　説

本問は，取引事例比較法における配分法についての出題である。内容的には，「基準」を正確に理解していれば十分対応できる。

小問(1)は，自用の建物及びその敷地の取引事例を選択する場合の留意事項についての出題であるが，最有効使用という観点に着目し，敷地が最有効使用の状態の自用の建物及びその敷地の取引事例を選択するということを論述すればよい。

小問(2)は，配分法についての具体的な説明である。論文構成としては，①配分法の定義 → ②更地評価における配分法 → ③配分法の必要性とすればよい。

問題③　不動産の地域性に関する次の問に答えなさい。

(1)　不動産鑑定評価基準における「地域の種別」について，種別の例示をいくつか挙げ，また，留意すべき事項を含めて説明しなさい。

(2)　不動産鑑定評価基準における「用途的地域」について，説明しなさい。

(3)　(1)及び(2)と関連して，不動産の地域性について述べなさい。

解答例

小問(1)

不動産の種類とは，不動産の種別（用途に係る区分）及び類型（有形的利用・権利関係の態様に係る区分）の二面からなる複合的な不動産の概念を示すものである。不動産の鑑定評価とは，不動産の価格形成過程を追究し分析するものであるが，不動産の種別及び類型が不動産の経済価値を本質的に決定づけるものであるから，この両面の分析をまって初めて精度の高い不動産の鑑定評価が可能となる。

不動産の種類
「基準」総論第2章

不動産の種別とは，不動産の用途に関して区分される不動産の分類をいい，地域の種別と土地の種別とに分けられる。

地域の種別は，宅地地域，農地地域，林地地域等に分けられる。

不動産の種別
「基準」総論第2章

宅地地域とは，居住，商業活動，工業生産活動等の用途に供される建物，構築物等の敷地の用に供されることが，自然的，社会的，経済的及び行政的観点からみて合理的と判断される地域をいい，住宅地域，商業地域，工業地域等に細分される。さらに住宅地域，商業地域，工業地域等については，その規模，構成の内容，機能等に応じた細分化が考えられる。

また，農地地域とは，農業生産活動のうち耕作の用に供されることが，自然的，社会的，経済的及び行政的観点からみて合理的と判断される地域をいう。

宅地地域等
「基準」総論第2章

このような地域の分類は，現況よりも，「自然的，社会的，経済的及び行政的観点」からみて合理的か否かという基準を重視して，

巨視的，客観的に判断すべきである。

また，鑑定評価の精度を高めるため，地域の分類は，できるだけ細分化することが望ましい。

なお，宅地地域，農地地域，林地地域等の相互間において，ある種別の地域から他の種別の地域へと転換しつつある地域及び宅地地域，農地地域等のうちにあって，細分されたある種別の地域から，その地域の他の細分された地域へと移行しつつある地域があることに留意すべきである。

種別の判定基準

見込地地域等「基準」総論第2章

小問(2)

不動産の価格形成過程を分析するに当たっては，まず，対象不動産の存する地域について分析することが必要である。

地域分析とは，その対象不動産がどのような地域に存するか，その地域はどのような特性を有するか，また，対象不動産に係る市場はどのような特性を有するか，及びそれらの特性はその地域内の不動産の利用形態と価格形成について全般的にどのような影響力を持っているかを分析し，判定することをいう。

この地域分析に当たって特に重要な地域は，用途的観点から区分される地域（用途的地域）であり，近隣地域と類似地域とに分けられる。

地域分析「基準」総論第6章

近隣地域とは，対象不動産の属する用途的地域であって，より大きな規模と内容とを持つ地域である都市あるいは農村等の内部にあって，居住，商業活動，工業生産活動等人の生活と活動とに関して，ある特定の用途に供されることを中心としてまとまりを示している地域をいい，対象不動産の価格の形成に関して直接に影響を与えるような特性を持つものである。

近隣地域「基準」総論第6章

また，類似地域とは，近隣地域の地域の特性と類似する特性を有する地域であり，その地域に属する不動産は，特定の用途に供されることを中心として地域的にまとまりを持つものである。この地域のまとまりは，近隣地域の特性との類似性を前提として判定されるものである。

類似地域「基準」総論第6章

小問(3)

不動産は，その自然的条件及び人文的条件の全部又は一部を共通

にすることによって，他の不動産とともにある地域を構成し，その地域の構成分子としてその地域との間に，依存，補完等の関係に，及びその地域内の他の構成分子である不動産との間に協働，代替，競争等の関係にたち，これらの関係を通じてその社会的及び経済的な有用性を発揮するものである（不動産の地域性）。

不動産の地域性
「基準」総論第１章

また，地域は，用途を基準として理解されるものであって，他の地域と区分されるべき特性を有するとともに，他の地域との間に相互関係にたち，この相互関係を通じて，その社会的及び経済的位置を占める（地域の特性）。

地域の特性
「基準」総論第１章

このように，不動産は「地域性」という特徴を有するため，様々な種別の地域（用途的地域）が形成され，用途的地域ごとに価格水準が形成される。また，個別の不動産の価格は，地域の価格水準という大枠の中で個別的に形成される。

地域性と地域の種別・用途的地域との関連

したがって，鑑定評価に当たっては，地域分析により，小問(1)で述べた「地域の種別」を判定し，さらに，小問(2)で述べた「用途的地域」を分析しなければならない。すなわち，まず，対象不動産の存する地域を明確化しその地域の特性を把握して，その地域が様々な「地域の種別」のいずれに該当するかを判定し，次に，種別を判定した当該地域（用途的地域）の特性が価格水準に与える影響を分析すべきである。

「不動産の地域性」に基づく「地域の種別」を判定し，「用途的地域」を分析することは，取引事例の収集，時点修正率の把握，価格形成要因の比較など鑑定評価の各手順を通じて重要な事項となっている。

地域の種別・用途的地域という概念の必要性

以　上

解　説

本問は，「基準」総論第１章，第２章及び第６章からの関連出題である。「不動産の地域性」「地域の種別」「用途的地域」の関連について整理できていない受験生も多いので，この機会に十分整理してもらいたい。

小問(1)は，「地域の種別」についての出題である。ここで，注意しておく論点としては，種別の判定基準である。すなわち，地域の種別の分類については，現況主義ではなく，「自然的，社会的，経済的及び行政的観点から見て合理的か否か」という巨視的，客観的判断に基づいているということである。

小問(2)は，用途的地域についての出題である。ここでは，まず用途的地域の前提として地域分析についての記述を忘れないようにしてもらいたい。また，同一需要圏が用途的地域ではないことに注意すること。

小問(3)の中心論点は，地域の種別・用途的地域という概念の必要性である。「不動産の地域性」に基づく「地域の種別」を判定し，「用途的地域」を細分化することによって，取引事例の収集範囲の把握，時点修正率の把握，価格形成要因の比較等が可能となることを述べてほしい。

問題4

(1) 鑑定評価報告書に，価格時点及び鑑定評価を行った年月日並びに実地調査を行った年月日を記載しなければならない理由を述べなさい。

(2) 過去時点または将来時点の鑑定評価の依頼を受けたとき及びこれらについて鑑定評価を行うときに留意すべき点を述べなさい。

（一部改題）

解答例

小問(1)

1．鑑定評価報告書とその記載事項

鑑定評価報告書は，鑑定評価の基本的事項及び鑑定評価額を表し，鑑定評価額を決定した理由を説明し，その不動産の鑑定評価に関与した不動産鑑定士の責任の所在を示すことを主旨とするものである。

鑑定評価報告書
「基準」総論第9章

鑑定評価報告書は，依頼者・第三者に対して影響を及ぼし，適正な価格の形成の基礎となるものであるから，その作成に当たっては，鑑定評価額と価格の種類，鑑定評価の条件，対象不動産の所在・地番等のほか，設問の3つの年月日も必ず記載しなければならない。

鑑定評価書の記載事項
「基準」総論第9章

2．価格時点及び鑑定評価を行った年月日並びに実地調査を行った年月日の記載理由

一般に財の価格は，その価格を形成する要因の変化に伴って変動する。

不動産の価格も多数の価格形成要因の相互因果関係の組合せの流れである変動の過程において形成されるものである。したがって，不動産の鑑定評価に当たっては，価格形成要因が常に変動の過程にあることを認識して，各要因間の相互因果関係を動的に把握すべきである。

変動の原則
「基準」総論第4章

すなわち，価格形成要因は，時の経過により変動するものであるから，不動産の価格はその判定の基準となった日においてのみ

価格時点の確定
「基準」総論第5章

妥当するものである。したがって，不動産の鑑定評価を行うに当たっては，不動産の価格の判定の基準日を確定する必要があり，この日を価格時点という。また，賃料の価格時点は，賃料の算定の期間の収益性を反映するものとしてその期間の期首となる。

また，鑑定評価を行った年月日とはいわゆる評価時点のことである。これは鑑定評価の手順を完了した日，すなわち鑑定評価報告書を作成し，これに鑑定評価額を表示した日である。これを記載する趣旨は，価格時点と評価時点との間隔の如何は，資料の収集の可能性，価格形成要因の分析の正確性等に影響を及ぼし，鑑定評価額とも関係してくる場合があるので，当該評価時点においては当該鑑定評価額としたことに手落ちはなかったことを後日立証する点にある。このため，価格時点，鑑定評価を行った年月日は，鑑定評価報告書への必要的記載事項となっている。

鑑定評価を行った年月日

また，後日対象不動産の現況把握に疑義が生ずる場合があることを考慮して，実地調査を行った年月日をあわせて記載しなければならない。

実査日
「基準」総論第９章

小問(2)

過去時点または将来時点の鑑定評価

価格時点は，鑑定評価を行った年月日を基準として現在の場合（現在時点），過去の場合（過去時点）及び将来の場合（将来時点）に分けられる。

価格時点の分類
「基準」総論第５章

① 依頼を受けたときの留意点

過去時点の鑑定評価は，対象不動産の確認等が可能であり，かつ，鑑定評価に必要な要因資料及び事例資料の収集が可能な場合に限り行うことができる。

したがって，依頼された鑑定評価が過去時点のものである場合には，対象不動産の確認に必要な確認資料が依頼者から提示されるかどうか，価格形成要因の分析に必要な要因資料及び鑑定評価の方式の適用に当たって活用できる十分な事例資料が収集できるか否かに留意すべきである。

留意点①
「留意事項」総論第５章

将来時点の鑑定評価は，対象不動産の確定，価格形成要因の把握，分析及び最有効使用の判定についてすべて想定し，又は予測

することとなり，また，収集する資料についても鑑定評価を行う時点までのものに限られ，不確実にならざるを得ないので，原則として，このような鑑定評価は行うべきではない。ただし，特に必要がある場合において，鑑定評価上妥当性を欠かないと認められるときは将来の価格時点を設定することができるものとする。

留意点②
「留意事項」総論第5章

② 鑑定評価を行うときの留意点

過去時点の鑑定評価に当たっては，時の経過により対象不動産及びその近隣地域等が価格時点から鑑定評価を行う時点までの間に変化している場合もあるので，このような事情変更のある場合の価格時点における対象不動産の確認等については，価格時点に近い時点の確認資料等をできる限り収集し，それを基礎に判断すべきである。

留意点③
「留意事項」総論第5章

以 上

解 説

本問は，「基準」総論第5章及び第9章からの関連出題である。

小問(1)については，価格形成要因は時の経過により変動するものであり，不動産の価格はその判定の基準日においてのみ妥当するものであるから価格時点を確定する必要がある，という点をしっかり押さえよう。この際，「変動の原則」・価格の特徴(3)について述べられれば加点事由となる。

また，「価格時点」，「評価時点」，「実査日」について混同している受験生も多いのでこの機会に整理しておくべきである。

小問(2)は，単なる基準の羅列で過去時点及び将来時点の留意事項について記述するだけでなく，題意に即した解答を行うように心掛けてほしい。つまり解答例で示しているように，問題文に即して①依頼を受けたときの留意点及び②鑑定評価を行うときの留意点に分け，順序立てて解答することが望ましい。

MEMO

◇ 平成10年度

問題[1]　不動産の個別的要因に関する以下の設問に答えなさい。

(1)　不動産の個別的要因とは何か説明しなさい。また，住宅地の個別的要因の主なものを二つ例示し，その個別的要因と土地の価格との相関関係について簡潔に述べなさい。

(2)　個別分析とは何か説明しなさい。個別分析に当たって地域分析との関係をどのように考慮すべきか簡潔に述べなさい。

(3)　鑑定評価に当たって，個別的要因について条件を設定することがありますが，その具体例を一つ例示しなさい。また，条件を設定する場合の鑑定評価のあり方について簡潔に述べなさい。（一部改題）

解答例

設問(1)

不動産の価格を形成する要因（価格形成要因という）とは，不動産の効用及び相対的稀少性並びに不動産に対する有効需要の三者に影響を与える要因をいう。不動産の価格は，多数の要因の相互作用の結果として形成されるものであるので，鑑定評価を行うに当たっては，価格形成要因を市場参加者の観点から明確に把握しなければならない。価格形成要因は，一般的要因，地域要因及び個別的要因に分けられる。

（価格形成要因の定義　「基準」総論第3章）

個別的要因とは，不動産に個別性を生じさせ，その価格を個別的に形成する要因をいう。すなわち，土地の価格に関していえば，当該土地の属する用途的地域における標準的な土地に係る価格水準と比較して，個別的な差異を生じさせる要因である。

個別的要因は，土地，建物，建物及びその敷地という類型ごとに，また，土地については住宅地，商業地等の種別ごとに着眼点が異なる。

（個別的要因の定義　「基準」総論第3章）

住宅地の個別的要因の主なものとしては，主に快適性及び利便性に影響を与える次のような要因があげられる。

a．地勢，地質，地盤等

標準的な土地と比較して地勢が劣る（例えば窪地に該当する）場合は居住の快適性が劣り，また地盤が軟弱である場合は建築に際して過大な基礎工事費を要することなどから，それぞれ価格が低くなる。

b．間口，奥行，地積，形状等

標準的な土地と比較して，間口が狭い，又は形状が不整形である場合等は，土地の利用効率が劣るため，価格が低くなる。また，地積が大きい場合は，総額が大きくなるため，市場性が減退して単価は低くなる傾向がある。

住宅地の個別的要因の例示及び価格との関係
「基準」総論第3章

設問(2)

不動産の価格は，その不動産の最有効使用を前提として把握される価格を標準として形成される。したがって，鑑定評価に当たっては，地域分析及び個別分析を通じて対象不動産の最有効使用を判定しなければならない。

地域分析とは，対象不動産が属する近隣地域の地域要因を分析して，その地域の特性を具体的に現す標準的使用を判定することをいう。

個別分析とは，対象不動産の個別的要因が対象不動産の利用形態と価格形成についてどのような影響力を持っているかを分析してその最有効使用を判定することをいう。

個々の不動産の最有効使用は，一般に近隣地域の地域の特性の制約下にあるので，個別分析に当たっては，特に地域分析により判定した近隣地域の標準的使用との相互関係を明らかにし判定することが必要である。

ただし，対象不動産の位置，規模，環境等によっては，標準的使用の用途と異なる用途の可能性が考えられるので，こうした場合には，それぞれの用途に対応した個別的要因の分析を行った上で 最有効使用を判定しなければならない。

最有効使用判定の必要性と方法
（地域分析・個別分析）
「基準」総論第6章，第8章

設問(3)

鑑定評価に際しては，現実の地域要因及び個別的要因を所与として不動産の価格を求めることのみでは多様な不動産取引の実態に即応することができず，社会的需要に応ずることができない場合があ

鑑定評価の条件
「留意事項」総論第5章

るので，地域要因又は個別的要因について条件を設定することがある。

個別的要因について設定する条件としては，例えば「地盤が軟弱な土地について，地盤改良工事を施工したものとして」「前面道路幅員が狭い土地について，セットバックにより幅員を拡幅したものとして」というようなものがあげられる。

個別的要因に係る付加想定条件の例示

このような条件を設定する場合には，設定する想定上の条件が鑑定評価書の利用者の利益を害するおそれがないかどうかの観点に加え，特に実現性及び合法性の観点から妥当なものでなければならない。

条件設定の留意点
「基準」総論第5章

鑑定評価の条件は，依頼内容に応じて設定するもので，不動産鑑定士は不動産鑑定業者の受付という行為を通じてこれを間接的に確認することとなる。しかし，同一不動産であっても設定された条件の如何によっては鑑定評価額に差異が生ずるものであるから，不動産鑑定士は直接，依頼内容の確認を行うべきである。

また，条件設定をする場合，依頼者との間で当該条件設定に係る鑑定評価依頼契約上の合意がなくてはならず，条件設定が妥当ではないと認められる場合には，依頼者に説明の上，妥当な条件に改定しなければならない。

条件設定の手順
「基準」総論第5章
「留意事項」総論第5章

以　上

解　説

本問は，個別的要因について，「基準」総論第３章及び第５章，第６章からの関連出題である。

設問⑴については，①価格形成要因の定義 → ②個別的要因の定義 → ③住宅地の個別的要因の具体例と土地価格との関連の順で論文構成するとよい。中心論点は，「住宅地の個別的要因の具体例と土地価格との関連」である。一見難しそうに見えるが，住宅地という点から，快適性・利便性等というキーワードに着目して考えれば解答へ繋がる。

同様に，商業地については収益性等，工業地については費用の経済性等というキーワードに留意すべきである。

設問⑵は，地域分析と個別分析との関連についての基本論点である。不動産の価格が最有効使用を前提として把握される価格を標準として決定されることから，不動産の最有効使用を判定する個別分析が必要となること，そして，その前提として個々の不動産の最有効使用は近隣地域の特性の制約下にあることから地域分析が必要となる点について論述すること。

設問⑶は，個別的要因に係る想定条件についての出題であるが，ここでは①想定条件の具体例，②条件設定の留意点（妥当性の判断基準）について整理しておくべきである。

問題2　建物の鑑定評価を行うに当たっての原価法における減価修正について，以下の設問に答えなさい。

(1)　原価法について簡潔に説明しなさい。

(2)　減価修正とは何か説明しなさい。

(3)　減価額を求める方法として，不動産鑑定評価基準に挙げられている二つの方法について 簡潔に説明しなさい。また，二つの方法は併用することとされていますが，その理由について考えられるところを述べなさい。

(4)　減価修正を行うに当たって着目すべき減価要因について説明しなさい。

解答例

設問(1)

不動産の価格を求める鑑定評価の基本的な手法は，不動産の価格の三面性（費用性，市場性及び収益性）に対応する，原価法，取引事例比較法及び収益還元法に大別される。各手法の適用により求められた試算価格をそれぞれ積算価格，比準価格及び収益価格という。

（鑑定評価の基本的な手法　「基準」総論第７章）

建物の鑑定評価は，①建物及びその敷地が一体として市場性を有する場合における建物のみの鑑定評価と，②市場性を有しない場合における建物のみの鑑定評価とがある。前者の鑑定評価額は，積算価格を標準とし，配分法に基づく比準価格及び建物残余法による収益価格を比較考量して決定し，後者の鑑定評価額は，積算価格を標準として決定する。ただし，前者の鑑定評価額については，複合不動産価格をもとに建物に帰属する額を配分して求めた価格を標準として決定することもできる。

（建物の鑑定評価　「基準」各論第１章）

原価法は，不動産の価格の費用性に着目した手法であり，価格時点における対象不動産の再調達原価（対象不動産を価格時点において再調達することを想定した場合において必要とされる適正な原価の総額）を求め，この再調達原価について減価修正を行って対象不動産の試算価格（積算価格）を求める手法である。

（原価法　「基準」総論第７章）

原価法は，対象不動産が建物又は建物及びその敷地である場合において，再調達原価の把握及び減価修正を適切に行うことができるときに有効である。

設問(2)

減価修正とは，減価の要因に基づき発生した減価額を対象不動産の再調達原価から控除して価格時点における対象不動産の適正な積算価格を求めることである。この「減価」とは，新築かつ最有効使用の状態を前提とする再調達原価を上限値として，そこからの価値の減少を意味する。

減価修正を行うに当たっては，減価の要因に着目して対象不動産を部分的かつ総合的に分析検討し，減価額を求めなければならない。

減価修正
「基準」総論第7章

設問(3)

減価額を求める方法には，次の二つの方法があり，減価修正に当たっては，これらを併用するものとする。

① 耐用年数に基づく方法

耐用年数に基づく方法は，対象不動産の価格時点における経過年数及び経済的残存耐用年数の和として把握される耐用年数を基礎として減価額を把握する方法である。

耐用年数に基づく方法には，定額法，定率法等があるが，これらのうちいずれの方法を用いるかは，対象不動産の用途や利用状況に即して決定すべきである。

なお，対象不動産が二以上の分別可能な組成部分により構成されていて，それぞれの耐用年数又は経済的残存耐用年数が異なる場合に，これらをいかに判断して用いるか，また，耐用年数満了時における残材価格をいかにみるかについても，対象不動産の用途や利用状況に即して決定すべきである。

この方法には，建築資材の経年劣化など外部観察のみでは発見しにくい減価要因を把握し，反映させ易いという長所がある。

② 観察減価法

観察減価法は，対象不動産について，設計・設備等の機能性，維持管理の状態，補修の状況，付近の環境との適合の状態等各減価の要因の実態を調査することにより，減価額を直接求める方法

減価額を求める方法
「基準」総論第7章

である。

この方法には，偶発的な損傷など個別的な減価の実態を把握し，反映させ易いという長所がある。

これら二つの方法は，それぞれ上記の長所を有するとともに，前者については不動産の価値は必ずしも規則的には減価しない場合があること，後者については外部観察のみでは発見しにくい減価要因の把握が困難であること，などの短所を有している。したがって，両者の長所を活かし，短所を補うために，二つの方法を併用することが必要となる。

二つの方法を併用する理由

設問(4)

減価の要因は，物理的要因，機能的要因及び経済的要因に分けられる。

これらの要因は，それぞれ独立しているものではなく，相互に関連し，影響を与え合いながら作用していることに留意しなければならない。

① 物理的要因

物理的要因としては，不動産を使用することによって生ずる摩滅及び破損，時の経過又は自然的作用によって生ずる老朽化並びに偶発的な損傷があげられる。

② 機能的要因

機能的要因としては，不動産の機能的陳腐化，すなわち，建物と敷地との不適応，設計の不良，型式の旧式化，設備の不足及びその能率の低下等があげられる。

③ 経済的要因

経済的要因としては，不動産の経済的不適応，すなわち，近隣地域の衰退，不動産とその付近の環境との不適合，不動産と代替，競争等の関係にある不動産又は付近の不動産との比較における市場性の減退等があげられる。

減価の要因
「基準」総論第7章

設問(1)で述べた市場性を有する場合の建物評価においては三要因をそれぞれ分析し，市場性を有しない場合の建物評価においては主に物理的要因を分析することとなる。

建物評価における減価の要因等

以　上

解 説

本問は，「基準」総論第７章及び各論第１章からの関連出題である。問題の前提は「建物の鑑定評価」であるから，この点を考慮した論述が求められる。

設問(1)は，単に「原価法」について論述するだけでは不十分であり，「建物の鑑定評価における原価法」という点に注意してもらいたい。具体的な論文構成としては，①三面性，三手法 → ②建物の鑑定評価 → ③原価法（定義，有効性）の順である。

建物の鑑定評価については，一体として市場性を有する場合と市場性を有しない場合とで手法が異なる点について留意してほしい。

設問(2)及び(3)については，基本的に基準の内容で十分に対応できる。耐用年数に基づく方法と観察減価法との併用理由について整理しておく必要がある。

設問(4)については，減価要因（物理的・機能的・経済的）について述べるほか，建物の鑑定評価において，一体としての市場性に応じて重視すべき減価要因について説明することが要求される。

問題3　賃料について，以下の設問に答えなさい。

(1) 不動産鑑定評価基準では，賃料の種類として，正常賃料・限定賃料，新規賃料・継続賃料が挙げられていますが，それぞれについて簡潔に説明しなさい。

(2) 継続賃料における手法としては，差額配分法，利回り法，スライド法及び賃貸事例比較法がありますが，これら4つの手法のうち，利回り法及び賃貸事例比較法について簡潔に説明するとともに，契約上の条件又は，使用目的の変更のない場合における継続賃料を算定するに当たって，これら4つの手法により求めた試算賃料をどのように用いるか述べなさい。

(3) 実質賃料と支払賃料を説明するとともに，支払賃料の求め方について述べなさい。

解答例

設問(1)

不動産の鑑定評価によって求める賃料は，一般的には正常賃料又は継続賃料であるが，鑑定評価の依頼目的に対応した条件により限定賃料を求めることができる場合があるので，依頼目的に対応した条件を踏まえてこれを適切に判断し，明確にすべきである。

賃料の種類
「基準」総論第5章

新規賃料とは，新たな賃貸借等（賃借権若しくは地上権又は地役権に基づき，不動産を使用し又は収益することをいう）の契約において成立するであろう経済価値を表示する賃料をいい，正常賃料と限定賃料とに区分される。

新規賃料の定義
「基準」総論第5章

正常賃料とは，正常価格と同一の市場概念（現実の社会経済情勢の下で合理的と考えられる条件を満たす市場）の下において新たな賃貸借等の契約において成立するであろう経済価値を表示する適正な賃料をいう。

正常賃料の定義
「基準」総論第5章

限定賃料とは，限定価格と同一の市場概念（併合使用や経済合理性に反する分割使用のために相対的に限定された市場）の下において，新たな賃貸借等の契約において成立するであろう経済価値を適

限定賃料の定義
「基準」総論第5章

正に表示する賃料をいう。

継続賃料とは，不動産の賃貸借等の継続に係る特定の当事者間において成立するであろう経済価値を適正に表示する賃料をいう。継続賃料は，①継続中の賃貸借等の契約に基づく実際支払賃料を改定する場合と，②契約上の条件又は使用目的が変更されることに伴い賃料を改定する場合とがある。

継続賃料の定義
「基準」総論第5章，各論第2章

設問(2)

利回り法は，基礎価格に継続賃料利回りを乗じて得た額に必要諸経費等を加算して試算賃料を求める手法である。

利回り法は，直近の合意時点における基礎価格に対する純賃料の割合に基づくもので，当事者間の合意意思を反映している点で説得力を有する。しかし，地価変動の著しい時期においては，賃料の粘着性等のため，適切な継続賃料利回りの把握が難しい。

利回り法の意義
「基準」総論第7章

賃貸事例比較法は，まず多数の継続に係る賃貸借等の事例を収集して適切な事例の選択を行い，これらに係る実際実質賃料に必要に応じて事情補正及び時点修正を行い，かつ，地域要因の比較及び個別的要因の比較を行って求められた賃料を比較考量して試算賃料を求める手法である。

賃貸事例比較法は，規範性の高い事例を多数収集できる場合は，客観的かつ実証的な手法として説得力を有する。しかし，継続に係る賃貸事例にはそれぞれ個別事情を含むことが多いため，類似事例の収集が難しく，また事情補正に多くの判断が介在しがちである。

賃貸事例比較法の意義
「基準」総論第7章

設問の２手法並びに差額配分法及びスライド法は，それぞれ長所及び短所を有している（例えば，差額配分法は直近合意時点以降の対象不動産に係る用益の増減を反映しているが，差額を衡平に配分することが難しい。また，スライド法は，客観的な経済情勢の変化を反映しているが，契約の個別性を反映させることが難しい）。

したがって，各手法の短所を補うために，原則として，４手法を併用すべきである。

各手法併用の必要性

また，事例の収集等の作業は実行可能な範囲に限られること，試算の過程で多くの判断が介在することから，試算賃料は相互に開差が生ずることが通常である。そこで，各試算賃料を再吟味すると共

試算賃料調整の必要性
「基準」総論第8章

に，要因分析の結果と各手法との適合性や採用した資料の特性・限界等を考慮して各試算価格が有する説得力を判断して試算賃料を調整し，適正な継続賃料（鑑定評価額）を決定しなければならない。

設問(3)

賃料の鑑定評価は，対象不動産について賃料の算定の期間に対応して実質賃料を求めることを原則とし，賃料の算定期間及び支払の時期に係る条件並びに権利金，敷金，保証金等の一時金の授受に関する条件が付されて支払賃料を求めることを依頼された場合には，実質賃料とともにその一部である支払賃料を求めることができる。

実質賃料と支払賃料
「基準」総論第7章

実質賃料とは，賃料の種類の如何を問わず賃貸人等に支払われる賃料の算定期間に対応する適正なすべての経済的対価をいい，純賃料及び不動産の賃貸借等を継続するために通常必要とされる諸経費等（必要諸経費等）から成り立つものである。

実質賃料の定義
「基準」総論第7章

支払賃料とは，各支払時期に支払われる賃料をいい，契約に当たって，権利金，敷金，保証金等の一時金が授受される場合においては，当該一時金の運用益及び償却額と併せて実質賃料を構成するものである。

支払賃料の定義
「基準」総論第7章

契約に当たって一時金が授受される場合における支払賃料は，実質賃料から，当該一時金について賃料の前払的性格を有する一時金の運用益及び償却額並びに預り金的性格を有する一時金の運用益を控除して求めるものとする。

なお，賃料の前払的性格を有する一時金の運用益及び償却額については，対象不動産の賃貸借等の持続する期間の効用の変化等に着目し，元利均等償還の方法等により実態に応じて適切に求めるものとする。

支払賃料の求め方
「基準」総論第7章

運用利回りは，賃貸借等の契約に当たって授受される一時金の性格，賃貸借等の契約内容並びに対象不動産の種類及び性格等の相違に応じて，当該不動産の期待利回り，不動産の取引利回り，長期預金の金利，国債及び公社債利回り，金融機関の貸出金利等を比較考量して決定するものとする。

運用利回りの求め方
「基準」総論第7章

以　上

解　説

本問は，「基準」総論第５章及び総論第７章，第８章からの関連出題である。

小問(1)については，基準の内容で十分に対応できる問題である。ここでの論点としては，まず，①新規賃料と②継続賃料に大別され，①新規賃料に正常賃料と限定賃料との区別があるという点である。このような基本問題は確実に得点することが必要である。

小問(2)では，継続賃料の鑑定評価手法についての出題である。本問における中心論点は，各手法併用の必要性（各手法の長所・短所を補うため）である。利回り法及び賃貸事例比較法のみならず，他の手法についての長所・短所も整理しておくべきであろう。

小問(3)は，「基準」の引用で十分対応できる問題であるが，一時金の具体例とその性格については十分に理解しておくこと。

なお，難易度は高くなるが，関連問題として「借地権の価格を構成する一時金の内容」についてもチェックしておく必要がある。

問題4　「自用の建物及びその敷地」について，以下の設問に答えなさい。

(1)　次の用語についてその定義を述べなさい。
「自用の建物及びその敷地」，「建付地」，「独立鑑定評価」

(2)　建付地の鑑定評価額及び独立鑑定評価による評価額をそれぞれ求めたところ評価額に差異を生じました。その差異を生じた理由について考えられるところを述べなさい。

解答例

設問(1)

自用の建物及びその敷地，建付地並びに（独立鑑定評価の対象である）更地は，いずれも不動産の類型の一つである。

類型とは，不動産の有形的利用及び権利関係の態様に応じて区分される不動産の分類をいい，種別（用途に関して区分される不動産の分類）とともに，不動産の経済価値を本質的に決定づけるものである。

したがって，不動産の価格形成過程を追究し分析することを本質とする鑑定評価に当たっては，不動産の種類ごとに価格形成要因の分析や評価手法等を検討することが重要である。

不動産の種類
「基準」総論第2章

①　自用の建物及びその敷地

自用の建物及びその敷地とは，建物所有者とその敷地の所有者とが同一人であり，その所有者による使用収益を制約する権利の付着していない場合における当該建物及びその敷地をいう。

自建の定義
「基準」総論第2章

②　建付地

建付地とは，建物等の用に供されている敷地で建物等及びその敷地が同一の所有者に属している宅地をいう。

すなわち，建付地とは，「自用の建物及びその敷地」又は「貸家及びその敷地」のうち当該敷地部分を指す。

建付地の定義
「基準」総論第2章

③　独立鑑定評価（更地）

独立鑑定評価とは，不動産が土地及び建物等の結合により構成

独立鑑定評価の定義
「基準」総論第5章

されている場合において，その土地のみを建物等が存しない独立のもの（更地）として鑑定評価の対象とすることをいう。

更地とは，建物等の定着物がなく，かつ，使用収益を制約する権利の付着していない宅地をいう。

更地の定義
「基準」総論第2章

設問(2)

① 建付地と更地との相違点

不動産の価格は，その不動産の最有効使用（現実の社会経済情勢の下で客観的にみて，良識と通常の使用能力を持つ人による合理的かつ合法的な最高最善の使用方法）を前提として把握される価格を標準として形成される。

最有効使用の原則
「基準」総論第4章

更地には建物等がないため，当該宅地の最有効使用に基づく経済価値を常に実現することができるのに対し，建付地には建物等があるため，当該建付地上の建物が最有効使用の状態にない場合には，更地と同等の経済価値を実現することができない。

更地と建付地との相違点

すなわち，建付地の評価額と更地としての評価額とに差異を生じた理由として，当該建付地上の現況の建物が最有効使用の状態と異なることによる建付減価（又は建付増価）が生じていることを指摘できる。

評価額に差異が生ずる理由

② 更地としての評価額

更地として鑑定評価額は，①更地並びに配分法が適用できる場合における建物及びその敷地の取引事例に基づく取引事例比較法による比準価格並びに，②土地残余法による収益価格を関連づけて決定する。再調達原価が把握できる場合には，③原価法による積算価格をも関連づけて決定すべきである。当該更地の面積が近隣地域の標準的な土地の面積に比べて大きい場合等においては，さらに④開発法による価格を比較考量して決定するものとする。

更地の価格は最有効使用に基づくものであるから，取引事例比較法（配分法）及び土地残余法（間接法）を適用する場合における建物及びその敷地の事例資料は，敷地が最有効使用の状態にあるものを採用すべきである。また，土地残余法（直接法）及び開発法を適用する場合において想定する建物等は，敷地の最有効使用に係るものでなければならない。

更地としての鑑定評価
「基準」各論第1章

これらの評価手法を適用して求めた更地の評価額は，当該宅地の最有効使用に基づく経済価値を示すものである。

③　建付地の評価額／更地の評価額と差異が生ずる理由

建付地は，建物等と結合して有機的にその効用を発揮しているため，建物等と密接な関連を持つものであり，したがって，建付地の鑑定評価は，建物等と一体として継続使用することが合理的である場合において，その敷地について部分鑑定評価をするものである。

敷地と建物等との適応や不動産と環境との適応が最有効使用の状態より劣る場合（例えば，高度商業地において法定容積率を活用していない場合等）には，当該宅地の効用の減退等による建付減価が生じ，建付地の評価額は更地としての評価額を下回る。

したがって，建付地の鑑定評価額は，①更地の価格をもとに当該建付地の更地としての最有効使用との格差，更地化の難易の程度等敷地と建物等との関連性を考慮して求めた価格を標準とし，②配分法に基づく比準価格及び③土地残余法による収益価格を比較考量して決定するものとする。ただし，④建物及びその敷地としての価格（以下「複合不動産価格」という。）をもとに敷地に帰属する額を配分して求めた価格を標準として決定することもできる。

各評価手法を適用する場合における事例資料は，敷地と建物等との適応の状態が対象不動産と同程度のものを採用すべきである。

なお，敷地上に法定容積率を超過した既存不適格建築物が存する場合等において，当該建付地の効用が，更地（最有効使用）としての効用を超えることによる建付増価が生じ，建付地の評価額が更地としての評価額を上回ることがある。

以　上

建付地の鑑定評価
「基準」各論第１章

解　説

本問は，「自用の建物及びその敷地」について問うているが，「自用の建物及びその敷地」「更地」「建付地」相互の関連に関する理解を試すものである。

小問(1)は，各用語の定義だけでなく，「自用の建物及びその敷地」「更地」「建付地」という各類型の関連についても簡潔に触れるべきである。前文として，「類型」の意義について述べるとよい。

小問(2)は，建付地と更地との違いは最有効使用の実現性の違いであること，その結果，建付地の価格には建付減価が生じ得ることを述べた上，両者の評価手法の違いについても言及すべきである。また，各類型の評価に当たって採用する「建物及びその敷地」の取引事例・収益事例に係る選択要件（建物と敷地との適応の状態が類似していること）について必ず触れること。

平成11年度

問題1　建物及びその敷地の正常賃料を求める場合の鑑定評価について，次の問に答えなさい。
(1)　建物及びその敷地の賃貸借にあたって，授受される一時金にはどのようなものがあるか説明しなさい。
(2)　建物及びその敷地の正常賃料の鑑定評価額の求め方について説明しなさい。
(3)　正常賃料を求めるにあたって，賃貸事例比較法を適用する場合における事例の収集および選択に係る留意点を述べなさい。

解答例

小問(1)

建物及びその敷地の賃貸借に当たって，次に述べるような一時金が借主から貸主へ授受されることがある。一時金が授受される場合における当該一時金の運用益及び償却額は，支払賃料（各支払時期に支払われる賃料）とともに実質賃料（賃料の種類の如何を問わず貸主に支払われる賃料の算定の期間に対応する適正なすべての経済的対価）を構成するものである。

一時金と支払賃料・実質賃料との関連「基準」総論第7章

(1)　賃料の前払的性格を有する一時金

賃料の前払的性格を有する一時金とは，契約終了時において貸主から借主に返還されないものをいい，一般に，「権利金」「礼金」等と呼ばれている。

前払的性格を有する一時金

(2)　預り金的性格を有する一時金

預り金的性格を有する一時金とは，契約終了時において貸主から借主に返還されるもので，その性格に応じて一般に次のように区分される。

①敷　　　金：賃料滞納等債務不履行に係る損害賠償請求権を担保するもの
②保　証　金：賃貸借契約に定められた契約期間を担保するもの
③建設協力金：建物の建設資金等に係る金融的性格を有するもの

預り金的性格を有する一時金

なお，一時金の性格は，その名称の如何を問わず，契約内容等を考察して個別に判定することが必要である。

また，店舗に係る賃貸借契約等に当たって営業権の対価又はのれん代に相当する一時金が授受されることがあるが，これらは賃料に含まれない。

営業権の対価等

小問(2)

建物及びその敷地に係る正常賃料とは，現実の社会経済情勢の下で合理的と考えられる条件を満たす市場において新たな賃貸借の契約において成立するであろう経済価値を表示する適正な賃料（新規賃料）をいう。

正常賃料の定義
「基準」総論第5章

建物及びその敷地の正常賃料を求める場合の鑑定評価に当たっては，賃貸借の契約内容による使用方法に基づく建物及びその敷地の経済価値に即応する賃料を求めるものとする。

合理的な市場において市場人は，通常，価格の三面性（費用性，市場性及び収益性）について検討の上，取引の意思決定を行う。ただし，契約内容が同等であっても，借主の使用方法の如何によって，収益性は大きく異なることが多い。したがって，建物及びその敷地の正常賃料の鑑定評価額は，（費用性を反映する）積算法による積算賃料，及び（市場性を反映する）賃貸事例比較法による比準賃料を関連づけて決定するものとする。そして，適正な純収益を求めることができるときは，（収益性を反映する）収益分析法による収益賃料を比較考量して決定するものとする。

正常賃料(家賃)の鑑定評価
「基準」各論第2章

なお，一時金の授受等に関する条件が付されて正常支払賃料を求めることを依頼された場合は，上記により求めた正常実質賃料から，当該一時金について賃料の前払的性格を有する一時金の運用益及び償却額並びに預り金的性格を有する一時金の運用益を控除して求めるものとする。

支払賃料の求め方
「基準」総論第7章

小問(3)

賃貸事例比較法は，まず多数の新規の賃貸借等の事例を収集して適切な事例の選択を行い，これらに係る実際実質賃料に必要に応じて事情補正及び時点修正を行い，かつ，地域要因の比較及び個別的要因の比較を行って求められた賃料を比較考量し，これによって対

賃貸事例比較法の定義・有効性
「基準」総論第7章

象不動産の試算賃料（比準賃料）を求める手法である。

賃貸事例比較法は，市場において発生した賃貸事例を賃料判定の基礎とするものであるので，多数の事例を収集しなければならない。

また，賃貸事例の選択に当たっては，新規賃料，継続賃料の別又は建物の用途の別により賃料水準が異なるのが一般的であることに留意して，できる限り対象不動産に類似した事例を選択すべきである。したがって，賃貸事例は，次の要件の全部を備えるもののうちから選択しなければならない。

事例収集の留意点
「基準」総論第7章
事例選択の留意点
「留意事項」総論第7章

① 近隣地域又は同一需給圏内の類似地域若しくは必要やむを得ない場合は近隣地域の周辺の地域に存する不動産に係るものであること，また，対象不動産の最有効使用が標準的使用と異なる場合等には，同一需給圏内の代替競争不動産に係るものであること。

② 賃貸事例に係る賃貸借の事情が正常なものと認められるものであること，又は正常なものに補正することができるものであること。

③ 時点修正をすることが可能なものであること。

④ 地域要因の比較及び個別的要因の比較が可能なものであること。

⑤ 賃貸借契約の内容について類似性を有するものであること。

賃貸事例選択5要件
「基準」総論第7章

なお，契約内容の類似性を判断する場合の留意事項を例示すれば，次のとおりである。

(ア) 賃貸形式，(イ) 賃貸面積，(ウ) 契約期間，(エ) 一時金の授受に基づく賃料内容，(オ) 賃料の算定の期間及びその支払方法，(カ) 修理及び現状変更に関する事項，(キ) 賃貸借に供される範囲及びその使用方法

契約内容類似性の判断基準
「留意事項」総論第7章

以　上

解　説

本問は，建物及びその敷地の正常賃料（家賃）の評価に関する基本的な問題である。

小問(1)は，本問が「正常賃料の評価」に関するものであることを踏まえ，一時金の運用益及び償却額の意義について触れた上で，一時金の具体例を挙げる。一時金の種類については，「要説」等により整理しておいてほしい。

小問(2)は，「基準」総論第2章の引用が中心となる。他の論点が少ない場合は，各評価手法の定義について言及してもよい。

小問(3)は，賃貸事例の選択要件に関するものであるから，基本的な4要件のほか，「契約内容の類似性」と類似性の判断基準について述べること。

問題2　区分所有建物及びその敷地について，次の問に答えなさい。

(1)　区分所有建物及びその敷地とは何か説明しなさい。

(2)　区分所有建物及びその敷地（ただし，既成市街地内の居住用建物とする）の鑑定評価を行うに当たって，取引事例比較法を適用する場合に，個別的要因の分析はどのように行いますか。具体例をあげて説明しなさい。

(3)　上記鑑定評価において，積算価格はどのようにして求めるか説明しなさい。その場合に個別的要因はどのように用いられるかあわせて説明しなさい。

解答例

小問(1)

区分所有建物及びその敷地とは，建物の区分所有等に関する法律第2条第3項に規定する専有部分並びに当該専有部分に係る同条第4項に規定する共用部分の共有持分及び同条第6項に規定する敷地利用権をいう。

「専有部分」とは，一棟の建物のうち構造上区分され，用途上独立性を有する建物の部分をいう。また，「共用部分」とは廊下，階段など専有部分以外の建物の部分等をいい，「敷地利用権」とは，専有部分を所有するための建物の敷地に関する権利をいう。区分所有建物及びその敷地の鑑定評価に当たっては，専有部分，共用部分の共有持分及び敷地利用権の内容を明確にしなければならない。

なお，敷地や共用部分に係る駐車場使用権，看板設置のための外壁使用権等のいわゆる「専用使用権」に経済価値が認められ，当該専用使用権が区分所有権に付随する場合には，区分所有建物及びその敷地の経済価値の判定に当たって考慮すべきである。

区分所有建物及びその敷地の定義
「基準」総論第2章

小問(2)

(1)　居住用の区分所有建物及びその敷地に係る個別的要因

居住用の区分所有建物及びその敷地に係る個別的要因（不動産に個別性を生じさせ，その価格を個別的に形成する要因）の主な

ものとしては，敷地内における建物，駐車場，通路，庭等の配置，建物と敷地の規模の対応関係等建物等と敷地との適応の状態のほか，当該類型に固有の次のような要因がある。

居住用区分建物の個別的要因
「基準」総論第3章

① 一棟の建物及びその敷地に係る個別的要因

建物に係る要因として，建築の年次，面積・高さ・構造・材質等，設計・設備等の機能性，玄関・集会室等の施設の状態，建物の階数，建物の用途，維持管理の状態，耐震性，有害な物質の使用の有無及びその状態等があげられる。敷地に係る要因としては，敷地の形状，敷地内施設の状態，敷地の規模，敷地に関する権利の態様等がある。また，建物及びその敷地に係る要因として，長期修繕計画の有無及びその良否並びに修繕積立金の額等があげられる。

一棟全体の個別的要因
「基準」各論第1章

② 専有部分に係る個別的要因

専有部分に係る個別的要因として，階層・位置，日照・眺望，室内の仕上げ・維持管理の状態，専有面積・間取り，エレベーター等共用施設の利便性，敷地に関する権利の態様及び持分，区分所有者の管理費等の滞納の有無等があげられる。

専有部分の個別的要因
「基準」各論第1章

(2) 取引事例比較法

区分所有建物及びその敷地（自用のもの）の鑑定評価額は，①原価法による積算価格，②取引事例比較法による比準価格，及び③収益還元法による収益価格を関連づけて決定する。

取引事例比較法は，まず多数の区分所有建物及びその敷地の取引事例を収集して適切な事例の選択を行い，これらに係る取引価格に必要に応じて事情補正及び時点修正を行い，かつ，地域要因の比較及び個別的要因の比較を行って求められた価格を比較考量し，これによって対象不動産の試算価格（比準価格）を求める手法である。

取引事例比較法の定義
「基準」総論第7章

(3) 取引事例比較法の適用における個別的要因の分析

「専有面積・間取り」等の個別的要因が大きく異なる不動産同士（例えば，３ＬＤＫとワンルーム）は，需要者が異なるため適切な要因比較ができない。したがって，取引事例比較法を適用するに当たっては，不動産の個別的要因の分析を通じて，各要因に

区分建物の事例収集における個別的要因分析の活用

ついて類似性を有する取引事例を収集しなければならない。

また，取引事例比較法を適用するに当たっては，不動産の個別的要因の分析を通じて，「一棟の建物及びその敷地に係る個別的要因」並びに「専有部分に係る個別的要因」を適切に比較しなければならない。居住用建物の場合，例えば，専有面積等が同等であっても，「階層・位置」など居住の快適性や利便性に影響を与える個別的要因の差異により価格格差が生ずることに留意すべきである。

区分建物の要因比較における個別的要因分析の活用

小問(3)

(1) 原価法

原価法は，価格時点における対象不動産の再調達原価を求め，この再調達原価について減価修正を行って対象不動産の試算価格（積算価格）を求める手法である。

原価法の定義「基準」総論第７章

区分所有建物及びその敷地の積算価格は，区分所有の対象となっている一棟の建物及びその敷地の積算価格を求め，当該積算価格に当該一棟の建物の各階層別及び同一階層内の位置別の効用比により求めた配分率を乗ずることにより求める。

区分建物の積算価格「基準」各論第１章

(2) 原価法の適用における個別的要因の分析

一棟の建物及びその敷地の積算価格を求めるに当たっては，「一棟の建物及びその敷地に係る個別的要因」の分析を通じて把握した敷地の最有効使用や，現況と最有効使用との格差等に基づいて，敷地の更地としての価格又は借地権の価格，建物の再調達原価，減価修正に係る減価額を適切に査定しなければならない。

また，配分率の査定に当たっては，「専有部分に係る個別的要因」の分析を通じて，各階層別効用比及び同一階層内の位置別効用比を適切に求めなければならない。なお，室内の仕上げや維持管理の状態等，配分率に反映することが困難な個別的要因については，一棟の建物及びその敷地の積算価格に配分率を乗じた後に，個別格差修正として反映すべきである。

一棟全体の積算価格・配分率査定における個別的要因分析の活用

以　上

解　説

本問は，「基準」各論第１章の「区分所有建物及びその敷地」を中心として，総論第２章，第３章，第７章との関連についての理解も要求する問題である。

小問(1)は，「区分所有建物及びその敷地」の定義を正確に述べ，定義に沿って各構成要素について説明する。その際，「専用使用権」についても触れること。

小問(2)は，①個別的要因の定義 → ②建物に係る個別的要因，敷地に係る個別的要因，専有部分に係る個別的要因 → ③取引事例比較法の定義 → ④事例の収集，要因比較における個別的要因の分析活用の順で論述する。

「事例の収集，要因比較における個別的要因の分析活用」については，本問の対象不動産が居住用である点に留意して，快適性・利便性に着目して論述することが必要である。

小問(3)は，区分建物の積算価格の求め方について「基準」の引用により説明した上，求め方の各段階において，個別的要因をどのように反映させればよいかを述べること。特に，対象となる専有部分の階層・位置等の要因については，配分率の査定において反映させることをしっかり押さえてほしい。

問題3　不動産鑑定評価基準によれば，限定価格を求めることができる場合として，隣接不動産の併合を目的とする売買に関連する場合があげられていますが，このことに関して次の問に答えなさい。

(1)　「最有効使用の原則」「均衡の原則」「寄与の原則」について説明しなさい。

(2)　限定価格を求める場合に上記三原則がどのように用いられるか説明しなさい。

解答例

小問(1)

不動産の価格形成過程には基本的な法則性が認められる。不動産の鑑定評価は，その価格形成過程を追究し分析することを本質とするものであるので，鑑定評価に際しては，必要な指針としてこれらの法則性を認識し，かつ，これらを具体的に現した諸原則を活用すべきである。

価格諸原則の意義
「基準」総論第4章

設問の三原則の内容は次のとおりである。

1．最有効使用の原則

不動産の価格は，その不動産の効用が最高度に発揮される可能性に最も富む使用（以下「最有効使用」という）を前提として把握される価格を標準として形成される。この場合の最有効使用は，現実の社会経済情勢の下で客観的にみて，良識と通常の使用能力を持つ人による合理的かつ合法的な最高最善の使用方法に基づくものである。

この原則は，鑑定評価手法の適用等に当たって常に行為基準とすべき重要な原則である。

最有効使用の原則
「基準」総論第4章

2．均衡の原則

不動産の収益性又は快適性が最高度に発揮されるためには，その構成要素の組合せが均衡を得ていることが必要である。したがって，不動産が最有効使用にあるかどうかを判定するためには，この均衡を得ているかどうかを分析することが必要がある。

均衡の原則
「基準」総論第4章

この原則は，不動産の内部構成要素の均衡に関するものであり，不動産と外部環境との適合に関する「適合の原則」とともに，最有効使用の判定を行うために必要な原則である。

3．寄与の原則

不動産のある部分がその不動産全体の収益獲得に寄与する度合いは，その不動産全体の価格に影響を及ぼす。

この原則は，不動産の最有効使用の判定に当たっての不動産の追加投資の適否の判定等に有用である。

寄与の原則
「基準」総論第4章

小問(2)

1．限定価格の意義

不動産の鑑定評価によって求める価格は，基本的には正常価格（市場性を有する不動産について，現実の社会経済情勢の下で合理的と考えられる条件を満たす市場で形成されるであろう市場価値を表示する適正な価格）である。しかし，多様な不動産取引の実態に即応し，社会的な需要に応ずる必要性から，鑑定評価の依頼目的に対応した条件により限定価格，特定価格又は特殊価格を求める場合があるので，依頼目的に対応した条件を踏まえてこれを適切に判断し，明確にすべきである。

鑑定評価によって求める価格
「基準」総論第5章

限定価格とは，市場性を有する不動産について，不動産と取得する他の不動産との併合又は不動産の一部を取得する際の分割等に基づき正常価格と同一の市場概念の下において形成されるであろう市場価値と乖離することにより，市場が相対的に限定される場合における取得部分の当該市場限定に基づく市場価値を適正に表示する価格をいう。

限定価格の定義
「基準」総論第5章

2．隣接不動産の併合に係る限定価格の求め方

隣接する二つの不動産が併合された場合，不整形地が整形地となり，又は規模が大きくなること等により効用が増加し，その結果，併合後の不動産の正常価格が，併合前の各不動産に係る正常価格の合計金額より高くなることがある。

このような場合において，一方の不動産の所有者は，隣接する他方の不動産（以下「隣接不動産」という）を当該隣接不動産の正常価格を上回る価格で取得することが考えられる。このとき隣

併合により市場が限定される理由

接不動産の価格は，正常価格と同一の市場概念の下において形成されるであろう市場価値との乖離により相対的に限定された市場を前提とする限定価格となる。

隣接不動産の併合を目的とする売買に関連する場合の限定価格は，まず，併合後の不動産に係る正常価格から併合前の各不動産に係る正常価格の合計金額を控除して併合による増分価値を求め，次に，当該増分価値のうち隣接不動産に配分される金額を査定し，さらに，隣接不動産の正常価格に当該配分金額を加算して求める。

併合に係る限定価格の求め方

3．限定価格を求める場合における価格原則の活用

① 最有効使用の原則及び均衡の原則

不動産の価格は，その不動産の最有効使用を前提として把握される価格を標準として形成されるものである。したがって，併合後の不動産に係る正常価格，及び併合前の各不動産に係る正常価格を求めるに当たっては，取引事例比較法において配分法を適用する際の取引事例の収集・選択，収益還元法（土地残余法）における最有効使用の建物の想定等において「最有効使用の原則」を活用しなければならない。

最有効使用の原則の活用

また，併合後の不動産に係る個別的要因の分析に当たっては，「均衡の原則」を活用し，二つの不動産の併合に伴う間口と奥行との関係等の内部構成要素に係る均衡の変化を的確に把握することを通じて，併合後の不動産に係る正常価格及び併合により生ずる増分価値を適切に査定しなければならない。

均衡の原則の活用

② 寄与の原則

限定価格を求めるに当たっては，「寄与の原則」を活用して，取得する隣接不動産（部分）が併合後の不動産（全体）の効用増加に寄与する度合いを判定し，増分価値のうち隣接不動産に配分される金額を適切に査定しなければならない。

寄与の原則の活用

以　上

解　説

本問は，「限定価格」についての基本問題であるので，確実に得点することが必要である。

小問(1)は，①価格諸原則の意義 → ②「最有効使用の原則」,「均衡の原則」,「寄与の原則」の定義について記述する。総論第4章については，各原則の内容について簡潔に説明できるようにまとめておくべきである。

小問(2)は，①鑑定評価によって求める価格（基本的には正常価格）→ ②限定価格の定義 → ③併合により限定価格となる理由 → ④併合の場合の限定価格の具体的な求め方 → ⑤価格諸原則の活用と，順序だてて論述するとよい。

問題4　鑑定評価の基本的事項について述べなさい。

(1)　不動産の鑑定評価にあたっては鑑定評価の基本的事項を確定しなければならないが，その理由を述べなさい。

(2)　鑑定評価の基本的事項を事項別に列挙するとともにそれぞれの事項について個別に説明しなさい。また，基本的事項の確定に際して確認しなければならない事項についてもあわせて説明しなさい。

解答例

小問(1)

土地は，他の一般の諸財と異なる自然的特性（個別性等）及び人文的特性（社会的，経済的位置の可変性等）を有しており，土地を重要な構成要素とする不動産にもこれらの特性の反映が認められる。

不動産の特性
「基準」総論第1章

このため，不動産は，前提となる市場の相違（合理的な市場，限定された市場等）等に基づく多面的な経済価値，及び同一の不動産における権利の併存等に基づく多元的な経済価値を有し，しかも，時の経過に伴って経済価値は変化する。

したがって，不動産の鑑定評価（その対象となる不動産の経済価値を判定し，これを貨幣額をもって表示すること）を行うに当たっては，その経済価値を判定する前提となる基本的事項である①対象不動産，②価格時点及び③価格又は賃料の種類を確定しなければならない。

すなわち，不動産の鑑定評価とは，特定の不動産について，特定の時点における，（特定の市場条件における）特定の種類の価格又は賃料を求めるものであるから，これらを特定するために，基本的事項を確定するのである。

不動産の経済価値の多面性・多元性・可変性と基本的事項確定の必要性
「基準」総論第5章

小問(2)

①　対象不動産について

不動産は，その物的な範囲等が可変的であり，また所有権，賃借権等の権利の態様が複合的，重畳的で複雑な様相を呈している。

そこで，鑑定評価を行うに当たっては，鑑定評価の対象となる

対象不動産確定の必要性
「基準」総論第5章

土地又は建物等を物的に確定することのみならず，鑑定評価の対象となる所有権及び所有権以外の権利を確定する必要がある。

対象不動産の確定は，鑑定評価の対象を明確に他の不動産と区別し特定することであり，それは不動産鑑定士が鑑定評価の依頼目的及び条件に照応する対象不動産と当該不動産の現実の利用状況とを確認資料を用い照合して確認するという実践行為を経て最終的に確定されるべきものである。

対象不動産確定の方法
「基準」総論第5章

対象不動産の確認に当たっては，確定された対象不動産についてその内容を明瞭にしなければならない。対象不動産の確認は，対象不動産の物的確認及び権利の態様の確認に分けられ，実地調査，聴聞，公的資料の確認等により，的確に行う必要がある。

対象不動産の確認
「基準」総論第8章

② 価格時点について

不動産の価格は，多数の価格形成要因の相互作用によって形成されるものであるが，要因それ自体も時の経過により変動するものであるから，不動産の価格はその判定の基準となった日においてのみ妥当するものである。

したがって，鑑定評価を行うに当たっては，不動産の価格の判定の基準日を確定する必要があり，この日を価格時点という。また，賃料の価格時点は，賃料の算定の期間の収益性を反映するものとしてその期間の期首となる。

価格時点確定の必要性
「基準」総論第5章，第3章

価格時点は，鑑定評価を行った年月日を基準として現在の場合（現在時点），過去の場合（過去時点）及び将来の場合（将来時点）に分けられる。

価格時点の種類
「基準」総論第5章

過去時点の鑑定評価は，対象不動産の確認等が可能であり，かつ，鑑定評価に必要な要因資料及び事例資料の収集が可能な場合に限り行うことができる。また，時の変化により事情変更のある場合の価格時点における対象不動産の確認等については，価格時点に近い時点の確認資料等をできるかぎり収集し，それを基礎に判断すべきである。

過去時点の鑑定評価
「留意事項」総論第5章

将来時点の鑑定評価は，対象不動産の確定等すべて想定，又は予測することになり，不確実にならざるを得ないので，原則として鑑定評価は行うべきではない。ただし，特に必要がある場合に

おいて，鑑定評価上妥当性を欠かないと認められるときのみ設定できるものとする。

将来時点の鑑定評価
「留意事項」総論第５章

③　価格又は賃料の種類について

「不動産の鑑定評価は，不動産の適正な価格を求め，その適正な価格の形成に資するものでなければならない」ので，鑑定評価によって求める価格は基本的には正常価格である。しかし，多様な不動産取引に即応し社会的な需要に応ずるため，依頼目的に対応した条件により限定価格，特定価格又は特殊価格を求める場合がある。また，鑑定評価によって求める賃料は，一般的には正常賃料又は継続賃料であるが，依頼目的に対応した条件により限定賃料を求めることができる場合がある。

価格・賃料の種類
「基準」総論第５章

これらの価格又は賃料は，それぞれ前提とする市場概念が異なるものである。したがって，鑑定評価に当たっては，依頼者に直接依頼内容を確認した上で，依頼目的に対応した条件を踏まえて求める価格又は賃料の種類を適切に判断し，明確にしなければならない。

価格等の種類確定の必要性・方法

なお，鑑定評価報告書の作成に当たって，正常価格又は正常賃料を求めることができる不動産について，依頼目的に対応した条件により限定価格，特定価格又は限定賃料を求めた場合は，かっこ書きで正常価格又は正常賃料である旨を付記してそれらの額を併記しなければならない。

鑑定評価報告書への記載
「基準」総論第９章

以　上

解　説

本問は，「基準」総論第５章についての全体的な理解を問うものである。

小問(1)は，基本的事項の確定の必要性が論点である。小問(2)において基本的事項の確定の各事項（対象不動産，価格時点，価格又は賃料の種類）についての説明が要求されている点を考慮して，基本的事項の確定全般についての必要性について述べればよい。

小問(2)は，基本的事項の各事項について，それぞれ具体的に①必要性 → ②定義及び説明 → ③留意事項（確認事項）について触れることが必要である。

MEMO

平成12年度

> 問題1　「不動産鑑定士の責務」について，不動産の鑑定評価の持つ社会的公共的意義にも言及して説明しなさい。

解答例

1．不動産の鑑定評価の社会的公共的意義について

不動産は，通常，土地とその定着物をいう。土地はその持つ有用性の故にすべての国民の生活と活動とに欠くことのできない基盤である。そして，この土地を我々人間が各般の目的のためにどのように利用しているかという土地と人間との関係は，不動産のあり方，すなわち，不動産がどのように構成され，どのように貢献しているかということに具体的に現れる。

この不動産のあり方は，自然的，社会的，経済的及び行政的な要因の相互作用によって決定されるとともに経済価値の本質を決定づけている。

（不動産のあり方とその重要性　「基準」総論第1章）

一方，この不動産のあり方は，その不動産を具体的に表している価格を選択の主要な指標として決定されている。

（あり方と価格　「基準」総論第1章）

土地は他の一般の諸財と異なる①自然的特性（個別性等）及び②人文的特性（用途の多様性等）を有しており，不動産全般についてもこれらの特性が認められる。

（土地の特性と不動産の特性　「基準」総論第1章）

そこで，不動産の現実の取引価格等は，取引等の必要に応じて個別的に形成されるのが通常であり，しかもそれは個別的な事情に左右されがちのものであって，このような取引価格等から不動産の適正な価格を見出すことは一般の人には非常に困難である。したがって，不動産の適正な価格については専門家としての不動産鑑定士の鑑定評価が必要となるものである。

（不動産の価格の特徴　「基準」総論第1章）

不動産の鑑定評価は，その対象である不動産の経済価値を判定し，これを貨幣額をもって表示することである。不動産の経済価値に関する判断の当否は，鑑定評価の手順の各段階それぞれについての不動産鑑定士の能力の如何及びその能力の行使の誠実さの

（鑑定評価と手順等の関係　「基準」総論第1章）

如何に係るものであり，また，必要な関連諸資料の収集整理の適否及びこれらの諸資料の分析解釈の練達の程度に依存するものである。

したがって，鑑定評価は，高度な知識と豊富な経験及び的確な判断力を持ち，さらに，これらが有機的かつ総合的に発揮できる練達堪能な専門家によってなされるとき，初めて合理的であって，客観的に論証できるものとなる。

そこで，不動産の鑑定評価とは，現実の社会経済情勢の下で合理的と考えられる市場で形成されるであろう市場価値を表示する適正な価格を，不動産鑑定士が的確に把握する作業に代表されるように，練達堪能な専門家によって初めて可能な仕事であるから，このような意味において，不動産の鑑定評価とは，不動産の価格に関する専門家の判断であり，意見であるといってよいであろう。

鑑定評価の定義
「基準」総論第１章

それはまた，この社会における一連の価格秩序のなかで，対象不動産の価格の占める適正なあり所を指摘し，不動産のあり方の主要な選択指標を示すことである。個人の幸福も社会の成長，発展及び公共の福祉も不動産のあり方に依存していることを考えると，不動産の鑑定評価の社会的公共的意義は極めて大きいといわなければならない。

鑑定評価の社会的公共的意義
「基準」総論第１章

2．不動産鑑定士の責務について

このように不動産の鑑定評価の社会的公共的意義は極めて大きいことから，不動産鑑定士には次のような責務が要請される。

土地は，土地基本法に定める基本理念に即して利用及び取引が行われるべきであり，特に投機的取引の対象とされてはならないものである。不動産鑑定士は，このような土地についての基本的な認識に立って不動産の鑑定評価を行わなければならない。

すなわち，不動産の鑑定評価に当たっては，市場特性（取引当事者の属性等）の分析に基づいて投機的取引事例等を排除すること，不動産の収益性を十分に分析することなどを通じて，不動産の適切なあり方の指標となり得る適正な価格を求めなければならない。

「土地基本法」からの要請
「基準」総論第１章

不動産鑑定士は，不動産の鑑定評価を担当する者として，十分

に能力のある専門家としての地位を「不動産の鑑定評価に関する法律」によって認められ，付与されるものである。したがって，不動産鑑定士は，不動産の鑑定評価の社会的公共的意義を理解し，その責務を自覚し，的確かつ誠実な鑑定評価活動の実践をもって，社会一般の信頼と期待に報いなければならない。

そのためには，まず，不動産鑑定士は，同法に規定されているとおり，良心に従い誠実に不動産の鑑定評価を行い，専門職業家としての社会的信用を傷つけるような行為をしてはならないとともに，正当な理由がなく，その職務上取り扱ったことについて知り得た秘密を他に漏らしてはならないことはいうまでもない。

「不動産の鑑定評価に関する法律」からの要請
「基準」総論第1章

さらに，不動産鑑定士は，次の事項を遵守して資質の向上に努めなければならない。

(1) 高度の知識と豊富な経験と的確な判断力とが有機的に統一されて，初めて的確な鑑定評価が可能となるのであるから，不断の勉強と研鑽によってこれを体得し，鑑定評価の進歩改善に努力すること。

(2) 依頼者に対して鑑定評価の結果を分かり易く誠実に説明を行い得るようにするとともに，社会一般に対して，実践活動をもって，不動産の鑑定評価及びその制度に関する理解を深めることにより，不動産の鑑定評価に対する信頼を高めるよう努めること。

(3) 不動産の鑑定評価に当たっては，自己又は関係人の利害の有無その他いかなる理由にかかわらず，公平妥当な態度を保持すること。

(4) 不動産の鑑定評価に当たって，専門職業としての注意を払わなければならないこと。

(5) 自己の能力の限度を超えていると思われる不動産の鑑定評価を引き受け，または縁故若しくは特別の利害関係を有する場合等，公平な鑑定評価を害する恐れのあるときは，原則として不動産の鑑定評価を引き受けてはならないこと。

「基準」からの要請
「基準」総論第1章

以　上

解　説

本問は,「基準」総論第１章について基本的な理解を問うものである。

論文構成としては,①不動産の鑑定評価の社会的公共的意義を述べ,それを踏まえて②不動産鑑定士の責務について論述するのがよい。

不動産の鑑定評価の社会的公共的意義については,１.不動産のあり方 → ２.不動産の特徴 → ３.鑑定評価の必要性 → ４.鑑定評価の定義 → ５.社会的公共的意義とアプローチする。

不動産鑑定士の責務については,社会的公共的意義を踏まえて,１.土地基本法からの要請,２.不動産の鑑定評価に関する法律からの要請,３.基準からの要請の三つの観点からアプローチすべきである。

問題2　不動産鑑定評価基準では，借地権価格の評価手法の一つとして「賃料差額」を用いる方法をあげています。この手法について，次の問に答えなさい。

(1)　宅地に借地権が付着している場合における「借地権者に帰属する経済的利益」と「借地権設定者に帰属する経済的利益」について説明しなさい。

(2)　借地権価格と賃料との関連を述べるとともに，両者の求め方について説明しなさい。

(3)　借地権価格を求めるに当たり，将来見込まれる一時金の種類を３つあげなさい。　（一部改題）

解答例

小問(1)

借地権及び底地は，それぞれ宅地の類型の一つである。借地権とは，借地借家法（廃止前の借地法を含む）に基づく借地権（建物の所有を目的とする地上権又は賃借権）をいい，底地とは，宅地について借地権の付着している場合における当該宅地の所有権をいう。

（借地権・底地の定義　「基準」総論第２章）

不動産の価格は，その不動産に関する所有権，賃借権等の権利の対価又は経済的利益の対価であり，また，二つ以上の権利利益が同一の不動産の上に存する場合には，それぞれの権利利益について，その価格が形成され得る。借地権と底地とは，同一の宅地に併存する権利であり，借地権の価格と底地の価格とは密接に関連し合っているので，借地権及び底地の鑑定評価に当たっては両者を相互に比較検討すべきである。

設問の「借地権者に帰属する経済的利益」及び「借地権設定者に帰属する経済的利益」とは，借地権価格及び底地価格に具現化される利益をいう。

（借地権価格と底地価格との関連　「基準」総論第１章，各論第１章）

借地権の価格は，借地借家法（廃止前の借地法を含む）に基づき土地を使用収益することにより借地権者に帰属する経済的利益（一時金の授受に基づくものを含む）を貨幣額で表示したものである。

（借地権の価格　「基準」各論第１章）

借地権者に帰属する経済的利益とは，土地を使用収益することによる広範な諸利益を基礎とするものであるが，特に次に掲げるものが中心となる。

a　土地を長期間占有し，独占的に使用収益し得る借地権者の安定的利益（法的側面から見た利益）

具体的には，最低契約期間が法定されていること，契約期間が満了しても更新可能性が高いこと（定期借地権を除く），譲渡可能性が高いこと等が挙げられる。

b　借地権の付着している宅地の経済価値に即応した適正な賃料と実際支払賃料との乖離（賃料差額という）及びその乖離の持続する期間を基礎にして成り立つ経済的利益の現在価値のうち，慣行的に取引の対象となっている部分（経済的側面から見た利益）

なお，賃料差額の発生理由は，①自然発生的なもの（地価の高騰に地代の改定が伴わないことによるもの），②創設的なもの（権利金等の授受によるもの）及び③両者が混在したものに区分できる。

底地の価格は，借地権の付着している宅地について，借地権の価格との相互関連において借地権設定者に帰属する経済的利益を貨幣額で表示したものである。

借地権設定者に帰属する経済的利益とは，当該宅地の実際支払賃料から諸経費等を控除した部分の賃貸借等の期間に対応する経済的利益及びその期間の満了等によって復帰する経済的利益の現在価値をいう。なお，将来において一時金の授受が見込まれる場合には，当該一時金の経済的利益も借地権設定者に帰属する経済的利益を構成する場合があることに留意すべきである。

底地の価格
「基準」各論第1章

小問(2)

小問(1)で述べたとおり，賃料差額は借地権者に帰属する経済的利益を構成しているため，当該宅地に係る適正な賃料の増加（減少）及び実際支払賃料の減少（増加）は，賃料差額の増加（減少）の原因となることを通じて，借地権価格を増加（減少）させる。

借地権価格と賃料（賃料差額）との関連

借地権価格の評価手法は，当該宅地が属する地域に係る取引慣行の成熟程度の高低により異なるが，いずれの地域においても「当該

借地権の設定契約に基づく賃料差額のうち取引の対象となっている部分を還元して得た価格」を試算し，他の試算価格と比較考量すべきである。この手法は，小問(1)で述べた「借地権者に帰属する経済的側面から見た利益」に着目し，賃料差額（借地権者の借り得）のうち慣行的取引対象部分を，借地権の還元利回りで資本還元して，借地権価格を求めるものである。

借地権価格の求め方（賃料差額還元法）「基準」各論第1章

賃料差額の前提となる「借地権の付着している宅地の経済価値に即応した適正な賃料」とは，契約条件を前提とする正常賃料（新規賃料）をいう。したがって，この適正な賃料を求めるときは，積算賃料，比準賃料及び配分法に準ずる方法に基づく比準賃料を関連づけて決定するものとする。この場合において，純収益を適切に求めることができるときは収益賃料を比較考量して決定するものとする。また，建物及びその敷地に係る賃貸事業に基づく純収益を適切に求めることができるときには，賃貸事業分析法で得た宅地の試算賃料も比較考量して決定するものとする。

「適正な賃料」の求め方「基準」各論第2章

小問(3)

借地契約において将来見込まれる一時金には次のものがある。これらの一時金が借地権価格を構成するか否かはその名称の如何を問わず，一時金の性格，社会的慣行等を考察して個別に判定することが必要である。

① 増改築承諾料（増改築の承諾を得るために授受される一時金）

② 条件変更承諾料（契約目的を非堅固建物所有から堅固建物所有に変更する等借地条件の変更の承諾を得るために授受される一時金）

③ 更新料（契約更新時に授受される一時金）

これらの一時金は，借地人が将来負担するものであるから，借地権価格を引き下げる要因となる。また，これらの一時金が既に支払われている場合，実際支払賃料が据え置かれること等（すなわち賃料差額が拡大すること）を通じて，借地権価格を引き上げる要因となる。

なお，借地権の取引に当たって，賃貸人に対し借地権の譲渡の承諾を得るための一時金（名義書換承諾料）が支払われるこ

借地契約に係る将来見込まれる一時金「留意事項」各論第1章

とがあるが，当該一時金は借地権の取引における手数料としての性格を有しているため，一般的に借地権価格を構成しないものとみなされている。

以　上

解　説

本問は，借地権価格について「賃料差額」を切り口として問う問題である。

小問(1)は，借地権及び底地の定義を述べた上，「賃借人・賃貸人に帰属する経済的利益」について，「基準」各論（借地権の価格，底地の価格）を引用する。借地権価格と底地価格との関連についても言及すべきである。

小問(2)は，借地権価格と賃料差額との関連に絡めて，適正賃料・実際支払賃料と価格との関連を簡潔に述べること。また，価格の求め方については「賃料差額還元法」を，賃料の求め方については新規地代の評価手法を主に説明すべきである。

小問(3)は，各一時金の名称と性格，一時金と価格との関連を（「留意事項」等に述べられた範囲内で）記述すればよい。

問題[3]　「価格形成要因の分析」に関する次の問に答えなさい
(1)　価格形成要因の分析と「適合の原則」を関連づけて述べなさい。
(2)　「建物及びその敷地」に関する個別的要因について説明し，個別分析との関係について述べなさい。

解答例

小問(1)

1．地域分析・個別分析の意義

価格形成要因とは，不動産の効用及び相対的稀少性並びに不動産に対する有効需要の三者に影響を与える要因をいい，一般的要因，地域要因及び個別的要因に分けられる。

不動産は，他の不動産とともに用途的地域を形成してこれに属することを通常とし（不動産の地域性），用途的地域は，それぞれ他の地域と区別されるべき特性を有している（地域の特性）。

用途的地域内の不動産は相互に代替・競争等の関係に立ち，用途的地域はその特性を前提として他の地域と相互関係に立つことから，各地域には一定の価格水準が形成され，個別の不動産の価格は，その属する地域の価格水準という大枠の下で，当該不動産の最有効使用を前提として個別的に形成される。

したがって，価格形成要因の分析に当たっては，収集された資料に基づき，一般的要因を分析するとともに，地域分析（地域要因の分析）及び個別分析（個別的要因の分析）を通じて対象不動産についてその最有効使用を判定しなければならない。

地域分析・個別分析の意義
「基準」総論第3章，第8章

2．適合の原則

不動産の収益性又は快適性が最高度に発揮されるためには，当該不動産がその環境に適合していることが必要である。したがって，不動産の最有効使用を判定するためには，当該不動産が環境に適合しているかどうかを分析することが必要である。（適合の原則）

この原則は，不動産とその外部環境との適合に関するものであ

適合の原則
「基準」総論第4章

り，不動産の内部構成要素の均衡に関する「均衡の原則」とともに，最有効使用の判定の重要な指針となる。

3．価格形成要因の分析と適合の原則

一般に，不動産は，当該不動産の属する地域の特性や標準的使用との整合性を保って利用されることによって，その収益性・快適性を十分に発揮し，最有効使用の状態を実現できる。

したがって，個別分析により不動産の最有効使用を判定するに当たっては，「適合の原則」を活用して，地域分析により判定した地域の標準的使用との相互関係を明らかにすることが必要である。この点において，価格形成要因の分析と「適合の原則」との関連が認められる。

価格形成要因の分析と適合の原則

小問(2)

1．建物及びその敷地に関する個別的要因

個別的要因とは，不動産に個別性を生じさせ，その価格を個別的に形成する要因をいう。

建物及びその敷地に関する個別的要因には，①土地に関する個別的要因，②建物に関する個別的要因のほか，③敷地内における建物，駐車場，通路，庭等の配置，建物と敷地の規模の対応関係等「建物等と敷地との適応の状態」や，修繕計画・管理計画の良否とその実施の状態がある。

建物及びその敷地の個別的要因
「基準」総論第3章

2．個別分析の意義

不動産の価格は，その不動産の最有効使用を前提として把握される価格を標準として形成されるものであるから，不動産の鑑定評価に当たっては，対象不動産の最有効使用を判定する必要がある。個別分析とは，対象不動産の個別的要因が対象不動産の利用形態と価格形成についてどのような影響力を持っているかを分析してその最有効使用を判定することをいう。

個別分析の意義
「基準」総論第6章

3．建物及びその敷地に関する個別的要因と個別分析

建物及びその敷地の最有効使用の判定とは，当該敷地の更地としての最有効使用を踏まえ，現状の用途に基づく利用を継続すべきか否かを判定することをいう。これは，現実の建物の用途等と，更地としての最有効使用との一致の有無や乖離の程度を考慮して，

①現状の用途に基づく利用を継続する，②用途変更等を実施する，③建物を取壊し更地化する等の判定を行うことを指す。

したがって，建物及びその敷地の個別分析（最有効使用の判定）に当たっては，土地・建物の個別的要因のほか，敷地と建物との適応（内部構成要素の均衡）の状態を分析し，現状に基づく利用を継続すべきか否かを的確に判定しなければならない。

なお，建物及びその敷地の個別分析に当たっては，前記「均衡の原則」を活用すべきである。

建物及びその敷地に関する個別的要因と個別分析

4．個別分析の結果の鑑定評価における活用

建物及びその敷地に係る個別分析の結果は，鑑定評価手法の適用に当たって適切に活用すべきである。

例えば，建物と敷地との適応を欠いていると判断した場合は，当該要因を，取引事例比較法の適用における個別的要因の比較や，原価法の適用における減価修正（機能的要因に基づく減価）等に的確に反映させなければならない。

また，建物取壊しを最有効使用と判定した場合は，更地としての価格に対し，発生材料価格・取壊し費用等を加減して鑑定評価額を求めるべきである。

個別分析の結果の鑑定評価における活用

以　上

解説

本問は，価格形成要因の分析に関するもので，「最有効使用」に関する理解が解答の鍵となる。

小問(1)は，価格形成要因と適合の原則について説明した上で，個別的要因の分析により最有効使用を判定するに当たって，適合の原則をどのように活用すべきかを述べるとよい。適合の原則は，不動産とその外部環境との適合の観点から，最有効使用を判断するための原則である。

小問(2)は，「建物及びその敷地」に関する個別的要因を述べ，個別分析において「建物及びその敷地」の最有効使用（①現状用途に基づく利用を継続する、②用途変更等を実施する，③建物を取り壊して更地化する等）を判断する必要があることを「均衡の原則」に触れつつ，述べること。当該最有効使用の如何により，評価方針・方式の適用内容も異なるので留意する必要がある。

問題[4] 不動産の鑑定評価に必要な「資料」について，次の問に答えなさい。
(1) 資料について，種類ごとに具体例をあげて説明しなさい。
(2) 資料が鑑定評価の手順の上で持つ役割について，「対象不動産の確認」から順次簡潔に説明しなさい。

解答例

小問(1)

鑑定評価に必要な資料は，おおむね次のように分けられる。

イ 確認資料

確認資料とは，不動産の物的確認及び権利の態様の確認に必要な資料をいう。確認資料としては，登記事項証明書，土地又は建物等の図面，写真，不動産の所在地に関する地図等があげられる。

確認資料
「基準」総論第8章

ロ 要因資料

要因資料とは，価格形成要因に照応する資料をいう。要因資料は，一般的要因に係る一般資料，地域要因に係る地域資料及び個別的要因に係る個別資料に分けられる。一般資料としては，国勢調査や経済成長率等が，地域資料としては，住宅地図や都市計画図等が，個別資料としては，確認資料のうち個別的要因に係るもの，日影図等があげられる。

要因資料
「基準」総論第8章

ハ 事例資料

事例資料とは，鑑定評価の手法の適用に必要とされる現実の取引価格，賃料等に関する資料をいう。事例資料としては，建設事例，取引事例，収益事例，賃貸借等の事例等があげられる。

事例資料
「基準」総論第8章

なお，鑑定評価先例価格は鑑定評価に当たって参考資料とし得る場合があり，売買希望価格等についても同様である。

その他資料
「基準」総論第8章

小問(2)

不動産の鑑定評価とは，不動産の価格に関する専門家の判断であり，意見であるといえるが，その判断の当否は，必要な関連諸資料の収集整理の適否に依存するものである。したがって，鑑定評価が

鑑定評価における資料の必要性
「基準」総論第1章

合理的で客観的に論証し得るものとするためには，鑑定評価の手順の各段階において各種の資料を適切に活用しなければならない。

① 対象不動産の確認

対象不動産の確認に当たっては，「鑑定評価の基本的事項の確定」により確定された対象不動産についてその内容を明瞭にしなければならない。

イ 対象不動産の物的確認

対象不動産の物的確認に当たっては，土地，建物それぞれ実地に所在，地番，家屋番号等を確認することを通じて，前記のとおり確定された対象不動産の存否及びその内容を，確認資料を用いて照合しなければならない。

ロ 権利の態様の確認

権利の態様の確認に当たっては，前記イによって物的に確認された対象不動産について，当該不動産に係るすべての権利関係を明瞭に確認することにより，前記のとおり確定された鑑定評価の対象となる権利の存否及びその内容を，確認資料を用いて照合しなければならない。

対象不動産の確認
「基準」総論第8章

② 資料の収集及び整理

鑑定評価の成果は，採用した資料によって左右されるものであるから，資料の収集及び整理は，鑑定評価の作業に活用し得るように適切かつ合理的な計画に基づき，実地調査，聴聞，公的資料の確認等により的確に行うものとし，公正妥当を欠くようなことがあってはならない。

資料の収集及び整理
「基準」総論第8章

③ 資料の検討及び価格形成要因の分析

資料の検討に当たっては，収集された資料についてそれが鑑定評価の作業に活用するために必要にして十分な資料であるか否か，資料が信頼するに足りるものであるか否かについて考察しなければならない。この場合においては，価格形成要因を分析するために，その資料が対象不動産の種類並びに鑑定評価の依頼目的及び条件に即応しているか否かについて検討すべきである。

価格形成要因の分析に当たっては，収集された要因資料に基づき，一般的要因を分析するとともに，地域分析及び個別分析を通

資料の検討及び価格形成要因の分析
「基準」総論第8章

じて対象不動産についてその最有効使用を判定しなければならない。

さらに，価格形成要因について，専門職業家としての注意を尽くしてもなお対象不動産の価格形成に重大な影響を与える要因が十分に判明しない場合には，原則として，他の専門家が行った調査結果等の資料を活用することが必要である。

④　鑑定評価の手法の適用

鑑定評価の手法の適用により求められる試算価格又は試算賃料の精度は，収集・選択した事例資料の質と量とに左右される。したがって，取引事例等は，鑑定評価の各手法に即応し，適切にして合理的な計画に基づき，豊富に秩序正しく収集し，選択すべきであり，投機的取引であると認められる事例等適正を欠くものであってはならない。

また，取引事例比較法における要因比較，収益還元法における還元利回りの決定等において，要因資料の十分な分析が必要である。

鑑定評価方式の適用
「基準」総論第8章，第7章

⑤　試算価格又は試算賃料（試算価格等）の調整

試算価格等の調整とは，①各試算価格等の再吟味及び②各試算価格等が有する説得力に係る判断を行い，鑑定評価における最終判断である鑑定評価額の決定に導く作業をいう。

試算価格等の再吟味に当たっては，資料の選択，検討及び活用の適否について留意しなければならない。また，各試算価格等が有する説得力に係る判断に当たっては，各手法の適用において採用した資料の特性及び限界からくる相対的信頼について留意すべきである。

試算価格又は試算賃料の調整
「基準」総論第8章

⑥　鑑定評価報告書の作成

対象不動産の所在を明示した地図，土地又は建物等の図面，写真等の確認資料，事例資料等は，必要に応じて鑑定評価報告書に添付し，鑑定評価の客観性，妥当性を証明すべきである。

鑑定評価報告書の作成
「基準」総論第8章

以　上

解　説

本問は,「資料」に関する「基準」総論第８章についての基本的な問題である。

小問(1)は，各資料の定義及び具体例を記述する程度で十分である。

また，要因資料において,「一般資料及び地域資料は，平素から出来るだけ広くかつ組織的に収集しておくべきであり，個別資料については当該不動産の案件に即して収集すべきである」という留意事項についての記述は加点事由となる。

小問(2)は，基準の引用が中心となる。その際各手順において客観性・妥当性確保のため「資料」を用いることに触れながら論述すれば全体的にしまりのある解答になる。

平成13年度

問題1 不動産の価格を形成する要因のうち，一般的要因について次の問に答えなさい。

(1) 一般的要因について簡潔に説明しなさい。

(2) 一般的要因の分析において，不動産の価格に関する諸原則のうち，「変動の原則」と「予測の原則」との関係について簡潔に説明しなさい。

(3) 一般的要因と価格を求める鑑定評価の各手法の適用との関連について説明しなさい。

解答例

小問(1)

不動産の価格形成要因とは，不動産価格の三要素（効用，相対的稀少性，有効需要）に影響を与える要因をいう。不動産の価格は，多数の要因の相互作用の結果として形成されるので，鑑定評価に当たっては，価格形成要因を市場参加者の観点から明確に把握し分析しなければならない。

価格形成要因は，一般的要因，地域要因及び個別的要因に分けられる。

（価格形成要因 「基準」総論第3章）

一般的要因とは，一般経済社会における不動産のあり方及びその価格の水準に影響を与える要因をいい，自然的要因，社会的要因，経済的要因及び行政的要因に大別される。

（一般的要因の定義 「基準」総論第3章）

一般的要因は，地域ごとに異なる影響を与えるという「地域的偏向性」を有しており，不動産の価格は，このような一般的要因の相関結合により生ずる地域要因及び個別的要因を反映して形成される。

（一般的要因の地域的偏向性）

不動産の価格は，その最有効使用を前提として把握される価格を標準として形成されるものであるから，価格形成要因の分析に当たってはマクロ的な要因である一般的要因の分析を踏まえ，ミクロ的な要因である地域要因及び個別的要因を分析することを通じて，近隣地域の標準的使用や対象不動産の最有効使用を判定しなければならない。具体的には，地域分析や個別分析の前提として，人口の状態，

（一般的要因分析の必要性 「基準」総論第6章，第3章）

貯蓄・消費・投資等の水準，金融の状態，税制の状態などの一般的要因の分析に基づいて，不動産の用途ごとの有効需要を的確に把握することが必要である。

小問(2)

1．各原則の定義

① 変動の原則

一般に財の価格は，その価格を形成する要因の変化に伴って変動する。

不動産の価格も多数の価格形成要因の相互因果関係の組合せの流れである変動の過程において形成されるものである。したがって，不動産の鑑定評価に当たっては，価格形成要因が変動の過程にあることを認識して，各要因間の相互因果関係を動的に把握すべきである。特に，不動産の最有効使用を判定するためには，この変動の過程を分析することが必要である。

変動の原則
「基準」総論第4章

② 予測の原則

財の価格は，その財の将来の収益性等についての予測を反映して定まる。

不動産の価格も，価格形成要因の変動についての市場参加者による予測によって左右される。

予測の原則
「基準」総論第4章

2．一般的要因の分析における各原則の関係

不動産の価格は将来にわたる長期的な考慮の下に形成され，また，不動産の価格形成要因は常に「変動」しているから，鑑定評価に当たっては，各要因の将来の動向を適切に「予測」しなければならない。したがって，「変動の原則」と「予測の原則」とは，密接な因果関係を有している。

一般的要因の分析に当たっては，例えば，産業構造の変化（工場の海外移転）と人口や都市形成の変化（都市部への人口集中）の動向を踏まえ，都市部の工業地域が住宅地域へ変化することを予測して，これを地域分析や個別分析に活用したり，投資水準や物価水準の変化の動向を踏まえ，将来の不動産の価格や賃料の動向を予測して，これを評価手法の適用に活用することが必要である。

一般的要因と変動・予測の原則

小問(3)

価格形成要因のうち一般的要因は，不動産の価格形成全般に影響を与えるものであり，鑑定評価手法の適用における各手順において常に考慮されるべきものであり，価格判定の妥当性を検討するために活用しなければならない。

不動産の価格を求める鑑定評価の手法は，原価法，取引事例比較法，収益還元法に大別される。

一般的要因と各手法との関連
「基準」総論第7章

① 原価法

原価法は，価格時点における対象不動産の再調達原価を求め，この再調達原価について減価修正を行って対象不動産の試算価格（積算価格）を求める手法である。

再調達原価の把握に当たっては，一般的要因の分析により，建設資材価格や賃金水準等を的確に把握した上，建設費等を的確に求めなければならない。

一般的要因と原価法
「基準」総論第7章

② 取引事例比較法

取引事例比較法は，まず多数の取引事例を収集して適切な事例の選択を行い，これらに係る取引価格に必要に応じて事情補正及び時点修正を行って求められた価格を比較考量し，これによって対象不動産の試算価格（比準価格）を求める手法である。

時点修正率は，取引事例の時系列的な分析のほか，国民所得の動向，財政事情及び金融情勢，公共投資の動向，建築着工の動向，不動産取引の推移等の社会的及び経済的要因の変化，土地利用の規制，税制等の行政的要因の変化等の一般的要因の動向を総合的に勘案して求める。

一般的要因と取引事例比較法
「基準」総論第7章，「留意事項」総論第7章

③ 収益還元法

収益還元法は，対象不動産が将来生み出すであろうと期待される純収益の現在価値の総和を求めることにより対象不動産の試算価格（収益価格）を求める手法である。

還元利回りや（総収益を求めるための）運用利回りの査定に当たっては，金融の状態等の一般的要因の動向を勘案し，国債，公社債，長期預金等の利回りとその動向を的確に把握しなければならない。

一般的要因と収益還元法
「基準」総論第7章，「旧運用通知」

以　上

解　説

本問は，「基準」総論第3章「価格形成要因」から，一般的要因に関しての出題である。

小問(1)は，一般的要因の定義を基準に即して丁寧に述べ，さらに，鑑定評価において一般的要因がどのように活用されるか（＝一般的要因分析の必要性）を論ずる。

特に，「地域分析及び個別分析」，「鑑定評価方式の適用」と一般的要因分析との各関連性については十分復習しておいてほしい。

小問(2)は，両原則の定義を明確にし，いずれも「長期的」かつ「動態的」な観点から要因分析を行うための指標となる原則であることを論ずる。解答例のように，一般的要因の具体例を挙げて論ずると高得点が見込める。

小問(3)は，①原価法では「再調達原価の把握」，②取引事例比較法では「時点修正」，③収益還元法では「還元利回りの査定」に着目し，基準の引用等により論ずるとまとめやすい。

問題2　賃料の鑑定評価について次の問に答えなさい。

(1)　宅地の新規賃料（正常賃料）を求める手法について説明しなさい。

(2)　「建物及びその敷地」の継続賃料を求める手法について，純賃料との関係を明らかにしながら説明しなさい。

解答例

小問(1)

1．宅地の正常賃料の鑑定評価

正常賃料とは，現実の社会経済情勢の下で合理的と考えられる条件を満たす市場の下において新たな賃貸借等の契約において成立するであろう経済価値を表示する適正な賃料（新規賃料）をいう。

正常賃料の定義
「基準」総論第5章

宅地の新規賃料（正常賃料）を求める場合の鑑定評価に当たっては，賃貸借等の契約内容による使用方法に基づく経済価値に即応する適正な賃料を求めるものとする。

宅地の新規賃料（正常賃料）の鑑定評価額は，①積算法による積算賃料，②賃貸事例比較法による比準賃料及び配分法に準ずる方法に基づく比準賃料を関連づけて決定するものとする。この場合において，純収益を適切に求めることができるときは③収益分析法による収益賃料を比較考量して決定するものとする。また，建物及びその敷地に係る賃貸事業に基づく純収益を適切に求めることができるときには，④賃貸事業分析法で得た宅地の試算賃料も比較考量して決定するものとする。

宅地の正常賃料の鑑定評価
「基準」各論第2章

2．宅地の正常賃料の評価手法

①　積算法

積算法は，対象不動産について，価格時点における基礎価格を求め，これに期待利回りを乗じて得た額に必要諸経費等を加算して対象不動産の試算賃料（積算賃料）を求める手法である。

積算法の定義
「基準」総論第7章

基礎価格を求めるに当たっては，最有効使用が可能なときは，更地の経済価値に即応した価格を，建物の所有を目的とする賃

貸借等の場合で契約により敷地の最有効使用が見込めないときは，当該契約条件を前提とする建付地としての経済価値に即応した価格を求める。

基礎価格を求める場合の留意事項
「留意事項」総論第７章

② 賃貸事例比較法

賃貸事例比較法は，まず多数の新規の賃貸借等の事例を収集して適切な事例の選択を行い，これらに係る実際実質賃料に必要に応じて事情補正及び時点修正を行い，かつ，地域要因の比較及び個別的要因の比較を行って求められた賃料を比較考量し，これによって対象不動産の試算賃料（比準賃料）を求める手法である。

賃貸事例比較法の定義
「基準」総論第７章

なお，配分法に準ずる方法に基づく比準賃料は，宅地を含む複合不動産の賃貸借等の事例に係る実際実質賃料から宅地以外の部分に対応する実際実質賃料相当額を控除する等により求めた比準賃料をいうものである。事例資料の選択に当たっては，賃貸借等の契約内容の類似性及び敷地の最有効使用の程度に留意すべきである。

配分法に準ずる方法を適用する場合の留意事項
「留意事項」各論第２章

③ 収益分析法

収益分析法は，一般の企業経営に基づく総収益を分析して対象不動産が一定期間に生み出すであろうと期待される純収益（減価償却後のものとし，収益純賃料という）を求め，これに必要諸経費等を加算して対象不動産の試算賃料（収益賃料）を求める手法である。

収益分析法の定義
「基準」総論第７章

④ 賃貸事業分析法

賃貸事業分析法は，建物及びその敷地に係る賃貸事業に基づく純収益をもとに土地に帰属する部分を査定して宅地の試算賃料を求める方法である。

この手法の適用に当たっては，新たに締結される土地の賃貸借等の契約内容に基づく予定建物を前提として土地に帰属する純収益を求めることに留意しなければならない。

賃貸事業分析法の定義・留意点
「基準」各論第２章
「留意事項」各論第２章

小問(2)

1．実質賃料の定義

実質賃料とは，賃料の種類の如何を問わず賃貸人等に支払われ

る賃料の算定の期間に対応する適正なすべての経済的対価をいい，「純賃料」及び不動産の賃貸借等を継続するために通常必要とされる諸経費等（「必要諸経費等」という）から成り立つものである。

実質賃料の定義
「基準」総論第7章

2．建物及びその敷地の継続賃料の鑑定評価

継続賃料とは，不動産の賃貸借等の継続に係る特定の当事者間において成立するであろう経済価値を適正に表示する賃料をいう。

継続賃料の定義
「基準」総論第5章

継続中の建物及びその敷地の賃貸借等の契約に基づく実際支払賃料を改定する場合の鑑定評価は，①差額配分法による賃料，②利回り法による賃料，③スライド法による賃料及び④賃貸事例比較法による比準賃料を関連づけて決定するものとする。

建物及びその敷地の継続賃料の鑑定評価
「基準」各論第2章

3．建物及びその敷地の継続賃料を求める手法

① 差額配分法

差額配分法は，対象不動産の経済価値に即応した適正な実質賃料又は支払賃料と実際実質賃料又は実際支払賃料との間に発生している差額について，契約の内容，契約締結の経緯等を総合的に勘案して，当該差額のうち賃貸人等に帰属する部分を適切に判定して得た額を実際実質賃料又は実際支払賃料に加減して試算賃料を求める手法である。

差額配分法の定義
「基準」総論第7章

この手法は，純賃料を構成要素とする正常実質賃料と実際実質賃料との差額に着目する手法である。

差額配分法と純賃料

② 利回り法

利回り法は，基礎価格に継続賃料利回りを乗じて得た額に必要諸経費等を加算して試算賃料を求める手法である。

利回り法の定義
「基準」総論第7章

継続賃料利回りは，直近合意時点における基礎価格に対する純賃料の割合を踏まえ，継続賃料固有の価格形成要因に留意しつつ，期待利回り，契約締結時及びその後の各賃料改定時の利回り，基礎価格の変動の程度，近隣地域若しくは同一需給圏内の類似地域等における対象不動産と類似の不動産の賃貸借等の事例又は同一需給圏内の代替競争不動産の賃貸借等の事例における利回りを総合的に比較考量して求めるものとする。

継続賃料利回りの求め方
「基準」総論第7章

この手法は，直近合意時点における純賃料により求めた継続

賃料利回りに基づいて価格時点における純賃料を求め，これから試算賃料を求める手法である。

利回り法と純賃料

③　スライド法

スライド法は，直近合意時点における純賃料に変動率を乗じて得た額に価格時点における必要諸経費等を加算して試算賃料を求める手法である。

スライド法の定義
「基準」総論第7章

この手法は，直近合意時点における純賃料又は純賃料を構成要素とする実際実質賃料に変動率を乗じ，これから試算賃料を求める手法である。

スライド法と純賃料

④　賃貸事例比較法

賃貸事例比較法は，新規賃料に係る賃貸事例比較法に準ずる。

この手法は，対象不動産と代替関係にある賃貸借等の事例に着目し，当該事例に係る純賃料を構成要素とする実際実質賃料に基づき試算賃料を求める手法である。

賃貸事例比較法と純賃料

以　上

解　説

本問は，「基準」総論第7章及び各論第2章から，賃料を求める手法について問うものである。両小問とも，単独問題として出題されてもよいほどのボリュームがあるので，いかに論点を絞って解答をまとめるかがポイントとなる。

小問(1)は，①宅地の正常賃料の鑑定評価（各論），②正常賃料の評価手法（総論）を基準等の引用により述べればよい。各手法の補足説明については，題意に沿って「宅地」の評価を前提にして述べる点に注意しなければならない。

小問(2)は，小問(1)同様，①建物及びその敷地の継続賃料の鑑定評価（各論），②継続賃料の評価手法（総論）を基準等の引用により述べる。③純賃料と各手法との関連については，「利回り法」・「スライド法」は比較的解答しやすいが，「差額配分法」・「賃貸事例比較法」は難度が高く，解答例のように実質賃料を切り口に簡潔に述べられれば十分であろう。

問題3　不動産の価格に関する諸原則について次の問に答えなさい。
(1)　「代替の原則」とは何か説明しなさい。また，この原則は取引事例比較法の適用に当たりどのように活用されるか述べなさい。
(2)　土地残余法により更地の収益価格を求める上で最も考慮すべき原則を指摘し，その理由を述べなさい。また，それ以外に関連の深い原則をさらに２つあげ，その理由を簡潔に述べなさい。

解答例

小問(1)

1．代替の原則の意義

不動産の価格形成過程には基本的な法則性が認められる。不動産の鑑定評価は，その価格形成過程を追究し分析することを本質とするものであるから，鑑定評価に際しては，必要な指針としてこれらの法則性を認識し，かつ，これらを具体的に現した諸原則を活用すべきである。（価格諸原則の意義　「基準」総論第４章）

代替性を有する二以上の財が存在する場合には，これらの財の価格は，相互に影響を及ぼして定まる。不動産の価格も代替可能な他の不動産又は財の価格と相互に関連して形成される。この原則を「代替の原則」といい，鑑定評価の各方式の理論的な根拠となる重要な原則である。

なお，土地は自然的特性として「非代替性」を有するにもかかわらず，不動産に「代替の原則」が成立するのは，その効用について代替性が認められるからである。また，収益性に着目すれば，国債や公社債等の金融商品などにも代替性を認め得る。（代替の原則の意義　「基準」総論第４章）

2．取引事例比較法の適用における「代替の原則」の活用

取引事例比較法とは，まず多数の取引事例を収集して適切な事例の選択を行い，これらに係る取引価格に必要に応じて事情補正及び時点修正を行い，かつ，地域要因の比較及び個別的要因の比較を行って求められた価格を比較考量し，これによって対象不動産の試算価格（比準価格）を求める手法である。（取引事例比較法の意義　「基準」総論第７章）

この手法は，代替可能な他の不動産に係る取引事例との比較によって対象不動産の価格を求めるものであり，「代替の原則」を理論的な根拠とするものである。

この手法の適用に当たって，取引事例は，①近隣地域若しくは同一需給圏内の類似地域（やむを得ない場合は近隣地域の周辺地域）に存する不動産又は同一需給圏内の代替競争不動産に係るもので，かつ，②地域要因の比較及び個別的要因の比較が可能なものを選択しなければならない。

事例選択要件
「基準」総論第7章

これは，取引事例比較法が「代替の原則」を根拠とすることから，選択される取引事例は，需要者が代替性を認め得る圏域（同一需給圏内）に存し，かつ，用途や有形的利用等の観点から代替性があること（同種別・同類型であること）が必要なためである。したがって，この手法の適用に当たっては，取引事例の収集・選択に際し「代替の原則」を活用すべきであると言える。

事例選択における代替原則の活用

小問(2)

更地とは，建物等の定着物がなく，かつ，使用収益を制約する権利の付着していない宅地をいう。

更地の定義・評価手法

更地の鑑定評価額は，①更地及び配分法が適用できる場合における建物及びその敷地の取引事例に基づく取引事例比較法による比準価格並びに②土地残余法による収益価格を関連づけて決定するものとする。再調達原価が把握できる場合には，③原価法による積算価格をも関連づけて決定すべきである。

「基準」総論第2章，各論第1章

土地残余法とは，対象不動産が更地である場合において，当該土地に最有効使用の賃貸用建物等の建築を想定し，収益還元法以外の手法によって想定建物等の価格を求め，当該想定建物及びその敷地に基づく純収益から想定建物等に帰属する純収益を控除した残余の純収益を還元利回りで還元する手法である。

土地残余法の適用に当たって関連の深い原則として，次のものがあげられる。

土地残余法の定義
「留意事項」総論第7章

① 最有効使用の原則

不動産の価格は，その不動産の効用が最高度に発揮される可能性に最も富む使用（最有効使用）を前提として把握される価格を

標準として形成される。この場合の最有効使用とは，現実の社会経済情勢の下で客観的にみて，良識と通常の使用能力を持つ人による合理的かつ合法的な最高最善の使用方法に基づくものである。（最有効使用の原則）

最有効使用原則の定義
「基準」総論第４章

更地は当該宅地の最有効使用に基づく経済価値を享受し得るから，土地残余法の適用に当たっては，最有効使用の建物の建築を想定しなければならない。このとき，「最有効使用の原則」及び同原則の補助的原則である「均衡の原則」「収益逓増及び逓減の原則」「適合の原則」を考慮すべきである。

土地残余法における同原則の活用

② 収益配分の原則

土地，資本，労働及び経営（組織）の各要素の結合によって生ずる総収益は，これらの各要素に配分される。このような総収益のうち，資本，労働及び経営（組織）に配分される部分以外の部分は，それぞれの配分が正しく行われる限り，土地に帰属するものである。（収益配分の原則）

収益配分原則の定義
「基準」総論第４章

土地残余法は，各要素の結合によって生ずる総収益のうち土地以外の要素に帰属する部分を控除することにより土地に帰属する純収益を求めるものであり，この原則と深い関連を有している。

土地残余法における同原則の活用

③ 代替の原則

土地残余法の適用に当たって，想定建物に係る総収益を求めるに際しては，代替可能な他の不動産の総収益と比較し，また，還元利回りを求めるに際しては，代替可能な他の不動産の取引利回りや金融商品の利回り等と比較する。したがって，この手法は，小問(1)で述べた代替の原則と深い関連を有している。

土地残余法における代替原則の活用

以　上

解　説

本問は，「基準」総論第４章及び第７章から，不動産の価格に関する諸原則と鑑定評価手法との関連性を問うものである。

小問(1)は，まず代替の原則の意義を述べ，次に取引事例比較法における活用方法については，「取引事例の収集・選択」において特に活用される点を述べる。なお，代替の原則は，取引事例比較法を含む価格３手法の成立根拠としても機能している点に注意すること。

小問(2)は，更地の特徴（最有効使用が常に可能）を明確にし，土地残余法の適用においては「最有効使用の原則」を活用して建物を想定することを論ずる。その他の関連の深い原則については，解答例のように「収益配分の原則」（土地帰属純収益の査定において活用），「代替の原則」（総収益，還元利回りの査定において活用）を挙げることが望ましいが，その他の原則（変動・予測の原則等）を挙げて解答を作成してもよい。

問題4　「貸家及びその敷地」及び「区分所有建物及びその敷地」について次の問に答えなさい。

(1)　「貸家及びその敷地」の定義について述べなさい。

(2)　「区分所有建物及びその敷地」の定義について述べなさい。

(3)　「区分所有建物及びその敷地」の建物が賃貸借に供されている場合（「貸家及びその敷地」の場合）において，鑑定評価額をどのように決定すべきかについて，勘案すべき事項を含めて述べなさい。

解答例

小問(1)

不動産の類型とは，その有形的利用及び権利関係の態様に応じて区分される不動産の分類をいい，不動産の種別（用途に応じた分類）とともに，不動産の経済価値を本質的に決定づけるものである。

建物及びその敷地の類型は，自用の建物及びその敷地，貸家及びその敷地，借地権付建物，区分所有建物及びその敷地等に分けられる。

（不動産の類型　「基準」総論第2章）

「貸家及びその敷地」とは，建物所有者とその敷地の所有者とが同一人であるが，建物が賃貸借に供されている場合における当該建物及びその敷地をいう。

（貸家及びその敷地の定義　「基準」総論第2章）

「貸家及びその敷地」は，「自用の建物及びその敷地」と異なり，建物賃借権が付着して借家人が居付のままの状態であり，直ちに需要者の用に供することは困難である。したがって，「貸家及びその敷地」は，賃貸収入を得ることを主な目的とする投資用不動産としての性格が強い。

（貸家及びその敷地の内容）

小問(2)

「区分所有建物及びその敷地」とは，建物の区分所有等に関する法律第2条第3項に規定する専有部分並びに当該専有部分に係る同条第4項に規定する共用部分の共有持分及び同条第6項に規定する敷地利用権をいう。

（区分所有建物及びその敷地の定義　「基準」総論第2章）

このうち，専有部分とは，一棟の建物のうち構造上区分され，用

途上独立性を有する建物の部分をいい，共用部分とは，廊下・階段・エレベーター等専有部分以外の建物の部分をいう。また，敷地利用権とは，専有部分を所有するための建物の敷地に関する権利をいう。区分所有建物及びその敷地の鑑定評価に当たっては，これらの内容を明確にしなければならない。

なお，駐車場使用権・看板設置のための外壁使用権等，特定の区分所有者が排他的に使用することができる専用使用権と呼ばれる権利に経済価値が認められ，当該権利が区分所有権に付随する場合には，区分所有建物及びその敷地の経済価値の判定に当たって考慮すべきである。

区分所有建物及びその敷地の内容

小問(3)

区分所有建物及びその敷地は，「自用の建物及びその敷地」「貸家及びその敷地」「借地権付建物（自用）」「借地権付建物（貸家）」として分類することが可能であるため，借家人の有無，敷地利用権の態様等を確認の上，各分類に応じた手法を適用すべきである。

小問(1)で述べたとおり，貸家及びその敷地は，直ちに需要者の用に供することは困難であるから，主たる需要者である投資家は，収益物件として収益性を重視して取引の意思を決定することとなる。

区分所有建物及びその敷地の細区分

したがって，「区分所有建物及びその敷地」の建物が賃貸借に供されている場合の鑑定評価額は，実際実質賃料（売主が既に受領した一時金のうち売買等に当たって買主に承継されない部分がある場合には，当該部分の運用益及び償却額を含まないものとする）に基づく純収益等の現在価値の総和を求めることにより得た収益価格を標準とし，積算価格及び比準価格を比較考量して決定するものとする。

貸家及びその敷地の鑑定評価額
「基準」各論第1章

この場合において，次に掲げる事項を総合的に勘案するものとする。

(a) 将来における賃料の改定の実現性とその程度
(b) 契約に当たって授受された一時金の額及びこれに関する契約条件
(c) 将来見込まれる一時金の額及びこれに関する契約条件
(d) 契約締結の経緯，経過した借家期間及び残存期間並びに建物

総合的勘案事項
「基準」各論第1章

の残存耐用年数

(e) 貸家及びその敷地の取引慣行並びに取引利回り

(f) 借家の目的，契約の形式，登記の有無，転借か否かの別及び定期建物賃貸借か否かの別

(g) 借家権価格

積算価格は，価格時点における対象不動産の再調達原価を求め，この再調達原価について減価修正を行って求める。

区分所有建物及びその敷地の積算価格は，区分所有建物の対象となっている一棟の建物及びその敷地の積算価格を求め，当該積算価格に当該一棟の各階層別及び同一階層内の位置別の効用比により求めた配分率を乗ずることにより求めるものとする。

（積算価格「基準」総論第7章，各論，第1章）

比準価格は，対象不動産と類似する区分所有建物及びその敷地の事例を多数収集し，分析，検討することにより求める。価格形成要因の分析に際しては，建物の管理の良否，専有部分の階層及び位置など，区分所有建物及びその敷地に固有の個別的要因について適切に比較を行う必要がある。

（比準価格「基準」各論第1章）

収益価格は，対象不動産に係る純収益等の現在価値の総和を求めることにより試算する。対象不動産の純収益は，総収益から総費用を控除して求めるが，総収益の算定に際しては，上記の個別的要因等に留意し，総費用の算定に際しては，管理費及び修繕積立金の額などに留意しなければならない。

（収益価格「基準」総論第7章，「留意事項」各論第1章）

また，貸家及びその敷地を当該借家人が買い取る場合における貸家及びその敷地の鑑定評価に当たっては，当該貸家及びその敷地が自用の建物及びその敷地になることによる市場性の回復等に即応する経済価値の増分が生ずる場合があることに留意すべきである。

（貸家及びその敷地を当該借家人が買い取る場合「基準」各論第1章）

以　上

解　説

本問は，「基準」総論第２章及び各論第１章から，「貸家及びその敷地」・「区分所有建物及びその敷地」に関する出題である。

小問(1)及び(2)は各類型の定義を問われているが，問題全体のボリュームを考えると，単に定義だけを述べるよりも，前提理論として「不動産の種別及び類型の概念」，補足説明として「各類型の特徴」について触れる必要がある。

小問(3)は，専有部分が賃貸されている場合の「区分所有建物及びその敷地」の評価額の決定について，「基準」に即して丁寧に論ずること。なお，貸家の総合的勘案事項については，それぞれの事項が価格にどのような影響を及ぼすかについて検討しておくことが望ましい。

平成14年度

問題1　不動産の経済価値に関する次の問に答えなさい。

(1)　不動産の経済価値を生む３つの価値概念と，これが経済価値をもたらす条件について述べなさい。

(2)　不動産の経済価値を貨幣額で表示した不動産の価格と，これを動かす価格形成要因との相互作用について述べなさい。

(3)　上記相互作用の場としての市場に加え，不動産の鑑定評価活動が必要となる理由を述べなさい。

解答例

小問(1)

一般に，市場人が財の経済価値を判断するに当たっては，「効用」，「相対的稀少性」，「有効需要」の３つの価値概念に着目する。不動産の場合も同様であって，その価格は，一般に，その不動産に対してわれわれが認める効用，その不動産の相対的稀少性，その不動産に対する有効需要の三者の相関結合によって生ずる不動産の経済価値を，貨幣額でもって表示したものということができる。

「効用」とは，われわれ人間の欲求を満たすことができる能力（日常生活や経済活動等における有用性）を意味する。

また，「相対的稀少性」とは，「全ての人間の欲求を満たし得るほどの量はない」という意味で有限であって，それを取得するためには何らかの経済的犠牲を要することを意味する。

さらに，「有効需要」とは，市場において購買力の裏付けを有する買手が存在することを意味する。

（不動産の経済価値を生む３つの価値概念「基準」総論第１章）

不動産の経済価値は，これら３つの価値概念に係る条件がすべて満たされたとき，その相関結合によって生ずるものであって，どれか一つが欠けても不動産に経済価値は生じない。

（不動産の経済価値が生じる条件）

小問(2)

１．不動産の価格形成要因の意義

不動産の価格形成要因とは，不動産の「効用」「相対的稀少性」

及び「不動産に対する有効需要」の三者に影響を与える要因をいう。不動産の価格は，多数の価格形成要因の相互作用の結果として形成されるものであるので，不動産の鑑定評価を行うに当たっては，価格形成要因を市場参加者の観点から明確に把握し，かつ，諸要因間の相互作用を十分に分析して，前記三者に及ぼすその影響を判定することが必要である。

価格形成要因の意義
「基準」総論第3章

2．不動産の価格と価格形成要因との相互作用

不動産の経済価値（価格）は，基本的には，上記三者を動かす価格形成要因の相互作用によって決定される。不動産の価格と価格形成要因との関係は，不動産の価格が，①価格形成要因の影響の下にあると同時に，②選択指標として価格形成要因に影響を与えるという二面性を持つものである。

すなわち，①不動産の価格は，多数の価格形成要因の影響により形成されると同時に，②ある地域の価格水準は，その地域に存する不動産のあり方を方向付ける（例えば，価格水準の高い商業地域に存する不動産は，高度商業地として取引され利用される）ことを通じて，その地域の価格形成要因（例えば，「商業施設の集積度」）に影響を与えるのである。

不動産の価格の二面性
「基準」総論第1章

小問(3)

不動産の経済価値（価格）は，取引市場において形成されている。しかし，不動産の現実の取引価格等は，取引等の必要に応じて個別的に形成されるのが通常であり，しかもそれは個別的な事情に左右されがちのものである。

なぜなら，不動産の取引は，その自然的特性（個別性など）や人文的特性（用途の多様性など）を反映して個別的に行われることが多く，また，隣接不動産の併合や不動産の一部の分割等を目的とする取引等，取引の性格上，必然的に市場が限定されることも少なくないからである。さらに，不動産市場の特性，取引等における当事者双方の能力の多様性と特別の動機により売り急ぎ，買い進み等特殊な事情が存在する場合もある。

不動産の価格の特徴(4)
「基準」総論第1章

このような状況で形成された取引価格等は，常にその不動産の適正な価値を反映するものとは言い難く，また，このような取引価格

等から不動産の適正な価格を見出すことは一般の人には非常に困難である。したがって，不動産の適正な価格については，専門家としての不動産鑑定士の鑑定評価活動が必要となる。

鑑定評価の必要性
「基準」総論第1章

不動産の鑑定評価とは，現実の社会経済情勢の下で合理的と考えられる市場で形成されるであろう市場価値を表示する適正な価格を，不動産鑑定士が的確に把握する作業に代表されるように，練達堪能な専門家によって初めて可能な仕事であるから，このような意味において，不動産の鑑定評価とは，不動産の価格に関する専門家の判断であり，意見であるといってよいであろう。

鑑定評価の意義
「基準」総論第1章

それはまた，この社会における一連の価格秩序のなかで，対象不動産の価格の占める適正なあり所を指摘し，不動産のあり方を方向付ける主要な指標を示すことを意味する。個人の幸福も社会の成長，発展及び公共の福祉も，不動産のあり方に依存しているものであることを考えると，鑑定評価活動の社会的公共的意義は極めて大きいといわなければならない。

鑑定評価の社会的公共的意義
「基準」総論第1章

不動産鑑定士は，このような不動産の鑑定評価の意義を理解の上，前記の価値概念に関する十分な検討や価格形成要因の的確な分析を踏まえて鑑定評価の方式（収益方式，原価方式，比較方式）を駆使し，的確かつ誠実な鑑定評価活動を実践しなければならない。

不動産鑑定士の責務
「基準」総論第1章

以　上

解　説

本問は，「基準」総論第１章からの出題である。

小問(1)は，不動産の経済価値を生む３つの価値概念の意味を簡潔に述べ，また，それらすべてが相関結合することにより経済価値が生ずる点を簡潔に述べられれば十分である。他の小問とのバランスを考え，ここで題意を深読みしないこと。

小問(2)は，いわゆる「価格の二面性」，すなわち，不動産の価格と価格形成要因が相互に影響を与え合う関係にあることを，基準に沿って丁寧に述べる必要がある。特に，価格が価格形成要因に影響を与える意味については，解答例のように「不動産のあり方」を交えて考えると理解しやすい。

小問(3)は，不動産の現実の取引価格等の特徴を丁寧に説明し，それ故に鑑定評価活動が必要となる点を明確に述べること。鑑定評価の意義，その社会的公共的意義，鑑定士等の責務もあわせて述べることで高得点が見込めるが，題意の中心はあくまで現実の取引価格の特徴にあることを忘れないこと。

問題2　土地及び建物の結合により構成されている不動産について，次の問に答えなさい。

(1)　更地として鑑定評価の対象とする場合について説明し，その鑑定評価額の求め方について簡潔に述べなさい。

(2)　建付地として鑑定評価の対象とする場合について説明し，その鑑定評価額の求め方について簡潔に述べなさい。

(3)　更地としての鑑定評価と建付地としての鑑定評価の異同について，手法ごとに説明しなさい。

解答例

小問(1)

対象不動産の確定に当たって必要となる鑑定評価の条件を対象確定条件といい，不動産が土地及び建物等の結合により構成されている場合において，その土地のみを建物等が存しないもの（更地）として鑑定評価の対象とする対象確定条件を独立鑑定評価という。

対象確定条件（独立鑑定評価）「基準」総論第5章

不動産の価格は，その不動産の効用が最高度に発揮される可能性に最も富む使用（最有効使用）を前提として把握される価格を標準として形成される（最有効使用の原則）。

最有効使用の原則「基準」総論第4章

更地とは，建物等の定着物がなく，かつ，使用収益を制約する諸権利の付着していない宅地をいう。更地は，その宅地の最有効使用に基づく経済的利益を十全に享受することが可能であることから，更地の鑑定評価に当たっては，最有効使用を前提とした価格を求めることとなる。

更地の意義と鑑定評価「基準」総論第2章

更地の鑑定評価額は，①更地並びに配分法が適用できる場合における建物及びその敷地の取引事例に基づく取引事例比較法による比準価格並びに②収益還元法（土地残余法）による収益価格を関連づけて決定するものとする。再調達原価が把握できる場合には，③原価法による積算価格をも関連づけて決定すべきである。当該更地の面積が近隣地域の標準的な土地の面積に比べて大きい場合等においては，さらに④開発法による価格を比較考量して決定するものとする。

更地の鑑定評価額「基準」各論第1章

小問(2)

不動産が土地及び建物等の結合により構成されている場合において，その状態を所与として，土地部分を鑑定評価の対象とする対象確定条件を建付地の部分鑑定評価という。

建付地とは，建物等の用に供されている敷地で建物等及びその敷地が同一の所有者に属している宅地をいう。

建付地は，建物等と結合して有機的にその効用を発揮しているため，建物等と密接な関連を持つものであり，したがって，建付地の鑑定評価は，建物等と一体として継続使用することが合理的である場合において，その敷地について部分鑑定評価をするものである。

建付地は，更地と異なり敷地上に建物等が存在しており，当該建物等によって使用方法に制約を受けるため，建物等が敷地の最有効使用に適応しないものである場合，建付地の価格は，最有効使用を前提とする更地の価格と比較して低くなることがある。

したがって，建付地の鑑定評価額は，①更地の価格をもとに当該建付地の更地としての最有効使用との格差，更地化の難易の程度等敷地と建物等との関連性を考慮して求めた価格を標準とし，②配分法に基づく比準価格及び③土地残余法による収益価格を比較考量して決定するものとする。

ただし，④建物及びその敷地としての価格をもとに敷地に帰属する額を配分して求めた価格を標準として決定することもできる。

対象確定条件（部分鑑定評価）「基準」総論第5章

建付地の意義と鑑定評価「基準」総論第2章「基準」各論第1章

建付地の鑑定評価額「基準」各論第1章

小問(3)

更地は常に最有効使用を前提とするのに対し，建付地は建物によって使用方法が制約され建付減価（又は建付増価）が生じ得る。鑑定評価に当たっては，この点を十分認識のうえ，手法の適用に反映させなければならない。

更地と建付地の相違

① 取引事例比較法について

取引事例比較法は，まず多数の取引事例を収集して適切な事例の選択を行い，これらに係る取引価格に必要に応じて事情補正及び時点修正を行い，かつ地域要因の比較及び個別的要因の比較を行って求められた価格を比較考量し，これによって対象不動産の比準価格を求める手法である。

取引事例比較法の定義「基準」総論第7章

a．取引事例の収集及び選択

配分法は，自用の建物及びその敷地の取引事例から更地又は建付地の取引事例を求める場合等，複合不動産に係る取引事例の取引価格から対象不動産の類型に係る事例資料を求める方法である。

配分法の適用に際しては，更地の鑑定評価の場合，最有効使用を前提とした価格を求めることから，取引事例は敷地が最有効使用の状態にあるものを採用すべきである。一方，建付地の鑑定評価の場合，現況建物が存することを前提とした価格を求めることから，取引事例は敷地と建物との適応の状態が同程度のものを採用すべきである。

事例の選択（配分法）における相違

b．個別的要因の比較

更地の鑑定評価における個別的要因の比較に際しては，「土地」に係る個別的要因の比較のみを行う。一方，建付地の鑑定評価における個別的要因の比較に際しては，上記に加え，「建物及びその敷地」に係る個別的要因の比較も行う必要がある。

要因比較における相違

② 収益還元法（土地残余法）について

土地残余法とは，不動産が敷地と建物等との結合により構成されている場合において，収益還元法以外の手法によって建物等の価格を求め，当該不動産に基づく純収益から建物等に帰属する純収益を控除した残余の純収益を土地の還元利回りで還元する方法をいう。

土地残余法の定義
「留意事項」総論第７章

宅地は，通常，宅地の上に存する建物等と一体となって最有効使用の収益をあげているものである。したがって，更地の鑑定評価において純収益を求めるに際しては，最有効使用の賃貸用建物等の建築を想定し（直接法），又は最有効使用の建物が存する宅地の収益事例を選択する（間接法）必要がある。

一方，建付地の鑑定評価において純収益を求めるに際しては，現況建物を前提とした純収益を求め（直接法），又は敷地と建物との適応の状態が同程度の収益事例を選択する（間接法）必要がある。

純収益査定における相違
「留意事項」総論第７章

以　上

解　説

本問は，対象確定条件として「独立鑑定評価」又は「部分鑑定評価」が付与された場合，それぞれの鑑定評価にどのような差異が生じるかについて問うもので，「基準」総論及び各論双方の理解が求められる。

小問⑴は，「独立鑑定評価」であることを明確にして，更地の鑑定評価について「基準」に沿って丁寧に述べる。その際，最有効使用を前提とした価格を求める点に触れること。

小問⑵は，「部分鑑定評価」であることを明確にして，建付地の鑑定評価について「基準」に沿って丁寧に述べる。ここでは，更地と異なり，必ずしも最有効使用を前提とはしない点に触れること。

小問⑶は，「独立鑑定評価」と「部分鑑定評価」の手法適用上の異同について，①取引事例比較法と②収益還元法のそれぞれについて述べる必要がある。①取引事例比較法の場合，事例の選択（配分法）と個別的要因の比較において，②収益還元法（土地残余法）の場合，純収益の査定（直接法，間接法とも）において，それぞれ相違が生じるものであるが，小問⑴及び小問⑵で述べた「最有効使用を前提とするか否か」を活用して述べると，一貫した論述となりよい。

問題③　価格を求める鑑定評価の手法について次の問に答えなさい。
(1)　比準価格の精度と事例の収集及び選択との関連を述べなさい。
(2)　直接還元法による収益価格の精度と還元利回りとの関連を述べなさい。また，収益期間を永続的なものと考えて「建物及びその敷地」の収益価格を求める際の還元利回りの求め方について説明しなさい。
（一部改題）

解答例

小問(1)

不動産の価格を求める鑑定評価の基本的な手法は，価格の三面性（費用性，市場性及び収益性）に対応して，原価法，取引事例比較法及び収益還元法に大別される。

取引事例比較法は，市場性に着目し，まず多数の取引事例を収集して適切な取引事例の選択を行い，これらに係る取引価格に必要に応じて事情補正及び時点修正を行い，かつ，地域要因の比較及び個別的要因の比較を行って求められた価格を比較考量して，対象不動産の試算価格（比準価格）を求める手法である。

取引事例比較法は，市場において発生した取引事例を価格判定の基礎とするものである。豊富に収集された取引事例の分析検討は，個別の取引に内在する特殊な事情を排除し，時点修正率を把握し，及び価格形成要因の対象不動産の価格への影響の程度を知る上で欠くことができない。特に，選択された取引事例は，取引事例比較法を適用して比準価格を求める場合の基礎資料となるものであり，収集された取引事例の信頼度は比準価格の精度を左右する。

すなわち，規範性・信頼度の高い事例を，数多く収集・選択することが，比準価格の精度を高めることとなる。

したがって，取引事例比較法の適用に当たっては，多数の取引事例を収集し，かつ，次の事例適格要件を具備した取引事例を選択しなければならない。

①　投機的取引であると認められる事例等適正を欠くものでないこ

価格を求める3手法
「基準」総論第7章

取引事例比較法の定義
「基準」総論第7章

比準価格の精度と事例の収集及び選択との関連
「基準」総論第7章
「留意事項」総論第7章

と。

② 次の不動産に係るものであること。

a．近隣地域又は同一需給圏内の類似地域若しくは必要やむを得ない場合には近隣地域の周辺の地域に存する不動産。

b．対象不動産の最有効使用が標準的使用と異なる場合等における同一需給圏内に存し対象不動産と代替，競争等の関係が成立していると認められる不動産（同一需給圏内の代替競争不動産）。

③ 取引事情が正常ものと認められるものであること又は正常なものに補正することができるものであること。

④ 時点修正をすることが可能なものであること。

⑤ 地域要因及び個別的要因の比較が可能なものであること。

事例選択要件
「基準」総論第7章

小問(2)

1．収益価格の精度と還元利回りとの関連

収益還元法は，収益性に着目し，対象不動産が将来生み出すであろうと期待される純収益の現在価値の総和を求めることにより対象不動産の試算価格（収益価格）を求める手法である。また，設問の直接還元法とは，一期間の純収益を還元利回りによって還元して収益価格を求める方法をいう。

直接還元法の定義
「基準」総論第7章

還元利回りは，不動産の収益性を表し，収益価格を求めるために用いるものである。還元利回りは，直接還元法の収益価格の算定において，一期間の純収益から対象不動産の価格を直接求める際に使用される率であり，将来の収益に影響を与える要因の変動予測と予測に伴う不確実性を含むものである。

還元利回りの意義
「基準」総論第7章

直接還元法による収益価格は，不動産に帰属する「純収益」を，不動産の価格と賃料（純収益）との相関関係を表す「還元利回り」で還元して求められるものであり，還元利回りを的確に求めることが，収益価格の精度を高めることとなる。

収益価格の精度と還元利回りとの関連

還元利回りは，比較可能な他の資産の収益性や金融市場における運用利回りと密接な関連があるので，その動向に留意しなければならない。

さらに，還元利回りは，地方別，用途的地域別，品等別等によって異なる傾向を持つため，対象不動産に係る地域要因及び個別的

還元利回り査定における留意点
「基準」総論第7章

要因の分析を踏まえつつ適切に求めることが必要である。

2．「建物及びその敷地」の収益価格を永久還元法により求める場合の還元利回り

「建物及びその敷地」の収益価格を直接還元法により求める方法は，当該不動産の純収益の継続性等に応じて永久還元法と有期還元法とに分けられる。設問の「収益期間を永続的なものと考える」方法は，永久還元法（永続的な純収益を還元利回りによって還元する方法）に該当する。

永久還元法と有期還元法

還元利回りは，市場の実勢を反映した利回りとして求める必要があり，還元対象となる純収益の変動予測を含むものであることから，それらの予測を的確に行い，還元利回りに反映させる必要がある。還元利回りを求める方法を例示すれば次のとおりであるが，適用に当たっては，次の方法から一つの方法を採用する場合又は複数の方法を組み合わせて採用する場合がある。また，必要に応じ，投資家等の意見や整備された不動産インデックス等を参考として活用する。

① 類似の不動産の取引事例との比較から求める方法
② 借入金と自己資金とに係る還元利回りから求める方法
③ 土地と建物に係る還元利回りから求める方法
④ 割引率との関係から求める方法

還元利回りの求め方
「基準」総論第7章
「留意事項」総論第7章

永久還元法とは永続的な純収益を前提とする方法であるから，建物その他の償却資産を含む不動産の場合，将来の建物建替等のため「減価償却」を考慮する必要がある。ただし，直接還元法における純収益の算定においては，昨今の投資家の判断基準等を考慮し，基本的に減価償却費を控除しない償却前の純収益を用いるべきであり，それに対応した還元利回りで還元する必要がある。

「建物及びその敷地」に永久還元法を適用する場合の還元利回り
「留意事項」総論第7章

以　上

解　説

本問は，「基準」総論第７章から，取引事例比較法及び収益還元法についての出題である。

小問(1)は，取引事例比較法について，①「選択」された取引事例の取引価格が比準価格の基礎となるものであり，また，②豊富に「収集」された取引事例を分析検討することにより，その後の手順（事情補正，時点修正，要因比較）が可能となる点を述べること。

小問(2)の前半は，収益還元法（直接還元法）について，「還元利回り」が，元本と果実の相関関係に基づく不動産の収益性を表すものであり，この「還元利回り」の僅かな違いによって，一期間の純収益から求められる収益価格が大きく左右されることを，直接還元法の基本公式（収益価格＝一期間の純収益÷還元利回り）を交えて述べること。

小問(2)の後半は，「還元利回り」の求め方を「基準」，「留意事項」に沿って丁寧に述べること。さらに本問は永久還元法であることから，建物の建て替えを前提に純収益が永続することを想定した還元利回りを求める必要がある点を丁寧に説明する必要がある。

なお，本問では問われていないが，「還元利回り」と「割引率」との相違についても理解しておく必要がある。

問題4　地域分析について次の問に答えなさい。

(1)　その重要性について述べなさい。

(2)　「地域分析に当たって特に重要な地域」とは何か簡潔に説明しなさい。また，同地域の範囲を規定するに当たり関連の深い不動産の価格に関する諸原則を2つあげ，その理由についても簡潔に述べなさい。

解答例

小問(1)

不動産は，他の不動産とともに，用途的に同質性を有する一定の地域（用途的地域）を構成しこれに属することを通常とし（不動産の地域性），地域は，その規模，構成の内容，機能等にわたってそれぞれ他の地域と区別されるべき特性を有している（地域の特性）。

不動産の地域性，地域の特性

同じ用途的地域内の不動産は相互に代替関係に立ち，地域はその特性を前提として他の地域と相互関係にたつことから，地域には一定の価格水準が形成される。また，個別の不動産の価格は，用途的地域の価格水準という大枠の下に個別的に形成される。したがって，対象不動産の価格を形成する要因を分析するに当たっては，対象不動産の存する用途的地域（近隣地域）について分析することが必要である。

地域分析の必要性

地域分析とは，その不動産がどのような地域に存するか，その地域はどのような特性を有するか，また，対象不動産に係る市場はどのような特性を有するか，及びそれらの特性はその地域内の不動産の利用形態と価格形成について全般的にどのような影響力をもっているかを分析し，判定することをいう。

地域分析の定義
「基準」総論第6章

地域の特性は，通常，その地域に属する不動産の一般的な標準的使用に具体的に現れるが，この標準的使用は，①利用形態からみた地域相互間の相対的位置関係及び価格形成を明らかにする手掛りとなるとともに，②その地域に属する不動産のそれぞれについての最有効使用を判定する有力な標準となる。

標準的使用の意義
「基準」総論第6章

すなわち，地域分析により標準的使用を判定することを通じて，

鑑定評価手法の適用に当たって必要な事例資料を収集すべき範囲が明らかになり，また，近隣地域と取引事例等の属する用途的地域との地域要因の比較が可能となる。

また，不動産の価格は，その不動産の最有効使用を前提として把握される価格を標準として形成されるため，鑑定評価において不動産の最有効使用の判定は重要な意義を有しているところ，地域分析はこの最有効使用判定の基準となる。

このように，鑑定評価において，地域分析は重要な意義を有しているといえる。

地域分析の意義
「基準」総論第4章

小問(2)

1．地域分析に当たって特に重要な地域

地域分析に当たって特に重要な地域は，①用途的観点から区分される地域（用途的地域），すなわち近隣地域及びその類似地域と，②近隣地域及びこれと相関関係にある類似地域を含むより広域的な地域，すなわち同一需給圏である。

地域分析に当たって特に重要な地域
「基準」総論第6章

近隣地域とは，対象不動産の存する用途的地域であって，より大きな規模と内容とを持つ地域である都市あるいは農村等の内部にあって，居住，商業活動，工業生産活動等人々の生活と活動に関して，ある特定の用途に供されることを中心として地域的にまとまりを示している地域をいい，対象不動産の価格の形成に直接に影響を与えるような特性を持つものである。

近隣地域の定義
「基準」総論第6章

類似地域とは，近隣地域の特性と類似する特性を有する地域であり，その地域に属する不動産は，特定の用途に供されることを中心として地域的にまとまりを持つものである。この地域のまとまりは，近隣地域の特性との類似性を前提として判定されるものである。

類似地域の定義
「基準」総論第6章

同一需給圏とは，一般に，対象不動産と代替関係が成立して，その価格の形成について相互に影響を及ぼすような他の不動産の存する圏域をいう。それは近隣地域を含んでより広域的であり，近隣地域と相関関係にある類似地域等の範囲を規定するものである。一般に，近隣地域と同一需給圏内に存する類似地域とは，隣接すると否とにかかわらず，その地域要因の類似性に基づいて，

同一需給圏の定義
「基準」総論第6章

それぞれの地域の構成分子である不動産相互の間に代替，競争等の関係が成立し，その結果，両地域は相互に影響を及ぼすものである。

2．地域の範囲を規定するに当たり関連の深い価格諸原則

① 代替の原則

代替性を有する二以上の財が存在する場合には，これらの財の価格は相互に影響を及ぼして定まる。不動産の価格も代替可能な他の不動産又は財の価格と相互に関連して形成される。

代替の原則の定義
「基準」総論第４章

上記の各地域は，いずれも代替性を有する不動産の存する範囲を示すものである。したがって，これらの範囲を判定するに当たっては，「代替の原則」を認識の上，代替性の有無や程度を的確に把握しなければならない。

地域の範囲の規定と代替の原則との関連

② 変動の原則

一般に財の価格は，その価格を形成する要因の変化に伴って変動する。不動産の価格も多数の価格形成要因の相互因果関係の組み合わせの流れである変動の過程において形成されるものである。したがって，不動産の鑑定評価に当たっては，価格形成要因が常に変動の過程にあることを認識して，各要因間の相互因果関係を動的に把握すべきである。

変動の原則の定義
「基準」総論第４章

価格形成要因の変化に伴って不動産の属する地域は常に変化するものである。したがって，上記の各地域の範囲を判定するに当たっては，「変動の原則（及び予測の原則）」を認識の上，将来の動向等を動的に考慮しなければならない。

地域の範囲の規定と変動の原則との関連

以　上

解　説

本問は，「基準」総論第６章から，地域分析に関する基本問題である。第６章は典型論点が多く，本問のほか，「個別分析」にスポットを当てたもの，「鑑定評価の手法の適用」との関連性を問うもの等が考えられるので，各自解答パターンを用意しておくことも試験対策上有効である。

小問(1)は，まず理論前提として「不動産の地域性」について触れ，それから「地域分析の定義」→「標準的使用の意義」→「最有効使用と標準的使用」と展開していくとよい。

小問(2)の前半は，①近隣地域，②類似地域及び③同一需給圏について，「基準」に沿って丁寧に述べること。第６章だけではなく「基準」全般にいえることだが，定義については，できる限り「基準」通り正確に覚える必要がある。

小問(2)の後半は，解答例の他，需給動向等の類似性という観点から「需要と供給の原則」を，地域内における競争関係という観点から「競争の原則」を挙げる解答等も考えられるが，やはり「代替の原則」と「変動の原則」を挙げるのが最も妥当であろう。

◇ 平成15年度

問題1　対象不動産の確定に関する次の問に答えなさい。

(1)　対象不動産の確定の意義について述べなさい。

(2)　対象確定条件の必要性を説明し，その条件の妥当性を検討する上で留意すべき事項について述べなさい。

(3)　対象不動産の地域要因又は個別的要因について想定上の条件を付加する場合に留意すべき事項を述べなさい。

解答例

小問(1)

不動産の鑑定評価に当たっては，基本的事項として，対象不動産，価格時点及び価格又は賃料の種類を確定しなければならない。

対象不動産の確定に当たっては，鑑定評価の対象となる土地又は建物等を物的に確定することのみならず，鑑定評価の対象となる所有権及び所有権以外の権利を確定する必要がある。

対象不動産の確定は，鑑定評価の対象を明確に他の不動産と区別し，特定することであり，それは不動産鑑定士が鑑定評価の依頼目的及び条件に照応する対象不動産と当該不動産の現実の利用状況とを照合して確認するという実践行為を経て最終的に確定されるべきものである。

不動産は他の諸財と異なる特徴を持つため，対象とすべき不動産と他の不動産との境界が外見上はっきりしない場合があり，また，二つ以上の権利利益が同一の不動産に存するなど，鑑定評価の対象が複雑な様相を呈するので，鑑定評価の対象を明確に他の不動産と区別し，特定することが必要となるのである。

対象不動産の確定の意義
「基準」総論第5章

小問(2)

鑑定評価に際しては，現実の用途及び権利の態様並びに地域要因及び個別的要因を所与として不動産の価格を求めることのみでは多様な不動産取引の実態に即応することができず，社会的な需要に応ずることができない場合があるので，条件設定の必要性が生じてく

条件設定の必要性
「留意事項」総論第5章

る。

対象不動産の確定に当たって必要となる鑑定評価の条件を対象確定条件といい，鑑定評価の対象とする不動産の所在，範囲等の物的事項及び所有権，賃借権等の対象不動産の権利の態様に関する事項を確定するために必要な条件であり，依頼目的に応じて次のような条件がある。

① 不動産が土地のみの場合又は土地及び建物等の結合により構成されている場合において，その状態を所与として鑑定評価の対象とすること。

② 不動産が土地及び建物等の結合により構成されている場合において，その土地のみを建物等が存しない独立のもの（更地）として鑑定評価の対象とすること（独立鑑定評価）。

③ 不動産が土地及び建物等の結合により構成されている場合において，その状態を所与として，その不動産の構成部分を鑑定評価の対象とすること（部分鑑定評価）。

④ 不動産の併合又は分割を前提として，併合後又は分割後の不動産を単独のものとして鑑定評価の対象とすること（併合鑑定評価・分割鑑定評価）。

⑤ 造成に関する工事が完了していない土地又は建築に係る工事（建物を新築するもののほか，増改築等を含む。）が完了していない建物について，当該工事の完了を前提として鑑定評価の対象とすること（未竣工建物等鑑定評価）。

なお，上記に掲げるもののほか，対象不動産の権利の態様に関するものとして，価格時点と異なる権利関係を前提として鑑定評価の対象とすることがある。

対象確定条件の種類
「基準」総論第5章

対象確定条件を設定するに当たっては，対象不動産に係る諸事項についての調査及び確認を行った上で，依頼目的に照らして，鑑定評価書の利用者の利益を害するおそれがないかどうかの観点から当該条件設定の妥当性を確認しなければならない。

なお，未竣工建物等鑑定評価を行う場合は，上記妥当性の検討に加え，価格時点において想定される竣工後の不動産に係る物的確認を行うために必要な設計図書等及び権利の態様の確認を行うための

妥当性の判断基準
「基準」総論第5章

請負契約書等を収集しなければならず，さらに，当該未竣工建物等に係る法令上必要な許認可等が取得され，発注者の資金調達能力等の観点から工事完了の実現性が高いと判断されなければならない。

また，証券化対象不動産の鑑定評価及び会社法上の現物出資の目的となる不動産の鑑定評価等，鑑定評価が鑑定評価書の利用者の利益に重大な影響を及ぼす可能性がある場合には，原則として，鑑定評価の対象とする不動産の現実の利用状況と異なる対象確定条件や，後述する地域要因又は個別的要因についての想定上の条件及び調査範囲等条件の設定をしてはならない。ただし，証券化対象不動産の鑑定評価で，各論第 3 章第 2 節に定める要件を満たす場合には未竣工建物等鑑定評価を行うことができるものとする。

条件設定をする場合，依頼者との間で当該条件設定に係る鑑定評価依頼契約上の合意がなくてはならない。

条件設定が妥当ではないと認められる場合には，依頼者に説明の上，妥当な条件に改定しなければならない。

小問(3)

対象不動産の地域要因又は個別的要因についての想定上の条件とは，例えば，「用途地域・指定容積率が変更されたものとして（地域要因）」，「土壌汚染が除去されたものとして（個別的要因）」，「中古建物について設備が更新されたものとして（個別的要因）」など，現況と異なる状況を想定する場合の評価条件をいう。

想定上の要因条件

地域要因又は個別的要因について想定上の条件を設定する場合には，設定する想定上の条件が鑑定評価書の利用者の利益を害するおそれがないかどうかの観点に加え，特に実現性及び合法性の観点から妥当なものでなければならない。一般に，地域要因について想定上の条件を設定することが妥当と認められる場合は，計画及び諸規制の変更，改廃に権能を持つ公的機関の設定する事項に主として限られる。

実現性とは，設定された想定上の条件を実現するための行為を行う者の事業遂行能力等を勘案した上で当該条件が実現する確実性が認められることをいう。なお，地域要因についての想定上の条件を設定する場合には，その実現に係る権能を持つ公的機関の担当部局

妥当性の判断基準
「基準」総論第5章
「留意事項」総論第5章

から当該条件が実現する確実性について直接確認すべきことに留意すべきである。

また，合法性とは，公法上及び私法上の諸規制に反しないことをいう。

条件設定時の合意の必要性，条件設定が妥当でない時の対応については，前記(2)と同様である。

以　上

解　説

本問は，「基準」総論第５章「基本的事項の確定」のうち「対象不動産の確定」について，鑑定評価の条件との関連を説明させる問題である。典型論点であり，しっかりと押さえてほしい。

小問(1)は，「対象不動産の確定」の意義について，「基準」を引用しながら説明する。

小問(2)は，対象確定条件の必要性について述べ，留意すべき事項については「利用者の利益保護」の観点について説明する。「基準」からの引用で十分である。

小問(3)は，地域要因及び個別的要因の想定上の条件について具体例を示した上，「利用者の利益保護」「実現性」「合法性」について説明する。

問題[2]　収益還元法について次の問に答えなさい。

(1)　収益還元法の具体的な手法である直接還元法とDCF法について，手法上の違いを説明しなさい。なお，解答に当っては，直接還元法とDCF法の基本的な式に触れながら説明すること。

(2)　還元利回りと割引率について，各々どのような場合に使用されるのか，また，その内容はどのように異なるのかを説明しなさい。

解答例

小問(1)

収益還元法は，対象不動産が将来生み出すであろうと期待される純収益の現在価値の総和を求めることにより対象不動産の試算価格（収益価格）を求める手法である。

収益価格を求める方法には，「直接還元法」と「DCF法」がある。

「直接還元法」とは，一期間の純収益を還元利回りによって還元する方法をいい，基本的には次の式により表される。

$$P=\frac{a}{R}$$

P：求める不動産の収益価格　a：一期間の純収益　R：還元利回り

「DCF法」とは，連続する複数の期間に発生する純収益及び復帰価格を，その発生時期に応じて現在価値に割り引き，それぞれを合計する方法をいい，基本的には次の式により表される。

$$P=\sum_{K=1}^{n}\frac{a_k}{(1+Y)^k}+\frac{P_R}{(1+Y)^n}$$

P：求める不動産の収益価格　a_k：毎期の純収益　Y：割引率　n：保有期間（売却を想定しない場合には分析期間。以下同じ。）

P_R：復帰価格

復帰価格とは，保有期間の満了時点における対象不動産の価格をいい，基本的には次の式により表される。

$$P_R=\frac{a_{n+1}}{R_n}$$

収益還元法の定義
「基準」総論第7章

直接還元法の定義
「基準」総論第7章

直接還元法の基本式
「基準」総論第7章

DCF法の定義
「基準」総論第7章

DCF法の基本式
「基準」総論第7章

a_{n+1}：$n+1$期の純収益　R_n：保有期間の満了時点における還元利回り（最終還元利回り）

直接還元法とDCF法とは，不動産価格の収益性に着目し，将来期待される純収益の現在価値の総和を求める点において共通している。しかし，直接還元法は一期間の純収益(初年度純収益又は標準化された単年度純収益)から収益価格を求める方法であるのに対し，DCF法は保有期間各期の純収益と復帰価格とを明示した上で収益価格を求める方法である点において大きく異なる。そこで，DCF法の適用に当たっては，毎期の純収益及び復帰価格並びにその発生時期が明示されることから，純収益の見通しについて十分な調査を行うことが必要である。

したがって，DCF法は将来の純収益や復帰価格を明示する点において直接還元法よりも試算価格が導かれる過程に関する説明力に優れている。しかし，直接還元法においても将来の純収益の変動等は，純収益を標準化する過程や還元利回りを求める過程において織り込まれており，二つの方法はそれぞれ同じ価格を指向しているものである。

直接還元法とDCF法の違い
「基準」総論第7章

小問(2)

還元利回り及び割引率は，共に不動産の収益性を表し，収益価格を求めるために用いるものであるが，基本的には次のような違いがある。

還元利回りと割引率
「基準」総論第7章

還元利回りは，直接還元法の収益価格及びDCF法の復帰価格の算定において，一期間の純収益から対象不動産の価格を直接求める際に使用される率であり，将来の収益に影響を与える要因の変動予測と予測に伴う不確実性を含むものである。

還元利回りの意義
「基準」総論第7章

割引率は，DCF法において，ある将来時点の収益を現在時点の価値に割り戻す際に使用される率であり，還元利回りに含まれる変動予測と予測に伴う不確実性のうち，収益見通しにおいて考慮された連続する複数の期間に発生する純収益や復帰価格の変動予測に係るものを除くものである。

割引率の意義
「基準」総論第7章

還元利回りと割引率の内容の違いは主として，将来の収益変動予測を含むか否かという点である。還元利回りが使われる直接還元法

においては，還元対象となるのは，一期間の純収益であるため，この還元対象となる一期間の純収益の変動予測や価格の変動予測は還元利回りに反映されることになる。他方，DCF法では保有期間中の純収益の変動等はキャッシュフローとして明示的に予測されるため，割引率には，将来の収益見通しにおいて反映された変動予測は含まない。

このような還元利回りと割引率との違いにより，両者の関係は「還元利回りR＝割引率Y－純収益の年間変動率g」と表される（純収益が永続的で，かつ一定の趨勢を有する場合)。

なお，直接還元法において還元対象となる一期間の純収益と，それに対応して採用される還元利回りは，その把握の仕方において整合がとれたものでなければならない。すなわち，還元対象となる一期間の純収益として，ある一定期間の標準化されたものを採用する場合には，還元利回りもそれに対応したもの（純収益で考慮された変動予測を含まない還元利回り）を採用することが必要である。

また，還元利回り及び割引率は，共に比較可能な他の資産の収益性や金融市場における運用利回りと密接な関連があるので，その動向に留意しなければならない。さらに，地方別，用途的地域別，品等別等によって異なる傾向を持つため，対象不動産に係る地域要因及び個別的要因の分析を踏まえつつ適切に求めることが必要である。

以　上

還元利回りと割引率の相違点
「留意事項」総論第７章

純収益と還元利回りの整合性
「留意事項」総論第７章

還元利回り・割引率を求める場合の留意点
「基準」総論第７章

解　説

本問は，「基準」総論第７章からの出題で，価格を求める鑑定評価の手法のうち，収益還元法に関する問題である。

小問⑴は，直接還元法とDCF法の定義について，手法の定義，相違点を問う問題である。問題の指示に従い基本式を交えて丁寧に説明する。両者の違いについては，「基準」本文中にも記載があるが，解答例のように若干の補足を加える必要がある。

小問⑵は，還元利回りと割引率の定義，相違点を問う問題である。還元利回りと割引率がどのような場合に使用されるのかについては，「基準」の定義に記載があるため，これについて丁寧に説明する必要がある。また，両者の違いについては，将来の収益変動予測を含むか否かを中心に説明する。

問題3　不動産の価格を形成する要因のうち，個別的要因について次の問に答えなさい。

(1)　個別的要因について，他の価格形成要因との関連性に触れながら簡潔に説明しなさい。

(2)　建物の各用途に共通する個別的要因のうち，留意すべき事項を踏まえて主なものを3つ挙げ，それぞれについて説明しなさい。

(3)　建物及びその敷地に関する個別的要因のうち，賃貸用不動産の場合に留意すべき事項を説明しなさい。　（一部改題）

解答例

小問(1)

不動産の価格は，多数の要因の相互作用の結果として形成されるものであるから，鑑定評価に当たっては，価格形成要因を市場参加者の観点から明確に把握しなければならない。

価格形成要因は，一般的要因，地域要因及び個別的要因に分けられる。

（価格形成要因の意義　「基準」総論第3章）

設問の個別的要因とは，不動産に個別性を生じさせ，その価格を個別的に形成する要因をいう。

個別的要因は，マクロ的な要因である一般的要因及び地域要因により形成される不動産全般の価格水準及び地域の価格水準の下で，不動産の価格を個別的に形成するミクロ的な要因である。

また，個別的要因は，土地に関する個別的要因，建物に関する個別的要因，建物及びその敷地に関する個別的要因（賃貸用不動産に関する要因を含む）に大別され，不動産の種別・類型ごとに重視すべき要因が異なる。

（個別的要因の意義　「基準」総論第3章）

不動産の価格は，その不動産の最有効使用を前提として把握される価格を標準として形成されるものであるから，価格形成要因の分析に当たっては，収集された資料に基づき，一般的要因を分析するとともに，地域分析（地域要因の分析）及び個別分析（個別的要因の分析）を通じて対象不動産についてその最有効使用を判定しなけ

（個別的要因分析の必要性　「基準」総論第6章，第8章）

ればならない。

個別的要因は，対象不動産の市場価値を個別的に形成しているものであるため，個別的要因の分析においては，対象不動産に係る典型的な需要者がどのような個別的要因に着目して行動し，対象不動産と代替，競争等の関係にある不動産と比べた優劣及び競争力の程度をどのように評価しているかを的確に把握することが重要である。

また，個別的要因の分析結果は，鑑定評価の手法の適用，試算価格又は試算賃料の調整等における各種の判断においても反映すべきである。

個別的要因分析の留意点
「基準」総論第6章

小問(2)

建物の各用途に共通する個別的要因としては，例えば次のものが挙げられる。

なお，市場参加者が取引等に際して着目するであろう個別的要因が，建物の用途毎に異なることに留意する必要がある。

① 建築（新築，増改築等又は移転）の年次

建築の年次は，その建物の経年減価に直接影響を与える要因であり，新築時から現在までの年数によって経年減価の程度を推し量ることができる。なお，増改築によって経年減価が部分的に解消されている場合があるので，当該増改築が建物全体の経済価値・市場価値に及ぼす影響について留意する必要がある。また，建築年次によって，後述する建物の機能性や耐震性等の性能及び有害物質等の使用の有無の判断材料になる場合もある。

② 設計，設備等の機能性

設計，設備等の機能性は，その建物を利用する者にとっての利用効率を左右する要因であり，その建物の工事費に影響を与えるとともに，機能性が劣る場合には，減価要因としても認識され得る。したがって，この要因の把握分析に当たっては，各階の床面積，天井高，床荷重，情報通信対応設備の状況，空調設備の状況，エレベーターの状況，電気容量，自家発電設備・警備用機器の有無，省エネルギー対策の状況，建物利用における汎用性等に特に留意する必要がある。

③ 耐震性，耐火性等建物の性能

建物に関する個別的要因
「基準」総論第3章，「留意事項」総論第3章

建物の性能は，その建物を利用する者の安全性等を左右する要因であり，その建物の工事費に影響を与えるとともに，耐震性，耐火性等が劣る場合には，減価要因としても認識され得る。

昨今，需要者のリスク判断に「建物の耐震性」は大きな影響を与えている。賃貸事務所ビルのような投資用不動産の場合，昭和56年6月の建築基準法改正後の「新耐震基準」に基づく建物か否かが投資適格性を判断する目安のひとつになることがある。したがって，新耐震基準か否かを建築年月より確認するとともに，新耐震基準か否かを問わず，耐震改修促進法に基づく耐震診断又は耐震補強工事の実施の有無等も確認し，実施されている場合には，その内容についてできるだけ詳細に把握すべきである。

鑑定評価手法の適用に当たっては，これらの要因を，原価法における減価修正，取引事例比較法における個別的要因の格差の把握，収益還元法における総収益・総費用や還元利回りの把握などに適切に反映させるべきである。

分析結果の手法への反映

小問(3)

賃貸用不動産に関する個別的要因には，賃貸経営管理の良否があり，その主なものを例示すれば，次のとおりである。

① 賃借人の状況及び賃貸借契約の内容

賃貸借契約で定められた賃料の水準とその将来動向は，賃貸用不動産の価値を本質的に決定する。したがって，賃貸借契約内容等を十分に分析して，対象不動産が生み出している収入（貸室賃料収入，共益費収入）を的確に把握し，将来動向を慎重に予測しなければならない。また，賃借人に滞納履歴がある場合やその財務状況が悪い場合は，将来貸倒れ損失の生じる恐れがある。さらに，一棟全体の面積に占める特定賃借人の面積割合が高い場合は，当該賃借人の退去に伴う大規模な空室損失の生ずる恐れがある。

したがって，この要因の把握分析に当たっては，賃料の滞納の有無及びその他契約内容の履行状況，賃借人の属性（業種，企業規模等），総賃貸可能床面積に占める主たる賃借人の賃貸面積の割合及び賃貸借契約の形態等に特に留意する必要がある。

② 貸室の稼働状況

賃貸用不動産に関する個別的要因
「基準」総論第3章，「留意事項」総論第3章

貸室の稼働状況は，貸主の有効収入を直接的に左右する。通常，稼働率の低い賃貸用不動産は，投資家にとってハイリスクであるため投資選好度が劣り，価格にマイナスの影響を及ぼす。

③ 躯体・設備・内装等の資産区分及び修繕費用等の負担区分

特に店舗用ビルについては，建物の設備や内装等の一部を賃借人が施工し，当該部分に係る修繕費用等も賃借人が負担する場合があるので（このような賃貸形式を「スケルトン貸し」という。），賃貸人と賃借人におけるこれらの区分について把握しなければならない。

賃貸用不動産に係る典型的な需要者（投資家）は，通常，その不動産の収益性に着目して購入意思を決定する。したがって，鑑定評価手法の適用に当たっては，不動産の収益性に影響を与えるこれらの要因を，原価法における減価修正，取引事例比較法における個別的要因の格差の把握，収益還元法における総収益・総費用や還元利回りの把握などに適切に反映させるべきである。

分析結果の手法への反映

以　上

解　説

本問は，「基準」総論第３章「個別的要因」を中心論点とする問題である。

小問(1)は，概念説明を求めるものであるので，上位概念，個別的要因の定義，その分析の必要性，分析上の留意点の順に論述する。

小問(2)及び小問(3)は，それぞれ具体的な要因を例示した上，各要因が価格にどのように作用するのか，その要因を評価手法適用上どのように反映させるのかということを簡潔に述べるとよい。解答例以外の要因を例示しても，上記事項が述べられていればよい。

問題4　開発法について次の問に答えなさい。

(1)　どのような場合に適用されるどのような手法か，基本的な式に触れながら説明しなさい。

(2)　適用に当たって留意すべき事項について述べなさい。また，鑑定評価額を決定する場合において「開発法によって求める価格を比較考量すべきもの」とされているが，その理由についても説明しなさい。

解答例

小問(1)

不動産の価格を求める鑑定評価の基本的な手法は，価格の三面性（費用性，市場性及び収益性）に対応して，原価法，取引事例比較法及び収益還元法に大別され，このほかこれら三手法の考え方を活用した開発法等の手法がある。

（価格を求める手法　「基準」総論第７章）

開発法とは，近隣地域の標準的な土地の面積に比べて大きい更地（建物等の定着物がなく，かつ，使用収益を制約する権利の付着していない宅地）等の鑑定評価に際し，開発事業者の視点に立ち，対象となる土地において開発事業を実施した場合に事業採算が合う土地価格を求める手法である。したがって，開発法は，開発事業者が主たる需要者となるようなマンション開発素地や戸建住宅開発素地等の鑑定評価を行う場合に適用される。

（開発法の定義・有効性　「基準」各論第１章）

開発法の基本式を示すと次のようになる。

$$P=\frac{S}{(1+r)^{n1}}-\frac{B}{(1+r)^{n2}}-\frac{M}{(1+r)^{n3}}$$

P：開発法による試算価格　S：販売総額　B：建物の建築費又は土地の造成費　M：付帯費用　r：投下資本収益率　$n1$：価格時点から販売時点までの期間　$n2$：価格時点から建築代金の支払い時点までの期間　$n3$：価格時点から付帯費用の支払い時点までの期間

（開発法の基本式　「留意事項」）

このうち，販売総額の査定に当たっては取引事例比較法の考え方を活用し（分譲マンションの取引事例等から査定），建物の建築費

又は土地の造成費等の査定に当たっては原価法の考え方を活用し（建設事例等から査定），投下資本収益率の査定に当たっては収益還元法の考え方を活用し（借入金利率等を考慮して査定），試算価格を求めることから，開発法は三手法の考え方を活用した手法といえる。

開発法と三手法との関連性

開発法の適用方法は，対象となる土地の最有効使用の違いに応じて次の二つに区分される。

(1) 一体利用をすることが合理的と認められるとき

対象となる大規模地にマンション等を建築して分譲することが最有効使用と認められるときは，価格時点において，当該更地に最有効使用の建物が建築されることを想定し，販売総額から通常の建物建築費相当額及び発注者が直接負担すべき通常の付帯費用を控除して試算価格を求める。

(2) 分割利用をすることが合理的と認められるとき

対象となる大規模地を戸建住宅地等として区画割りして分譲することが最有効使用と認められるときは，価格時点において，当該更地を区画割りして，標準的な宅地とすることを想定し，販売総額から通常の造成費相当額及び発注者が直接負担すべき通常の付帯費用を控除して試算価格を求める。

開発法の適用方法
「基準」各論第１章

小問(2)

1．開発法適用に当たって留意すべき事項

開発法は，販売総額と投下資本を投下資本収益率で価格時点に割り戻すことを基礎として，土地価格を求める方法である。開発法によって求める価格は，マンション等又は細区分した宅地の販売総額を価格時点に割り戻した額から建物の建築費及び発注者が直接負担すべき通常の付帯費用又は土地の造成費及び発注者が直接負担すべき通常の付帯費用を価格時点に割り戻した額をそれぞれ控除して求めるものとする。

開発法の適用に当たって，一体利用又は分割利用を選択することや，建物の建築・宅地の区画割りの具体的な内容を想定することは，対象となる土地の最有効使用を判定することと同義である。したがって，一般的要因の分析，地域分析の結果を踏まえた的確

開発法適用上の留意事項
「留意事項」

な個別分析に基づいて，これらの想定を行わなければならない。

この場合において，マンション等の敷地又は細区分を想定した宅地は一般に法令上許容される用途，容積率等の如何によって土地価格が異なるので，敷地の形状，道路との位置関係等の条件のほか，マンション等の敷地については建築基準法等に適合した建物の概略設計，配棟等に関する開発計画を，細区分を想定した宅地については細区分した宅地の規模及び配置等に関する開発計画をそれぞれ想定し，これに応じた事業実施計画を策定することが必要である。

2．開発法によって求める価格を比較考量すべき理由

更地は，その最有効使用に基づく経済価値を十全に享受し得るものであるから，最有効使用を前提として把握される価格を求めることとなる。

更地の価格

更地の鑑定評価額は，①更地並びに配分法が適用できる場合における建物及びその敷地の取引事例に基づく取引事例比較法による比準価格並びに②土地残余法による収益価格を関連づけて決定し，再調達原価が把握できる場合には，③原価法による積算価格をも関連づけて決定するものとする。

更地の鑑定評価額
「基準」各論第1章

開発法は将来予測が内在する手法であり，各項目の想定如何により試算価格の精度は大きく左右されるものの，上記小問(1)のとおり三手法の考え方を活用しており，各種の想定が適正に行われたときは，開発事業者の投資採算価値を示し，上記三手法によって求めた試算価格の有力な験証手段となり得る。したがって，上記小問(1)のように，当該更地の面積が近隣地域の標準的な土地の面積に比べて大きい場合等においては，上記三手法による価格に加え，さらに開発法による価格を比較考量して決定するものとする。

なお，対象不動産に係る市場の特性を踏まえ，各試算価格の有する説得力についての判断を行った結果，開発法による価格を最も重視して鑑定評価額を決定することも可能である。

開発法による価格を比較考量すべき理由
「基準」各論第1章

以　上

解　説

本問は，開発法を正面から問う基本的な問題である。

小問(1)は，開発事業者が主な需要者となるような大規模地の評価の場合に開発法が適用される点を述べる。基本式については，「留意事項」において明示されているので，きちんと示してほしい。さらに，三手法の考えがどのように活用されるか述べると高得点が見込める。

小問(2)は，前半については，「留意事項」を引用して丁寧に述べればよい。後半については，更地の鑑定評価額は三手法を関連づけて決定する点を述べた上で，さらに開発法が三手法の考えを活用しており験証手段として有効であることから「比較考量すべきもの」とされることを述べる。

平成16年度

問題[1]　不動産の価格形成要因について，次の問に答えなさい。

(1)　不動産の価格形成要因を考察する場合の一般的要因の意義について説明しなさい。

(2)　一般的要因のなかの経済的要因について説明し，経済的要因の主要な項目を5つ例示しなさい。

(3)　「税負担の状態」を例にして，それが価格形成要因としてどのように作用するかについて触れながら，想定上の条件を付加することの可能性について述べなさい。

解答例

小問(1)

価格形成要因とは，①不動産の効用及び②相対的稀少性並びに③不動産に対する有効需要の三者（不動産価格の三要素）に影響を与える要因をいう。

不動産の価格は，多数の要因の相互作用の結果として形成されるものであるので，不動産の鑑定評価を行うに当たっては，価格形成要因を市場参加者の観点から明確に把握・分析して，前記三者に及ぼすその影響を判定することが必要である。

（価格形成要因の意義　「基準」総論第3章）

価格形成要因は，一般的要因，地域要因及び個別的要因に分けられる。

このうち一般的要因とは，一般経済社会における不動産のあり方及びその価格の水準に影響を与える要因をいい，自然的要因，社会的要因，経済的要因及び行政的要因に大別される。

（一般的要因の定義　「基準」総論第3章）

不動産のあり方（用途及び利用形態等）は，不動産の経済価値の本質を決定づけているため，不動産のあり方に影響を与える一般的要因は，鑑定評価において重要な意義を有している。

不動産は，他の不動産とともに，用途的に同質性を有する一定の地域（用途的地域）を構成してこれに属することを通常とするが（不動産の地域性），一般的要因はこのような用途的地域ごとにそれ

ぞれ異なった影響を与えるとともに，同種の地域には同質的な影響を与えるという「地域的偏向性」を有している。

個別の不動産の価格は，当該不動産が属する地域の価格水準の中で個別的要因により形成され，地域の価格水準は，社会における一連の価格秩序の中で地域要因により形成される。したがって，マクロ的要因である一般的要因は，社会における一連の価格秩序を形成し，ミクロ的要因である地域要因及び個別的要因の基礎となる重要な意義を有している。

このように，一般的要因は，不動産の価格形成全般に影響を与えるものであり，鑑定評価手法の適用における各手順において常に考慮されるべきものであり，価格判定の妥当性を検討するために活用しなければならない。

一般的要因の意義
「基準」総論第1章，第7章

小問(2)

不動産は他の一般の諸財と同様，有機的な関連をもって経済構造に組み込まれている。「経済的要因」とは，経済構造や経済情勢に影響を与え，直接的又は間接的に不動産の価格に影響を及ぼす要因をいう。

経済的要因の定義

経済的要因の主要な項目としては，①貯蓄，消費，投資及び国際収支の状態，②財政及び金融の状態，③物価，賃金，雇用及び企業活動の状態，④企業会計制度の状態，⑤技術革新及び産業構造の状態，等が挙げられる。

上記の経済的要因は，我が国の高度成長期における地価高騰や，いわゆるバブル経済崩壊後，近年まで続いている地価下落基調等に現れているように，不動産価格と密接な関連性を有しているものといえる。

経済的要因の具体例
「基準」総論第3章

小問(3)

設問の「税負担の状態」は，上記(2)同様，一般的要因のなかの経済的要因に含まれる。

所得税法，相続税法及び法人税法等に定める基本税率や特別措置等の「税負担の状態」は，各用途ごとの市場参加者の取引意思や不動産需給に影響を及ぼし，その結果，不動産のあり方及びその価格の水準に影響を与えることとなる。

「税負担の状態」と価格形成との関連

例えば，住宅地において，所得税法の特例である「住宅借入金等を有する場合の特別税額控除（いわゆるローン控除）」や，相続税法における「相続時精算課税」は，住宅購入資金等に影響を及ぼし，住宅用地やマンション等に対する需要を喚起することとなる。

なお，想定上の条件については，鑑定評価に際しては，現実の地域要因及び個別的要因を所与として不動産の価格を求めることのみでは多様な不動産取引の実態に即応することができず，社会的な需要に応ずることができない場合があるので，条件設定の必要性が生じてくる。

この場合には，設定する想定上の条件が鑑定評価書の利用者の利益を害するおそれがないかどうかの観点に加え，特に実現性及び合法性の観点から妥当なものでなければならず，これらの観点に照らすと，設問の「税負担の状態」等の一般的要因に関して，例えば「税負担がないものとして」等の想定上の条件を設定することは，「実現性」に乏しく，一般的には殆ど認められないこととなる。

想定上の条件設定の妥当性
「基準」総論第5章
「留意事項」総論第5章

以　上

解　説

本問は，価格形成要因のうち「一般的要因」に着目した問題である。

小問(1)は，価格形成要因の意義を切り口に，一般的要因の定義，地域的偏向性，鑑定評価上の意義等の典型論点を確実に述べる。評価手法との関連について具体的に説明してもよい。

小問(2)は，「経済的要因とは何か」を簡潔に述べ，具体例を挙げるのみでよい。「基準」の経済的要因を5つも暗記している受験生は少ないと思われるが，常識的観点で考え，間違っていない要因を挙げていれば，点数は付くはずである。あまり掘り下げた論述をすると論点がぼやけてしまうので，簡潔にまとめておくことが望ましい。

小問(3)は，難度の高い問題である。前半は，「税負担の状態」が市場参加者の取引意思や需給に影響を与える点を，時事的な具体例を挙げて述べると高得点が見込まれる。後半は，条件設定の必要性を述べ，想定上の条件設定の妥当性を判断する観点からは，一般的には，設問のような一般的要因について「想定上の条件を付加する可能性」は殆ど認められないことを述べるとよい。

問題2 不動産の鑑定評価によって求める価格の種類について，次の問に答えなさい。

(1) 正常価格の前提となる，「現実の社会情勢の下で合理的と考えられる条件を満たす市場」について説明しなさい。また，これが前提とされる理由についても簡潔に述べなさい。

(2) 不動産鑑定評価基準各論第３章第１節に規定する証券化対象不動産に係る鑑定評価目的の下で，投資家に示すための投資採算価値を表す価格を求める場合の価格の種類が特定価格となり得る理由を述べなさい。また，その場合の鑑定評価の基本的な手法についても説明しなさい。

（一部改題）

解答例

小問(1)

不動産の鑑定評価によって求める価格は，基本的には正常価格であるが，鑑定評価の依頼目的に対応した条件により限定価格，特定価格又は特殊価格を求める場合があるので，依頼目的に対応した条件を踏まえて価格の種類を適切に判断し，明確にすべきである。

正常価格とは，市場性を有する不動産について，現実の社会経済情勢の下で合理的と考えられる条件を満たす市場で形成されるであろう市場価値を表示する適正な価格をいう。この場合において，現実の社会経済情勢の下で合理的と考えられる条件を満たす市場（以下「合理的な市場」という。）とは，以下の条件を満たす市場をいう。

(1) 市場参加者が自由意思に基づいて市場に参加し，参入，退出が自由であること。なお，ここでいう市場参加者は，自己の利益を最大化するため次のような要件を満たすとともに，慎重かつ賢明に予測し，行動するものとする。

① 売り急ぎ，買い進み等をもたらす特別な動機のないこと。

② 対象不動産及び対象不動産が属する市場について取引を成立させるために必要となる通常の知識や情報を得ていること。

正常価格の意義
「基準」総論第５章

③ 取引を成立させるために通常必要と認められる労力，費用を費やしていること。
④ 対象不動産の最有効使用を前提とした価値判断を行うこと。
⑤ 買主が通常の資金調達能力を有していること。

(2) 取引形態が，市場参加者が制約されたり，売り急ぎ，買い進み等を誘引したりするような特別なものではないこと。

(3) 対象不動産が相当の期間市場に公開されていること。

不動産の鑑定評価で求める正常価格は，「現実の社会経済情勢（現実のマクロ経済，不動産需給，法制度，取引慣行，市場参加者の価値観など）」に立脚した「あるがままの価格」である。

また，「不動産のあり方」は我々人間の活動に大きな影響を与えるものであるが，それは不動産の価格を選択指標として決定されるので，「（合理的な市場を前提とする）適正な価格」は，適切な「不動産のあり方」が実現されるための要素となる。

したがって，不動産の鑑定評価で求める正常価格は，「現実の社会情勢の下で合理的と考えられる条件を満たす市場」を前提とするのである。

不動産の現実の取引価格等は，取引等の必要に応じて個別的に形成されるのが通常であり，しかもそれは個別的な事情に左右されがちのものであるため，設問の前提を有する正常価格を求めるためには，鑑定評価活動が必要となる。

「合理的な市場」が正常価格の前提とされる理由
「基準」総論第1章

小問(2)

1．価格の種類とその理由

設問の鑑定評価目的の下で，投資家に示すための投資採算価値を表す価格を求める場合の価格の種類は，特定価格又は正常価格である。

特定価格とは，市場性を有する不動産について，法令等による社会的要請を背景とする鑑定評価目的の下で，正常価格の前提となる諸条件を満たさないことにより正常価格と同一の市場概念の下において形成されるであろう市場価値と乖離することとなる場合における不動産の経済価値を適正に表示する価格をいう。

特定価格の定義
「基準」総論第5章

設問の場合は，投資法人，投資信託又は特定目的会社等（以下

「投資法人等」という。）の投資対象となる資産（以下「投資対象資産」という。）としての不動産の取得時又は保有期間中の価格として投資家に開示することを目的に，投資家保護の観点から対象不動産の収益力を適切に反映する収益価格に基づいた投資採算価値を求める必要がある。

投資対象資産としての不動産の取得時又は保有期間中の価格を求める鑑定評価については，上記鑑定評価目的の下で，資産流動化計画等により投資家に開示される対象不動産の運用方法を所与とするが，その運用方法による使用が対象不動産の最有効使用と異なることとなる場合には，正常価格の前提条件を満たさず，正常価格との乖離が生じるため，特定価格として求めなければならない。したがって，当該運用方法が最有効使用と一致していること等により求められた価格が正常価格と一致している場合には，特定価格ではなく正常価格として求める。

なお，投資法人等が投資対象資産を譲渡するときに依頼される鑑定評価で求める価格は正常価格として求めることに留意する必要がある。

特定価格を求める理由
留意事項第５章
「基準」総論第５章

2．基本的な手法

本問における鑑定評価の基本的な手法は，基本的に収益還元法のうちＤＣＦ法により求めた試算価格を標準とし，直接還元法による検証を行って求めた収益価格に基づき，比準価格及び積算価格による検証を行い鑑定評価額を決定する。

このうちＤＣＦ法とは，連続する複数の期間に発生する純収益及び復帰価格を，その発生時期に応じて現在価値に割り引き，それぞれを合計する方法であるが，この手法は，毎期の純収益及び復帰価格を予測しそれらを明示することから，収益価格を求める過程について説明性に優れたものである。したがって，証券化対象不動産に係る鑑定評価の場合には，ＤＣＦ法により求めた収益価格を標準とすることとされている。

基本的な手法
「基準」総論第７章，各論第１章

以　上

解　説

本問は，「基準」総論第５章から正常価格と特定価格に関する出題である。

小問⑴は，まず，正常価格の定義及び正常価格の前提条件である「合理的と考えられる市場」について，基準に即して記述する。「合理的と考えられる市場」が正常価格の前提とされる理由については，不動産のあり方，不動産の現実の取引価格と鑑定評価の必要性から説明するとよい。

小問⑵では，求める価格の種類が「特定価格」となり得る理由については，「留意事項」を引用して正常価格の前提条件を満たさないことがある点を説明する。後半については，鑑定評価手法を記述し，ＤＣＦ法による価格が標準とされる理由についての補足説明が加えられるとよい。

問題3　試算価格の調整に係る次の問に答えなさい。

(1)　3つの試算価格の特徴を挙げた上で，試算価格の調整の意義について述べなさい。

(2)　試算価格の再吟味と説得力に係る判断との関係について述べなさい。

(3)　試算価格の再吟味において，特に留意すべき事項とされる「各手法に共通する価格形成要因に係る判断の整合性」の意味について述べなさい。

解答例

小問(1)

不動産の価格を求める鑑定評価の基本的な手法は，原価法，取引事例比較法及び収益還元法に大別され，それぞれの手法の適用により求められた試算価格を積算価格，比準価格及び収益価格という。

試算価格の定義
「基準」総論第7章

合理的と考えられる市場において市場人が財の経済価値を判定する場合には，通常，①それにどれほどの費用が投じられたか（費用性），②それがどれほどの価格で市場において取引されているか（市場性），③それを利用することによってどれほどの収益（便益）が得られるか（収益性），という3つの点を考慮するものであり，これを一般に「価格の三面性」という。

不動産の場合もこれと同様に考えられ，「積算価格」は主に上記①の考えに基づき不動産の再調達に要する費用（再調達原価）に着目し，「比準価格」は主に上記②の考えに基づき実際に市場で成立した不動産の取引事例に着目し，「収益価格」は主に上記③の考えに基づき，不動産から生み出される収益に着目し，それぞれ求められるものである。

試算価格の特徴

これら三手法を適正に適用して求めた各試算価格は，理論的には一致するはずであるが，実際には資料収集の制約等により開差が生ずるのが通常である。そこで，「試算価格の調整」が必要となる。

試算価格の調整の必要性

試算価格の調整とは，①鑑定評価の複数の手法により求められた各試算価格の再吟味及び②各試算価格が有する説得力に係る判断を

行い，鑑定評価における最終判断である鑑定評価額の決定に導く作業をいう。

試算価格の調整の意義
「基準」総論第8章

試算価格の調整は，不動産鑑定士が最も説得力があると判断した試算価格を中心として三試算価格を一つの鑑定評価額へと絞り込んでいく作業であるが，各試算価格はあらかじめ優劣が決まっているわけではなく，ともに等しく適正な価格を指向するものとして尊重されるべきである。

小問(2)

「再吟味」と「説得力に係る判断」
「基準」総論第8章

試算価格の調整に当たっては，対象不動産の価格形成を論理的かつ実証的に説明できるようにすることが重要である。このため，鑑定評価の手順の各段階について，客観的，批判的に再吟味し，その結果を踏まえた各試算価格が有する説得力の違いを適切に反映することによりこれを行うものとする。

「再吟味」と「説得力に係る判断」との関係

各試算価格の再吟味とは，鑑定評価の各段階に誤りや不整合な部分がないかどうかを客観的・批判的に見直し，その結果を踏まえて試算価格の再計算を繰り返して，試算価格の精度と信頼性を向上させる作業をいう。

一方，各試算価格が有する説得力に係る判断とは，どの試算価格をどの程度重視するかという重み付けを行う作業をいう。「説得力に係る判断」は，「再吟味」の作業により資料収集の制約や試算に際しての各種判断事項などを検討することによって初めて的確に行えるものである。すなわち，「再吟味」は「説得力に係る判断」に先行する作業であり，この再吟味の結果を踏まえてどの試算価格を重視して鑑定評価額を決定すべきかを見極めることとなる。

試算価格の調整における留意点
「基準」総論第8章

なお，各試算価格の再吟味においては，小問(3)に掲げる事項のほか，a．資料の選択，検討及び活用の適否，b．不動産の価格に関する諸原則の当該案件に即応した活用の適否，c．一般的要因の分析並びに地域分析及び個別分析の適否，d．各手法の適用において行った各種補正，修正等に係る判断の適否，e．単価と総額との関連の適否に留意すべきである。

また，各試算価格が有する説得力に係る判断においては，a．対象不動産に係る地域分析及び個別分析の結果と各手法との適合性，

b．各手法の適用において採用した資料の特性及び限界からくる相対的信頼性に留意すべきである。

小問(3)

設問の「各手法に共通する価格形成要因に係る判断の整合性」とは，各手法の適用によって求められた試算価格相互間において，価格形成要因の扱いに矛盾が生じていないことを意味している。 「要因に係る判断の整合性」の意味

例えば，建物の個別的要因を分析した結果，設備が老朽化しており数年内に大規模修繕が必要と判明した場合は，「原価法」においては物理的減価要因等として，「取引事例比較法」においては個別的要因格差として，「収益還元法」においては総費用を増加させる要因等として，各試算価格に漏れなく反映させるべきである。 具体例①

また，更地（マンション適地）について，地域の標準と比較して容積率が高いという個別的要因が存する場合，「取引事例比較法」においては個別的要因格差として，「収益還元法（土地残余法）」又は「開発法（三手法の考えを活用した手法）」については最有効使用の建物の想定に織り込むことにより，各試算価格に漏れなく反映させるべきである。 具体例②

以　上

解　説

本問は，「試算価格の調整」に関する問題である。

小問(1)は，前半については，価格の三面性と各試算価格との関係を簡潔に説明するとよい。後半については，試算価格の調整の必要性を切り口に，調整の意義を「基準」に即して確実に述べる。

小問(2)は，「試算価格の再吟味」と「説得力に係る判断」のそれぞれについて簡潔に説明した上，「再吟味」の結果を踏まえて，「説得力に係る判断」を行う必要性を述べる。

小問(3)は，解答例の様に具体例をいくつか挙げて説明することが望ましい。解答例では「設備の老朽化」，「容積率」を挙げているが，勿論，他の要因（交通施設との距離，土壌汚染の有無等）を挙げてもよい。

問題4　貸家及びその敷地の鑑定評価について，次の問に答えなさい。

(1)　鑑定評価額の求め方について簡潔に述べなさい。また，求めるに当たって総合的に勘案すべきこととされている次の事項について説明しなさい。

①　契約に当たって授受された一時金の額及びこれに関する契約条件

②　将来見込まれる一時金の額及びこれに関する契約条件

(2)　収益価格を求めるために必要となる実際実質賃料に基づく純収益について，説明しなさい。

解答例

小問(1)

1．貸家及びその敷地の鑑定評価

貸家及びその敷地とは，建物所有者とその敷地の所有者とが同一人であるが，建物が賃貸借に供されている場合における当該建物及びその敷地をいう。

（貸家敷の定義　「基準」各論第1章）

貸家及びその敷地は，建物賃借権が付着して借家人が居付のままであるので直ちに買主の用に供することは困難であり，主たる需要者である投資家等は，通常その収益性に着目して取引意思を決定する。したがって，貸家及びその敷地の鑑定評価額は，①実際実質賃料（売主が既に受領した一時金のうち売買等に当たって買主に承継されない部分がある場合には，当該部分の運用益及び償却額を含まないものとする）に基づく純収益等の現在価値の総和を求めることにより得た収益価格を標準とし，②積算価格及び③比準価格を比較考量して決定するものとする。

（貸家敷の特徴と評価手法　「基準」各論第1章）

この場合において，次に掲げる事項を総合的に勘案するものとする。①将来における賃料の改定の実現性とその程度，②契約に当たって授受された一時金の額及びこれに関する契約条件，③将来見込まれる一時金の額及びこれに関する契約条件，④契約締結の経緯，経過した借家期間及び残存期間並びに建物の残存耐用年数，⑤貸家及びその敷地の取引慣行並びに取引利回り，⑥借家の

（総合的勘案事項　「基準」各論第1章）

目的，契約の形式，登記の有無，転借か否かの別及び定期建物賃貸借（借地借家法第38条に規定する定期建物賃貸借をいう）か否かの別，⑦借家権価格

2．一時金の取り扱い

貸家及びその敷地の価格はその所有者に帰属する経済的利益を貨幣額で表示したものであるから，鑑定評価における一時金の取り扱いは，買主に利益が生ずるか否かによって区分すべきである。また，一時金の有無や性格を判定するため，一時金に関する慣行や現行契約の内容を十分検討しなければならない。

一時金の取り扱い

① 契約に当たって授受された一時金の額及びこれに関する契約条件

契約に当たって授受された一時金としては，賃料の前払的性格を有する一時金（権利金，礼金など）と，預り金的性格を有する一時金（敷金，保証金，建設協力金など）とに大別される。これらの一時金のうち，取引に当たって買主に承継されない部分は貸家及びその敷地の価格を構成しない。一般に，賃料の前払的性格を有する一時金は買主に承継されないことが多い。

既に授受された一時金
「基準」総論第7章

② 将来見込まれる一時金の額及びこれに関する契約条件

将来見込まれる一時金としては，既存賃借人の負担する更新料や，新規賃借人の負担する敷金・礼金等が挙げられる。これらの一時金は，すべて当該物件の買主が収受するので貸家及びその敷地の価格を構成する。

将来見込まれる一時金

小問(2)

収益還元法は，対象不動産が将来生み出すであろうと期待される純収益の現在価値の総和を求めることにより対象不動産の試算価格（収益価格）を求める手法である。収益価格を求める方法には，①一期間の純収益を還元利回りによって還元する方法（直接還元法）と，②連続する複数の期間に発生する純収益及び復帰価格を，その発生時期に応じて現在価値に割り引き，それぞれを合計する方法（ＤＣＦ法）がある。

収益還元法の定義
「基準」総論第7章

純収益とは，不動産に帰属する適正な収益をいい，一般に１年を単位として総収益から総費用を控除して求めるものとする。

貸家及びその敷地の総収益は，現行契約に基づく実際実質賃料（実際支払賃料＋一時金の運用益等）である。賃料の前払的性格を有する一時金の運用益及び償却額並びに預り金的性格を有する一時金の運用益を求めるに際しては，上記(1)により，売主が既に受領した一時金のうち買主に承継されない部分を除外しなければならない。

純収益の定義
「基準」総論第７章
純収益の求め方

また，純収益は，永続的なものと非永続的なもの，償却前のものと償却後のもの等，総収益及び総費用の把握の仕方により異なるものであり，それぞれ収益価格を求める方法及び還元利回り又は割引率を求める方法とも密接な関連があることに留意する必要がある。

なお，直接還元法における純収益は，対象不動産の初年度の純収益を採用する場合と標準化された純収益を採用する場合があることに留意しなければならない。

純収益の算定に当たっては，対象不動産からの総収益及びこれに係る総費用を直接的に把握し，それぞれの項目の細部について過去の推移及び将来の動向を慎重に分析して，対象不動産の純収益を適切に求めるべきである。この場合において収益増加の見通しについては，特に予測の限界を見極めなければならない。特にＤＣＦ法の適用に当たっては，毎期の純収益及び復帰価格並びにその発生時期が明示されることから，純収益の見通しについて十分な調査を行うことが必要である。

純収益算定上の留意点
「基準」総論第７章

以　上

解　説

本問は，「基準」各論の「貸家及びその敷地」に関する諸論点を問うものである。

各論の問題であるので，小問(1)は定石どおり，当該類型の定義，その特徴，評価手法（重視すべき手法とその理由）の順に論述すべきである。一時金の取り扱いについては，「買主への承継の有無」によって「貸家及びその敷地の価格を構成するか否か」が決まることを述べればよいだろう。

小問(2)は，論点が絞り込みにくい設問である。解答例では，「純収益について」説明が求められていることから，収益価格や純収益の定義を述べた上，総収益（実際実質賃料）の求め方をはじめとする純収益に関する諸論点を「基準」に即して列挙した。

MEMO

◇平成17年度

問題1 「区分所有建物及びその敷地」の鑑定評価について，次の問に答えなさい。

(1) 共用部分の確認における留意事項としての権利内容とその確認方法について述べなさい。

(2) (1)で確認された権利内容を試算価格へ反映する方法について述べなさい。

(3) 積算価格の求め方のうち，配分率に係る2つの方法の違いを建物用途と関連付けて説明しなさい。

解答例

小問(1)

区分所有建物及びその敷地とは，建物の区分所有等に関する法律第2条第3項に規定する専有部分並びに当該専有部分に係る同条第4項に規定する共用部分の共有持分及び同条第6項に規定する敷地利用権をいう。

「専有部分」とは，一棟の建物のうち構造上区分され，用途上独立性を有する建物の部分をいう。「共用部分」とは廊下，階段など専有部分以外の建物の部分等をいう。「敷地利用権」とは，専有部分を所有するための敷地に関する権利をいう。区分所有建物及びその敷地の経済価値を判定するに際しては，専有部分，共用部分及び敷地利用権の内容を明確にしなければならない。

（区分所有建物の定義 「基準」総論第2章）

区分所有建物及びその敷地の確認に当たって，共用部分に関して留意すべき事項としては，①共用部分の範囲及び共有持分，②一部の区分所有者のみに属する共用部分などが挙げられる。

すべての区分所有者は，原則として，持分割合に関係なく共用部分を本来の用法に従い使用することができる。

ただし，店舗付分譲マンションにおいて，店舗専用の出入口や住宅専用の階段・エレベーターなど，一部の区分所有者のみに属する共用部分が設けられることがある。

（共用部分に関する確認事項 「基準」各論）

また，共用部分であるバルコニー，庭，外壁等について，特定の区分所有者のみに排他的な使用権（専用使用権）が設定されることがある。

共用部分に関する権利内容の確認に当たっては，登記事項証明書，建物図面，設計図書，管理規約，課税台帳，実測図等に基づき物的確認と権利の態様の確認を行わなければならない。これらの権利内容は一般に登記されないので，管理規約等により物的範囲や専用使用料等を確認すべきである。

必要な確認資料
「基準」各論

小問(2)

1．区分所有建物及びその敷地の評価手法

区分所有建物及びその敷地（自用）の鑑定評価額は，原価法による積算価格，取引事例比較法による比準価格及び収益還元法による収益価格を関連づけて決定するものとする。

原価法は，価格時点における対象不動産の再調達原価を求め，この再調達原価について減価修正を行って対象不動産の試算価格を求める手法である。区分所有建物及びその敷地については，一棟の建物及びその敷地の積算価格を求め，当該積算価格に当該一棟の建物の各階層別及び同一階層内の位置別の効用比により求めた配分率を乗ずることにより求める。

取引事例比較法は，まず多数の取引事例を収集して適切な事例の選択を行い，これらに係る取引価格に必要に応じて事情補正及び時点修正を行い，かつ，地域要因の比較及び個別的要因の比較を行って求められた価格を比較考量し，これによって対象不動産の試算価格を求める手法である。

収益還元法は，対象不動産が将来生み出すであろうと期待される純収益の現在価値の総和を求めることにより対象不動産の試算価格を求める手法である。

区分所有建物の評価手法
「基準」各論、総論第７章

2．共用部分の権利内容を試算価格に反映する方法

一部の区分所有者のみに属する共用部分は，対応する専有部分の価値に影響を与える。また，専用使用権に経済価値が認められ，当該権利が区分所有権に付随する場合は，区分建物の経済価値判定に当たって考慮すべきである。

共用部分の権利内容が価格に与える影響

したがって，各試算価格を求めるに当たっては，これらの権利内容を各評価手法の適用において整合性を保って反映させなければならない。

原価法においては，これらの権利内容を，専有部分の配分率（効用比）の査定（又は個別格差の査定）に際して考慮する。

取引事例比較法においては，これらの権利内容を，類似する事例の選択や区分所有建物の個別的要因の比較に際して考慮する。

収益還元法においては，これらの権利内容を総収益の増加要因，総費用の増加要因（専用使用料の負担がある場合）として考慮する。

なお，これらの権利内容は，当該権利による効用増と専用使用料等の負担との関係に応じて，増価要因となる場合とならない場合とがあることに留意すべきである。

手法ごとの要因反映方法

小問(3)

原価法において配分率を乗ずる方法には，①一棟の建物及びその敷地の積算価格に配分率を乗ずる方法と，②一棟の建物の価格と敷地の価格とにそれぞれ異なる配分率を乗ずる方法とがある。

上記①の方法は，専有部分・共用部分・敷地利用権が一体的な性格を有することから，各専有部分の効用差を建物価格・敷地価格の双方に反映させるものである。この方法は，建物全体が単一用途に供されるマンション等の評価に適用されることが多い。

一方，上記②の方法は，各専有部分の効用差を敷地価格のみに反映させるものである。この方法は，建物の部分ごとに用途や建築費が異なる多目的ビルの評価に適用されることがある。

配分率を求める２方法とその特徴

以　上

解　説

小問(1)

拙い問題文のため出題の意図が分かりにくいが，「一部の区分所有者に属する共用部分」と「専用使用権」に関して問うていると推定される。「区分所有建物及びその敷地」の定義と用語説明をした上，各権利とその確認方法（特に「管理規約の確認」）を述べる。

小問(2)

価格形成要因が評価手法にどのように反映されるかを問う問題である。各手法の定義を説明した上，設問の権利内容を手法適用のどの段階で反映すべきかを簡潔に述べる。相応の専用使用料の負担がある場合，必ずしも増価要因とならないことに留意すべきである。

小問(3)

一体としての配分率を適用する方法と，土地・建物にそれぞれ異なる配分率を適用する方法について簡潔に説明する。ただし，後者の方法については，「基準」「留意事項」に明確な規定がないので，解答できなくても仕方ない。

問題2 文化財等の一般的に市場性を有しない不動産の鑑定評価について，次の問に答えなさい。

(1) その利用現況等を前提とした不動産の経済価値を求める場合の価格の種類，鑑定評価の手法及び留意事項について述べなさい。

(2) その利用現況等を前提としない不動産の経済価値を求める場合の価格の種類，鑑定評価の手法及び留意事項について述べなさい。

解答例

小問(1)

不動産の鑑定評価によって求める価格は，基本的には正常価格であるが，鑑定評価の依頼目的に対応した条件により限定価格，特定価格又は特殊価格を求める場合があるので，依頼目的に対応した条件を踏まえて価格の種類を適切に判断し，明確にすべきである。

（鑑定評価によって求める価格　「基準」総論第5章）

正常価格とは，市場性を有する不動産について，現実の社会経済情勢の下で合理的と考えられる条件を満たす市場で形成されるであろう市場価値を表示する適正な価格をいう。

（正常価格の定義　「基準」総論第5章）

特殊価格とは，文化財等の一般的に市場性を有しない不動産について，その利用現況等を前提とした不動産の経済価値を適正に表示する価格をいう。

（特殊価格の定義　「基準」総論第5章）

従って，設問の「利用現況等を前提とした」場合に求める価格の種類は「特殊価格」である。

特殊価格を求める場合を例示すれば，文化財の指定を受けた建造物，宗教建築物又は現況による管理を継続する公共公益施設の用に供されている不動産について，その保存等に主眼をおいた鑑定評価を行う場合である。特殊価格は，正常価格のように「市場における取引」を前提とはせず，主に文化財や公共施設等の一般多数の者の間で取引の対象となり得ない不動産について公益目的のために求めるものである。

（求めるべき価格（特殊価格）とその理由　「基準」総論第5章）

不動産の価格を求める鑑定評価の基本的な手法は，価格の三面性（費用性，市場性及び収益性）に対応する原価法，取引事例比較法

（価格を求める基本的手法　「基準」総論第7章）

及び収益還元法に大別される。

特殊価格を求める場合には，特に費用性に着目して価格を求めるものであり，その鑑定評価額は，原価法による積算価格を標準として決定するものとする。

特殊価格を求める手法（原価法）

原価法は，価格時点における対象不動産の再調達原価を求め，この再調達原価について減価修正を行って対象不動産の試算価格（積算価格）を求める手法である。

原価法の定義「基準」総論第7章

再調達原価の査定に当たって，建設資材，工法等の変遷により，対象不動産の再調達原価を求めることが困難な場合には，対象不動産と同等の有用性を持つものに置き換えて求めた原価（置換原価）を再調達原価とみなすことができる。ただし，設問のように文化財の指定を受けた建造物，宗教建築物等の特殊建築物等の場合，特殊な工法や資材がそれ自体として存在意義を有する場合もあり，こうした場合には安易に置換原価を求めることは適切でないことに留意すべきである。

また，減価修正に当たっては，主として修繕の必要性からみた物理的要因に着目して減価額を把握すべきである。

特殊価格として求める経済価値は，不動産としての費用面からの価値であり，文化財的な価値を求めるものではないことに留意しなければならない。

原価法適用上の留意点「基準」総論第7章

小問(2)

設問の「利用現況等を前提としない」場合に求める価格の種類は「正常価格」である。

文化財の指定を受けた建造物や，公共公益施設等であっても，その特殊な現況利用等を必ずしも前提とせず，最有効使用の観点から「用途変更」や「建物取壊し」が可能な場合，「市場における取引」を前提とした正常価格を求め得ることとなる。

求めるべき価格（正常価格）とその理由

正常価格を求める場合，価格の三面性に対応する三手法の適用が可能であり，その鑑定評価額は，原価法による積算価格，取引事例比較法による比準価格及び収益還元法による収益価格を関連づけて決定するものとする。

正常価格を求める手法「基準」各論

不動産の価格は，その不動産の最有効使用を前提として把握され

る価格を標準として形成されるものであり（最有効使用の原則），正常価格の鑑定評価においては，市場における対象不動産の最有効使用を前提とした価値判断を行う必要がある。したがって，現実の建物の用途等が更地としての最有効使用に一致していない場合には，建物及びその敷地の最有効使用の観点から，以下のような評価を行う場合があることに留意しなければならない。

① 建物の用途を変更し，又は建物の構造等を改造して使用することが最有効使用と認められる場合における自用の建物及びその敷地の鑑定評価額は，用途変更等を行った後の経済価値の上昇の程度，必要とされる改造費等を考慮して決定するものとする。

② 建物を取り壊すことが最有効使用と認められる場合における自用の建物及びその敷地の鑑定評価額は，建物の解体による発生材料の価格から取壊し，除去，運搬等に必要な経費を控除した額を，当該敷地の最有効使用に基づく価格に加減して決定するものとする。

建物及びその敷地の正常価格を求める場合の留意点
「基準」各論

なお，設問のような鑑定評価に当たって，例えば「文化財保護法の制限がないものとして」等の個別的要因についての想定上の条件を設定する場合には，依頼者との間で当該条件設定に係る鑑定評価依頼契約上の合意が必要であり，さらに当該想定上の条件が鑑定評価書の利用者の利益を害するおそれがないかどうかの観点に加え，特に実現性及び合法性の観点から妥当なものでなければならない。

当該条件設定が妥当ではないと認められる場合には，依頼者に説明の上，妥当な条件に改定しなければならない。

条件設定上の留意点
「基準」総論第５章

以　上

解　説

本問は，価格の種類のうち「特殊価格」と「正常価格」とを対比させる問題である。

小問(1)は，まず特殊価格を求める場合に該当する点を，正常価格との相違（市場性の有無）に触れ明確に述べること。鑑定評価上の留意事項については，評価手法が原価法のみなので，原価法適用上の留意点を中心に挙げるとよい。

小問(2)は，正常価格を求める場合に該当する点を述べること。文化財の指定を受けた建造物等であっても，法令等による利用制限がなく，用途変更や建物取壊しが可能であれば，一般多数の者の間で市場性を有し得るので，この場合，最有効使用を前提とした正常価格を求めることとなる。

鑑定評価上の留意事項については，複合不動産の最有効使用の観点から用途変更・建物取壊しの可能性について述べるとよい。また，文化財保護法等についての想定条件設定の適否も挙げられる。

「特殊価格」を切り口にした問題は過去にも例がなく，全体的に難度の高い問題である。

問題3　鑑定評価報告書及び基本的考察に関する次の問に答えなさい。
(1)　鑑定評価報告書記載事項のうち，鑑定評価額の決定の理由の要旨，鑑定評価上の不明事項の取り扱いを説明しなさい。
(2)　鑑定評価の社会的公共的意義における不動産鑑定士の責務のうち，説明責任について説明しなさい。

解答例

小問(1)

鑑定評価報告書は，不動産の鑑定評価の成果を記載した文書であり，不動産鑑定士が自己の専門的学識と経験に基づいた判断と意見を表明し，その責任を明らかにすることを目的とするものである。鑑定評価報告書は，鑑定評価の基本的事項及び鑑定評価額を表し，鑑定評価額を決定した理由を説明し，その不動産の鑑定評価に関与した不動産鑑定士の責任の所在を示すことを主旨とするものであるから，鑑定評価報告書の作成に当たっては，まずその鑑定評価の過程において採用したすべての資料を整理し，価格形成要因に関する判断，鑑定評価の手法の適用に係る判断等に関する事項を明確にして，これに基づいて作成すべきである。

鑑定評価報告書の作成指針
「基準」総論第9章

必要記載事項のうち「鑑定評価額の決定の理由の要旨」は，鑑定評価額が基準の定めるところに従い，十分に合理的な根拠に基づいて決定されたものであることを明確にし，鑑定評価額の妥当性を立証するためのものであり，抽象的な表現はできる限り避け，論理的かつ実証的に記載すべきである。

「決定の理由の要旨」の意義

鑑定評価報告書には，以下に掲げる内容について記載するものとする。

①　地域分析及び個別分析に係る事項：対象不動産の種別及び類型並びに賃料の種類に応じ，同一需給圏及び近隣地域の範囲及び状況，対象不動産に係る価格形成要因についての状況，同一需給圏の市場動向及び同一需給圏における典型的な市場参加者の行動，代替，競争等の関係にある不動産と比べた対象不動産の優劣及び

「決定の理由の要旨」の内容
「基準」総論第9章

競争力の程度等について記載しなければならない。

② 最有効使用の判定に関する事項：最有効使用及びその判定の理由を明確に記載する。なお，建物及びその敷地に係る鑑定評価における最有効使用の判定の記載は，建物及びその敷地の最有効使用のほか，その敷地の更地としての最有効使用についても記載しなければならない。

③ 鑑定評価の手法の適用に関する事項：適用した鑑定評価の手法について，対象不動産の種別及び類型並びに賃料の種類に応じた各論第１章から第３章の規定並びに地域分析及び個別分析により把握した対象不動産に係る市場の特性等との関係を記載しなければならない。

④ 試算価格又は試算賃料の調整に関する事項：試算価格又は試算賃料の再吟味及び説得力に係る判断の結果を記載しなければならない。

⑤ 公示価格との規準に関する事項

⑥ 当事者間で事実の主張が異なる事項：対象不動産に関し，争訟等の当事者間において主張が異なる事項が判明している場合には，当該事項に関する取扱いについて記載しなければならない。

⑦ その他：支払賃料を求めた場合には，その支払賃料と実質賃料との関連を記載しなければならない。また，継続賃料を求めた場合には，直近合意時点について記載しなければならない。

次に，「鑑定評価上の不明事項」とは，例えば，評価対象地に土壌汚染が存することが判明しているが，当該要因の具体的内容（汚染状況や除去費用等）が不明であるような場合を指す。

鑑定評価報告書には，このような対象不動産の確認，資料の検討及び価格形成要因の分析等，鑑定評価の手順の各段階において，鑑定評価における資料収集の限界，資料の不備等によって明らかにすることができない事項が存する場合（調査範囲等条件を設定した場合を含む）の評価上の取扱いを記載しなければならない。その際，不動産鑑定士が自ら行った調査の範囲及び内容を明確にするとともに，他の専門家が行った調査結果等を活用した場合においては，当該専門家が調査した範囲及び内容を明確にしなければならない。

「評価上の不明事項」の取り扱い
「基準」総論第９章

小問(2)

不動産の鑑定評価とは，現実の社会経済情勢の下で合理的と考えられる市場で形成されるであろう市場価値を表示する適正な価格を，不動産鑑定士が的確に把握する作業に代表されるものである。個人の幸福，社会の成長，発展及び公共の福祉も，不動産のあり方に依存しているものであることを考えると，この社会における一連の価格秩序のなかで，対象不動産の価格の占める適正なあり所を指摘し，不動産のあり方の決定における選択の主要な指標を示す鑑定評価の社会的公共的意義は極めて大きいといわなければならない。

鑑定評価の社会的公共的意義
「基準」総論第1章

不動産鑑定士は，不動産の鑑定評価を担当する者として，十分に能力のある専門家としての地位を不動産の鑑定評価に関する法律によって認められ，付与されるものである。したがって，不動産鑑定士は，不動産の鑑定評価の社会的公共的意義を理解し，その責務を自覚し，的確かつ誠実な鑑定評価活動の実践をもって，社会一般の信頼と期待に報いなければならない。

鑑定士の責務
「基準」総論第1章

そのために，不動産鑑定士は，依頼者に対して鑑定評価の結果を分かり易く誠実に説明を行い得るようにするとともに，社会一般に対して，実践活動をもって，不動産の鑑定評価及びその制度に関する理解を深めることにより，不動産の鑑定評価に対する信頼を高めるよう努めなければならない。具体的には，依頼者が鑑定評価の内容を正確に理解できるよう，鑑定評価がどのような前提の下で行われたか，どのような過程を経て最終の鑑定評価額が決定されたのかを明確に分かり易く説明する必要がある。

鑑定士の説明責任
「基準」総論第1章

特に，鑑定評価の成果を記載した鑑定評価報告書の内容は，不動産鑑定業者が依頼者に交付する鑑定評価書の実質的な内容となるものである。したがって，鑑定評価報告書は，鑑定評価書を通じて依頼者のみならず第三者に対しても影響を及ぼすものであり，さらには不動産の適正な価格の形成の基礎となるものであるから，その作成に当たっては，前記(1)で述べたとおり，「鑑定評価上の不明事項」についての評価上の取扱い等を明示することにより，誤解の生ずる余地を与えないよう留意するとともに，特に「鑑定評価額の決定の理由」については，依頼者のみならず第三者に対して十分に説明し

報告書作成上の留意点
「基準」総論第9章

得るものとするように努めなければならない。」

以　上

解　説

本問は，「基準」総論第１章及び第９章に関する問題である。

小問(1)は，鑑定評価報告書の作成指針に触れ，必要記載事項のうち「鑑定評価額の決定の理由の要旨」と「鑑定評価上の不明事項の取扱い」の内容を「基準」に即して確実に述べること。解答例のように「土壌汚染」等を不明事項の具体例として挙げてもよい。

小問(2)は，鑑定評価の意義，不動産のあり方と鑑定評価の社会的公共的意義について述べ，責務としての「説明責任」については，依頼者及び第三者保護の観点から説明すること。小問(1)と関連づけた解答が望ましい。

問題[4] 不動産の価格形成要因のうち，一般的要因について，次の問に答えなさい。

⑴ 一般的要因に関する要因資料はどのようなものがあるか４つ列挙し，簡潔に説明しなさい。

⑵ 一般的要因が地域の種別に与える影響について述べ，商業地に影響を及ぼす一般的要因を４つ列挙しなさい。

⑶ 一般的要因は鑑定評価の方式を適用する際にも考慮することとされているが，ＤＣＦ法を適用してオフィスビルの鑑定評価を行う場合に，どのように考慮するか答えなさい。

解答例

小問⑴

不動産の価格形成要因とは，不動産価格の三要素（効用，相対的稀少性，有効需要）に影響を与える要因をいう。不動産の価格は，多数の要因の相互作用の結果として形成されるものであるから，不動産の鑑定評価を行うに当たっては，価格形成要因を市場参加者の観点から明確に把握し，上記三要素に与える影響を判定しなければならない。

価格形成要因の定義
「基準」総論第３章

価格形成要因は，一般的要因，地域要因及び個別的要因に分けられる。

このうち，一般的要因とは，一般経済社会における不動産のあり方及びその価格の水準に影響を与える要因をいう。それは，自然的要因，社会的要因，経済的要因及び行政的要因に大別される。

一般的要因の定義
「基準」総論第３章

ところで，鑑定評価に必要な資料は，確認資料，要因資料及び事例資料に大別される。

このうち，設問の要因資料とは，価格形成要因に照応する資料をいう。要因資料は，一般的要因に係る一般資料，地域要因に係る地域資料及び個別的要因に係る個別資料に分けられる。一般資料は，平素からできるだけ広くかつ組織的に収集しておくべきである。

要因資料の意義
「基準」総論第８章

一般的要因に関する要因資料には，例えば次のものがある。

① 国勢調査：国内の人口・世帯数等を示す資料。ある都市における人口の増減は，当該都市の宅地需要の動向を把握する手掛りとなる。
② 景気動向指数：景気に敏感な指標をまとめた指標。景気の現状把握や予測の目安となる。
③ 公定歩合・市中金利・公社債利回り：金融市場における利回りは，不動産投資に求められる利回りを検討する際の基礎資料となる。
④ 建築物着工統計：建築物の着工状況を示す資料。新築物件の供給状況や建設工事費を把握する手掛りとなる。

一般資料の例示と活用方法

小問(2)

一般的要因は，用途的地域ごとに異なる影響を与えるとともに，同種の地域には同じ影響を与える（このような一般的要因の特性を「地域的偏向性」という）。

例えば，「人口の増加」という一般的要因は，住宅地域の需要を引き上げるが，工業地域に対しては直接的な影響を与えない。また，「国内製造業の海外移転」という一般的要因は，工業地域の需要を引き下げるが，住宅地域に対しては直接的な影響を与えない。これらの要因の相関結合により，工業地域が住宅地域に移行する場合がある。

一般的要因の地域的偏向性

すなわち，一般的要因は，用途ごとの需要に影響を与えることを通じて，地域の種別を左右するものである。

商業地に影響を及ぼす一般的要因には，例えば次のものがある。
① 人口の状態：商業背後地の人口は売上高を左右する。
② 金融の状態：金融機関の融資態度や金利水準は，収益物件としての商業地需要に影響を与える。
③ 企業活動の状態：事務所需要に影響を与える。
④ 交通体系の状態：自動車保有数の増加は，郊外路線商業地における売上高を増加させる。

一般的要因が地域の種別に与える影響
商業地に影響を与える一般的要因の例示
「基準」総論第3章

小問(3)

収益還元法は，対象不動産が将来生み出すであろうと期待される純収益の現在価値の総和を求めることにより対象不動産の試算価格

（収益価格）を求める手法をいい，直接還元法とDCF法（Discounted Cash Flow法）とに区分される。

DCF法とは，連続する複数の期間に発生する純収益及び復帰価格を，その発生時期に応じて現在価値に割り引き，それぞれを合計する方法である。

価格形成要因のうち一般的要因は，不動産の価格形成全般に影響を与えるものであり，鑑定評価手法の適用における各手順において常に考慮されるべきものであり，価格判定の妥当性を検討するために活用しなければならない。したがって，オフィスビルの鑑定評価においてDCF法を適用する際にも，諸元の設定に影響を与える一般的要因を的確に反映すべきである。

① 総収益の査定

都市形成及び公共施設の整備の状態，企業活動の状態は，オフィス需要に影響を与えることを通じて，家賃とその将来動向を左右する。

② 総費用の査定

物価・賃金の状態は維持管理費とその将来動向に，不動産に関する税制の状態は固定資産税等の公租公課とその将来動向に，それぞれ影響を与える。

③ 割引率・最終還元利回りの査定

公定歩合・市中金利・公社債利回り等の金融の状態は，割引率・還元利回り査定の基礎資料となる。

以　上

DCF法の定義
「基準」総論第7章

手法適用における一般的要因の活用
「基準」総論第7章，第2章

解 説

一般的要因に関する諸論点を問う問題である。

小問(1)

上位概念として，一般的要因と要因資料について説明した上，一般資料の具体例と活用方法を簡潔に説明する。一般資料は無数にあるので，活用方法が示されていれば，どのような例を挙げても構わない。実務経験者に有利な出題である。

小問(2)

一般的要因の「地域的偏向性」が，地域の種別を左右することを説明する（具体例が挙げられればなおよい）。商業地に影響を与える要因については，具体例と影響の内容を述べる。

小問(3)

「価格形成要因の評価手法への反映方法」は基準の骨格とも言える論点である。手法の諸元ごとに，各種の一般的要因がどのような影響を与え得るか考えてほしい。

索引

総論第1章　不動産の鑑定評価に関する基本的考察

総論第2章　不動産の種別及び類型

総論第 3 章　不動産の価格を形成する要因

総論第 4 章　不動産の価格に関する諸原則

▶「最有効使用の原則」に関する論点を含むもの

▶主に「価格の種類」に関するもの

▶その他のもの

総論第６章　地域分析及び個別分析

▶主に「地域分析」に関するもの

▶主に「個別分析」に関するもの

総論第７章　鑑定評価の方式

▶主に「原価法」に関するもの

▶主に「取引事例比較法」に関するもの

▶主に「収益還元法」に関するもの

▶主に賃料の評価手法に関するもの

▶主に「試算価格の調整」に関するものほか

S45－3 試算価格の意義，鑑定評価額との関連 85
S48－3 試算価格の調整の意義，調整における留意点 128
S57－4 試算価格の調整の意義，調整における留意点 256
H9－1 更地評価の三手法，三手法が基本的手法である理由，三試算価格の調整 458
H16－3 試算価格調整の意義，再吟味と説得力判断との関係，「共通要因に係る判断整合性」の意味 578

▶その他のもの

H元－2 評価の手順の意義 347

総論第9章 鑑定評価報告書

S46－4 評価時点の意義 103
S49－2 評価額決定理由の要旨を報告書に記載する理由 140
S61－3 価格時点，評価時点の報告書記載の必要性 308
S63－2 報告書の作成指針 333
H9－4 価格時点・評価時点・実査日記載の必要性，過去・将来時点評価の留意点 470
H17－3 報告書記載事項（決定理由要旨，評価上の不明事項），鑑定士の説明責任 594

各論第1章 価格に関する鑑定評価

▶主に「土地」の評価手法に関するもの

S44－4 宅地と宅地見込地との違い 74
S52－3 更地と建付地との違い，評価手法 183
S54－4 借地権価格と底地価格との関連，将来の賃料改定実現性の影響 215
S58－4 更地の意義，更地の再調達原価を求める方法 270
S62－3 借地権の存在が必ずしもその価格の存在を意味しない理由 322
H4－1 開発法の意義 386
H7－4 底地の価格の意義，評価手法 439
H9－2 更地の評価における自建事例選択要件，配分法の意義 462
H10－4 自建・建付地・独立鑑定評価の定義，建付地価格と更地価格とが異なる理由 486

MEMO

MEMO

もうだいじょうぶ!! シリーズ

不動産鑑定士
1965～2005年 論文式試験 鑑定理論 過去問題集 第3版

2008年11月25日 初 版 第1刷発行
2015年5月20日 第3版 第1刷発行
2022年9月12日 第5刷発行

編著者 TAC株式会社
（不動産鑑定士講座）
発行者 斎藤博明
発行所 TAC株式会社 出版事業部
（TAC出版）
〒101-8383
東京都千代田区神田三崎町3-2-18
電話 03 (5276) 9492 (営業)
FAX 03 (5276) 9674
https://shuppan.tac-school.co.jp
印刷 株式会社 ワコープラネット
製本 株式会社 常川製本

ISBN 978-4-8132-6186-5
N.D.C. 673

書籍の正誤に関するご確認とお問合せについて

書籍の記載内容に誤りではないかと思われる箇所がございましたら、以下の手順にてご確認とお問合せをしてくださいますよう、お願い申し上げます。

なお、正誤のお問合せ以外の**書籍内容に関する解説および受験指導などは、一切行っておりません。**
そのようなお問合せにつきましては、お答えいたしかねますので、あらかじめご了承ください。

1 「Cyber Book Store」にて正誤表を確認する

TAC出版書籍販売サイト「Cyber Book Store」の
トップページ内「正誤表」コーナーにて、正誤表をご確認ください。

CYBER BOOK STORE TAC出版書籍販売サイト

URL:https://bookstore.tac-school.co.jp/

2 1の正誤表がない、あるいは正誤表に該当箇所の記載がない ⇒ 下記①、②のどちらかの方法で文書にて問合せをする

★ご注意ください★

お電話でのお問合せは、お受けいたしません。
①、②のどちらの方法でも、お問合せの際には、「お名前」とともに、
「対象の書籍名(○級・第○回対策も含む)およびその版数(第○版・○○年度版など)」
「お問合せ該当箇所の頁数と行数」
「誤りと思われる記載」
「正しいとお考えになる記載とその根拠」
を明記してください。
なお、回答までに1週間前後を要する場合もございます。あらかじめご了承ください。

① ウェブページ「Cyber Book Store」内の「お問合せフォーム」より問合せをする

【お問合せフォームアドレス】

https://bookstore.tac-school.co.jp/inquiry/

② メールにより問合せをする

【メール宛先　TAC出版】

syuppan-h@tac-school.co.jp

※土日祝日はお問合せ対応をおこなっておりません。
※正誤のお問合せ対応は、該当書籍の改訂版刊行月末日までといたします。

乱丁・落丁による交換は、該当書籍の改訂版刊行月末日までといたします。なお、書籍の在庫状況等により、お受けできない場合もございます。
また、各種本試験の実施の延期、中止を理由とした本書の返品はお受けいたしません。返金もいたしかねますので、あらかじめご了承くださいますようお願い申し上げます。

(2022年7月現在)